수몽집

한국고전번역원 한국문집번역총서

수몽집
守夢集

정엽 지음
鄭曄

서혜준 최소영 엄태식 최승주 정하정 옮김

일러두기

1. 이 책의 번역 대본은 한국고전번역원에서 간행한 한국문집총간 66집 소재 《수몽집(守夢集)》으로 하였고, 한국학중앙연구원 장서각에 소장된 후쇄본을 참고하였다. 번역 대본의 원문 텍스트와 원문 이미지는 한국고전종합DB(http://db.itkc.or.kr)에서 확인할 수 있다.
2. 역주는 내용이 간단하면 간주(間註)로, 길면 각주(脚註)로 처리하였다.
3. 한자는 필요한 경우 이해를 돕기 위하여 넣었으며, 운문(韻文)은 원문을 병기하였다.
4. 맞춤법과 띄어쓰기는 '한글 맞춤법'을 따르고, 한글 어휘는 '표준어 규정'을 따르는 것을 원칙으로 하였다.
5. 문장 부호는 '한글 맞춤법'에 규정된 용법을 따라서 사용했으며, 그 밖에 새로 만들거나 용법을 달리하여 사용한 부호는 다음과 같다.
   《 》: 책명 및 각주의 전거(典據)를 나타낼 때 사용한다.
   〈 〉: 편명, 작품명, 논문 제목을 나타낼 때 사용한다.
   …… : 번역문에서 원문의 '云云'을 처리할 때, 각주에서 긴 인용문을 처리할 때, 각주의 표제어가 네 어절 이상일 경우 생략되는 말을 처리할 때 사용한다.
   - - : 본문에서 소자(小字) 원문 주(註)의 처음과 끝에 사용한다.

차례

일러두기 • 4

해제 정엽(鄭曄)의 《수몽집(守夢集)》과 작품 세계 | 정하정 • 17

수몽집 제1권

오언 절구 五言絶句

꿈에서 어머니를 뵙다 임인년 夢拜慈顔 壬寅 • 49

오언 단율 五言短律

부령 벽상의 시에 차운하다 次富寧壁上韻 • 50

풍산역 판상시에 차운하다 次豐山驛板上韻 • 51

병마절도사 윤계초가 용성 본영으로 향했다. 떠날 때 시를 부쳐 왔기에 차운하여 드리다 5수 兵相尹季初向龍城本營臨行寄詩次呈 五首 • 52

권생과 이생에게 주다 2수 贈權李兩生 二首 • 55

병마절도사 명관 영장과 작별하다 奉別兵相冥觀令丈 • 57

병중에 친구와 작별하다 2수 病中別親舊 二首 • 58

이천휴의 시에 차운하다 2수 次李天休 二首 • 60

승정원 서리 홍경상이 경원으로부터 찾아왔다. 헤어지려니 마음이 암담해져 이 시를 주다 銀臺吏洪景祥自慶源來見臨別黯黯贈此 • 62

5월 10일 판관이 우리 아이와 여러 객을 이끌고 앞 강에서 고기잡이를

구경했다. 병으로 누워 회포를 적다
五月旬判官携迷兒及諸客矢魚前江病臥書懷 • 63
순채를 보내 준 경원과 경흥 두 이웃 고을 수령들에게 사례하다
謝慶源慶興兩隣倅貽蓴采 • 64
아들이 찾아왔는데 갑자기 눈병에 걸려 심히 괴로워했다. 근심하며 회포를 적다 家兒來省卒患眼疾甚苦憂念書懷 • 65
우연히 읊다 偶吟 • 66
황추포를 생각하며 이름은 신이다. 憶黃秋浦 名愼 • 67
동지사 이사우의 행차를 전송하며 送冬至使李士友之行 • 69
강원도 관찰사 이공 욱 이 부친 시에 차운하다 2수
次關東方伯李公 稶 所寄韻 二首 • 70
여강에 우거하며 마음대로 읊다 寓驪江謾吟 • 72
이 청풍에 대한 만시 이름은 기설이다. 挽李淸風 名基卨 • 73
박 대사성에 대한 만시 이름은 동열이다. 挽朴大司成 名東說 • 74

오언 배율 五言排律

늙은 말을 가엾게 여겨 회포를 적다 悲憐老馬書懷 • 75

오언 고시 五言古詩

황해도 관찰사 이자연 영공을 보내며 이름은 명이다.
送黃海監司李子淵令公 名溟 • 77
정 좌랑에 대한 만시 이름은 양이다. 挽鄭佐郞 名暘 • 80
최 해주에 대한 만시 이름은 기이다 挽崔海州 名沂 • 81

칠언 절구 七言絶句

회양의 객헌에서 허공언 이름은 성이다. 의 시에 차운하여 수령 영공께 올리다

2수 淮陽客軒次許公彦 名箴 韻呈主倅令公 二首 • 84
원수대에 올라 수성 독우 이삼성의 시에 차운하다 3수
上元帥臺次輸城督郵李三省韻 三首 • 86
부령으로 가는 도중에 형제암을 본 감회 富寧途中見兄弟巖有感 • 87
김사계 희원 어른 이름은 장생이다. 이 연산에서 편지를 부치고, 겸하여 옛 정자의 판상시를 보여 주시기에 차운하여 부치다
金沙溪希元丈 名長生 自連山寄書兼示舊亭板上韻次寄 • 88
동래(東萊)에서 관찰사 이양구의 시에 차운하다
在萊山次觀察使李養久韻 • 89
임자년 정월 승정원에서 숙직할 때 써서 우부승지 도재 윤 영공에게 드리다 이름은 양이다. 壬子元月直宿銀臺書呈右副陶齋尹令公 名暘 • 90
송 참의의 시에 차운하다 4수 次宋參議韻 四首 • 91
청간정에서 판상시에 차운하다 淸澗亭次板上韻 • 93
식당암 食堂巖 • 94
식당암이 시냇가에 있는데, 솔바람이 두건을 날려 물에 떨어뜨렸다
食堂巖臨溪松風吹巾投水 • 95
청초호에서 사위 이군의 시에 차운하다 이름은 상질이다.
靑草湖次李甥韻 名尙質 • 96
또 〈비선정〉 시에 차운하다 又次秘仙亭韻 • 97
또 〈영랑호〉 시에 차운하다 又次永郎湖韻 • 98
백천교에 제하다 題百川橋 • 99
구령에서 비를 만나다 狗嶺値雨 • 100
만폭동에서 돌 위에 쓰다 2수 萬瀑洞題石上 二首 • 101
정양사에서 호음의 시에 차운하다 正陽寺次湖陰韻 • 102
사위 나군과 작별하다 이름은 만갑이다. 別羅甥 名萬甲 • 103
봉두촌에서 그냥 읊다 鳳頭村浪吟 • 104

비 오는 날에 우연히 읊다 雨中偶吟 • 105
성대곡의 〈주좌우음〉 시에 차운하다 次成大谷晝坐偶吟韻 • 106
또 대곡의 〈시남명〉 시에 차운하다 又次大谷示南溟韻 • 107
임 참의에 대한 만시 이름은 연이다. 挽任參議 名兗 • 108
허 상사에 대한 만시 挽許上舍 • 109
윤 부사 수 에 대한 만시 挽尹府使 燧 • 110
심 청운군 명세 대부인에 대한 만시 挽沈青雲君 命世 大夫人 • 111
오성 이 상공에 대한 만시 이름은 항복이다. 挽鰲城李相公 名恒福 • 112
구계우에 대한 만시 挽具繼禹 • 113

칠언 율시 七言律詩

병마절도사 윤계초가 용성 본영으로 향했다. 떠날 때 시를 부쳐 왔기에 차운하여 드리다 5수 兵相尹季初向龍城本營臨行寄詩次呈 五首 • 114
두보의 시를 읽다가 〈누상〉 시에 차운하다 讀杜詩次樓上韻 • 117
감회를 적다 書懷 • 118
김사계와 황추포를 그리며 감회를 적다 憶金沙溪黃秋浦書懷 • 119
수심 愁 • 120
수주에서 병들어 누워 금릉으로 돌아가는 이군 천휴와 작별하다 4수 病臥愁州別李君天休歸金陵 四首 • 121
황지천 이름은 정욱이다. 의 시에 차운하여 이천휴에게 주다 병서 次黃芝川 名廷彧 韻贈李天休 并序 • 124
효우당 시에 차운하다 4수. 병서 孝友堂次韻 四首 并序 • 126
동파의 시에 차운하여 감회를 적다 次東坡韻書懷 • 130
관아의 창 밖에 손바닥만 한 작은 뜰이 있는데, 화분에 창포를 옮겨 심어 고향을 그리는 마음을 위로하다 衙舍窓外有庭如斗移種菖蒲于盆中 以慰鄕園之思 • 131

송생과 작별하다 4수 別宋生 四首 • 132
김 전부 희원 어른께 부치다 寄金典簿希元丈 • 135
연군음 戀君吟 • 136
어머니를 그리며 思親 • 137
광릉의 소나무와 오동나무를 떠올리다 憶廣陵松梧 • 138
6월 초 가서를 써서 인편에 어머니께 보내다 六月初裁家書送人親庭 • 139
계음에게 부치다 寄溪陰 • 140
유정대사(惟政大師)의 시에 차운하여 대마도로 가는 그를 전송하다 次惟政老禪韻送對馬島 • 142
관동 이 방백이 부쳐 온 시에 차운하다 次關東李方伯所寄韻 • 143
사위 나군이 중도에 부쳐 준 시에 차운하다 次羅甥中途見寄 • 144
사위 이군의 시에 차운하다 2수 次李甥韻 二首 • 145
단오에 소회를 쓰다 端午書懷 • 147
사위 이군의 시에 차운하다 5수 又次李甥韻 五首 • 148
양양에서 우연히 짓다 襄陽偶題 • 152
구름을 읊다. 최숙생의 시에 차운하다 詠雲次崔淑生韻 • 153
유 지사와 작별하며 이름은 간이다. 奉別柳知事 名澗 • 155
홍양으로 부임하는 김경진을 전송하며 이름은 신국이다. 送金景進赴洪陽 名藎國 • 156
김 동지 은휘에 대한 만시 挽金同知殷輝 • 157
한 세마에 대한 만사 병서 韓洗馬挽詞 幷序 • 158
김 금구 어른에 대한 만시 挽金金溝舊丈 • 159
윤 상국에 대한 만시 이름은 두수이다. 挽尹相國 名斗壽 • 160
신 참판에 대한 만시 이름은 경진이다. 挽辛參判 名慶晉 • 161
최 첨지에 대한 만시 이름은 기남이다. 挽崔僉知 名起南 • 162
송 동지에 대한 만시 이름은 영구이다. 挽宋同知 名英耈 • 163

이 첨지 수지에 대한 만시 이름은 수록이다. 挽李僉知綏之 名綏祿 • 164

칠언 배율 七言排律

소경대왕에 대한 만사 昭敬大王挽詞 • 165

수몽집 제2권

제문 祭文

충훈부 진향 제문 忠勳府進香祭文 • 171
명곡 선생에 대한 제문 祭鳴谷先生文 • 175
윤 상국에 대한 제문 이름은 두수이다. 祭尹相國文 名斗壽 • 180
익사한 이 수사에 대한 제문 이름은 계정이다. 祭李水使溺死文 名繼鄭 • 181
박열지에 대한 제문 이름은 동열이다. 祭朴說之文 名東說 • 182
이 청풍에 대한 제문 이름은 기설이다. 祭李淸風文 名基卨 • 184
권 좌랑에 대한 제문 이름은 득기이다. 祭權佐郎文 名得己 • 185
신 승지에 대한 제문 이름은 응구이다. 祭申承旨文 名應榘 • 187
황사숙에 대한 제문 이름은 신이다. 祭黃思叔文 名愼 • 188
토정에 대한 제문 祭土亭文 • 189
명곡에 대한 제문 祭鳴谷文 • 190
민 천총을 의주에 임시로 장사 지낼 때의 치제문
閔千摠義州權葬致祭文 • 191
행 호군 권징에 대한 치제문 行護軍權徵致祭文 • 193
황해도 마항포에 빠져 죽은 중국 병사에 대한 치제문
黃海道馬項浦渰死唐兵致祭文 • 196
종묘의 구실에 비를 기원하는 제문 宗廟九室祈雨祭文 • 198

동해에 비를 기원하는 제문 東海祭文 • 199
건원릉에 관원을 보내어 제사 지낼 때의 제문 健元陵遣官祭文 • 200
현릉에 관원을 보내어 제사 지낼 때의 제문 顯陵遣官祭文 • 201
유릉에 관원을 보내어 제사 지낼 때의 제문 裕陵遣官祭文 • 202
종묘 이실에 비를 기원하는 제문 宗廟二室祈雨祭文 • 203
삼각산과 수락산에 제사 지낼 때의 제문 三角山水落山祭文 • 204
중앙의 산천에 비를 기원하는 제문 中央嶽瀆祈雨祭文 • 205
서방의 산과 바다와 강에 비를 기원하는 제문 西方嶽海瀆祭文 • 206
경도의 옛집에 신주를 봉안할 때의 축문 천계 계해년
奉安神主於京都舊宅祝文 天啓癸亥 • 207

묘지 墓誌
선조고 증 통정대부 승정원좌승지 겸 경연참찬관 부군 묘지
先祖考贈通政大夫承政院左承旨兼經筵參贊官府君墓誌 • 208
선고 증 자헌대부 이조판서 겸 지의금부사 성균 진사 부군 묘지
先考贈資憲大夫吏曹判書兼知義禁府事成均進士府君墓誌 • 210
진사 정공 묘지 進士鄭公墓誌 • 213
숙인 구씨 묘지 淑人具氏墓誌 • 216

행장 行狀
증 충근정량효절협책호성 공신 대광보국숭록대부 의정부영의정 겸 영경연 홍문관예문관춘추관관상감사 세자사 한흥부원군 자헌대부 이조판서 겸 세자좌빈객 지춘추관사 이공 행장
贈忠勤貞亮效節協策扈聖功臣大匡輔國崇祿大夫議政府領議政兼領經筵弘文館藝文館春秋館觀象監事世子師韓興府院君資憲大夫吏曹判書兼世子左賓客知春秋館事李公行狀 • 219

수몽집 제3권

잡저 雜著

관창사 觀漲辭 • 239

창포설 菖蒲說 • 242

후목설 朽木說 • 244

《구봉선생시집》 후서 龜峯先生詩集後序 • 245

양성당기 養性堂記 • 249

금강록 金剛錄 • 255

책제 策題 • 297

수몽집 제4권

봉사 封事

수찬을 사직하는 상소 辭修撰疏 • 307

근친을 위해 사정을 진달하는 상소 만력 갑오년 覲親陳情疏 萬曆甲午 • 310

수찬을 사직하는 상소 만력 갑오년 辭修撰疏 萬曆甲午 • 312

근친을 위해 사정을 진달하는 상소 경신년 乞覲陳情疏 庚申 • 314

사정을 아뢰고 대죄하는 상소 陳情待罪疏 • 316

대사간 겸 대사성을 사직하는 상소 辭大司諫兼大司成疏 • 319

만언소 萬言疏 • 321

죽은 스승 송구봉의 억울함을 씻어 주기를 청하는 상소
爲亡師宋龜峯伸冤疏 • 343

수몽집 제5권

차자 箚

옥당에서 올리는 차자 玉堂箚 • 349
이정암의 화친하자는 논의를 공박하는 차자 攻李廷馣和議箚 • 367
주문에 대해 논하는 차자 論奏文箚 • 371
이요를 공박하는 차자 攻李瑤箚 • 374
경연관을 사직하는 차자 辭經筵官箚 • 383
경연관과 원자사부를 사직하는 차자 辭經筵官元子師傅箚 • 385
대사간 겸 대사성을 사직하는 차자 辭大司諫兼大司成箚 • 387
대사헌 겸 대사성을 사직하는 차자 辭大司憲兼大司成箚 • 389
인성군을 논죄하는 차자 論仁城君箚 • 392
대사헌 겸 대사성을 사직하는 차자 辭大司憲兼大司成箚 • 397
옥당을 공박하는 차자 攻玉堂箚 • 399
대사헌을 사직하는 차자 辭大司憲箚 • 402
사헌부에서 올리는 차자 憲府箚 • 407
유차 을축년 4월 遺箚 乙丑四月 • 411

수몽집 제6권

계사 啓辭

승정원에서 올리는 계사 政院啓辭 • 423
승정원에서 올리는 계사 임자년 政院啓辭 壬子 • 426
승정원에서 올리는 계사 임자년 政院啓辭 壬子 • 428
대사헌을 인피하는 계사 大司憲引避啓辭 • 430

인성군의 일로 인하여 인피하는 계사 因仁城君事引避啓辭 • 433
비답으로 인하여 인피하는 계사 因批答引避啓辭 • 435
홍호를 파직하도록 논핵하는 계사 劾罷洪鎬啓辭 • 437
옥당의 차자로 인하여 인피하는 계사 因玉堂箚引避啓辭 • 441
전관의 함사로 인하여 인피하는 계사 因銓官緘辭引避啓辭 • 444
궁노의 일로 인하여 인피하는 계사 因宮奴事引避啓辭 • 448
두 번째 인피하는 계사 再避啓辭 • 450
세 번째 인피하는 계사 三避啓辭 • 452
인성군을 유배 보낼 것을 청하는 합계 請竄仁城君合啓 • 454
윤겸선의 일로 인하여 피혐하는 계사 因尹兼善事引避啓辭 • 456
수성의 새 대궐이 협소함으로 인하여 제시된 사직의 담장을 들여쌓는 방안 및 대원군 사당을 옮기는 방안에 대한 수의 因壽星新闕狹隘進築社稷墻及撤移大院君祠宇收議 • 459

수몽집 제7권

교서 教書

황해도 관찰사 강찬에게 내리는 교서 教黃海道觀察使姜燦書 • 463
공주 목사 김상준이 고을을 잘 다스리기에 가자하며 내리는 교서 公州牧使金尙寯善治加資教書 • 467
강원도 관찰사 윤승길에게 내리는 교서 教江原道觀察使尹承吉書 • 471
경상도 진주 백성을 조문하고 위로하며 내리는 교서 教慶尙道晉州人民弔死問生書 • 476
대광보국숭록대부 영중추부사 심수경의 치사에 대한 교서 教大匡輔國崇祿大夫領中樞府事沈守慶致仕書 • 481

수몽집 제8권

서독 書牘

사계에게 보내는 편지 계묘년 종성에 있을 때이다. 與沙溪書 癸卯在鍾城 • 489
또 신유년 又 辛酉 • 493
또 계해년 又 癸亥 • 495
한명길에게 답하는 편지 이름은 백겸이다. 答韓鳴吉書 名百謙 • 496
신자방에게 답하는 편지 이름은 응구이다. 答申子方書 名應榘 • 503
또 又 • 507
오성에게 올리는 편지 上鰲城書 • 512
또 又 • 513
또 又 • 514
또 又 • 515
세마 성중심에게 답하는 편지 이름은 문준이다.
答成洗馬仲深書 名文濬 • 517
월사에게 답하는 편지 이공 정귀이다. 答月沙書 李公廷龜 • 521
연평에게 보내는 편지 이공 귀이다. 與延平書 李公貴 • 525
또 又 • 530
정 강릉에게 답하는 편지 이름은 종명이다. 答鄭江陵書 名宗溟 • 531

정엽(鄭曄)의 《수몽집(守夢集)》과 작품 세계

정하정 | 고려대학교 민족문화연구원 선임연구원

1. 머리말

정엽(鄭曄, 1563~1625)은 조선 선조 대에서부터 인조 대까지 요직을 두루 거친 관료이자, 이이(李珥)의 초전문인(初傳門人)으로 기호성리학의 계열을 잇는 학자이다. 조선 중기에는 임진왜란, 계축옥사, 인조반정 등의 굵직한 정치적 사건이 있었는데, 정엽은 이러한 시대를 살아가며 관료이자 학자로서 경험하고 생각한 것들을 글로 남겼다.

《수몽집(守夢集)》은 그러한 글을 모은 그의 문집으로, 8권 2책이다. 많은 분량이라 할 수는 없지만, 여기에는 그의 교유 관계와 정치적 부침으로 인한 감회 등을 엿볼 수 있는 시(詩)는 물론이고, 전쟁과 옥사, 반정과 반란 등을 직접 경험하며 관료로서 자신의 의견을 개진한 차자(箚子), 금강산을 유람하고 쓴 유기(遊記), 사단칠정론에 대해 토론한 서독(書牘) 등 문학사와 사상사에서 주목할 만한 작품들이 다수 포함되어 있다.

그럼에도 불구하고 그간의 연구에서 정엽은 크게 주목받지 못하였고, 시와 유기, 그리고 사상과 관련하여 파편적으로 연구되어 왔기에 그에 대해 전체적으로 조망할 필요가 있다. 따라서 《수몽집》을 우리말로 옮긴 본 번역서가 정엽을 활발히 연구하는 데 촉진제가 되기를 바라며 정엽의 생애와 《수몽집》의 내용 및 특징을 간략히 소개하고자 한다.

2. 《수몽집》의 판본 사항

현전하는 《수몽집》은 서울대학교 규장각한국학연구원, 국립중앙도서관, 한국학중앙연구원, 고려대학교 등에 소장되어 있는데, 이들은 크게 목판본과 필사본으로 나뉜다.

먼저, 목판본은 2종으로 확인된다. 전자는 정엽의 사위 나만갑(羅萬甲)이 수습한 유고(遺稿)를, 그의 아들인 나성두(羅星斗)가 1661년(현종2) 해주 목사(海州牧使)로 재직하며 간행한 판본이며, 후자는 이 판본에다 송시열(宋時烈)의 서문을 받아 1669년에 인쇄한 후쇄본이다.

다음, 필사본은 1925년에 등사(謄寫)한 것이며, 송시열의 서문이 포함되어 있는 것으로 보아 1669년의 후쇄본을 필사한 것으로 추정된다.

이처럼 《수몽집》은 총 3종이 현전하며 이를 요약하면 다음과 같다.

표1 《수몽집》의 판본

권수제	간종	간행년	권책	서문 유무	소장처
守夢先生集	목판본	1661년	8권 2책	무	규장각(古 3428-120) 국립중앙도서관
守夢先生集	목판본	1669년	8권 2책	유	한국학중앙연구원 고려대학교
守夢先生集	필사본	1925년	8권 2책	유	규장각(奎 15530)

3. 정엽의 생애

정엽은, 본관은 초계(草溪), 자는 시회(時晦), 호는 수몽(守夢)・설촌(雪村)이다. 수몽이라는 호는 주희(朱熹)가 '영천영지물망물조(盈川盈

地勿忘勿助)' 8자를 손으로 써서 보여 주는 꿈을 꾸고 깨어나 벽에 써 붙이고서 이로써 자부하며 지은 것이라고 한다.

그는 1563년(명종18) 진사 정유성(鄭惟誠)과 파평 윤씨(坡平尹氏) 사이에서 태어났다. 4세(1566) 때 우연히 이웃집 연회에 구경 갔다가 훗날 스승으로 모실 이이와 조우하였는데, 이이가 막힘없이 글을 외우는 정엽을 보고 칭찬하였다고 한다. 16세(1578, 선조11)가 되던 해에 이산보(李山甫)의 딸과 혼인하였다. 이어 이이와 성혼(成渾)의 문하에 가서 수학하였고, 또 송익필(宋翼弼)을 종유하였다. 19세(1581)에 이정귀(李廷龜)와 도봉서원(道峯書院)에서 공부하였다.

21세(1583)의 나이로 문과에 급제하여 승문원 권지(承文院權知)에 보임되었다가, 홍문관 정자에 천거되었다. 이해에 부친상을 당하였다. 그 후 사헌부 감찰, 형조 좌랑, 김포 현감(金浦縣監), 홍문관 수찬을 역임하였다. 33세(1595) 때 서천 군수(舒川郡守)로 나갔으며, 34세(1596) 때 예조 정랑으로서 고급사(告急使)에 차임(差任)되어 중국 밀운현(密雲縣)의 군문(軍門)에 가서 구원병을 요청하고 돌아왔다. 이후 성균관 직강, 홍문관 응교, 사헌부 집의 등을 역임하고 통정대부(通政大夫)에 올라 승정원 동부승지가 되었다.

38세(1600)에 도사영위사(都司迎慰使)로 관서(關西)에 갔는데, 이때 척리(戚里)로 권세를 도모하던 기자헌(奇自獻)을 이조 참판에 의망하려 하자, 정엽이 반대하였고 이 일로 기자헌이 원한을 품었다. 40세(1602)에 폄출되어 종성 부사(鍾城府使)가 되었다. 정인홍(鄭仁弘)에 의해 성혼이 탄핵을 받게 되자, 그의 문인인 정엽이 먼저 폄출된 것이다. 종성 부사로 있던 41세(1603) 때 여진족의 침입으로 7일간 성이 포위되었는데, 성안의 남녀노소를 모두 모아 군복을 입히고 지키게 하였다. 결국 적들이 물러나면서 한 사람만을 포로로 잡아갔는데, 정엽에게 원한을 품은 기자헌이 이 일을 빌미로 삼아 죄안(罪案)을 꾸몄다. 이에 정엽은 동래(東萊)로 좌천되었다가 이듬해 사유(赦宥)를 받아 광릉(廣陵)의 전장(田莊)으로 돌아왔다. 그런 후에 성주 목사(星州牧使), 홍주 목사(洪州牧使), 예조 참의, 성균관 대사성, 사간원 대사간, 호조 참판 등을 역임하였다.

51세(1613, 광해군5)에 계축옥사가 일어나 국구(國舅) 김제남(金悌男)이 죽고 인목대비(仁穆大妃)가 무함을 당하였으며, 영창대군(永昌大君)이 유배되었다. 이 일로 정엽이 진계하려 했으나 모친의 만류로 실행하지 못하여 스스로 책임을 지고 사직하였다. 52세(1614) 때 공조 참판에 제수되었고, 54세(1616) 때 동지의금부사로서 자헌대부(資憲大夫)로 승진하였다. 55세(1617) 당시 인목대비에 대한 폐모론(廢母論)이 형성되려 하자, 외직을 자청하여 양양 부사(襄陽府使)가 되었다. 56세(1618) 때 폐모론이 결정되자 파직당하고 여강(驪江)으로 돌아갔고, 이듬해에 광주로 옮겨 가 살면서 더욱 세상과 멀어졌다. 이때 광해군이 그에게 여러 번 출사하라는 명을 내렸으나, 끝내 나아가지 않았다.

61세(1623, 인조1) 때 인조반정이 일어난 후 대신의 천거로 성균관 대사성이 되었고 동지경연사(同知經筵事)와 원자사부(元子師傅)를 겸하였다. 오래지 않아 사간원 대사간에 임명되고 특명으로 성균관 대사성을 그대로 겸하였다.

당초 정엽이 광릉에 있을 때 한 서생이 반정이 있을 것이라고 알리자 "강상(綱常)이 이미 끊어졌으니 이러한 때에는 종사(宗社)가 중요하다. 그렇지만 만일 일이 잘못되어 사류(士類)가 섬멸되면 일은 이루지 못하고 나라는 따라서 망할 것이다. 나같이 오활한 선비는 천지(天地)의 큰 분수를 지킬 뿐이다."라고 하였다. 또한 그는 광해군을 강화(江華)에 안치시키기 위해 보낼 때, 폐주이긴 하지만 왕으로 섬겼던 분이므로 곡(哭)하면서 보내야 한다고 주장하기도 하고, 광해군이 유배지에서 병이 들자 중종 때 연산군을 대우했던 전례를 들어 필요한 물품을 보내도록 인조를 설득하기도 하였다.

62세(1624) 봄에 이괄(李适)이 모반하자, 도체찰사 이원익(李元翼)의 부사가 되었다. 이후 사헌부 대사헌, 의정부 우참찬에 제수되었고, 이듬해 여름에 향년 63세의 나이로 별세하였다.

이상의 생애를 보면, 정엽은 21세 때 문과에 급제한 이후, 종성 부사로 폄적되었을 때와 폐모론이 일어나 양양 부사가 되었다가 여강에 우거했을 때를 제외하고는 주로 중앙 관료로서 생활을 영위했음을 알 수 있다. 그만큼 그는 선조, 광해군, 인조를 모시면서 임진왜란, 계축옥사, 인목대비 폐모론, 인조반정, 이괄의 난 등 정계의 소용돌이 속에서도 처세를 신중히 하며 유능한 관료로서 능력을 보여 주었다고 할 수 있다. 그러므로 《인조실록》에서 "정엽은 자질이 영민하고 기국이 크며 또 경술(經術)에 능통하였고 관직에 임해 일을 처리하는 데 대단한 능력을 발휘하였다. 광해군 때 정사가 어지러워지자 경기의 사저에 물러가 살면서 누차 관직을 임명받았으나 끝내 부임하지 않았다."[1]라고 한 것이다. 게다가 그는 유가적 명분에 투철하였고 이를 행동으로 옮기고자 했는데, 그의 행장(行狀)이나 신도비명(神道碑銘)[2]에서 그가 광

1 《仁祖實錄》1年 3月 20日, "曄性質英毅, 器局峻整, 且通經術, 當官遇事, 甚有風力. 光海政亂, 退居畿莊, 累有除命, 終不赴朝."

해군 때 폐모론이 일어난 후 사직하여 출사하지 않았던 행동, 인조반정의 사실을 알고도 자신의 분수를 지키고자 했던 자세, 인조반정 이후 광해군에게도 전 군주에 대한 도리를 지키고자 했던 행위 등이 부각된 것 역시 이와 무관하지 않다. 이를 통해 볼 때, 정엽의 생애는 유가적 명분에 충실하여 명실상부한 삶의 지향을 갖고 유능한 관료로서 활약하였다고 평가할 수 있을 것이다.

4. 《수몽집》의 구성과 내용

《수몽집》은 8권 2책으로 구성되어 있다. 권1~3이 책1이며, 권4~8이 책2에 해당한다. 권1에 시 121수, 권2에 제문(祭文) 24편과 묘지(墓誌) 4편과 행장(行狀) 1편, 권3에 잡저(雜著) 7편, 권4에 봉사(封事) 8편, 권5에 차자(箚子) 14편, 권6에 계사(啓辭) 15편, 권7에 교서(敎書) 5편, 권8에 서독(書牘) 15편이 실려 있다.

먼저, 권1의 시는 오언 절구 1수, 오언 단율 26수, 오언 배율 1수, 오언 고시 3수, 칠언 절구 35수, 칠언 율시 54수, 칠언 배율 1수가 각각 창작 시기순으로 나열되어 있다. 1602년 정엽이 종성 부사로 있을 때 창작한 〈꿈에서 어머니를 뵙다〔夢拜慈顔〕〉를 시작으로 종성에서 지은 시들이 많고, 1617년 양양 부사로 재직하던 때 창작한 시도 다수이다. 그 외 박동열(朴東說), 정양(鄭暘) 등 그와 교유한 인물들에 대한 만시(挽詩)도 상당수 수록되어 있다.

2 《象村稿》卷28〈鄭知事行狀〉, 《月沙集》卷44〈左參贊贈右議政諡文肅鄭公神道碑銘〉

권2에는 제문, 묘지, 행장이 실려 있다. 제문에는 정엽의 장인인 이산보(李山甫)와 윤두수(尹斗壽) 등 인물에 대한 제문과 응제(應製)로 지은 치제문(致祭文), 비를 기원하는 제문, 왕릉에 올리는 제문, 신주를 봉안할 때 올린 축문(祝文)이 있다. 또한 묘지는 정엽의 조부인 정선(鄭璇), 부친인 정유성(鄭惟誠), 당숙인 정유명(鄭惟明)과 심협(沈浹)의 모친 구씨(具氏)에 대한 것이며, 행장은 이산보에 대한 것이다.

권3은 잡저로, 사(辭) 1편, 설(說) 2편, 후서(後序) 1편, 기(記) 1편, 녹(錄) 1편, 책제(策題) 1편이다. 〈관창사(觀漲辭)〉는 1619년 정엽이 양양 부사에서 파직되어 고향인 여주(驪州)에서 지낼 때 열흘간 내린 비로 인해 홍수가 난 것을 보고 쓴 작품이다. 〈창포설(菖蒲說)〉은 종성 부사로 있으면서 뜰에 심어 둔 창포에 대해 쓴 작품으로, 문왕(文王)과 주희처럼 창포를 아낀다는 내용이다. 〈후목설(朽木說)〉은 밤중에 빛나던 물체가 아침에 보니 썩은 나무였음을 깨달았다는 내용의 짤막한 글이다. 〈《구봉선생시집》 후서(龜峯先生詩集後序)〉는 스승인 송익필(宋翼弼)의 시집에 대한 후서이다. 〈양성당기(養性堂記)〉는 종성 부사로 있을 때 지은 글로, 김장생(金長生)의 정자에 대한 기문이다. 〈금강록(金剛錄)〉은 1618년(광해군10) 양양 부사로 재직할 당시 금강산을 유람한 체험을 기록한 산수유기(山水遊記)이다. 〈책제(策題)〉는 역법(曆法)과 관련한 책문(策問)의 문제를 담고 있다.

권4에는 봉사가 창작 연대순으로 수록되어 있다. 1594년(선조27)에 올린 〈수찬을 사직하는 상소〔辭修撰疏〕〉를 비롯하여 사직 상소가 여러 편이며, 광해군의 부름에 응하지 않고 올린 〈근친(覲親)을 위해 사정을 진달하는 상소〔乞覲陳情疏〕〉, 〈사정을 아뢰고 대죄하는 상소〔陳情待罪疏〕〉와 송익필의 면천을 청하기 위해 올린 〈죽은 스승 송구봉의 억울함을 씻어 주기를 청하는 상소〔爲亡師宋龜峯伸冤疏〕〉도 있다. 한편 〈만언소(萬言疏)〉는 인조 즉위 초기에 올린 긴 분량의 상소로, 국정(國政)의 폐단을 지적하고 그에 대한 시정 방안을 제시한 것이다.

권5는 차자이다. 1594년 홍문관 수찬으로서 왜란을 겪고 있는 와중에 백성을 보호하고 군졸을 훈련시키기를 권면한 〈옥당에서 올리는 차자〔玉堂箚〕〉가 맨 앞에 수록되어 있다. 그다음으로는 같은 해에 일본과 화친하자는 이정암(李廷馣)을 공박한 〈이정암의 화친하자는 논의를 공박하는 차자〔攻李廷馣和議箚〕〉, 일본이 명나라 황제에게 조공할 수 있도록 봉공(封貢)을 요청하는 주문(奏文)을 보내는 것에 반대한 〈주문에 대해 논하는 차자〔論奏文箚〕〉, 왕수인(王守仁)과 육구연(陸九淵)에 대해 긍정적으로 평가한 이요(李瑤)를 공박한 〈이요를 공박하는 차자〔攻李瑤箚〕〉 등이 실려 있다. 마지막에 수록된 〈유차(遺箚)〉는 정엽이 죽은 후 그의 손자 정원(鄭援)이 승정원에 나아가 올린 글로 인조에게 사욕을 제거하고 국정의 폐단을 혁파하라고 권하는 내용이다.

권6은 계사이다. 우선, 〈승정원에서 올리는 계사〔政院啓辭〕〉라는 제목으로 된 3편은 1612년 전후로 지어진 것이다. 1612년 봉산 군수(鳳山郡守) 신률(申慄)이 어보(御寶)를 위조한 혐의로 김제세(金濟世)를 신문하였는데, 이 과정에서 김제세가 김백함(金百緘)이 반역을 꾀하였다고 고변(告變)하였다. 이 일로 정엽이 역적을 처벌하라고 올린 계사가 바로 그 첫 번째이다. 동일한 제목의 두 번째 계사는 관리의 태만함을 지적하고 광해군에게 경연을 재개할 것을 건의하는 내용이다. 세 번째는 천변(天變)으로 인해 광해군에게 근신할 것을 청하는 내용이다. 그 외 1624년 이괄의 난이 평정된 후 대사헌에 제수되자 쓴 〈대사헌을 인피하는 계사〔大司憲引避啓辭〕〉와 박승종(朴承宗)을 비호한 홍호(洪鎬)를 논핵한 〈홍호를 파직하도록 논핵하는 계사〔劾罷洪鎬啓辭〕〉 등이 수록되어 있다.

권7은 교서로 모두 선조 때 지은 것이다. 〈황해도 관찰사 강찬에게 내리는 교서〔敎黃海道觀察使姜燦書〕〉는 1594년 12월 강찬(姜燦)을 황해도 관찰사로 임명하며 내린 교서이고, 〈강원도 관찰사 윤승길에게 내리는 교서〔敎江原道觀察使尹承吉書〕〉는 같은 해 3월 윤승길(尹承吉)을 강원도 관찰사로 임명하며 내린 교서이다. 〈공주 목사 김상준이 고을을 잘 다스리기에 가자하며 내리는 교서〔公州牧使金尙寯善治加資敎書〕〉는 1599년 8월 공주 목사로 임명된 김상준(金尙寯)의 치적이 조정에 보고되자 그의 품계를 올려 주면서 내린 교서이다. 〈경상도 진주 백성을 조문하고 위로하며 내리는 교서〔敎慶尙道晉州人民弔死問生書〕〉는 1593년 6월 일본군에게 항쟁하였던 진주의 백성들이 몰살된 것으로 알려졌으나 이듬해 진주에 생존자가 남아 있다고 전해지자 선조가 그들을 위로하기 위해 내린 교서이다. 〈대광보국숭록대부 영중추부사 심수경의 치사에 대한 교서〔敎大匡輔國崇祿大夫領中樞府事沈守慶致仕書〕〉는 1596년에 거듭하여 치사를 청한 심수경(沈守慶)에게 치사신(致仕臣)의 고신(告身)을 하사하며 내린 교서이다.

권8에 수록된 서독은 김장생, 한백겸(韓百謙), 신응구(申應榘), 이항복(李恒福), 성문준(成文濬), 이정귀, 이귀(李貴), 정종명(鄭宗溟)과 주고받은 편지이다. 이 중 〈한명길에게 답하는 편지〔答韓鳴吉書〕〉와 〈신자방에게 답하는 편지〔答申子方書〕〉는 사단칠정(四端七情)과 인심도심(人心道心)의 문제를 논하고 있어 정엽의 성리학적 견해를 읽을 수 있다.

5. 작품 세계의 특징

《수몽집》에는 정엽이 평생 남긴 다양한 문체의 글이 수록되어 있다. 정엽의 작품 세계를 정밀하게 검토하기 위해서는 이러한 글의 특징을 살펴보고 이들을 관통하는 작가 의식을 도출하는 작업이 필요하다. 나아가 각 작품의 특징이 다른 작가와 어떠한 차이점을 보이는지 고찰해야 한다. 이러한 과제는 《수몽집》의 번역서가 출간되면서 다른 연구자들에 의해 이루어지기를 기대하며, 우선 본고에서는 다음 세 가지로 정엽의 작품 세계를 간략하게 살펴보고자 한다.

1) 정치적 좌절기의 내면과 산수 탐미를 노래한 시

정엽의 시 중 가장 비중이 큰 것은 종성 부사로 폄적되었을 때 지은 시들이다. 스승인 성혼에 대한 정치적 공격으로 자신이 종성 부사로 폄적된 만큼, 또 종성이 함경도 변방에 위치한 고을인 만큼, 이때 지은 시에는 정치적 좌절로 인한 비탄, 고향과 가족에 대한 그리움, 왕과 조정에 대한 충정이 주로 나타나 있다. 그중 아래의 〈풍산역 판상시에 차운하다〔次豐山驛板上韻〕〉는 종성으로 가는 정엽의 소회를 잘 보여 준다.

변방 다스릴 지략 없음이 부끄러운 것이지	自媿無邊略
낮은 자리에 처함 탄식하는 것이 아니네	非嗟枳棘棲
부침은 원래 정해진 운수 있으니	升沈元有數
고하는 진실로 똑같기 어렵네	大小苦難齊
대궐을 그리느라 외로운 신하는 늙어 가고	戀闕孤臣老

어머니 생각하나 고갯길은 아득하네 思親嶺路迷
시름 잊으려 졸렬한 시구 지으니 排愁題拙句
우습도다 서시의 찡그림을 따라 함이 堪笑效顰西

종성으로 가는 도중 함경남도 풍산역(豐山驛)에서 지은 시이다. 우선 그는 종성 부사 자리를 경시(輕視)하지 않고 오히려 그 역할을 다하지 못하는 것이 부끄럽다고 하며, 정해진 운수 때문에 자신이 정치적 부침을 겪을 수밖에 없다고 말한다. 이렇듯 정엽은 변방으로 폄적된 상황에서 정치적 소외로 인한 좌절보다는 스스로를 위안하고자 하였다. 그러나 군주와 어머니에 대한 그리움은 어쩔 수 없고, 이는 다시 늙고 외로운 자신과 아득한 고갯길이라는 초라한 자아와 자기의 현 위치를 응시하게 만든다. 결국 자신의 위안으로 소외감을 극복하지 못한 정엽이 선택한 것은 작시(作詩)이지만, 그마저도 효빈(效嚬)과 같이 자기 시적 창작 능력을 고려하지 않은 분수를 넘는 행위임을 깨닫고 쓴웃음을 짓는다.

이렇게 자신의 처지에 대한 위안과 초라한 자아의 응시 사이에서 오는 갈등은 정엽이 종성 부사로 폄적된 초기의 심리 상태를 잘 대변한다.[3] 그런데 종성에서 지내는 시간이 지날수록 정엽의 시에서는 스스로를 위안하는 모습은 점차 사라지고 초라하게 늙어 가는 신세를 한탄하는 내용이 주를 이룬다.

성문 닫히려는데 저물녘 호각 소리 구슬프고 欲閉城門暮角哀

3 《守夢集》 卷1 〈病中別親舊〉

성긴 수풀에는 돌아오는 들새만 보인다　　疏林唯見野禽廻
외로운 구름은 신의 있어 가다가 도로 멈추고　　孤雲有信行還止
밝은 달은 정이 많아 졌다가 다시 뜬다　　明月多情去復來
건아가 아닌데 오래 변방에 나와 있으니　　不是健兒長出塞
내 고향 아니기에 대에 오르기 싫어라　　猶非吾土倦登臺
시련 속에 흰머리 많아짐을 한탄하노니　　艱難苦恨繁霜鬢
시를 다 읊고는 다시 술잔 잡노라　　吟罷詩篇更把杯

위 시 〈감회를 적다〔書懷〕〉는 저물녘 변방의 모습에 정엽의 소외감이 절절히 배어 있는 작품이다. 호각 소리가 구슬프고 돌아오는 들새가 눈에 들어오는 이유는 외로운 작가의 심리가 작용했기 때문일 것이다. 3, 4구에서 구름이 떠가고 달이 뜨는 모습을 인격화한 것도 같은 이유에서이다. 이렇게 해 질 무렵의 변방 경관이 처연하게 느껴지는 것은 시의 후반부에서 보다 명확하게 드러난다. 6구에서 자신의 고향이 아니라서 대에 오르기 싫다는 말은 종성의 경관에 대한 부정적 시선이라기보다는 고향에 대한 강한 그리움의 또 다른 표현이다. 결국 고향에 가지 못하는 처지를 한탄하며 시와 술로 달래는 결미의 내용은 종성에서 지은 시가 많은 이유를 짐작하게 한다. 즉 정엽은 종성 부사로 있으면서 정치적 좌절 및 고향과 가족에 대한 그리움을 해소하기 위해 시 창작에 매진했던 것이다.

이와 같은 면은 양양 부사로 재직할 때에도 유사하게 나타난다. 인목대비에 대한 폐모론이 일어나려 하자 외직을 청하여 양양 부사로 부임하게 된 정엽은 단오를 맞아 〈단오에 소회를 쓰다〔端午書懷〕〉를 지어 소회를 표현한다.

관새에는 아득히 고갯길이 비꼈는데　　關塞迢迢嶺路橫
하늘에 닿은 바다는 쇠잔한 성 둘러쌌네　　接天溟渤繞殘城
백발에도 관직에 매인 이 몸이 가엾고　　自憐白髮猶從食
단심으로 고깃국 버리지 못했던 것 부끄럽네　　還愧丹心未舍羹
묵은 풀이 비에 젖는데 누가 선산에 성묘할까　　荒草雨沾誰上墓
성상께서 내리셨던 술잔을 떠올리네　　細氈恩勸憶傾觥
길목에서 또 그네 놀이 보니　　街頭又見鞦韆戲
이날 타향에서 시름이 배가 되네　　此日他鄕倍惱情

아득한 고갯길과 쇠잔한 성은 양양의 경관을 묘사한 것이지만, 사실 종성과 크게 다르지 않다. 게다가 늙고 관직을 버리지 못한 상황 역시 같다. 다만 인목대비에 대한 폐모론을 막지 못한 상황이 다르다. 4구에서 고깃국을 언급하며 영고숙(潁考叔)의 고사[4]를 활용한 부분이 이를 표현한 대목이다. 이 시 역시 후반부에서 자신의 소회가 분명히 드러난다. 선산은 고향에 대한 그리움을, 술잔은 조정에서 받은 총애를 암시한다. 말하자면, 단오에 고향과 조정에서 멀리 떨어져 있어 그에 대한 그리움이 커져 가는 작자의 내면이 이 시의 주제이다.

하지만 양양 부사로 있을 때 지은 시에는 종성과 사뭇 다른 면도 포착된다. 바로 산수를 탐미하며 자연 경관을 읊은 점이다. 이러한

4 춘추 시대 정(鄭)나라 장공(莊公)이 친어머니 강씨(姜氏)가 아우 숙단(叔段)이 반란을 모의하였을 때 가담했다고 하여 강씨를 유폐시켰는데, 영고숙(潁考叔)이 장공이 고깃국을 내려 주었을 때 자기 어머니를 생각하여 먹지 않자, 장공이 그 효심에 감동하여 강씨와의 관계를 회복하였다고 한다. 《春秋左氏傳 隱公元年》

시가 많지는 않지만, 그가 남긴 〈금강록〉과 함께 산수 유람을 통해 창작된 문학의 일면을 보여 준다는 점에서 의미가 있다.

낙산사의 경치 세상에서 으뜸이라	洛山名勝世無儔
때때로 남여 타고 이곳에 이르러 쉬네	時倚藍輿到此休
여강의 신륵사가 가소롭거니와	可笑驪江神勒寺
풍악산 정양사도 논할 것이 못 되네	何論楓嶽正陽樓
황홀히 학을 타고 속세를 벗어나	恍登鶴背超塵界
삼신산을 마주하고 객수를 푸노라	直對鼇頭豁客愁
묻노니 사선이 자취를 남겼던가	借問四仙留迹否
단서로 나도 이 유람을 기록하노라	丹書吾亦記玆遊

정엽은 양양 부사로 부임한 다음 해에 사위 나만갑(羅萬甲), 이상질(李尙質)과 함께 평소 꿈꿨던 금강산을 유람하게 된다.[5] 위의 시 〈사위 이군의 시에 차운하다〔又次李甥韻〕〉는 이상질의 시에 차운한 작품으로, 낙산사의 경치를 그리고 있다. 정엽에게 낙산사의 경치는 여주의 신륵사(神勒寺)와 금강산의 또 다른 사찰 정양사(正陽寺)보다 훨씬 좋았던 모양이다. 그리하여 그는 신선이 된 것처럼 학을 타고 삼신산을 마주하며 객수(客愁)를 푼다고 말한다. 나아가 신라 시대 금강산의 석벽에 글자를 남겼다는 사선(四仙)처럼 자신도 붉은 글씨로 유람을

5 《守夢集》卷3〈金剛錄〉, "欲一見金剛而不可得, 今於垂老之年, 宿願將諧, 其幸三也.……雖以余之衰懶, 亦能慨然而作, 連鑣齊驅, 不覺鞍馬之勤, 道路之遠, 則可謂起予者商也."

기록한다고 한다. 이처럼 양양에서 지은 시에는 산수 유람을 통해 자신의 근심을 잊는 정엽의 모습을 엿볼 수 있다. 물론 이때 지은 시에도 조정과 고향에 대한 그리움이 드러나 있지만, 종성에서 지은 시와 달리 산수를 탐미하고자 하는 모습이 뚜렷하게 보인다.

이처럼 정엽은 중앙 정계에서 활동했던 시기보다는 정치적 사건으로 인해 외직에 물러나 있을 때 주로 시작(詩作)에 몰두하였던 것으로 보인다. 구체적으로 1602년 종성 부사로 폄적되었던 때와 1617년 양양 부사로 재직하던 때이다. 이때 창작한 시는 모두 고향에 대한 그리움과 현실 정치에 대한 좌절, 자기 신세에 대한 한탄 등이 공통적으로 나타난다. 그러나 둘 간에 차이도 보인다. 양양 부사로 있을 때에는 평소 바라던 금강산 유람을 하고 그로 인해 시를 창작하였기 때문에 그 시에는 현실 정치에 대한 관심에서 벗어나 산수에 심취하여 탐미하고자 하는 측면이 강하게 드러난다. 따라서 종성 부사로 재직할 때 창작한 시에는 정치적 좌절에 대한 내면이 강하게 반영되어 있는 반면, 양양 부사로 있을 때 창작한 시에는 산수를 탐미하려는 작가의 모습이 담겨 있으니, 이 두 가지가 정엽의 시 세계를 이루는 큰 축이라고 할 수 있다.

2) 자연 경관의 묘사와 의론이 교직된 유기(遊記)

정엽은 양양 부사로 재임하던 1618년 윤4월 1일부터 14일까지 금강산을 유람하고 이를 바탕으로 〈금강록〉이라는 산수유기를 남겼다. 이 작품은 단일 금강산 유기로 편폭이 길다는 점과 16세기 산수유기의 특징적 면모를 고스란히 갖고 있다는 점, 폐모론의 대두로 인해 외직으로 오게 된 정치적 상황이 창작 배경에 놓인다는 점 등을 고려할 때,

정엽의 중요한 작품으로 꼽을 수 있다. 특히 자연 경관의 묘사와 의론이 교직된 양상은 이 작품을 보다 주목하게 한다.

작품의 말미에서 정엽은 유람을 통해 자연 경관을 보고 현상만 직시할 것이 아니라 그 현상의 이면에 있는 소이연(所以然)을 알아야 유람의 진정한 즐거움을 얻을 수 있다고 말한다. 이를 보면 정엽은 유람을 통해서 자연의 근원적 이치를 파악하고자 했음을 알 수 있다. 따라서 〈금강록〉에는 이러한 철리적(哲理的) 성격의 서술이 자주 등장한다.

> 천일대(天一臺)에 오르니, 곧게 서 있는 아름다운 만이천봉이 눈앞에 펼쳐져 기이한 형상이 남김없이 드러났다. 멀고 가깝고, 크고 작고, 높고 낮고, 뾰족하고 둥글고, 달리는 듯하고 머뭇거리는 듯한 층층이 겹친 봉우리가 푸른빛으로 솟고 흰빛을 두른 모습이 남김없이 다 보였다. 이곳이야말로 진정 뭇 아름다움이 다 모여 있는 곳이라 할 수 있다. 도로써 말하면 우리 유가에서 이르는 '집대성(集大成)'이고, 불가에서 이르는 '하루아침에 단번에 깨달아 막힘없이 크게 통한다.'는 경지이다. 만약 깊이 찾아가고 두루 다니지 않는다면, 어찌 내외와 본말에 대해 막힘없이 통하여 마음으로 환히 알 수 있겠는가.

천일대에서 바라본 경관을 묘사한 장면이다. 우선 봉우리를 묘사한 부분이 이색적으로 다가온다. 원(遠)과 근(近), 대(大)와 소(小) 등 봉우리를 대비적으로 형용하기 위한 글자마다 '자(者)'를 붙여 구성한 긴 구절은 금강산의 여러 봉우리가 갖고 있는 다양한 모습을 나타낸다. 뒤이어 아름다운 봉우리들이 모여 있는 장면을 보고 '집대성'과 '활연대

통'을 말한 점은 자연에서 근원적 이치를 파악하고자 하는 철리적 서술의 경향을 보여 준다. 이렇게 자연 경관의 묘사와 그에 대한 철리적 의론이 교직된 서술 양상은 〈금강록〉의 다른 부분에서도 확인된다. 예컨대 비로봉(毗盧峯)에 오르지 못했을 때를 서술한 대목도 이와 유사하다. 여기서 그는 비로봉에 오른다면 공자(孔子)가 '태산에 올라 천하를 작게 여긴 뜻'을 알 것인데 자신은 오르지 못하여, '우러러볼수록 더욱 높고 우뚝 서 있는 듯하여 미칠 수 없는' 것인지, 아니면 '스스로 한계를 짓는' 것인지 물음을 던진다. 물론 자연 경관에 대한 묘사가 두드러지지는 않지만, 비로봉을 오르지 못한 것과 학문 도야를 연결하는 철리적 의론이 강화되어 있다. 이처럼 유람에서 자연의 근원적 이치를 파악하는 것은 정엽에게 큰 즐거움이었던바, 이러한 점이 자연 경관의 묘사와 철리적 의론의 교직이라는 특징을 낳은 것으로 생각된다.

한편 〈금강록〉의 또 다른 특징은 정엽이 양양 부사에 제수된 배경에서 찾을 수 있다. 1617년 정엽이 외직을 청한 이유는 표면적으로 노모의 봉양 때문이었으나, 그의 행장이나 묘지명에서 언급하였듯이 실제로는 인목대비에 대한 폐모론이 제기되려 했기 때문이다. 〈금강록〉에는 이러한 정치적 배경과 관련한 것으로 짐작되는 부분이 보이는데, 그중 하나가 아래의 인용문이다.

> 앞에는 고개 하나가 하늘을 가로지르고 있으니 이름이 쇄랑령(洒郞嶺)이었다. 구불구불 백번 꺾인 길을 따라 내려오는데, 마치 만 길의 구덩이로 떨어지는 듯하였다. 서로 마주 보고 서 있는 좌우의 절벽은 끊어질 듯 이어질 듯하며 뛰는 듯 엎드린 듯하고, 쪽 찐 머리처럼 보이기도 하고 우뚝하게 홀로 서 있는 것처럼 보이기도 하였다.

골짜기 입구에 이르러 보니, 거대한 바위 하나가 아래로는 땅에 박혀 있고 위로는 하늘까지 치솟아 있었는데, 그 높이와 크기를 형용할 수 없었다. 큰 내가 고개 밑에서 발원하니, 배 같기도 하고 구유 같기도 한 것은 못이고, 흩어지거나 쏟아지는 것은 냇물이고, 암벽에서부터 수십 길, 혹은 열 길 쏟아져 내리는 것은 폭포였다. 큰 소나무를 깎아 양쪽 기슭에 걸쳐 둔 것이 높이는 100여 자이고 넓이는 4, 5칸인 것은 판교(板橋)이고, 별이 펼쳐지고 바둑알이 벌여 있는 듯하며 눈처럼 흰 것은 바위이고, 가파르게 경사진 채로 허공에 위태롭게 걸쳐진 것은 잔로(棧路)였다. 다리를 지나고부터는 산이 더욱 기이하고 물이 더욱 넓어지면서 서로 굽이져 감도는데, 이와 같은 것이 40리 이어지다가 바다에 이르렀다.

아, 쇄랑동(洒郎洞)의 맑고 빼어남은 만폭동과 우열을 겨룰 만한데, 유독 이곳은 전혀 세상에 알려지지 않았다. 세상에 잘 알려지고 알려지지 못하고가 사물에도 그러하니, 알아주는 사람을 만나고 만나지 못하고가 다른 것인가. 아니면 그 사이에 운수가 있는 것인가. 먼지에 찌든 세속의 발길이 장차 이곳을 더럽힐 듯하여 산수의 신령이 아끼고 감추어 드러내지 않은 것인가.

내가 듣건대 관리들이 행차할 적에는 험한 길을 꺼려서 이 길로 다니지 않고 승려들만 때때로 왕래한다고 하니, 세상에 알려지지 않은 것이 당연하다. 그렇지만 알려지거나 알려지지 않거나 산수에 무슨 상관이 있겠는가. 지금 천년이 지나서 내가 알게 되었으나 내가 명성과 기세를 이 세상에 떨치지 못했고 문장도 훗날 빛을 발하지 못할 것이니, 세 치 혀를 놀려 침이 마르도록 칭찬한들 끝내 무슨 보탬이 되겠는가.

나 역시 세상에서 알아주는 사람을 만나지 못한 자이다. 장차 새가 날아가고 표범이 숨듯이 이곳에 은거하여 암혈에 거처하며 흐르는 물을 감상하면서 여생을 마친다면, 이 산이 세상에 명성을 떨치는 것이 비록 강절(康節)의 백원산(百源山)과 고정(考亭)의 무이산(武夷山)에는 못 미치더라도, 벼슬길의 첩경이 된 종남산(終南山)과 이문(移文)을 보내어 조롱했던 북산(北山)보다는 훨씬 나을 것이다. 그렇다면 나와 이 산이 만난 것이 장차 어떠하겠는가.

인용문 전반부에는 쇄랑동의 경관에 대한 묘사이고, 후반부는 쇄랑동이 세상에 알려지지 않은 것에 대한 의론이다. 앞서 본 부분과 같이 자연 경관의 묘사와 그에 대한 의론이 교직되어 있는데, 여기서 의론은 근원적 이치를 탐구하는 것이 아니라, 불우(不遇)와 관련된 것이다.

먼저 자연 경관에 대한 묘사는 멀리서 쇄랑령을 본 데에서 시작된다. 여기서는 멀리서 보이는 절벽을 다양한 형태로 열거함으로써 이루어 낸 입체적인 묘사가 돋보인다. 이어서 쇄랑동 입구에서 본 경관을 서술하는데, 이는 자연물 하나하나에 초점을 맞춰 형용한다. 이처럼 작가의 시선은 마치 광각렌즈에서 망원렌즈로 교체되듯이 극적으로 변화한다. 이뿐만 아니라, 쇄랑령을 멀리서 바라볼 때는 길을 내려오며 절벽을 아래로 내려다보았다가, 쇄랑동에 들어와서는 땅에서부터 하늘까지 솟아 있는 바위를 올려다보기 때문에 시선이 하강하다 상승하는 변화를 보인다. 이러한 시선의 중층적 변화는 자연의 웅장함과 거대함을 효과적으로 표현하는 데다 역동적인 분위기를 자아낸다.

다음 불우와 관련한 의론 부분은 작가의 심사를 쇄랑동에 투사하여 나타내고 있다. 사실 사람에 대한 불우의 관점을 자연물에까지 확장하고 이를 운수의 결과로 보고자 하는 것은 16세기 산수유기의 보편적인 양상이다.[6] 다만 눈길을 끄는 부분은 이것이 작가와 보다 밀착된 형태로 기술된다는 점이다. 인용문에서 보이듯이 정엽은 자신 역시 쇄랑동과 같이 불우한 인물임을 지적하고, 여기에 은거한다면 쇄랑동이 세상에 명성을 떨칠 것이라고 말한다. 불우한 두 존재가 서로 만남〔遇〕으로써 불우를 극복한다는 논리인데, 이것이 자신의 은거를 통해 이루어진다는 점에서 현실적 의미가 있다. 정엽이 외직을 자청하여 양양 부사가 된 데에는 인목대비 폐모론이라는 정치적 요인이 있었고, 그가 이 당시 정말로 은거를 바랐기 때문이다. 〈금강록〉에는 금강산을 은거의 공간으로 인식하는 정엽의 모습이 확인되는데,[7] 이 역시 같은 맥락으로 읽힌다. 게다가 그가 금강산 유람을 마치고 정양사에서 쓴 시에서 "이제부터 벼슬 않기로 마음먹네. 오류선생이 어제의 잘못 깨달은 것처럼."[8]이라고 하고, 이후 실제로 벼슬을 그만두고 은거하였던 행적을 통해 볼 때, 쇄랑동의 불우는 곧 정엽 자신의 불우이며 이를 은거로써 극복하고자 한 것 역시 자신의 상황에서 취하고자 한 현실적 행동이었음을 짐작할 수 있다.

이상에서 살펴보았듯이 정엽의 〈금강록〉은 자연 경관의 묘사와 의론이 교직되어 있는 서술이 특징적이라고 할 수 있다. 물론 산수유기는

6 이와 관련해서는 안득용, 〈17세기 후반~18세기 초반 山水遊記 硏究 -農巖 金昌協과 三淵 金昌翕을 중심으로-〉, 고려대 석사학위논문, 2005, 16~17쪽 참조.

7 《守夢集》 卷3 〈金剛錄〉, "論山水曰: '此地視烈山, 大康最勝. 近畿若得如此處, 可終老無悶.' 兩甥曰'以吾輩所覩記言, 環畿輔數百里, 果難等此地. 然如鳳頭, 江山絶勝, 捨是, 菟裘於何? 聘父年位, 正合退休, 時不可失'云. 斯言足立懶."

8 《守夢集》 卷1 〈正陽寺次湖陰韻〉, "從今已判投簪計, 五柳先生悟昨非."

서경(敍景)을 위주로 하기 때문에 자연 경관의 묘사는 일종의 필수적 서술 형태이며, 자연에 대해서 철리적 의론이나 불우의 관점을 보이는 것 또한 16세기 산수유기의 정형적 면모이다. 하지만 이 각각의 서술들이 교직되면서 문학적 형상화가 돋보인다는 점과 작가의 현실적 상황이 밀착되게 반영되어 있는 점은 여타의 산수유기와 차별되는 지점이다.

3) 사단칠정론과 인심도심론의 논쟁을 담은 서독(書牘)

정엽은 이이의 초전문인이자 송익필과 성혼의 문하에도 출입하며 성리학을 수학하였고, 《근사록석의(近思錄釋疑)》라는 저술을 남겼을 만큼 성리학에 조예가 깊었던 인물이다. 《수몽집》에 수록된 서독 가운데 〈한명길에게 답하는 편지〔答韓鳴吉書〕〉는 사단칠정(四端七情) 및 인심도심(人心道心)과 관련한 정엽의 견해를 확인할 수 있는 중요한 자료이다.[9]

본 절에서는 이에 대해 살펴보기로 하되, 이 편지의 비판 대상이 되는 한백겸(韓百謙)의 〈사단칠정설(四端七情說)〉을 함께 봄으로써 둘 간의 논쟁을 재현해 보기로 한다. 먼저 한백겸은 사단칠정에 대해 다음과 같이 말한다.

> 형기(形氣)가 발하는 것을 칠정(七情)이라고 하고 의리(義理)가 발하는 것을 사단(四端)이라고 하는데, 사단은 도심(道心)이고, 칠정

9 〈신자방에게 답하는 편지〔答申子方書〕〉에도 사단칠정과 인심도심에 관련한 내용이 있으나 〈한명길에게 답하는 편지〉의 내용과 중첩되므로, 본고에서는 〈한명길에게 답한 편지〉를 중심으로 살펴보기로 한다.

은 인심(人心)이다. 사람의 몸이 온갖 변화에 대응할 때 칠정만 있을 뿐이니 칠정 외에 별도로 사단이 있는 것이 아니다.

한백겸은 칠정을 형기의 발현으로, 사단을 의리의 발현으로 보아 사단을 도심으로, 칠정을 인심으로 구분한다. 그런데 또다시 사람이 변화에 대응할 때에는 칠정만이 있다고 하고 그 칠정은 사단과 따로 있는 것이 아니라고 한다. 즉 사단과 칠정을 이와 기에 분속시켜 사단은 이발(理發), 칠정은 기발(氣發)로 보는 이황(李滉)의 이기호발설(理氣互發說)을 따르면서도 칠정과 사단을 따로 두지 않는 이이의 '칠정포사단(七情包四端)'[10]의 이론을 수용하고 있다. 먼저 정엽은 이러한 모순에 대해 〈한명길에게 답하는 편지〉에서 다음과 같이 비판한다.

보내신 편지에서 "칠정 외에 별도로 사단이 있는 것이 아니다."라고 하셨으니, 적확한 견해요 바꿀 수 없는 논설입니다. 그런데 또 사단을 도심이라고 하고 칠정을 인심이라고 하셨으니, 어찌 이리 위아래의 말뜻이 서로 모순됩니까. 사단을 도심이라고 하면 괜찮지만, 칠정을 다만 인심이라고 말할 수 있겠습니까. 칠정을 전적으로 인심이라고 한다면 사단은 별도로 사단이 되어서 칠정 가운데 있지 않은 것입니까.

정엽에 따르면, 칠정은 사단을 포함하므로 사단을 도심이라고 하는

10 《栗谷全書》卷10 〈答成浩原〉, "七者之外, 無他情. 四端只是善情之別名, 言七情, 則四端在其中矣."

것은 괜찮지만, 칠정을 인심이라고만 할 수 없다. 칠정 자체가 사단인 도심을 내포하고 있기 때문이다. 따라서 정엽은 사단과 칠정을 나누어 이발과 기발로 보는 한백겸의 견해를 부정한다. 이는 이이가 "사단은 도심만을 말한 것이고, 칠정은 인심과 도심을 합하여 말한 것이다."라고 한 것과 상통한다.[11]

또한 한백겸은 사단과 칠정의 근원을 각각 인의예지(仁義禮智)와 오장(五臟)으로 파악하는데,[12] 이에 대해 정엽은 아래와 같이 말한다.

> '기발(氣發)' 두 글자를 미루어 끝까지 가서 "간(肝)이 발하는 것이 기쁨과 사랑이 되고 폐(肺)가 발하는 것이 노여움과 미움이 된다."라고 말하는 데 이르렀으니, 저의 의혹이 더욱 심해집니다. 옛사람이 말한, 칠정 가운데 형기의 사사로움이라는 것은 이(耳), 목(目), 구(口), 비(鼻)를 가리켜 말한 것입니다. 이, 목, 구, 비는 느끼는 바가 비록 다르지만 그것을 느끼게 하는 것은 마음일 뿐입니다. 칠정을 오장(五臟)이 발하는 바라고 여긴다면 말이 안 될 듯합니다.……기쁨은 간이 발하는 것이고 미움은 폐가 발하는 것이며 오장이 각기 한둘의 정(情)을 발한다고 말한다면, 주자가 "마음의 지각은 하나이다."라고 한 뜻과 어찌 그리 동떨어진 것입니까. 사단을 인의예지가 발하는 것으로 여기고 칠정을 오장이 발하는 것으로 간주하니, 형의

11 《栗谷全書》卷10〈答成浩原〉, "七情之外, 更無四端矣. 然則四端專言道心, 七情合人心道心而言之也."

12 《久菴遺稿》上〈四端七情說〉, "仁之發爲惻隱, 禮之發爲辭讓, 義之發爲羞惡, 智之發爲是非, 而信實乎其中矣. 肝之發爲喜爲愛, 心之發爲樂, 肺之發爲怒爲惡, 腎之發爲哀爲欲, 脾思乎其間矣."

설과 같다면 이는 칠정이 사단과 분리되는 것이며, 발하는 바가 다섯 곳이 되는 셈입니다.

본래 칠정은 이목구비의 접촉에 의해 느끼는 것이지만, 마음이 칠정의 감정을 느끼게 하므로 칠정의 근원은 마음 하나에 있다. 그러므로 칠정을 각각 오장에 분속하면, 주자가 말한 "마음의 지각은 하나이다."라는 설에 위배되며, 칠정의 근원이 다섯 곳이 되어 버린다. 게다가 사단 역시 인의예지의 발현으로 본다면, 사단과 칠정을 분리하는 셈이다. 이상이 바로 정엽의 논리이다.

이처럼 한백겸은 이황의 이기호발설에 따라 사단과 칠정의 관계를 분리하여 이해하고 있다. 그런데 다시 그는 굶주린 자가 상대에게 음식을 얻으면 기뻐하기 마련이지만, 상대가 자신의 넓적다리를 베어서 주거나, 호통하며 발로 차서 주면 측은지심이나 수오지심이 생기는 것처럼, 기뻐하는 가운데에서도 그 상황에 따라 각각 사단이 생긴다고 한다. 따라서 하나의 정에 사단이 구비되어 있고 느끼는 바에 따라 절제하면 기쁨이 절도에 맞게 된다고 주장하기에 이른다.[13] 정엽은 이에 대해서도 다시 부정한다.

보내신 편지에서 "한 가지 정(情) 안에 사단이 모두 구비되어 있다."라고 하셨는데, 이는 정자(程子)가 인(仁)이 사덕(四德)을 포괄한다고 이른 것과 주자(朱子)가 얼굴이 붉어지는 것을 측은지심(惻隱

13 《久菴遺稿》上〈四端七情說〉, "槪而論之, 則四端與七情各有所從來, 而分而言之, 則一情之中, 皆具四端. 何者?……有此四者, 隨所感而爲之節制, 則其喜爲中節矣."

之心)으로 여긴 것과 서로 비슷하지만 실제로는 그렇지 않은 점이 있습니다. 대개 마음의 덕에는 네 가지가 있는데 인(仁)은 이 네 가지를 모두 포괄합니다. 그러므로 수오지심(羞惡之心)이라도 인은 또한 그 가운데를 관통한다고 한 것일 뿐, 하나의 정(情) 안에 각기 사단을 구비한 것이 아닙니다. 측은(惻隱)은 스스로 측은이고, 수오(羞惡)는 스스로 수오이고, 사양(辭讓)은 스스로 사양이고, 시비(是非)는 스스로 시비여서 각기 조리가 있고 면모가 같지 않으니 뒤섞어서 말해서는 안 될 듯합니다.

정엽은 한백겸의 주장이, 인이 의·예·지·신의 사덕을 관통한다고 했던 정자나 측은지심이 있어야 나머지 수오지심·사양지심·시비지심이 있게 된다고 했던 주자의 견해와 유사하나, 잘못되었음을 지적한다. 오상(五常)에서 인과 사단에서 측은지심이 나머지를 모두 관통하듯 하나의 정이 사단을 관통하여 모두 갖출 수 없다는 말이다. 그리하여 정엽은 사단은 각각 존재하는 것으로 뒤섞여 있지 않다고 강조한다.

한편 한백겸은 "도심을 발하는 것은 기(氣)이고, 인심에 근원이 되는 것은 이(理)이다."라는 이이의 언급을 비판한다.[14] 정엽은 이에 대해서 '발(發)' 자와 '원(原)' 자가 온당하지 않은 듯하다고 한다.[15] 이는 '발' 자와 '원' 자에 담긴 함의가 단일하지 않기에 오해의 소지가 있기 때문

14 《久菴遺稿》上〈四端七情說〉, "或以爲: '發道心者, 氣也; 原人心者, 理也.' 又曰: '發之者, 氣也; 所以發之者, 理也. 此則理只爲前所以然之故, 而於後所當然之則, 脈絡不通.'"

15 《守夢集》卷8〈答韓鳴吉書〉, "栗谷所謂'發道心者, 氣也; 原人心者, 理也,' 下'發'字、'原'字於道心、人心上, 俱似不穩, 而原人心之'原'字尤不穩."

이기도 하지만, 기본적으로 한백겸이 따르는 이기호발설과 정엽이 따르는 기발이승설의 차이에서 비롯된 것으로 보인다.

앞서 정엽이 지적했듯이 한백겸은 이(理)가 발하는 것을 사단이라고 하고 사단은 다시 도심이라고 하였으며, 또 기(氣)가 발하는 것이 칠정이고 칠정은 다시 인심이라고 하였다. 따라서 이기호발설을 따르는 한백겸에게는, 도심은 순선한 것인데 그러한 도심을 발하는 것이 선과 악이 혼재되어 있는 칠정이나 기발이 될 수 없고, 또 선과 악이 혼재되어 있는 인심의 근원이 순선한 이일 수가 없는 것이다.

나아가 한백겸은 "발하는 것은 기(氣)이고 발하게 하는 소이(所以)는 이(理)이다."라는 이이의 언급에 대해 "이전에만 소이연(所以然)의 까닭이 될 뿐이고, 이후에 소당연(後所當)의 법칙에 있어서는 맥락이 통하지 않는다."라고 비판한다.[16] 기발이승의 작용에서 이발(已發) 이후에 이가 가지는 법칙으로써의 역할이 없음을 지적한 것이다. 이에 대해 정엽은 이가 이발 후에도 항상 존재하고 관계한다고 설명함으로써 이이의 본의를 드러낸다.[17] 이것은 '이는 본말과 선후가 없다'는 이이의 이통기국설(理通氣局說)의 내용과 다르지 않다.[18]

살펴보았듯 정엽은 사단칠정과 인심도심에 대한 체계적이고 구체적인 논의를 남기지는 않았으나, 한백겸과 편지를 주고받으며 그에 대한

16 41쪽 주14 참조.

17 《守夢集》 卷8 〈答韓鳴吉書〉, "凡發之者, 氣也; 所以發者, 理也, 而所以發之理, 未嘗不貫通流行於已發之中. 此栗谷之意也, 非以理氣分前後, 而已發之後則理不相管云云也. 兄無乃易其語而不深究其意乎?"

18 《栗谷全書》 卷10 〈答成浩原〉, "理通者, 何謂也? 理者, 無本末也, 無先後也. 無本末. 無先後. 故未應不是先, 已應不是後."

논쟁을 벌였다. 그는 칠정과 사단을 분속하고, 한 가지 정에 사단이 갖추어져 있다고 주장하며, 칠정의 근원을 오장으로 파악하는 한백겸의 견해를 조목조목 비판한다. 나아가 기발이승의 작용에서 이발 이후 이의 역할이 분명하지 않다는 한백겸의 문제 제기에 대해서 그는 이이의 이통(理通) 논리를 들어 부정한다. 따라서 정엽은 이이의 이기론을 철저하게 계승한 인물이라고 할 수 있으며, 그의 서독 가운데 〈한명길에게 답한 편지〉는 그가 이이의 이기론을 어떻게 계승하고 이해하고 있는지 가늠할 수 있는 중요한 자료이다.

6. 맺음말

이상으로 《수몽집》의 판본 사항, 구성과 내용, 정엽의 생애, 그리고 그 작품 세계까지 살펴보았다. 사실 정엽은 선조에서 인조에 이르기까지 갖은 혼란 속에서 큰 정치적 시련 없이 요직을 거쳤던 인물이다. 따라서 그는 유능한 관료라고 할 수 있다. 하지만 시문 창작에 그리 적극적이었던 문인은 아니다. 요컨대 정엽은 문인보다는 관료에 가까운 인물이다. 이는 문집의 분량이 많지 않고 봉사, 차자, 계사 등 정치적 실용에 의해 창작된 글이 많다는 점에서도 확인된다. 그러나 남긴 글이 적다고 해서 그 가치가 작은 것은 아니다. 특히 그의 시는 당시 그 삶의 굴곡을 문학적으로 형상화하였고, 〈금강록〉은 16세기 산수유기의 정형을 띠면서도 철리적 의론이나 불우의 관점이 작가의 상황과 밀착되게 서술되어 있어 주목할 만하다. 게다가 그가 남긴 서독 중 〈한명길에게 답한 편지〉는 이이를 계승한 사단칠정론과 인심도심론을 개진한 것으로, 기호성리학의 전개를 보여 주는 중요한 작품이다.

물론 이것이 정엽의 문학 세계의 전부는 아니다. 그가 남긴 많은 수의 소차류(疏箚類) 산문이나 교서 역시 정치와 문학 연구에 도움이 될 자료이다. 이에 대한 연구가 본 번역서의 출간을 통해 보다 활발하게 진행되기를 희망한다.

참고문헌

한백겸(韓百謙), 《구암유고(久菴遺稿)》, 한국문집총간 59, 민족문화추진회, 1990.
신흠(申欽), 《상촌고(象村稿)》, 한국문집총간 71～72, 민족문화추진회, 1991.
이정귀(李廷龜), 《월사집(月沙集)》, 한국문집총간 69～70, 민족문화추진회, 1991.
이이(李珥), 《율곡전서(栗谷全書)》, 한국문집총간 44～45, 민족문화추진회, 1989.
정엽(鄭曄), 《수몽집(守夢集)》, 한국문집총간 66, 민족문화추진회, 1991.
정엽(鄭曄), 《수몽선생집(守夢先生集)》, 1661년간, 규장각 소장(古 3428-120).
정엽, 《수몽선생집》, 1661년간, 국립중앙도서관 소장(한古朝46-가1513-2=複).
정엽, 《수몽선생집》, 1669년간, 장서각 소장(K4-6206).
정엽, 《수몽선생집》, 1669년간, 고려대 소장(석주 D1 A1096).
정엽, 《수몽선생집》, 1925년간, 규장각 소장(奎 15530).
춘추관 편, 조선왕조실록(朝鮮王朝實錄), 국사편찬위원회 영인본, 1969.
안득용, 〈17세기 후반～18세기 초반 山水遊記 研究 -農巖 金昌協과 三淵 金昌翕을 중심으로-〉, 고려대 석사학위논문, 2005.
유지웅, 〈수몽 정엽의 생애와 성리학〉, 《孔子學》 18, 한국공자학회, 2010.
이경수, 〈정엽의 생애와 시 세계〉, 《한국한시작가연구》 8, 한국한시학회, 2003.
정한기, 〈鄭曄의 「金剛錄」에 나타난 議論의 양상 연구〉, 《규장각》 24, 서울대학교 규장각한국학연구원, 2001.

수몽집

제1권

오언 절구 五言絶句
칠언 절구 七言絶句
오언 단율 五言短律
칠언 율시 七言律詩
오언 배율 五言排律
칠언 배율 七言排律
오언 고시 五言古詩

오언 절구 五言絶句

꿈에서 어머니를 뵙다[1] 임인년(1602, 선조35)

夢拜慈顔 壬寅

꿈에서 수척해진 어머니 뵙고 夢裏慈顔瘦
슬퍼하며 안부를 물었네 相悲問起居
깨어 보니 아직도 북쪽 변방인데 覺來猶北塞
텅 빈 새벽 창에 싸늘한 달빛이 비쳐 드네 寒月曉窓虛

1 꿈에서 어머니를 뵙다 : 이 시가 쓰일 당시, 조정은 유영경(柳永慶), 정인홍(鄭仁弘) 등 북인(北人)이 진출하여 서인(西人)을 공격하는 형국이었다. 정철(鄭澈)과 교유하였다는 이유로 성혼(成渾)의 관직이 삭탈되고 그 문인들이 폄출되었는데, 성혼의 문인인 정엽 역시 이로 인해 함경북도 종성 부사(鍾城府使)로 좌천되었다. 이하의 시는 종성 임소에 있을 때 지은 것이다.

오언 단율 五言短律

부령[2] 벽상의 시에 차운하다
次富寧壁上韻

호산은 높이 하늘을 찌르고	胡山高揷天
청해는 아득히 끝이 없네	青海浩無邊
멀리 바라보니 구름이 천 리요	遠望雲千里
먼 길 온 뒤 달이 두 번 차올랐네	脩程月再圓
스스로 위편삼절 기약했을 뿐인데	自期編可絶
누가 나더러 화살로 버들잎 뚫는다[3] 했던가	誰道葉能穿
변변찮은 녹봉이 늙음을 재촉하니	五斗催華髮
관직에서 물러나면 오히려 신선 같겠네	休官却是仙

2 부령(富寧) : 정엽이 좌천된 함경북도 종성(鍾城)과 인접한 고을이다.

3 화살로 버들잎 뚫는다 : 능력이 뛰어남을 뜻한다. 초(楚)나라 양유기(養由基)가 활을 잘 쏘아서, 100보 밖에서 화살로 버들잎을 쏘아 맞혔다고 한다. 《史記 周本紀》

풍산역[4] 판상시에 차운하다

次豐山驛板上韻

변방 다스릴 지략 없음이 부끄러운 것이지	自媿無邊略
낮은 자리에 처함 탄식하는 것이 아니네	非嗟枳棘棲
부침은 원래 정해진 운수 있으니	升沈元有數
고하는 진실로 똑같기 어렵네	大小苦難齊
대궐을 그리느라 외로운 신하는 늙어 가고	戀闕孤臣老
어머니 생각하나 고갯길은 아득하네	思親嶺路迷
시름 잊으려 졸렬한 시구 지으니	排愁題拙句
우습도다 서시의 찡그림을 따라 함이[5]	堪笑效顰西

4 풍산역(豐山驛) : 함경북도 회령(會寧)에 있다.

5 서시(西施)의……함이 : 자신의 재주는 헤아리지 않고 억지로 남을 흉내 내는 것을 비유하는 말이다. 미인 서시가 심장병을 앓아 얼굴을 찡그리자, 이웃의 추녀가 이를 아름답게 여겨서 자신도 가슴을 부여잡고 얼굴을 찡그렸더니, 마을 사람들이 모두 놀라 달아났다고 한다. 《莊子 天運》

병마절도사 윤계초[6]가 용성 본영으로 향했다. 떠날 때 시[7]를 부쳐 왔기에 차운하여 드리다 5수

兵相尹季初向龍城本營臨行寄詩次呈 五首

부월 잡고 새로이 범중엄[8]으로 추대되었고	將鉞新推范
문단에서는 원래부터 종군[9]을 압도했네	文場舊壓終
조용히 담소해도 위엄 있는 명성 드러나고	威名談笑裏
지휘하는 가운데 웅대한 지략 있네	雄略指揮中
싸우지 않는 것이 잘 싸우는 것보다 낫고	不戰逾能戰
공이 없는 것이 곧 공이 있는 것이네	無功是有功
조주 자사 한유는	潮州韓刺史
백발로 마음껏 궁귀를 조롱했네[10]	白首謾嘲窮

6 윤계초(尹季初) : 윤안성(尹安性, 1542~1615)으로, 본관은 파평(坡平), 자는 계초, 호는 명관(冥觀)이다. 1602년(선조35) 7월 함경도 병마절도사가 되었다.

7 떠날 때 시 : 윤안성의 〈효의병침사군약구(曉倚病枕思君略構)〉로, 《명관유고집(冥觀遺稿集)》 권2에 실려 있다.

8 범중엄(范仲淹) : 북송(北宋)의 정치가로, 1038년 이원호(李元昊)가 서하(西夏)에서 제위(帝位)에 오르자, 섬서 경략안무초토부사(陝西經略安撫招討副使)가 되어 서하에 대한 대책을 맡아 그 침입을 막았다.

9 종군(終軍) : 한 무제(漢武帝) 때의 사람으로, 문학과 언변이 매우 뛰어나 18세에 박사제자(博士弟子)로 선발되고, 이어 간대부(諫大夫)에 올랐다. 또한 20세에 남월(南越)에 사신으로 가서, 남월왕에게 복속하도록 설득하여 사명을 완수하였다. 《漢書 終軍傳》

10 조주……조롱했네 : 한유는 819년 조주 자사(潮州刺史)로 부임했고, 후에 〈송궁

교제의 도 누군들 시작을 잘못하겠는가	交道誰無始
사람들 유종의 미 거두는 경우 드무네	人情鮮有終
조정에 있을 때 나는 공을 따랐고	追君前席下
공은 후배들 중에 나를 인정해 주셨네	許我後生中
합문에 누워 한가히 지내도[11]	臥閤容衰懶
묘한 공에 의지해 변방을 평정하리라	淸邊倚妙功
대장기는 어느 곳에 머무를 것인가	牙旌何處駐
가는 길에는 바다와 하늘이 다하였으리라	歸路海天窮

세월은 쉼이 없으니	晨暝無停歇
타향에서 묵은해가 저물었네	他鄉舊歲終
꿈속에 어머니 얼굴 보이고	慈顔魂夢裏
뿔 나팔 소리에 고향 생각 일어나네	羈思角聲中
병들어 누웠으니 시가 변변찮아지고	臥病慙詩力
시름을 달래려고 술에만 의지하네	寬愁喜酒功
오랑캐가 바로 물 건너편에 있으니	氈裘只隔水
이곳이 변방임을 문득 깨닫네	便覺地維窮

문(送窮文)〉을 지었다. 자신을 궁하게 만드는 궁귀(窮鬼)들을 쫓아내는 내용인데, 궁극적으로는 궁함에 얽매이지 않고 도를 지키는 스스로에 대한 자부심을 드러낸 글이다. 《古文眞寶 後集 卷3 送窮文》

11 합문(閤門)에……지내도 : 굳이 힘쓰지 않아도 맡은 지역이 잘 다스려진다는 뜻이다. 한나라 급암(汲黯)이 동해 태수(東海太守)가 되었는데, 병이 들어 합문 안에 누워 정사를 오랫동안 돌보지 못했는데도 동해가 잘 다스려졌다고 한다. 《史記 汲黯列傳》

변방 길은 강을 따라 멀리 뻗어 가고　塞路臨江迴
호산은 바다 곁에서 끝나네　胡山傍海終
한가로이 누웠으니 병이 나아지고　病消閑臥裏
고심하며 읊다 보니 시가 단단해지네　詩健苦吟中
물러나 소나 타며 은거하고 싶을 뿐　擬作騎牛客
큰 공을 세우는 데 마음 두지 않네　無心汗馬功
시대를 근심하느라 속절없이 머리만 세어 가니　憂時空白髮
어찌 일신의 궁함을 한스러워하랴　何恨一身窮

석 달 동안 병치레하다 보니　患豎連三月
봄이 어느새 끝나 버렸네　東君倏已終
성은 푸른 바다에 임하였는데　城臨青海上
흰 구름 바라보니 넋이 끊기네[12]　魂斷白雲中
자신을 위한 계책은 좋은 수가 없고　身計無長策
변방의 근심은 사소한 것만 살피네　邊憂察小功
늘그막에 편안히 운명을 받아들이니　白頭聊信命
우리의 도는 궁한 대로 맡겨 두는 것이네　吾道任奇窮

12 흰……끊기네 : 고향의 부모를 사무치게 그리워함을 말한다. 적인걸(狄仁傑)이 병주(幷州)로 부임하여 태항산(太行山)에 올라가 남쪽을 바라보다가, 흰 구름이 떠가는 것을 보고 좌우 사람들에게 "나의 부친이 계신 곳이 저 구름 밑이다."라고 말하고는 한참 동안 우두커니 서서 바라보다가, 구름이 옮겨 가자 자리를 떴다고 한다. 《舊唐書 狄仁傑列傳》

권생과 이생에게 주다 2수

贈權李兩生 二首

권생(權生)과 이생(李生)은 동호촌(東湖村)의 벗이다. 지난해 나를 따라왔다가 기한이 넘어서 돌아가겠다고 고하기에, 마음이 암담해져 이 시를 준다. 권생의 이름은 응길(應吉)이요 이생의 이름은 태형(泰亨)이니, 모두 업무(業武)이다.

동호(東湖)에서 나란히 말을 급히 몰았는데	東廓聯鑣急
수주[13]에서 함께 괴로움 맛보았네	愁州喫苦同
들판에 눈이 덮여 창은 환하고	窓明連野雪
산을 흔드는 바람이 뜨락에 몰아치네	庭吼撼山風
오랜 객지 생활에 얼굴은 수척해졌으나	久客容顏改
긴 노래에 의기는 웅장하네	長歌意氣雄
봄이 되어 송별하는 일 잦아지니	春來頻送別
누가 변방의 늙은이와 벗하겠는가	誰伴塞垣翁

서실이 고요한 호수에 임해 있는데	書室臨湖靜
소나무 그림자 저물녘 모래밭에 드리우네	松陰影晚沙
아득한 길에 푸른 풀빛 가지런하고	碧齊迷逕草
작은 정원에 붉은 꽃이 시들어 가네	紅謝小園花
먼 변방에 있는 외로운 이 몸	塞外孤身遠
봄이 오니 묵은 병이 심해지네	春來舊病加

13 수주(愁州) : 함경북도 종성(鍾城)의 옛 이름이다.

우리 집 종복 게으름 심할 터이니 長鬚應懶甚

전토를 지키라 잘 타일러 주게 勤勅護桑麻

병마절도사 명관 영장과 작별하다[14]

奉別兵相冥觀令丈

옥절 들고 엄숙히 병영에 임하고　　玉節臨營肅
동장 지니고 깊숙이 관부에 들어앉았네　　銅章臥閤深
약을 보내 각별히 병세를 묻고　　藥封偏問豎
글 지어 몇 번이나 시에 화답했던가　　詞翰幾賡吟
변방 요새에서 사생의 이별을 하니　　絶塞死生別
노쇠한 나이에 헤어지는 마음이라　　衰年去住心
어머니께서 안부를 물으실 터이니　　倚門應有問
여전히 병에 시달린다 알리지 마오　　休報尙涔涔

14 병마절도사……작별하다 : 명관(冥觀)은 윤안성(尹安性)의 호이다. 윤안성은 1602년(선조35) 7월 함경도 병마절도사가 되었다가 이듬해 9월 해주 목사(海州牧使)가 되었다. 이 시는 해주 목사에 부임하기 전, 조정에 사은숙배(謝恩肅拜)하러 가는 윤안성과 작별하며 쓴 것이다.

병중에 친구와 작별하다 2수

病中別親舊 二首

친구를 모두 전송하고 나니	故人相送盡
외로운 성에 나뿐이네	孤城只此身
나그네 마음은 초나라 죄수[15] 같고	客懷囚似楚
북방 요새는 진나라 함곡관 같네	關路險如秦
은거하려던 맹세 부끄럽게도 저버리고	猿鶴盟慙負
오랑캐 소굴 곁에서 벼슬하고 있구나	豺狼窟作隣
명주께서 버렸다고 하지 말게	莫言明主棄
변방의 계책 유신을 의지하신 것이네	邊計仗儒臣

애틋하게 바라보며 타향에서 이별하니	脈脈他鄕別
아득히 가는 길 험난하네	悠悠去路艱
청해에는 구름과 안개 자욱하고	雲煙靑海水
백두산에는 바람 불고 눈 날리네	風雪白頭山
병든 객이 누구와 함께하겠는가	病客誰聯榻
근심스러운 얼굴로 오랑캐 대할 뿐	愁顔只對蠻

15 초(楚)나라 죄수 : 타관에 있으면서 고향을 그리워하는 사람을 뜻한다. 초나라 사람 종의(鍾儀)가 진(晉)나라에 잡혀가서 갇혀 있을 때, 진 혜공(晉惠公)이 그를 불러다가 거문고를 주면서 타 보라고 하자, 고향인 초나라의 음악을 탔다고 한다. 《春秋左氏傳 成公9年》

이 걸음은 경쇠 치는 악사[16] 같으니 此行同擊磬
안개 속 범 무늬 드러나길 기다리네[17] 霧隱佇看彪

16 경쇠 치는 악사 : 옛날의 은사(隱士)를 말한다. 《논어》 〈미자(微子)〉에 "노(魯)나라가 쇠미해져 예악(禮樂)이 무너지자 예관(禮官)과 악관(樂官) 들이 뿔뿔이 흩어져서 다른 곳으로 떠나갔는데, 소사(少師) 양(陽)과 경쇠 치는 양(襄)은 바닷속 섬으로 들어갔다."라고 하였다.

17 안개……기다리네 : 답자(答子)라는 사람이 도(陶) 땅을 다스리면서 사사로이 재물만을 모으자, 그의 아내가 "남산의 검은 표범은 안개비 속에서 이레 동안이나 먹을 것을 구하지 않고 가만히 있는데, 이는 그 털을 윤택하게 하여 문채를 이루기 위해서이다." 하였다. 《列女傳 卷2 陶答子妻》 여기서는 화란을 피하여 은거하는 것을 말한다.

이천휴[18]의 시에 차운하다 2수

次李天休 二首

일 년 동안 병을 읊은 뜻이요　　一年吟病意
천 리 먼 길 그대를 보내는 마음이라　　千里送君情
가랑비 강가의 풀에 이어지고　　細雨連江草
차가운 구름 변방 길에 자욱하네　　寒雲暗塞程
그대는 가을에 고향으로 돌아갈 것이요　　秋應歸故國
나는 달밤 외로운 성에 누워 있으리라　　月憶臥孤城
그대의 시에 은거하려는 뜻 가득하니　　辭滿尋幽隱
강가의 순채 줄기 함께 따고 싶네[19]　　江蓴共採莖

하늘의 오늘 뜻은　　天公今日意
이별하는 심정을 알고 있으리라　　應識別離情
그래서 부슬부슬 비를 뿌려서　　故作霏霏雨
멀리 가는 길 지체시키는 것이리라　　因淹去去程
산 구름은 오래된 역참을 덮고　　山雲陰古驛
강가 나무는 이곳 종성을 가리네　　江樹隔愁城

18 이천휴(李天休) : 이이(李珥)의 문인인 이유경(李有慶)인 듯하다.

19 강가의……싶네 : 고향에 돌아가고 싶은 마음을 표현한 것이다. 장한(張翰)이 일찍이 낙양(洛陽)에서 벼슬하다가, 어느 날 갑자기 가을바람이 이는 것을 보고는 자기 고향인 강동(江東) 오중(吳中)의 순챗국과 농어회가 생각나 마침내 고향으로 돌아갔다고 한다. 《晉書 文苑列傳 張翰》

두 곳에서 괴롭게 서로 그리워하니 兩地相思苦
온 머리가 이미 하얗게 세었네 盈頭已雪莖

승정원 서리 홍경상이 경원으로부터 찾아왔다. 헤어지려니 마음이 암담해져 이 시를 주다

銀臺吏洪景祥自慶源來見臨別黯黯贈此

반가운 손님은 승정원 서리요	青眼銀臺吏
종성은 머나먼 변방이라네	愁州玉塞邊
구중궁궐의 밝은 해 그립고	明思深殿日
어전의 향기로운 연기 떠오르네	香憶細氈煙
병이 깊어도 복조[20]를 근심하지 않고	危病非憂鵩
늘그막에 두견에게 절할 뿐이네[21]	殘年只拜鵑
옛 동료들이 그대를 통해 안부 묻거든	舊僚憑爾問
모름지기 머리가 다 세었다 말해 주게나	須道雪盈顚

20 복조(鵩鳥) : 올빼미로, 죽음을 염려할 만한 깊은 병을 상징한다. 한(漢)나라 가의(賈誼)가 장사(長沙)로 귀양 가 있을 때, 불길한 새로 여겨지는 올빼미 한 마리가 집으로 날아든 것을 보고는, 자신의 수명이 길지 않을 것을 예감하고 〈복조부(鵩鳥賦)〉를 지었다고 한다. 《史記 賈生列傳》

21 두견에게 절할 뿐이네 : 임금을 그리워하는 마음을 뜻한다. 촉(蜀)나라의 망제(望帝)는 이름이 두우(杜宇)였는데, 재상에게 나라를 빼앗겨 타향에서 원한을 품고 죽은 뒤 두견으로 환생했다는 전설이 있다. 《華陽國志 卷3 蜀志》 두보(杜甫)가 그 전설을 바탕으로 〈두견(杜鵑)〉이라는 시를 지었는데 "두견새가 늦은 봄 날아와서 슬프게 내 집 곁에서 울었지. 내가 보고는 항상 재배했나니 옛 망제의 넋임을 존중해서였네." 하였다. 《杜詩詳註 卷14》

5월 10일 판관이 우리 아이와 여러 객을 이끌고 앞 강에서 고기잡이를 구경했다. 병으로 누워 회포를 적다

五月旬判官携迷兒及諸客矢魚前江病臥書懷

새로 온 비 넉넉하여 강은 불어나고	江肥新雨足
저녁 해가 잠겨 들어 산은 고요하네	山靜夕陽沈
좋은 구경거리에 여러 공이 모였는데	勝賞諸公會
향기로운 연회에 판관이 임석했네	芳筵半刺臨
물고기가 봄 그물에 빽빽하고	琴高春網密
향기로운 술이 야외의 술잔에 가득하네	桑落野杯深
스스로 한스럽네 쇠하고 병들어	自恨衰兼病
멍한 상태로 아직도 누워 읊고 있으니	昏昏尙臥吟

순채를 보내 준 경원과 경흥 두 이웃 고을 수령들에게 사례하다

謝慶源慶興兩隣倅貽蓴采

이것은 나의 양조(羊棗)[22]이니, 이 시를 주어 사례한다.

변방 고을의 음식 누린내 나서 싫었는데　　羶厭蠻鄕供
태수가 보내 준 것 정갈해서 마음에 드네　　淸憐太守遺
이름은 몽우가 노래했던 데에 오르고　　名登蒙羽詠
맛은 계응이 그리워했던 것[23]에 들었네　　味入季鷹思
손에 차갑게 엉긴 이슬이 떨어지고　　落手寒凝露
수저에 가늘게 늘어지는 실이 드리우네　　垂匙細綴絲
풍진세상에 장구한 계책 없으니　　風埃無久計
어느 때에나 고향에서 순채를 딸까　　採採在何時

22 양조(羊棗) : 부모님이 좋아했던 음식을 가리킨다. 증석(曾晳)이 양조를 좋아했는데, 그가 죽은 후 아들 증자(曾子)가 이 열매를 보고 아버지를 생각했다고 한다. 《孟子 盡心下》

23 계응(季鷹)이 그리워했던 것 : 계응은 장한(張翰)의 자이다. 60쪽 주19 참조.

아들이 찾아왔는데 갑자기 눈병에 걸려 심히 괴로워했다. 근심하며 회포를 적다

家兒來省卒患眼疾甚苦憂念書懷

노년에 내 병은 달게 받아들이나	衰境甘吾疾
타향에서 다시 네 걱정을 하게 되었구나	殊方復爾憂
일 년 동안 서로 이별 눈물 흘리다가	一年相別淚
천 리 먼 길 힘들게 여행해 왔구나	千里困行輈
자연히 오래도록 독서에 방해될까 안타까운데	自惜妨書久
오히려 능히 말은 듣고 화답하네	猶能聽語酬
모쪼록 가벼운 구름 깨끗이 사라지고	輕雲須痛掃
밝은 달이 청명한 가을을 비추었으면[24]	明月照淸秋

24 모쪼록……비추었으면 : 눈병 때문에 흐릿한 아들의 시야가 다시 맑아지기를 바라는 말이다.

우연히 읊다

偶吟

여기까지는 종성(鍾城) 임소에 있을 때 지은 것이다.

일월을 향한 충정은 그대로인데	日月丹心在
강산은 머나먼 변방이네	乾坤玉塞遐
억류되어 양을 치던 소 속국[25]이요	看羊蘇屬國
좌천되어 올빼미를 대했던 가 장사[26]로다	對鵬賈長沙
병이 오래되어 형용이 초췌해지고	病久形容換
근심이 많아 머리카락 세었네	愁多鬢髮華
저물녘에 외로운 구름 차가운데	孤雲寒欲暮
강가의 나무에는 이미 까마귀들이 돌아왔네	江樹已歸鴉

25 억류되어……속국 : 소무(蘇武)를 가리킨다. 소무는 한 무제(漢武帝) 때 흉노(匈奴)에 사신으로 갔는데, 흉노 선우(單于)에게 귀의하라는 협박을 받았지만 한나라 신하로서 절개를 지켰다. 선우가 그를 핍박하여 북해(北海)에서 양을 치게 하자, 19년 동안 흉노 땅에서 고난 속에 절개를 지키다가, 후에 한나라에 돌아와 전속국(典屬國)에 제수되었다. 《漢書 蘇建傳 武》

26 좌천되어……장사 : 가의(賈誼)를 가리킨다. 가의는 젊은 나이에 벼슬에 올라 나라를 개혁하고 재정비하기 위한 많은 의견을 상주했으나, 당시 고관들의 시기를 받아 장사왕(長沙王)의 태부(太傅)로 좌천되었다. 올빼미와 가의에 관한 내용은 62쪽 주20 참조. 《史記 賈生列傳》

황추포[27]를 생각하며 이름은 신이다.

憶黃秋浦 名愼

생사의 기로에서도 마음이 확고하여	死生心有定
처음부터 끝까지 하자가 없었네	終始玉無瑕
호랑이 굴에서 삼 년 동안 절조를 지키고[28]	虎穴三年節
물결치는 바다 만 리 노 저어 갔네	鯨波萬里槎
홀로 우는 것은 밤을 아는 학[29]이요	獨鳴知夜鶴
다투어 시끌시끌한 것은 공을 위하는 개구리[30]라네	爭咈爲公蛙

27 황추포(黃秋浦) : 황신(黃愼, 1560~1617)으로, 본관은 창원(昌原), 자는 사숙(思叔), 호는 추포, 시호는 문민(文敏)이다. 성혼(成渾)과 이이(李珥)의 문인이다. 황신은 1595년(선조28) 명을 받고 웅천(熊川)의 왜영(倭營)에 가서 왜군의 정세를 정탐하였고, 1596년 통신사(通信使)에 차출되어 일본에 다녀왔다. 후에 계축옥사가 일어나자 무고로 쫓겨나 중도부처(中途付處)되었다. 그 뒤 옹진에 유배되어 배소에서 졸하였다. 그가 사망한 뒤 광해군은 그를 복작(復爵)해 주고 예장(禮葬)할 것을 명하였다.

28 호랑이……지키고 : 연보에 따르면 황신은 1595년 4월 웅천 왜영으로 갔다가, 1596년 1월에 서울로 돌아왔다. 《秋浦先生年譜》

29 밤을 아는 학 : 《회남자(淮南子)》〈설산훈(說山訓)〉에 "닭은 아침이 올 것을 알고, 학은 한밤중을 안다."라고 하였다. 이는 천명을 안다는 뜻인데, 여기서는 황신을 비유하였다.

30 공을 위하는 개구리 : 관직을 차지하고서 공(公)을 위한다는 명목으로 시끄럽게 떠드는 소인배를 말한다. 진 혜제(晉惠帝)가 개구리 소리를 듣고는 좌우 신하들에게 "이 울음소리는 공(公)을 위한 것인가, 사(私)를 위한 것인가?"라고 묻자, 어떤 이가 "관직에 있으면 공을 위하고, 사적인 자리에 있으면 사를 위하는 것입니다."라고 대답하였다고 한다. 《晉書 孝惠帝紀》

평생의 처신이 모두 온당하였기에	隨處生涯穩
관대한 은혜를 이 노인에게 더해 주셨네	寬恩此老加

동지사 이사우[31]의 행차를 전송하며

送冬至使李士友之行

사계 노인[32]께서 막 돌아간 날이	沙老纔還日
우리 공이 또 떠나는 때이네	吾公又去時
병에 신음하는 나그네 어찌 된 일로	如何吟病客
전송하는 시 길이 짓고 있는가	長作送行詩
세상살이는 처신이 어렵고	世路難蹤迹
노년엔 이별이 힘겹네	衰年重別離
동쪽 언덕 밭 갈고 낚시하는 곳으로	東原耕釣處
잔설 남았을 무렵 돌아오리라	殘雪是歸期

31 이사우(李士友) : 이상길(李尙吉, 1556~1637)로, 본관은 벽진(碧珍), 자는 사우, 호는 동천(東川)이다. 1618년(광해군10) 동지사로 중국에 다녀왔다.

32 사계(沙溪) 노인 : 김장생(金長生, 1548~1631)으로, 본관은 광산(光山), 자는 희원(希元), 호는 사계, 시호는 문원(文元)이다.

강원도 관찰사 이공[33] 욱 이 부친 시에 차운하다 2수

次關東方伯李公 稶 所寄韻 二首

정사년(1617, 광해군9) 양양(襄陽)에 있을 때 지었다.

늘그막에 관리 되어 부끄러우니	垂老慙爲吏
공을 탐하여 승려를 배우고자 하네	耽空擬學僧
드넓은 바다 위에 땅은 떠 있고	地浮溟海闊
객수가 깊어지니 봄이 다 갈 때라네	春盡客愁增
오래도록 병을 앓아 게으름 몸에 배니	久病因成懶
위태로운 신세에 감히 위세를 범하랴	危蹤敢觸稜
정양사 단풍이 붉게 물든 때	正陽紅葉裏
모쪼록 하룻밤 함께할지니	須共一宵燈

지강 노인에게 말을 전하니	寄語芝江老
어찌 죽은 중에게 매질하겠는가[34]	如何杖死僧
벼슬살이하느라 허리는 꺾이고	腰因將毋折

33 이공(李公) : 이욱(李稶, 1562~?)으로, 본관은 성주(星州), 자는 중당(仲棠), 호는 지강(芝江)·취옹(醉翁)이다. 이욱이 강원도 관찰사로 있던 기간은 언제인지 확실하지 않으나, 《광해군일기》 9, 10년의 기록을 통해, 1617년 3월에는 병조 참의였고, 다음 해 1월에는 이미 강원도 관찰사로 임명되어 재직 중인 것이 확인된다.

34 어찌……매질하겠는가 : '죽은 중에게 곤장 익히기〔死僧習杖〕'라는 우리나라 속담에서 온 말로, 죽은 중에게 매를 치듯 힘없는 자에게 위세를 부리거나, 저항할 힘이 없는 사람에게 가혹 행위를 한다는 뜻이다. 《旬五志 卷下》

임금이 그리워 병은 깊어 가네	病爲戀君增
해는 서산으로 기우는데	白日西山暮
단심은 북궐로 향하네	丹心北闕稜
절에서 만날 길이 없으니	無由蕭寺會
근심하며 밤에 등불을 거네	悄悄夜懸燈

여강에 우거하며 마음대로 읊다

寓驪江謾吟

참으로 아름다우나 내 땅은 아니니	信美非吾土
명절에 고향을 생각하네	佳辰憶故園
오늘 저녁 모일 것을 멀리서도 알겠구나	遙知今夕會
지난해 술잔을 누구와 함께하고 있을까	誰共去年樽
된서리 내려 뜰의 꽃은 시들고	霜重庭花晩
구름 차가워 들의 나무 어둑하네	雲寒野樹昏
시절 변화에 감회가 한량없어	感時無限意
백발로 강가 난간에 기대었네	白髮倚江軒

이 청풍[35]에 대한 만시 이름은 기설이다.

挽李淸風 名基卨

한가로운 마음은 산봉우리 구름 같았고	閑情同出岫
높은 행적은 거의 티끌세상 초월했었네	高躅幾超塵
예를 지키면서도 몸은 편안하였고	秉禮身猶泰
경서를 탐구하여 학문은 빈곤하지 않았네	探經學不貧
미처 찾아가서 예를 갖추지 못했으나	未諧牀下拜
책 속의 사람을 사모하듯 했었네	如慕卷中人
멀리서 서호의 집을 생각하니	遙想西湖宅
누구를 위하여 학이 손님을 알리겠는가[36]	爲誰鶴報賓

35 이 청풍(李淸風) : 이기설(李基卨, 1558~1622)로, 본관은 연안(延安), 자는 공조(公造), 호는 연봉(蓮峯)이다. 1596년(선조29) 청풍 군수(淸風郡守)에 제수되었다.

36 누구를……알리겠는가 : 송(宋)나라의 은군자인 화정선생(和靖先生) 임포(林逋)가 서호(西湖)의 고산(孤山)에 초막을 짓고 살면서 오직 매화와 학을 벗 삼았으므로 사람들이 그를 '매처학자(梅妻鶴子)'라고 불렀는데, 멀리 나가 있다가도 집에서 날려 보낸 학을 보면 손님이 왔다는 것을 알고 학과 함께 돌아왔다고 한다. 《宋史 隱逸列傳上 林逋》 여기서는 은군자인 이기설이 죽음으로써 은군자의 집이 텅 비었음을 말한 것이다.

박 대사성[37]에 대한 만시 이름은 동열이다.

挽朴大司成 名東說

원대한 기량 재상을 기약했었는데　遠器期公輔
세상일이 분분하여 어긋났네　蹉跎世事紛
성상께서는 태평의 운수 열려고 생각했는데　聖心開泰運
하늘이 우리 무리에게 재앙을 끼쳤네　天孼厄吾群
나는 이미 세상에서 종적을 감추었고　我已藏蹤迹
그대는 지금 이목을 쉬게 되었네　君今息見聞
누가 삶과 죽음을 나누겠는가　誰分生與死
똑같이 산 구름 속에 누워 있으니　同是臥山雲

37 박 대사성(朴大司成) : 박동열(朴東說, 1564~1622)로, 본관은 반남(潘南), 자는 열지(說之), 호는 남곽(南郭)·봉촌(鳳村)이다. 1613년(광해군5) 폐모론(廢母論)이 일어나자 이를 적극 반대하다 옥에 갇히게 되었으나, 중풍으로 석방되었다. 이때부터 폐고(廢錮)된 지 10년 만인 1622년 끝내 사망하였다.

오언 배율 五言排律

늙은 말을 가엾게 여겨 회포를 적다

悲憐老馬書懷

내 마구간에 들인 지 8년이 된 말이 있다. 작년 여름 북쪽으로 올 때 연천현(漣川縣)에 맡겨 기르게 했었다. 병들고 수척하여 거의 죽게 되었는데, 지금 종성(鍾城)에 끌고 왔으므로 쓴다.

오촌에서 준마를 바꿨던 일 생각해 보니	憶換烏村駿
병술년[38] 전쟁 와중이었네	兵戈丙戌年
상등의 금으로도 값을 치지 못할 정도라	兼金非滿價
먼 길에도 수고로이 채찍질할 것 없었네	長路不勞鞭
연무 자욱한 초원 달릴 때 기운이 호방하였고	氣放煙連草
버드나무 비친 냇물 건널 때 울음소리가 드높았네	聲驕柳映川
바름이 땅과는 다름[39] 이로써 알았고	從知貞異地

38 병술년(丙戌年) : 병술년은 1586년(선조16)이고, 정엽이 종성 부사가 된 것은 1602년이므로, 말을 산 지 8년이 되었다는 원주(原註)의 말과 일치하지 않는다. 이로 보아 병술년은 병신년(丙申年)의 오기(誤記)인 듯하다. 병신년은 1596년인데, 1592년부터 1598년까지 임진왜란이 지속되었으니, 전쟁 와중이었다는 말과 일치한다.

39 바름이 땅과는 다름 : 《주역》 〈곤괘(坤卦)〉에 "곤은 원하고 형하고 이하고 암말의

굳셈이 하늘과 같음[40] 특별히 사랑했네	偏愛健猶天
적군을 피해 한밤중에 급히 말 몰았고	避賊宵驅急
조정에 나갈 때는 새벽같이 멍에를 메웠네	趨朝曉駕先
험난하나 평탄하나 함께하길 기약하여	險夷期共耳
생사를 그에게 의지할 만하였네	生死可憑焉
부임하는 고을 먼 변방에 있어서	皀舃遙臨塞
연천에서 소금 수레 끌게 맡겨 두었네	鹽車獨寄漣
털빛이 변한 것 누가 슬퍼하랴	誰憐毛髮變
길에서 쓰러질 것 분명하구나	應分道途顚
늙고 병들어서 새 주인에게 버림받으니	老病新人棄
마음이 옛 주인에게 쏠렸네	心情舊主懸
죽을 날 가까워져 다시 만났으니	還逢垂死日
너를 위하여 한바탕 눈물 흘리노라	爲爾一潸然

바름이다.〔坤, 元亨利, 牝馬之貞.〕" 하였는데, 정이(程頤)의 《역전(易傳)》에서는 "〈건괘〉는 강하고 견고함을 바름으로 삼고, 〈곤괘〉는 유순하여 바르다. 암말은 유순하고 굳건히 걸어간다. 그러므로 그 상을 취하기를 '암말의 바름'이라고 한 것이다.〔乾以剛固爲貞, 坤則柔順而貞. 牝馬柔順而健行, 故取其象曰, 牝馬之貞.〕" 하였다. 여기서는 준마의 바름이 암말과 같은 유순한 바름이 아니라, 강고한 바름이라는 말이다.

40 굳셈이 하늘과 같음 : 《주역》 〈건괘(乾卦)〉에 "건은 원하고 형하고 이하고 정하다.〔乾, 元亨利貞.〕" 하였는데, 정이의 《역전》에서 "건은 굳셈이니, 굳세어 쉼이 없음을 건이라 한다." 하였다. 여기서는 준마가 굳셈을 말한 것이다.

오언 고시 五言古詩

황해도 관찰사 이자연 영공을 보내며[41] 이름은 명이다.

送黃海監司李子淵令公 名溟

그대가 호외로 갔다 돌아와　　君從湖外行
호서를 향하여 또 떠나가네　　又向湖西去
물을 사이에 두고 서로 만나지 못하다가　　隔水不相逢
그대로 천 리나 떨어지게 되었네　　因爲千里阻
왕년에 못가에서 쓸쓸히 읊조렸던 것은[42]　　曾年澤畔吟
하늘이 실로 그대를 단련시키기 위해서였네　　天實玉成汝
태평성대에 인재 버려두지 않으니　　聖代不遺才

41 황해도……보내며 : 이자연(李子淵)은 이명(李溟, 1570~1648)으로, 본관은 전주(全州), 자는 자연, 호는 구촌(龜村)이다. 1613년(광해군5) 응교로 있으면서 영창대군(永昌大君)을 처벌하는 것은 부당하다고 주장하다가 파직되었다. 후에 복직되어 1618년 서천 군수(舒川郡守)가 되고, 1622년 황해도 관찰사로 부임하였다. 당시 정엽은 관직에서 물러나 여강(驪江)에 머물고 있었다.

42 못가에서……것은 : 관직에서 쫓겨나 실의에 빠진 것을 가리킨다. 전국 시대 초(楚)나라 굴원(屈原)이 조정에서 방축된 뒤 실의에 잠겨 못가를 거닐면서 시를 읊조렸다고 한다. 《楚辭 卷5 漁父》

어찌 황야에 처하도록 하겠는가	肯敎荒野處
새벽에 다시 대궐로 달려가	晨趨復玉墀
지척에서 임금 말씀 받들었네	咫尺承天語
서쪽 돌아보며 오래도록 소의한식하시다가	西顧久宵衣
조정의 천거 따라 간택하였네	簡循廊廟擧
지금 백성들 울부짖음 심하니	嗷嗷甚此時
온갖 부역에 또 군역이 겹쳐서라네	百役又師旅
촌마을이 온통 썰렁하여	村里盡蕭然
누런 띠풀만이 들판을 메웠네	黃茅唯滿野
수령들이 멋대로 제 한 몸 이롭게 하려 드니	銅章恣利身
장초의 노래[43] 차마 들을까	忍聽歌萇楚
근본이 이미 이와 같은데	根本已如斯
외적 방어 어찌 논하랴	奚論外侮禦
누가 알았으랴 예를 지키는 우리나라가	誰知秉禮邦
스스로 무너짐이 거나라처럼 될 줄을[44]	自潰將同莒
초가집에서 밤새 잠 못 이루니	白屋夜無眠
마음의 근심이 천만 가지로다	憂心千萬緖

43 장초(萇楚)의 노래 : 《시경》 〈회풍(檜風) 습유장초(隰有萇楚)〉를 가리킨다. 백성들이 무거운 부역을 견디지 못하여, 차라리 무지하여 근심이 없는 장초가 부럽다고 탄식하는 내용이다.

44 스스로……줄을 : 거(莒)나라는 춘추 시대의 대표적인 소국(小國)이다. 거나라 제후는 자기 나라가 궁벽한 곳에 있기 때문에 탐내어 공격할 자가 없을 것이라고 여겨 신공 무신(申公巫臣)의 충언에도 불구하고 군사 방비를 소홀히 하였다가, 이듬해 초(楚)나라에 의해 수도가 함락되었다. 《春秋左氏傳 成公9年》

그대는 지금 어려운 일 맡았으니 君今當錯盤
나라 위해 마음과 힘을 다해야 하리 爲國盡心膂
내 바람은 그대 위의 떨쳐서 我願振風裁
곡식 먹는 쥐[45] 먼저 제거하는 것이네 先除食苗鼠
음양이 열리고 닫히는 가운데 陰陽開闔中
거의 백성들 근심 풀리는 것 보리니 庶見民憂紓
성상의 밝은 은혜에 조금이나마 보답하는 것이요 少答聖明恩
벗들의 기대에 부응하는 것이네 朋知慰所佇
늙은 이 몸 지난날 잘못 깨달았으니 殘生悟昨非
물고기며 새와 더불어 은거하리라 魚鳥與爲侶
세상살이 날로 위태로워지니 世路日艱危
외로운 이 몸 세상과 어긋남 어찌하랴 孤蹤柰齟齬
추억건대 그대 형제들[46]과 憶從伯仲間
삼십여 년 종유하였네 三十餘寒暑
죽어서 이별하고 다시 살아서 헤어지니 死別復生離
연연하는 마음이 아녀자와 같구나 戀戀同兒女

45 곡식 먹는 쥐 : 가렴주구를 일삼는 탐관오리를 비유한 말이다.

46 그대 형제들 : 이명과 그의 형 이충(李沖)을 가리킨다.

정 좌랑[47]에 대한 만시 이름은 양이다.

挽鄭佐郎 名暘

우리 아우 나보다 먼저 떠나	吾弟去先我
나 홀로 이승에 남게 되었네	我獨留人間
쇠잔한 몸 외로운 그림자 짝하니	殘形伴隻影
만사가 괴롭고 힘겹구나	萬事多辛艱
보는 것도 없고 듣는 것도 없으리니	無見又無聞
청산에 누운 그대가 부럽네	羨君臥靑山
낭랑한 그대 음성 추억하고	琅琅想語音
밝은 달에 그대 얼굴 생각하네	明月思容顔
비록 다시 도성 문에 들어가게 되더라도	雖更入都門
누구와 더불어 왕래하겠는가	誰與可往還
나 역시 남은 생이 어찌 길겠는가	餘生亦豈久
병 안고 황야에 지내는 신세이니	抱病荒野跧
동쪽으로 천마산 바라보니	東望天磨翠
나도 모르게 두 줄기 눈물 흐르네	不覺雙涕潸

47 정 좌랑(鄭佐郎) : 정양(鄭暘, 1569~1621)으로, 본관은 초계(草溪), 자는 태승(太昇)이다. 정엽의 육촌 아우이다. 1611년(광해군3) 형조 좌랑을 지냈다.

최 해주[48]에 대한 만시 이름은 기이다.

挽崔海州 名沂

선인에게 하늘의 보답이 없어	善人天無報
이 사람이 이런 지경에 이르렀네	斯人至於斯
당시의 일을 차마 말할 수 있겠는가	忍說當時事
돌이켜 생각하니 또 눈물 흐르네	追思亦涕垂
인후함은 천성에서 나왔고	仁厚出天性
지극한 정성은 겉치레 없었네	悃愊除毛皮
선왕 때 경연관으로 오래 있으면서	先朝久經幄
몇 번이나 성상의 지우 입었던가	幾荷聖主知
천지가 홀연 폐색하였으니	天地忽閉塞
아 바르지 못한 때를 만났네	所遭嗟不時
백발로 낮은 자리에 내몰리니	白首困枳棘
나라 이미 위태로웠음 알 만하도다	可見邦已危
간신이 재앙을 만들어 내니[49]	姦臣釀禍孼

48 최 해주(崔海州) : 최기(崔沂, 1553~1616)로, 본관은 해주(海州), 자는 청원(淸源), 호는 서촌(西村)·쌍백당(雙栢堂)이다. 1616년(광해군8) 해주 목사로 있을 때, 대북(大北)의 영수 이이첨(李爾瞻)의 일파인 박희일(朴希一), 박이빈(朴以彬)을 무고죄로 처형했다. 이로 인해 이이첨의 미움을 받아 남형죄(濫刑罪)로 투옥되어 고문을 받다가 옥사하고, 뒤에 또다시 대역죄로 몰려 부관참시를 당하였다. 인조반정 후 신원되고 이조 판서에 추증되었다.

49 간신이……내니 : 1613년 대북파가 반대파를 숙청하였던 계축옥사를 가리킨다. 이

슬픔과 원한을 신명도 알았어라 哀怨徹神祇
밝은 대낮에 비바람 일어났으니 白日風雨作
참혹하도다 공의 아들이여[50] 慘矣公之兒
강상이 이미 땅에 떨어졌으니 綱常已墜地
이 또한 슬퍼할 겨를 없었네 此亦不暇悲
진인이 간절한 여망에 답하여[51] 眞人答霓望
나라가 다시 태평해졌네 乾坤復清夷
흉악한 무리가 이미 엄한 형벌을 받았으니 群兇旣伏罪
귀신과 사람의 원수 거의 제거되었네 庶除神人讎
은혜로운 추증이 저승에까지 미쳐 恩贈及九原
경월이 새로 빛나게 되었네[52] 卿月生新輝
하늘이 선악에 보응하는 것 天之報善惡
과연 털끝만큼도 어긋나지 않네 果不差毫釐
무덤에 비로소 예를 갖추니 堂斧始修禮
슬프도다 북상투 튼 부인만 남아 있네 哀哀髽婦遺

일로 영창대군(永昌大君)이 서인(庶人)이 되어 강화에 위리안치되었다가 이듬해 살해되었고, 인목대비(仁穆大妃)는 서궁에 유폐되었으며, 많은 서인과 남인이 유배되거나 삭탈관직되었다.

50 참혹하도다 공의 아들이여 : 최기의 아들 최유석(崔有石)은 1616년 최기가 무고죄로 처형당할 때 연좌되어 죽었다.

51 진인이……답하여 : 인조가 어지러운 정국을 안정시켜 주기를 바라는 여망(輿望)에 답하여 반정을 일으켰다는 뜻이다.

52 은혜로운……되었네 : 경월(卿月)은 재신급의 고위 관료를 뜻한다. 인조반정 이후 최기가 이조 판서에 추증된 사실을 가리킨다.

나는 아직도 이승에 남아 있으니	餘生尙在世
눈물 감추며 애끊는 만사 부치노라	掩淚寄哀詞

칠언 절구 七言絶句

회양의 객헌에서 허공언 이름은 성이다. 의 시에 차운하여 수령 영공께 올리다[53] 2수

淮陽客軒次許公彦 名筬 韻呈主倅令公 二首

겹겹의 산봉우리가 성을 에워싸고 있는데	疊嶂層巒擁作城
맑은 물가 모래 언덕에 석양이 밝게 비치네	澄流沙岸夕陽明
홀연 나그네 잠자리에 서늘한 기운 감돌더니	無端客枕生涼氣
바람에 흩날리는 소나기 소리 온 골짜기에 가득하네	急雨斜風萬壑聲
서생이 칼 차고 종성(鍾城)으로 향해 가니	書生杖劍向愁城
선우를 묶어 성명에 보답하고자 하네[54]	擬繫單于報聖明

53 회양(淮陽)의……올리다 : 이 시는 정엽이 종성(鍾城)에 부임하러 가는 길에 회양에 들러 지은 것이다. 허공언은 허성(許筬, 1548~1612)으로, 본관은 양천(陽川), 자는 공언, 호는 악록(岳麓)·산전(山前)이다. 수령 영공은 회양 부사 한수민(韓壽民, 1547~ ?)으로, 본관은 청주(淸州), 자는 인제(仁濟)이다. 1601년(선조34) 회양 부사에 임명되었다.

54 선우(單于)를……하네 : 한(漢)나라 종군(終軍)이 20세의 나이에 무제(武帝)에게 글을 올려 "긴 끈 하나를 주시면 남월왕(南越王)을 묶어 바치겠습니다." 하였다.

급암 노인 원래 회양을 하찮게 여기지 않았으니　汲老淮陽元不薄
일 년 내내 높이 누워 있어도 치적이 족하리라[55]　一年高臥足治聲

그리고는 사신으로 가서 과연 그를 한나라에 복속시켰다. 《漢書 終軍傳》 여기서는 오랑캐를 제압하여 국가에 기여하겠다는 다짐을 드러낸 것이다.

55 급암(汲黯)……족하리라 : 급암은 한 무제 때의 명신(名臣)이다. 무제가 급암을 회양 태수(淮陽太守)에 임명하자 급암이 사양하였는데, 무제가 말하기를 "그대는 회양을 하찮게 여기는가? 내 금방 그대를 다시 부를 것이다. 다만 회양의 관리와 백성들이 서로 화합하지 않기 때문에 나는 그저 그대의 중망(重望)을 빌리는 것이니, 그대는 누워서도 다스릴 수 있을 것이다." 하였다. 급암이 부임한 뒤 과연 회양이 잘 다스려졌다고 한다. 《史記 汲黯列傳》 여기서는 회양 부사 한수민을 급암에 빗댄 것이다.

원수대에 올라 수성 독우 이삼성[56]의 시에 차운하다 3수

上元帥臺次輸城督郵李三省韻 三首

6월에 길주(吉州) 시관(試官)에 차임되어 종성(鍾城)을 떠나 경성(鏡城)에 이르렀다.

망망한 청해가 남쪽 하늘에 닿아 있고　茫茫青海極南天
긴 파도 몰고 오는 바람이 객의 방석 흔드네　風捲長波撼客氈
평생 본 경치 중 지금이 최고이니　平生勝賞今爲最
깊은 밤 달빛이 자리에 가득할 때 기다리네　留待深宵月滿筵

저물녘 외로운 구름이 바다 위에 아득한데　落日孤雲杳海天
누대 곁 짚자리가 두꺼운 방석보다 낫네　臺邊草坐勝重氈
기녀의 묘한 곡조를 왜 굳이 듣겠는가　金釵妙曲何須聽
고래와 용 같은 풍악 소리 주연을 뒤흔들거늘　鯨吼龍吟動醉筵

종성은 우물과 같아 하늘만 바라보는데　愁城如井只看天
천 리 밖 나그네 혼 임금 곁을 맴도네　千里羈魂繞細氈
가는 곳마다 임금의 크신 은혜 새삼 깨달으니　轉覺君恩隨處重
군문의 풍악 소리 들으며 연석에서 취하네　轅門歌管醉華筵

56 이삼성(李三省) : 1564~1624. 본관은 성산(星山), 자는 희성(希聖), 호는 구암(耉巖)이다.

부령으로 가는 도중에 형제암[57]을 본 감회

富寧途中見兄弟巖有感

적막한 물가에 마주 보며 서로 의지하고 있으니 竝立相依寂寞濱
무정한 돌이지만 유정한 사람 같구나 無情還似有情人
지금까지 이별의 고통 알지 못하니 至今不識分離苦
부친 잃고 모친과도 헤어진 나보다 낫구나 却勝孤生又別親

57 형제암(兄弟巖) : 부령(富寧)에서 남쪽으로 20리쯤 되는 곳에 있다. 산기슭에 두 바위가 마주 보고 섰는데, 하나는 크고 하나는 작으며, 작은 시내가 그 사이로 흘러내린다고 한다. 《燃藜室記述 別集 卷16 山川形勝》

김사계 희원 어른 이름은 장생이다. 이 연산에서 편지를 부치고, 겸하여 옛 정자의 판상시를 보여 주시기에 차운하여 부치다

金沙溪希元丈 名長生 自連山寄書兼示舊亭板上韻次寄

끝없는 운산에 작은 정자 있으니	無限雲山奉小亭
수풀 너머 시냇물 소리 침상까지 들려오네	隔林溪響枕邊淸
찬 소나무 푸른 대나무 우거진 곳	寒松翠竹陰陰地
십 리의 명사에 저녁 비 그치네	十里鳴沙晩雨晴

동래(東萊)에서 관찰사 이양구의 시에 차운하다[58]

在萊山次觀察使李養久韻

북방 변경의 객이 남해의 객 되어	北塞客爲南海客
북쪽 오랑캐를 막다가 남쪽 오랑캐를 방어하네	防胡人作禦蠻人
일신의 계책과 세도 모두 어쩔 수 없으니	身謀世道俱無奈
비로소 농부가 문진을 비웃었던 뜻[59] 깨닫겠네	始覺耕夫笑問津

58 동래(東萊)에서……차운하다 : 정엽이 종성 부사(鍾城府使)로 있으면서 방비를 제대로 하지 못했다고 하여 1603년(선조36) 동래에 안치되었을 때 지은 시이다. 이양구(李養久)는 이시발(李時發, 1569~1626)로, 본관은 경주(慶州), 자는 양구, 호는 벽오(碧梧)·후영어은(後穎漁隱), 시호는 충익(忠翼)이다. 1601년부터 1604년까지 경상도 관찰사로 재직하였다.

59 농부가……뜻 : 문진(問津)을 비웃는다는 것은 세상사에 초연한 은자의 태도를 말한다. 장저(長沮)와 걸닉(桀溺)이 밭을 갈고 있었는데, 공자가 지나가다가 자로(子路)를 시켜 그들에게 나루가 어디인지 묻게 하였다. 그러자 장저와 걸닉은 그에 대한 대답은 하지 않고, 도도하게 흘러가는 천하의 흐름은 바꿀 수 없다고 하며 하던 일을 멈추지 않았다. 《論語 微子》

임자년(1612, 광해군4) 정월 승정원에서 숙직할 때 써서 우부승지 도재 윤 영공[60]에게 드리다 이름은 양이다.

壬子元月直宿銀臺書呈右副陶齋尹令公 名暘

일찍이 험준한 태항산 길 지났는데	太行曾踏路崢嶸
다시 승정원에 들어오니 머리가 희끗하네	重入銀臺鬢髮明
세월이 아득하여 인사가 바뀌었으니	歲月杳然人事改
옛날의 종적이 전생처럼 아련하구나	舊時蹤迹怳前生

60 윤 영공(尹令公) : 윤양(尹暘, 1564～1638)으로, 윤흔(尹昕)으로 개명(改名)하였다. 본관은 해평(海平), 자는 시회(時晦), 호는 도재(陶齋), 시호는 정민(靖敏)이다.

송 참의의 시에 차운하다 4수

次宋參議韻 四首

늘그막에 북궐에 글 올리기 그만두고	向老休封北闕書
맑은 물 거슬러 올라 동호로 돌아왔네	東湖歸帆遡澄虛
승정원의 옛 동료가 도리어 가까이 있으니	銀臺舊伴還相近
버드나무 그늘 드리운 속에 초가집 있네	垂柳陰中有草廬

만년에 여생을 해오라기 떼에 맡겼으니	晩把餘生寄鷺群
강에는 밝은 달빛 가득하고 산에는 구름 가득하네	滿江明月滿山雲
그윽한 거처 혹 용면[61]이 그린다면	幽居儻入龍眠筆
작은 섬의 모래톱에 두 강물이 나뉘리라	小島連沙二水分

조각배 노 저어 매일매일 지나다니는데	手棹扁舟日日過
나무 그늘 깊은 곳에 해당화 피었네	樹陰深處海棠花
갈매기 또한 강호의 벗이라	白鷗亦是江湖伴
부르지 않아도 저녁 모래밭에 내려오네	不待相招下晩沙

홀로 푸른 벼랑에 기대 배에 오르지 않으니	獨倚蒼崖不上舟

61 용면(龍眠) : 송(宋)나라 때 시화(詩畫)에 뛰어났던 이공린(李公麟)의 호이다. 용면산(龍眠山)에 살면서 용면거사(龍眠居士)라고 자호(自號)하였다. 여기서는 화공(畫工)을 지칭한다.

붉은 치마 나부껴 맑은 물결에 비치네　　紅裳飄拂影澄流
후산과 낙포[62]를 거듭 보았으니　　猴山洛浦重相見
동호의 오늘 유람 꼭 기억해 주시게　　須記東湖此日遊

62 후산(猴山)과 낙포(洛浦) : 후산은 구산(緱山)의 오기(誤記)로 추정되는데, 구산은 주 영왕(周靈王)의 태자 진(晉)이 도술을 닦아 신선이 된 뒤에, 백학(白鶴)을 타고 내려왔다는 전설이 있는 곳이다. 《列仙傳 卷上 王子喬》 낙포는 상고 시대 복희씨(伏羲氏)의 딸 복비(宓妃)가 이곳에서 수신(水神)이 되었다는 전설이 전하는 곳이다. 《文選 卷19 洛神賦》 여기서는 동호 주변의 아름다운 산수를 비유한 것이다.

청간정에서 판상시에 차운하다[63]

清澗亭次板上韻

하늘에 잇닿은 검푸른 바다 하얀 파도 들이치고	溟渤連天雪浪撞
멀리서 불어오는 바람이 때로 한 쌍 백구 보내오네	長風時送白鷗雙
꽃 떨어지고 달 밝은 삼경의 깊은 밤	落花明月三更夜
무슨 일로 또 창 가까이 두견새 우는가	何事啼鵑又近窓

63 청간정(淸澗亭)에서 판상시에 차운하다 : 청간정은 강원도 고성군(高城郡)에 있는 정자이다. 이하 10여 수는 정엽이 양양 부사(襄陽府使)로 재직할 당시 영동 일대를 유람하며 지은 시이다.

식당암

食堂巖

높은 곳은 폭포요 낮은 곳은 못이며	高爲天瀑下爲潭
흰 것은 층암이요 푸른 것은 삼나무네	白是層巖翠是杉
산중에 좋은 짝이 없다 말하지 말라	莫道山中無好伴
시인과 꽃과 달이 함께 셋을 이루었으니	詩人花月共成三

식당암이 시냇가에 있는데, 솔바람이 두건을 날려 물에 떨어뜨렸다

食堂巖臨溪松風吹巾投水

양양 태수 예로부터 풍류를 알았으니[64]	襄陽太守舊風流
시냇가의 꽃을 꺾어 흰머리에 꽂네	手折溪花插白頭
하늘이 먼지 씻어 주려 점각건을 빠뜨리니	天爲洗塵投墊角
쇠한 머리털 드러나 휘날려도 무방하다네	不妨衰髮露颼颼

64 양양……알았으니 : 진(晉)나라 때 산간(山簡)이 술을 매우 좋아했는데, 그가 일찍이 양양 태수(襄陽太守)로 있을 적에 경치 좋은 곳에서 온종일 술을 마시며 풍류를 만끽하곤 하였다. 《晉書 山濤列傳 簡》 여기서는 양양이라는 지명이 같으므로 자신을 산간에 빗대어 쓴 것이다.

청초호에서 사위 이군[65]의 시에 차운하다 이름은 상질이다.

青草湖次李甥韻 名尙質

어부의 집 가까이 가니 오솔길이 비껴 있고 行近漁家細路斜
바다에 잇닿은 호수에 맑은 물결 아득하네 湖連溟渤杳澄波
산빛과 물빛이 노을 속에 잠긴 가운데 山光水色煙霞裏
곳곳에 명사요 걸음마다 꽃이로다 處處鳴沙步步花

65 사위 이군 : 이상질(李尙質, 1597~1635)로, 본관은 전주(全州), 자는 자문(子文), 호는 가주(家州)이다.

또 〈비선정〉 시[66]에 차운하다

又次秘仙亭韻

지난번에 반여[67]가 높은 대에 올랐으니	潘輿昨日陟高臺
흰머리에 색동옷이 노래자 같았었지	白首斑衣似老萊
꽃 떨어진 청초호 길에	青草落花湖上路
이 몸이 무슨 일로 또다시 왔는가	此身何事又重來

66 비선정(秘仙亭) 시 : 정엽의 넷째 사위 이상질(李尙質)의 〈망비선정(望祕仙亭)〉으로 《가주집(家州集)》 권1에 실려 있다.

67 반여(潘輿) : 진(晉)나라의 반악(潘岳)이 어머니를 모실 때 사용한 수레로, 어머니를 모시고 지방관으로 가는 것을 말한다. 《晉書 潘岳列傳》 정엽이 양양 부사(襄陽府使)로 부임할 때 80세 노모를 모시고 내려갔다는 기록이 《수몽집》 권3 〈금강록(金剛錄)〉에 보인다.

또 〈영랑호〉 시[68]에 차운하다

又次永郎湖韻

호숫가 기암괴석 그 옛날과 같건만	依舊奇巖臥水邊
영랑의 발자취는 이미 까마득하다	永郎蹤迹已茫然
소나무 그늘 아래 창안백발 늙은이	蒼顔白髮松陰下
태수의 풍류 또한 신선일세	太守風流亦是仙

68 영랑호(永郎湖) 시 : 이상질(李尙質)의 〈관영랑호(觀永郎湖)〉로 《가주집(家州集)》 권1에 실려 있다.

백천교에 제하다

題百川橋

깊숙한 골짜기에 별천지가 있는데	洞壑陰陰別有天
그 누가 비각을 긴 내에 걸쳐 놓았나	誰敎飛閣跨長川
머물러 다시 한번 스님과 함께	淹留更欲携雲衲
달 밝은 난간에서 두견새 소리 듣고 싶네	月下憑欄聽杜鵑

구령[69]에서 비를 만나다

狗嶺値雨

백천교의 산수와 아쉽게도 작별하고	百川泉石別依依
남여에 의지하여 다시 고개에 올랐네	更倚藍輿上翠微
우습구나 천공도 일 벌이기 좋아하여	可笑天公猶喜事
일부러 가랑비로 옷의 먼지 씻어 주니	故教疏雨洗塵衣

69 구령(狗嶺) : 강원도 고성군 월비산리에 있는 고개이다.

만폭동에서 돌 위에 쓰다 2수

萬瀑洞題石上 二首

은빛 옥빛 산봉우리 층층이 몇 겹인가	銀巒玉岫幾層層
나는 폭포와 깊은 못 곳곳마다 물이 맑다	飛瀑深潭處處澄
백학은 오지 않고 산은 저물어 가는데	白鶴不來山欲暮
좋은 밤에 앉아서 달이 뜨길 기다리네	良宵坐待月輪升

덩굴 잡고 이곳저곳 위태한 길 밟아 가니	捫蘿處處踏傾危
산수가 붙잡기에 발걸음이 늦어지네	水石挽人出洞遲
이 산의 진면목을 보고 싶다면	欲見此山眞面目
해 질 녘 헐성루 위 석양이 물든 때지	歇星樓上夕陽時

정양사[70]에서 호음의 시[71]에 차운하다

正陽寺次湖陰韻

선경을 다 구경하고 달빛 속에 돌아오니	踏盡仙區帶月歸
물빛과 산색이 연잎 옷[72]을 비춘다	水光山色照荷衣
이제부터 벼슬 않기로 마음먹네	從今已判投簪計
오류선생이 어제의 잘못 깨달은 것처럼[73]	五柳先生悟昨非

70 정양사(正陽寺) : 금강산(金剛山) 표훈사(表訓寺)의 북쪽에 있는 절이다.

71 호음(湖陰)의 시 : 호음은 정사룡(鄭士龍, 1491～1570)의 호이다. 정사룡이 금강산을 유람하고 돌아오다 정양사에서 "일만 이천 봉우리를 둘러보고 돌아오니, 쓸쓸한 낙엽이 나그네 옷에 지네. 비 오는 정양사 향불 사르는 밤, 거백옥이 사십 평생 잘못을 알았다네.〔萬二千峯領略歸, 蕭蕭黃葉打征衣. 正陽寒雨燒香夜, 蘧瑗方知四十非.〕"라는 시를 읊었다. 《芝峯類說 卷9 文章部2》

72 연잎 옷 : 고사(高士)나 은자(隱者)가 입는 옷을 말한다.

73 오류선생(五柳先生)이……것처럼 : 오류선생은 진(晉)나라의 도잠(陶潛)이다. 도잠의 〈귀거래사(歸去來辭)〉에 "실로 길을 잃었지만 아직 멀지 않으니, 오늘이 옳고 어제가 잘못임을 깨달았네.〔實迷塗其未遠, 覺今是而昨非.〕" 하였다. 《古文眞寶 後集 卷1》

사위 나군[74]과 작별하다 이름은 만갑이다.

別羅甥 名萬甲

천 리 타향 관하에서 나그네 맘은 같더니	千里關河客意同
만나자마자 헤어져 동서로 아득하구나	乍分還覺杳西東
달 밝은 밤 어디에서 괴로이 그리는가	月明何處相思苦
현수루[75] 앞 낙산사 안이라네	峴首樓前洛寺中

74 나군(羅君) : 나만갑(羅萬甲, 1592~1642)으로, 본관은 안정(安定), 자는 몽뢰(夢賚), 호는 구포(鷗浦)이다. 정엽의 문인이자 둘째 사위이다.

75 현수루(峴首樓) : 양양(襄陽)의 남문루(南門樓)인 현산정(峴山亭)을 가리키는 듯하다.

봉두촌에서 그냥 읊다

鳳頭村浪吟

솔숲 가득 눈 덮이고 골짜기는 그윽한데	雪滿松林洞壑幽
그냥 읊조리고 산보하며 맘껏 노니네	浪吟徐步任天遊
어여뻐라 얼음 아래 졸졸 흐르는 물	最憐氷下潺潺水
어둠 속을 흘러가며 한시도 쉬지 않네	暗裏流行不暫休

비 오는 날에 우연히 읊다

雨中偶吟

궁핍한 집 안분자족 감히 가난을 자조하랴	窮廬安分敢嘲貧
이 세상에 부쳐 살되 세상 벗어난 사람이 됐네	寄世還爲出世人
이 몸을 돌아봄이 늦은 줄 깊이 깨닫노니	深覺此身回首晩
지난날 무슨 일로 풍진 속을 달렸던가	向來何事走風塵

성대곡의 〈주좌우음〉 시[76]에 차운하다
次成大谷晝坐偶吟韻

온 골짜기 소나무 그늘 한낮에도 어둑한데	一壑松陰晝亦昏
흐르는 강물마저 풍진세상 가로막네	江流況復隔塵喧
한가로이 거처함은 쉬려는 뜻 아니라오	閑居不是營爲息
밭 갈고 낚시하러 때때로 문을 나서니	時爲耕漁步出門

76 성대곡(成大谷)의 주좌우음(晝坐偶吟) 시 : 대곡은 성운(成運)의 호이며, 시의 원제(原題)는 〈대곡주좌우음(大谷晝坐偶吟)〉이다. 《大谷集 卷上》

또 대곡의 〈시남명〉 시에 차운하다
又次大谷示南溟韻

위태롭고 무능한 나 물결을 되돌리려 했지만	危蹤綿力志回瀾
머리 위의 세월은 비탈의 공처럼 빠르다네	頭上光陰若走丸
만사를 하늘에 묻지만 하늘은 말이 없으니	萬事問天天不語
만년의 신세는 산에다 맡기련다	晩將身世寄山顔

임 참의[77]에 대한 만시 이름은 연이다.

挽任參議 名兗

젊었을 적 함께 이십 년을 지냈더니	少壯同居二十年
이제는 둘 다 살쩍이 하얗게 세었다	到今衰鬢各皤然
붉은 만장 홀연히 검양 길로 향하는데	丹旐忽向黔陽路
저물어 가는 봄 강가에서 목 놓아 우노라	大哭春江欲暮天

77 임 참의(任參議) : 임연(任兗, 1567~1619)으로, 본관은 풍천(豐川), 자는 자정(子正), 호는 당호(棠湖)이다. 1612년(광해군4) 호조 참의에 제수되었다.

허 상사에 대한 만시
挽許上舍

종남산[78] 아래 한마을에 살았더니	終南山下曾同閈
저자호 옆에서 또 이웃이 되었지	楮子湖邊又作隣
물가의 버들과 바위의 꽃이 지금은 적막해졌으니	渚柳巖花今寂寞
조각배로 찾아간들 다시 누가 있으랴	扁舟相訪更何人

78 종남산(終南山) : 서울의 남산(南山)이다.

윤 부사[79] 수 에 대한 만시

挽尹府使 燧

봄에 한 통 편지 설성[80]에 당도했기에	一札春來到雪城
객지에서 고인의 정 깊이 감사했네	客中深荷故人情
서울로 돌아온 날 문득 흉한 부음 들으니	凶音忽報還京日
자친께서 밤에 곡하는 소리 차마 들으랴	忍聽慈顔夜哭聲

봄에 음죽촌(陰竹村)에 머무를 때 공이 죽주 부사(竹州府使)로 있으면서 안부를 물어 왔었는데 오래지 않아 서울로 돌아와 부음을 들었으므로 언급하였다.

79 윤 부사(尹府使) : 윤수(尹燧, 1562~1617)로, 본관은 파평(坡平), 자는 명숙(明叔), 호는 설봉(雪峯)이다. 영해 부사(寧海府使), 죽주 부사 등을 역임하였다.

80 설성(雪城) : 음죽(陰竹), 곧 경기도 이천(利川)을 말한다.

심 청운군 명세 대부인[81]에 대한 만시
挽沈靑雲君 命世 大夫人

남쪽 고을 천 리 밖에 한번 가서 못 돌아오니	南鄕千里去無歸
무덤이 도리어 모자가 의지할 곳 되었네	堂斧還爲母子依
저승에서도 아시리라 새로이 은택이 내려져	泉下亦知新雨露
아들의 공업이 공신도에 빛남[82]을	少兒勳業畫中輝

81 심 청운군(沈靑雲君) 대부인 : 심 청운군은 심명세(沈命世, 1587~1632)로, 본관은 청송(靑松), 자는 덕용(德用), 시호는 충경(忠景)이다. 인조반정 때 정사 공신(靖社功臣) 원공(元功)에 녹훈되어 청운군에 봉해졌다. 심명세의 모친은 구사맹(具思孟)의 딸인 정경부인(貞敬夫人) 구씨(具氏)이다. 계축옥사 때 장남 심광세(沈光世)가 고성(固城)으로 귀양 가자 2년 뒤에 온 가족을 이끌고 내려가 밀양(密陽)의 삼랑포(三郎浦)에 머물러 살다가 1620년(광해군12) 58세로 세상을 떠났다. 《澤堂集 卷10 外姑贈貞敬夫人具氏墓誌銘》

82 새로이……빛남 : 심명세가 인조반정 공신으로 청운군에 봉해진 일을 가리킨다.

오성 이 상공[83]에 대한 만시 이름은 항복이다.

挽鰲城李相公 名恒福

상서로운 난새와 채색 봉황이 진세에 내려왔는데	祥鸞彩鳳下塵寰
황각과 단서[84]가 하룻밤 꿈이 되었네	黃閣丹書一夢間
이 마음을 하늘의 해가 비추시니	唯有此心天日照
저승에서 선왕의 용안을 마주하리라	九泉應對舊龍顏

83 이 상공(李相公) : 이항복(李恒福, 1556~1618)으로, 본관은 경주(慶州), 자는 자상(子常), 호는 필운(弼雲)·백사(白沙)·동강(東岡)이다. 1590년(선조23) 정여립(鄭汝立)의 모반 사건을 처리하여 평난 공신(平難功臣) 3등에 녹훈되었다. 임진왜란이 일어나자 선조를 의주(義州)까지 호종하였다. 1600년 영의정이 되었으며, 1601년 호성일등공신(扈聖一等功臣)에 녹훈되었고, 1602년 오성부원군(鰲城府院君)에 봉해졌다.

84 황각(黃閣)과 단서(丹書) : 황각은 재상이 근무하는 곳으로서 한(漢)나라 때 승상(丞相)의 청사 문을 황색으로 칠하였던 데서 유래하여 의정부(議政府)를 가리킨다. 단서는 단서철권(丹書鐵券)으로 철제(鐵製)의 계권(契券)에 단사(丹砂)로 써서 임금이 공신에게 내려 주어 면죄 등의 특권을 누리게 한 증명서인데, 여기서는 이항복이 공신에 녹훈된 일을 가리킨다.

구계우에 대한 만시

挽具繼禹

보령(保寧) 사람이다. 청라(靑蘿)는 그가 살던 마을 이름이다.

높은 풍모와 소탈한 성품 서유자[85] 같았는데	高風灑落徐孺子
한번 이별하고 그리워한 지 이미 십 년이네	一別關心已十春
멀리서 생각하니 계당은 지금 적막하고	遙想溪堂今寂寞
청라의 연월도 돌보는 이 없으리라	靑蘿煙月管無人

85 서유자(徐孺子) : 후한(後漢)의 고사(高士) 서치(徐穉)로, 유자는 그의 자이다. 집안이 빈궁하여 직접 농사지어 먹고살았지만, 소명(召命)에 응하지 않았다.

칠언 율시 七言律詩

병마절도사 윤계초가 용성 본영으로 향했다. 떠날 때 시를 부쳐 왔기에 차운하여 드리다 5수

兵相尹季初向龍城本營臨行寄詩次呈 五首

새로운 시 손에 들어오자 병든 눈이 뜨이니	新詩入手病眸開
나그네의 마른 창자 속의 시름 위로하네	客子枯腸慰九廻
무성한 버들에서 이미 꾀꼬리 소리 들리니	深柳已聞黃鳥囀
늘그막에 쏜살같은 세월 더욱 절감하네	殘年偏覺白駒催
평생 장한 뜻 품고도 부질없이 검만 보고	平生壯志空看劍
천 리의 나그네 회포 그저 술잔만 잡는다	千里羈懷只把杯
세상일 원래 다 한바탕 꿈이니	世事從來都一夢
현산의 석 자 비석엔 이끼 낀 지 오래됐다[86]	峴山三尺久莓苔

86 현산(峴山)의……오래됐다 : 진(晉)나라 양호(羊祜)가 양양(襄陽)을 다스리면서 인정(仁政)을 베풀었는데, 그가 숙자 백성들이 사모하여 현산에 비석을 세웠다. 그 비석을 보는 사람들이 모두 눈물을 흘렸으므로 타루비(墮淚碑)라 하였다. 《晉書 羊祜列傳》 여기서 비석에 이끼 낀 지가 오래되었다는 것은 포부를 펴지 못하는 자신의 처지를 말한다.

원래부터 음양은 닫혔다가 도로 열리는데　元來二氣闔還開
세월은 무정하여 한번 가면 그만이네　歲月無情去不廻
풀빛 짙고 꽃 떨어져 봄은 다하려 하는데　芳草落花春欲盡
천시와 인사는 날마다 서로 재촉하네　天時人事日相催
듬성한 짧은 머리 거울 보면 자주 부끄럽고　蕭蕭短髮頻慙鏡
고요한 선심으로 술 끊은 지 오래로다　寂寂禪心久斷杯
멀리서 생각하니 광릉[87] 호숫가 집에는　遙想廣陵湖上宅
물가 바위의 찬 이끼에 갈매기 그림자 드리우리라　石磯鷗影落寒苔

병을 앓아 수심 찬 얼굴 잠시도 펴지지 않는데　病裏愁顔未暫開
게다가 황사에는 기러기 울며 돌아가네　黃沙況復鴈聲廻
달빛 비친 관새에는 봄 호드기 요란하고　月臨關塞春笳鬧
바람 부는 성루에는 새벽 호각 다급하다　風撼城樓曉角催
사방의 호산은 바라보면 검과 같고　四面胡山看似劍
칠탄의 강물은 마주하면 술잔 같네　七灘江水對如杯
관아에서 날마다 별다른 일 없는데　琴軒日覺無餘事
쓸쓸한 뜰의 꽃은 이끼에 점을 찍네　寥落庭花點細苔

꽃은 고향 동산에서 차례로 필 것이니　花憶鄕園次第開
하늘 끝에 좋은 계절 또다시 돌아왔구나　天涯佳節又重廻
근심 속에 봄빛이 다해 감을 깨닫고　韶光轉覺愁邊盡
거울 보면 백발이 늘어 감에 놀란다　華髮還驚鏡裏催

87 광릉(廣陵) : 경기도 광주(廣州)이다.

늘그막에 두견새에 절하려고[88] 무릎을 꿇고	老爲拜鵑聊屈膝
밤에는 달 보느라 술잔을 멈춘다	夜因看月却停杯
언제나 다시 동호로 가서	何時更向東湖去
흰 모래밭 거닐고 이끼 낀 바위에 앉을까	踏是明沙坐是苔

한밤중에 병든 몸 일으켜 창을 여니	中宵力疾小窓開
나무 그늘 몽롱하고 달빛이 감돈다	樹色朦朧月影廻
몇 조각 남은 꽃은 붉은빛 이미 시들었고	片片殘花紅已謝
듬성한 머리엔 백발이 어느새 많아졌다	蕭蕭衰鬢白潛催
좋은 구절 떠오르면 다시 붓을 휘두르고	詩從得意還揮筆
근심을 풀기 위해 술을 들이켜네	酒爲寬愁不數杯
어느 곳의 호수와 산이 꿈속에 자주 드는가	何處湖山頻入夢
내 낀 물이 이끼보다 푸른 광릉이라네	廣陵煙水碧於苔

88 두견새에 절하려고 : 임금을 그리워하는 마음을 뜻한다. 62쪽 주21 참조.

두보의 시를 읽다가 〈누상〉 시에 차운하다

讀杜詩次樓上韻

수성의 객지살이 삼 년이 돼 가는데	愁城旅泊歲將三
축 늘어진 머리카락 비녀에는 흰 눈 가득	衰髮垂垂雪滿簪
밝은 달은 정이 있어 그래도 북쪽을 비추는데	明月有情猶照北
흰 구름은 무슨 일로 다시 남쪽을 가로막는가	白雲何事更遮南
작은 주먹[89]이 비에 돋으니 새 고사리 생각하고	小拳抽雨思新蕨
푸른 덮개[90]가 강을 덮으니 늙은 남수 떠올린다	青蓋陰江憶老柟
변방의 근심은 상책이 없음을 점점 깨닫노니	轉覺邊憂無上策
그 누가 황각에서 담담히 앉아 있는가	阿誰黃閣坐潭潭

89 작은 주먹 : 처음 돋아난 고사리의 모양을 비유한 것이다.

90 푸른 덮개 : 수레의 푸른 덮개로, 남수(柟樹)가 무성함을 형용한 말이다.

감회를 적다
書懷

성문 닫히려는데 저물녘 호각 소리 구슬프고	欲閉城門暮角哀
성긴 수풀에는 돌아오는 들새만 보인다	疏林唯見野禽廻
외로운 구름은 신의 있어 가다가 도로 멈추고	孤雲有信行還止
밝은 달은 정이 많아 졌다가 다시 뜬다	明月多情去復來
건아가 아닌데 오래 변방에 나와 있으니	不是健兒長出塞
내 고향 아니기에 대에 오르기 싫어라	猶非吾土倦登臺
시련 속에 흰머리 많아짐을 한탄하노니	艱難苦恨繁霜鬢
시를 다 읊고는 다시 술잔 잡노라	吟罷詩篇更把杯
망가진 부채로는 풍진 가리기 어려운데	難將敗扇掩風塵
어느 곳 산천에 이 몸을 부치려나	何處湖山可着身
지금은 천 리 바깥 청해의 객이지만	千里卽今靑海客
일찍이 십 년 전엔 대궐의 관리였다네	十年曾是紫墀人
타향의 경치는 아직도 눈이 보이지만	他鄕物色猶看雪
고향의 풍경은 이미 봄이 지났겠지	故國煙花已別春
근래의 여러 일들 말하지 말자	莫說近來多少事
시국 근심 원래 변신에게 속한 게 아니니	時憂元不屬邊臣

김사계와 황추포를 그리며 감회를 적다

憶金沙溪黃秋浦書懷

북극과 남명[91]은 만 리로 나뉘었는데	北極南溟萬里分
이 몸이 늘그막에 또 벗들을 떠났네	此身臨老又離群
강도의 축객[92] 만나 보고 싶었고	江都逐客思相見
호외의 한인[93] 소식 오래 못 들었지	湖外閑人久未聞
세속의 정 반복무상함을 깨닫고	深覺世情同覆雨
행적이 저마다 뜬구름 같음을 가련해하네	還憐行迹各浮雲
오경을 읽었지만 이미 밝은 시대 돕지 못하고	五經已負明時補
고각 소리 울리는 성중에 앉아 군사를 점고하노라	鼓角城中坐點軍

91 북극(北極)과 남명(南溟) : 북극은 임금이 있는 서울이고, 남명은 신하가 유배된 곳으로 여기서는 종성(鍾城)을 가리킨다.

92 강도(江都)의 축객(逐客) : 황신(黃愼)을 가리킨다. 황신이 1602년(선조35) 사은사(謝恩使)로 연경(燕京)에 갔다가 사헌부의 탄핵으로 관직이 삭탈되어 강화도(江華島) 촌장(村莊)으로 돌아갔으므로 한 말이다. 《月沙集 卷51 秋浦黃公行狀》

93 호외(湖外)의 한인(閑人) : 김장생(金長生)을 가리킨다. 정인홍(鄭仁弘)이 득세하는 것을 보고 김장생이 서울에서 벼슬하는 것을 달갑게 여기지 않아 1602년 봄에 벼슬을 버리고 연산(連山) 시골집으로 내려왔으므로 한 말이다. 《沙溪全書 卷43 年譜》

수심
愁

쓸어버려도 도로 오고 베어도 다시 생겨	掃去還來刈復生
언제 어디서나 스스로 마음을 얽맨다	隨時隨處自縈情
호산이 가까워 삭풍이 사납게 울부짖고	朔風怒吼胡山近
변방의 달 밝은데 저녁 호각 구슬피 운다	暮角悲鳴塞月明
천 리의 흰 구름에 고갯길 아득하고	千里白雲迷嶺路
오경의 물시계 소리에 궁성을 추억한다	五更淸漏憶宮城
장가와 통음 모두 옳지 않기에	長歌痛飮俱爲失
그저 서가의 만 권 책만 의지하고 있네	只賴架籤萬卷橫

수주에서 병들어 누워 금릉으로 돌아가는 이군 천휴와 작별하다 4수

病臥愁州別李君天休歸金陵 四首

병들어 누워 봄을 넘기며 못 돌아가는 신세	病臥經春苦未歸
오랑캐 강은 성곽 둘렀고 찾아오는 이 드물다	蠻江繞郭客來稀
금릉의 만년 계책 그대의 판단이 옳았고	金陵晩計憑君得
옥당의 새벽 입궐 내 생각이 글렀었네	玉署晨趨覺我非
명월 아래 외로운 배에서 함께 계수나무 노를 젓고	明月孤舟同桂楫
흰 구름 낀 산속의 탑상에서 함께 마의를 입으리라	白雲山榻共麻衣
이별할 제 간곡하게 부탁하노니	臨分更寄丁寧約
푸른 나무 둘러싼 곳에 집을 짓게나	結屋須依翠樹圍

나그네 마음 돌아가는 변방 구름에 길이 부치는데	羈魂長寄塞雲歸
하늘에 닿은 고갯길엔 기러기도 드물다	嶺路連天雁亦稀
백발노인의 마음을 오직 그대만 옳다 하고	白首心肝唯子是
청문[94]의 발자취를 몇 사람이 그르다 하나	靑門蹤迹幾人非
서호에서 살려면 집을 지어야 하고	西湖契活須營屋
북객이 돌아가면 옷을 주어야 하리	北客還期趁授衣

94 청문(靑門) : 장안성(長安城)의 동문(東門)으로, 벼슬에서 물러나 은거하는 곳을 비유한다. 진(秦)나라 때 동릉후(東陵侯)였던 소평(邵平)이 진나라가 망하자 장안성 청문 밖에서 외밭을 일구며 살았다. 《史記 蕭相國世家》

성루에 올라 애써 작별하는데　爲上城樓聊作別
지세가 다한 곳에 수많은 산이 에워쌌다　地維窮處萬山圍

마음은 돌아가지 못해 슬피 우는 두견새 같은데　心似啼鵑怨未歸
고향 소식은 근래에 드물구나　鄕園消息近來稀
쇠잔한 몸에 든 병은 사계절 이어지고　痾侵殘骨連寒暑
늙어 위태로운 목숨은 시비에 시달린다　老觸危機困是非
새관의 나그네 시름에 시가 상자에 가득하고　塞館羈愁詩滿篋
역참의 아쉬운 이별에 눈물이 옷깃을 적신다　郵亭離恨淚盈衣
돌아가면 성남의 학사들을 만날 터이니　城南學士應相見
큰 키에 허리띠가 줄었더라 말해 주오　爲道長身帶減圍

떠나는 봄 보내고 또 떠나는 그대 보내니　送春歸又送君歸
쇠한 머리엔 시름 더해 검은빛 줄어든다　衰鬢添愁黑漸稀
오랫동안 회양에 누운 급암[95]과 같은데　久臥淮陽同汲老
부질없이 〈고분〉 지은 한비[96]를 비웃는다　漫題孤憤笑韓非
법문의 옛 제자 중에 누가 의발을 전하려나　法門舊弟誰傳鉢
만년의 새 교제는 옷을 함께할 이[97] 적도다　末路新交少共衣

95 오랫동안……급암(汲黯) : 85쪽 주55 참조.

96 부질없이……한비(韓非) : 〈고분(孤憤)〉은 《한비자(韓非子)》의 편명으로, 홀로 분격(憤激)한다는 뜻이다. 그 내용은 임금 가까이에서 권력을 장악한 중신(重臣)들의 전횡에 대한 비판이 주를 이루고 있다.

97 옷을 함께할 이 : 한 문제(漢文帝) 때에 그의 동생 회남왕(淮南王)이 반역을 꾀하다가 촉(蜀)으로 귀양 가서 굶어 죽자, 백성들이 "한 자의 베도 기워서 함께 옷을 입을

이별에 임해 호랑이 굴 이웃함을 한탄하지 말라　　臨別莫嗟隣虎穴
팔공산의 바람과 학[98]이 바둑판에 있으니　　八公風鶴在棋圍

수 있고, 한 말의 곡식도 찧어서 함께 밥을 먹을 수 있는데, 형제 두 사람 서로 용납하지 못하네."라는 노래를 지어 풍자하였다.《史記 淮南衡山列傳》

98 팔공산(八公山)의 바람과 학(鶴) : 전진(前秦)의 왕 부견(苻堅)이 군대를 일으켜 동진(東晉)을 침략했는데, 성에 올라가 동진의 군대를 바라보니 정예병들이었고 또 북쪽을 바라보니 팔공산 위의 초목들이 모두 사람의 모습 같았다. 이후 부견은 비수(肥水)에서 동진의 사현(謝玄)에게 패배하였는데, 남은 군사들이 도망하면서 바람 소리나 학 울음소리만 들어도 동진의 군사가 이른 줄로 알았다.《晉書 謝安列傳 玄, 苻堅載記下》

황지천 이름은 정욱이다. 의 시[99]에 차운하여 이천휴에게 주다 병서

次黃芝川 名廷彧 韻贈李天休 幷序

모재(慕齋)[100]의 서울 집이 종남산(終南山) 아래에 있었는데 내가 살던 곳과 한마을이기에 모재의 사적에 대해 매우 자세히 들을 수 있었다. 10년 전에 벼슬을 그만두고 여강(驪江)을 왕래하면서 서원(書院)과 사우(祠宇)에 절을 올리니 마치 친히 가르침을 받는 듯하였는데, 전란 이후 사당이 폐허가 되었는지라 늘 감개하였다. 이제 변방으로 좌천되어 우연히 이천휴(李天休)를 만났는데 우리나라 선현들의 사적을 언급하다가 "모재의 문생인 박사호(朴士豪)가 웅성(雄城)[101]에 사는데 견문이 매우 넓고 모재공의 덕업을 잘 말하므로 황지천(黃芝川)과 심백회(沈伯晦)[102]가 모두 그 사람됨을 공경하여

99 황지천(黃芝川)의 시 : 황지천은 황정욱(黃廷彧, 1532~1607)으로, 본관은 장수(長水), 자는 경문(景文), 호는 지천, 시호는 문정(文貞)이다. 임진왜란 때 순화군(順和君)을 배종하여 관동으로 피난했다가 왜군의 포로가 되어 선조에게 보내는 항복 권유문을 썼다. 1593년(선조26) 이 일로 인해 대간의 탄핵을 받아 길주(吉州)에 유배되었는데, 이때 박사호를 만났다. 시는 《지천집(芝川集)》 권2에 실려 있는 〈증박첨지사호(贈朴僉知士豪)〉이다.

100 모재(慕齋) : 김안국(金安國, 1478~1543)으로, 본관은 의성(義城), 자는 국경(國卿), 호는 모재, 시호는 문경(文敬)이다. 김굉필(金宏弼)의 문인으로, 1519년(중종14) 참찬이 되었으나, 기묘사화로 인해 파직되어 경기도 이천(利川)에서 후진들을 가르치며 지냈다.

101 웅성(雄城) : 함경도 길주(吉州)이다.

시를 지어 주어 찬미하였다."라는 말을 들었다. 내가 모재를 사모하는 마음이 실로 얕지 아니하고, 또 그 문도가 아직까지 세상에 살아 있는데도 변방에 칩거하면서 한번 만나 보지 못한 것을 탄식하여, 감히 지천이 지은 시에 차운하여 이군에게 부쳐 전한다.

만력(萬曆) 계묘년(1603, 선조36) 4월 그믐 전날.

모재의 문장과 덕행 세상의 본보기 되고	文世祖之行世師
가슴속에는 구류를 다 삼켰네[103]	胸中呑盡九流岐
여강의 옛 사당[104]에선 유림들이 고무되고	驪江舊廟儒林聳
태산같이 높은 이름 하인들도 알고 있지	喬嶽高名走卒知
남산골에서 어릴 적부터 추모했었는데	南閈追思曾自齔
서하에서 일 년 넘게 홀로 떨어져 지냈네	西河索處已逾期
당시에 물고기가 천 리를 돌아다니듯 도를 물었는데	當時問道魚千里
스승께서 남긴 은혜 말하자니 슬프구나	函丈餘恩說亦悲

102 심백회(沈伯晦) : 심극명(沈克明, 1556~?)으로, 본관은 청송(靑松), 자는 백회, 호는 취면(醉眠)이다.

103 가슴속에는……삼켰네 : 구류(九流)는 선진(先秦) 시대의 9개 학술 유파로, 유가(儒家), 도가(道家), 음양가(陰陽家), 법가(法家), 명가(名家), 묵가(墨家), 종횡가(縱橫家), 잡가(雜家), 농가(農家)를 말한다. 여기서는 김안국의 학문이 넓음을 뜻한다.

104 여강(驪江)의 옛 사당 : 김안국을 제향하기 위해 세운 여주(驪州) 기천서원(沂川書院)을 말한다.

효우당 시에 차운하다 4수. 병서

孝友堂次韻 四首 幷序

세상이 혼란해져 자식의 직분을 제대로 행하는 이가 드물다. 주공(周公)과 공자(孔子)를 이야기하여 유자(儒者)라 일컬어지는 자들도 그 행실을 돌아보면 부끄러움이 있으니, 나야말로 더더욱 그런 자이다. 관성(觀城)[105]에 김희수(金希壽)라는 이가 있는데 형제 일곱 사람이 아흔이 된 노모를 조석으로 극진히 봉양하였다. 당을 지어 어머니를 편안하게 해 드리니 효우당(孝友堂)이 그 이름인데, 달마다 두세 번은 자녀 40여 인을 데리고 술과 음식을 마련하여 즐겁게 해 드렸다. 형제와 자손 중에 잘못을 저지르는 이가 있으면 어머니께 말씀드리고 꾸짖어 조금도 용서하지 않았으며, 자기가 잘못했을 경우에는 스스로 종아리를 쳤다. 이에 온 집안이 숙연하였으니, 단지 은애(恩愛)만 돈독할 뿐만이 아니었다. 아, 관성은 먼 변방이고 김희수는 천한 백성인데, 교화가 미치지 않고 사우(師友)가 깨우쳐 주지 않았는데도 홀로 하늘이 부여한 바에 능히 흥기하여, 지행(至行)이 사대부들의 본보기가 될 만하였다. 애석한 점은 세상에 이런 사람이 있는데도 알려지지 못하였다는 것이다. 그러나 알려지든 알려지지 못하든 그것이 김희수에게 무슨 상관이겠는가. 하늘의 보답은 거짓이 없어, 이미 어머니가 장수하고 또 일곱 형제가 장수하며 또 그 자손이 번성하였다. 창안백발(蒼顔白髮)로 보자가 바구한 가

105 관성(觀城) : 함경남도 이원(利原)의 옛 이름이다.

운데 아이들이 색동옷을 입고 춤을 추어 온 집안이 화락하였다. 세상 사람들은 선한 사람이 반드시 복을 받는 것은 아니라고 늘 말하지만, 김희수의 경우를 본다면 그 말이 옳지 않음을 더욱 확실히 징험할 수 있을 것이다. 그러나 김희수가 그렇게 된 것이 어찌 까닭이 없겠는가. 그 어머니는 과부가 된 후 조석으로 궤연(几筵)에 전(奠)을 올려 늙을 때까지 게을리하지 않았으며, 침실에는 이불과 침상을 갖추어 두어 지아비가 살아 있을 때처럼 하였다. 정절이 이렇게 독실하여 정성이 신명을 감동시켰으니, 김희수 같은 형제가 있는 것이 당연한 일이고 김희수 같은 자손이 있는 것이 당연한 일이다. 나는 어머니가 계시지만 봉양하지도 못하고 이제 변방으로 좌천된 지 2년이 되었다. 모자가 함께 사는 평범한 사람들을 보아도 마음에 뭉클함이 없지 않은데, 하물며 김희수처럼 자식으로서 자식의 직분을 다하는 사람이겠는가. 삼가 제현들이 지은 시에 차운해 찬미하고 이로 인하여 나의 심회를 말한다. 김희수의 일은 실상을 내 벗 이천휴(李天休)가 말해 준 것이다.

세속에 휩쓸려 근원을 잃었는데	隨波汨汨失初源
그 누가 집안에서 효우가 돈독한가	誰向闔門孝友敦
책 속의 선현 말씀에 매양 부끄러웠는데	卷上每慙先哲訓
세상에 이런 사람 있는 줄 이제야 알았도다	世間今識此人存
일심이 성실한 곳 내 배웠다고 말하니	一心誠處吾云學
만석군 집에서는 본디 말하지 않았다오[106]	萬石君家本不言

106 만석군(萬石君)……않았다오 : 한(漢)나라의 석분(石奮)은 그와 아들 네 명이

형제들 색동옷 입고 백발 노친 모시는데　兄弟彩衣扶鶴髮
자손이 많고 많아 마흔 명이라네　甡甡四十是兒孫

그대가 궁행의 진원을 얻었다 하니　躬行聞爾得眞源
하늘의 보답 후함을 새삼 깨달았네　更覺天翁報亦敦
누런 머리 노친 곁에 아이들 에워쌌고　黃髮垂邊髫髮擁
수성[107]이 밝은 곳에 덕성[108]이 비쳤구나　壽星明處德星存
까마귀[109]는 공연히 피 울음을 한스러워하고　雛烏自恨空啼血
앵무새는 그저 말만 낭비함을 부끄러워하네　鸚䳇還慙只費言
화공을 불러와 그림을 그려　爲借龍眠須作畫
이 집의 성사를 후손에게 보여 줘야 하리라　斯家盛事示來孫

노송이 십 리에 숲을 이루었는데　虯髯十里老成林
효우당 지은 사람은 성이 김씨라오　孝友堂人姓是金
창안백발 모자가 색동옷 춤을 보는데　白髮蒼顏看彩舞

2000석(石)의 봉록을 받았으므로 만석군으로 일컬어졌는데, 그는 자손이 잘못하면 군이 말로 꾸짖지 않고 식사를 하지 않음으로써 스스로 잘못을 깨달아 고치게 했다. 이를 두고 황태후가 "유자(儒者)는 꾸밈이 많고 질박함이 적은데, 지금 만석군의 집안은 말하지 않고 몸소 실천한다." 하였다. 《史記 萬石君列傳》

107 수성(壽星) : 남극노인성(南極老人星)으로 인간의 수명을 주관하는 별인데, 여기서는 노친을 비유하였다.

108 덕성(德星) : 태평한 시절에 나타나는 별로 현인(賢人)을 상징하는데, 여기서는 김희수와 그 형제들을 비유하였다.

109 까마귀 : 다 자란 뒤에 먹이를 물어다가 제 어미에게 먹여 준다고 해서 효성스러운 새로 일컬어진다. 《拾遺記》

봄날의 좋은 경치 노래 속에 들어 있네 春輝佳景入歌吟
외로운 이 몸은 여전히 관산 북쪽에 머물러 있지만 孤生尙滯關山北
꿈에서는 늘 한강 남쪽으로 날아가누나 歸夢長飛漢水陰
훗날 혹 조정에서 임금님 모시게 된다면 他日儻承中夜席
어찌 이런 효행을 심상한 일로 놓아두랴 肯敎高行等常尋

둘러싼 자손들 울창한 숲 같은데 兒孫前後蔚如林
조석으로 돈을 들여 맛난 음식 마련하네 晨夕盤珍日費金
잔치 석상의 어머니는 백발이 드리웠고 壽席慈顏垂鶴髮
좋은 날의 퉁소 소리 용 울음처럼 우렁차다 佳辰簫管壯龍吟
아름다운 일 전하고 싶은데 누가 역사를 서술하랴 欲傳美事誰編史
새 시를 전하려니 스스로 당음[110]에 부끄럽네 擬播新詩我愧陰
까마귀가 가련하게 변방 달빛 아래에서 우니 烏烏自憐啼塞月
남으로 날아가면 응당 시골집 찾아가리라 南飛當向野扉尋

110 당음(棠陰) : 감당(甘棠)나무의 그늘로, 지방관이 정사를 펴는 곳 또는 지방관의 선정(善政)을 뜻한다. 주(周)나라 때 소공(召公)이 남국(南國)을 순행하면서 문왕(文王)의 정치를 베풀다가 감당나무 아래에서 쉬었는데, 훗날 백성들이 소공의 덕을 그리워하여 "무성한 감당나무, 자르지도 베지도 말라. 소백(召伯)이 초막으로 삼으셨던 곳이니라."라는 시를 읊었다. 《詩經 召南 甘棠》

동파의 시에 차운하여 감회를 적다

次東坡韻書懷

한 병에 시달리며 봄철 내내 누웠는데　支離一病臥三春
천 리 밖 외로운 성에 만번 죽어 마땅할 몸　千里孤城萬死身
밤마다 우는 까마귀 원통함을 하소연하는 듯하고　夜夜啼烏如訴怨
아침마다 우는 까치 부질없이 사람을 놀랜다　朝朝報鵲謾驚人
가슴속에는 갑병을 지녔다고 자부하지만　胸中自信藏兵甲
석상에선 귀신에 대해 대답하기 부족하리라[111]　席上應慙答鬼神
푸른 수종산[112]과 맑은 두미호[113]가 그리우니　翠憶鍾山淸憶杜
수운향[114]에서 이승 인연 마치려네　水雲終結此生因

수종산과 두미호는 선영(先塋) 근처이다. 장차 이곳에서 노년을 보내고자 하였으므로 언급한 것이다.

111 석상(席上)에선……부족하리라 : 한(漢)나라 가의(賈誼)가 좌천되어 장사왕(長沙王)의 태부(太傅)로 있다가 일 년 남짓 만에 소명(召命)을 받고 조정으로 돌아오니, 문제(文帝)가 선실(宣室)에 있다가 그에게 귀신의 본원(本源)에 대해 물었다. 이에 가의가 귀신의 유래와 변화 등을 자세히 이야기하였는데, 한밤중이 되자 문제가 그 이야기에 빠져 자기도 모르게 자리를 앞으로 당겨 가의에게 가까이 다가갔다고 한다. 《漢書 賈誼傳》

112 수종산(水鍾山) : 경기도 남양주시 운길산(雲吉山)을 말한다.

113 두미호(杜尾湖) : 경기도 남양주시 두물머리 부근으로, 두미호(杜美湖) 혹은 두미강(斗尾江)이라고도 한다.

114 수운향(水雲鄕) : 물이 흐르고 구름이 뜬, 맑고 그윽한 곳으로서, 은자(隱者)가 사는 곳을 가리킨다.

관아의 창 밖에 손바닥만 한 작은 뜰이 있는데, 화분에 창포를 옮겨 심어 고향을 그리는 마음을 위로하다

衙舍窓外有庭如斗移種菖蒲于盆中以慰鄕園之思

못에 봄빛 가득하니 고향이 그리워져	滿塘春色憶鄕園
외로운 뿌리 작은 화분에 옮겨 심었다네	移得孤根寄小盆
달빛 아래 희미한 그늘 침상에 들고	月下輕陰侵睡榻
바람 앞에 은은한 향 맑은 동헌에 흩어진다	風前微馥散晴軒
수명 늘리는 묘약 얻으니 편작의 비결인가 싶고	延年得妙思扁訣
작은 패물 향기 풍기니 초나라 혼이 우습구나[115]	細佩遺芳笑楚魂
훗날 남강에서 서로 이별한 뒤	他日南康相別後
창포의 안부를 누가 와서 알려 줄까[116]	平安誰報到柴門

115 작은……우습구나 : 초(楚)나라 혼은 멱라수(汨羅水)에 빠져 죽은 초나라 굴원(屈原)의 넋이다. 굴원의 《이소(離騷)》에서 "가을 난초를 엮어 허리춤에 차노라.〔紉秋蘭以爲佩.〕"라고 하였다. 여기서는 창포의 향기가 난초보다 낫다는 뜻이다.

116 훗날……줄까 : 주희(朱熹)가 남강군(南康郡)에 있을 때 오당경(吳唐卿)의 집에 있는 창포를 사랑하고 아꼈는데, 훗날 오당경에게 보낸 편지에서 "근래에 정황이 어떠합니까? 보내온 편지에서 어째서 창포의 안부를 언급하지 않습니까?" 하였다. 《朱子書節要 卷20 葉永卿吳唐卿周得之李深子》

송생과 작별하다 4수

別宋生 四首

당시 눈 속에 섰던 이들[117] 몇이나 남아 있나	當時立雪幾人餘
반평생 희비가 한바탕 꿈처럼 허망하다	半世悲歡一夢虛
난리 후에 얼굴은 예전과 완전히 달라졌지만	亂後容顏渾改舊
병중에도 심력은 아직도 처음과 같지	病中心力尙依初
들보가 꺾이니[118] 내가 은혜 저버림 부끄럽고	樑摧媿我恩多負
쑥대처럼 유랑하니 그대 계책 엉성한 게 안타깝네	蓬轉憐君計太疏
어느 곳 운산에서 함께 결사하여	何處雲山同結社
늙은 신선처럼 단약 달일까	藥爐丹鼎老仙如

위태한 길 다 밟아 온 이 몸	危途踏盡此身餘
생사를 유유히 태허에 맡긴다	生死悠悠任太虛
내가 병 앓다 보니 봄이 이미 다 지났는데	春色已消吾病後
그대가 찾아오자 나그네 회포 툭 트였지	羈懷時豁子來初
구산[119]에서 지난날 한방에서 글을 읽었는데	龜山舊讀聯牀密

117 눈……이들 : 송(宋)나라의 유작(游酢)과 양시(楊時)가 처음 정이(程頤)를 찾아갔을 때 정이가 눈을 감고 앉아 있었으므로 두 사람은 뜰에 선 채로 기다렸는데 정이가 눈을 뜨자 눈이 한 자나 쌓여 있었다고 한다.《宋史 道學列傳 楊時》 여기서는 송익필(宋翼弼)의 문하생을 가리킨다.

118 들보가 꺾이니 : 스승의 죽음을 비유하는 관용어이다. 여기서는 스승 송익필의 죽음을 가리킨다.

면수로 옮겨 간 뒤[120]로 소식이 뜸하였네　　沔水新移寄問疏
어느덧 십 년 세월 허다한 일 겪고 나서　　忽忽十年多少事
서로 만나 바라보니 머리가 흰 실 같구나　　相看鬢髮白絲如

천 리 밖의 쇠잔한 몸 거의 죽다 살았는데　　千里殘骸九死餘
고요함 속에 이 마음 텅 빔을 깨닫네　　靜中時覺此心虛
《태현경》의 옛말[121]로 후생을 이끌어 주려 하고　　玄經舊語思開後
백발의 새로운 기약은 처음 뜻을 이루려 하네　　白首新期擬遂初
남으로 가는 행장 어찌 그리 급히 하나　　南去行裝何太急
북으로 오는 소식 뜸하지 않기를　　北來消息莫相疏
연산에서 사계 노인 만나거든　　連州儻見沙溪老
오몽[122]은 예전과 다름없다 말해 주오　　爲道吳蒙舊日如

시름 속에 지내 온 일 년 남짓한 세월　　愁邊日月一年餘
몸은 변방에 떨어지고 계책은 허공에 떨어졌네　　身墮窮荒計墮虛

119 구산(龜山) : 경기도 고양(高陽)에 있는 구봉산(龜峯山)으로, 정엽의 스승인 송익필이 살았던 곳이다.

120 면수(沔水)로……뒤 : 면수는 송익필이 말년에 살았던 충청도 면천(沔川)을 가리킨다. 송익필은 1596년(선조29)부터 면천에 있던 김진려(金進礪) 집에 우거하다 그곳에서 세상을 떠났다. 《宋子大全 卷172 龜峯先生宋公墓碣》 송생(宋生)은 송익필의 제자로서 스승을 따라 면천으로 갔었던 것으로 추측된다.

121 태현경(太玄經)의 옛말 : 한(漢)나라의 양웅(揚雄)이 《주역》을 모방하여 《태현경》을 지은 뒤에 "후세에 다시 양자운(揚子雲)이 나오면 이 글의 뜻을 알 것이다."라고 하였다. 《韓愈集 卷17 與馮宿論文書》 여기서는 송익필의 학문을 두고 한 말이다.

122 오몽(吳蒙) : 오하아몽(吳下阿蒙)과 같은 말로, 학문에 진보가 없다는 뜻이다.

변발한 오랑캐와 가까이한 지 오래되었는데 辮髮相親吾已久
발걸음이 멀리서 당도한 것 그대가 처음이지 跫音遠到子爲初
먼 산과 이어진 성에는 짙은 구름 자욱하고 城連遠岫頑雲密
긴 강을 굽어보는 길에는 저녁 비 흩뿌린다 路俯長江晩雨疏
오늘 저녁 전별연에 한스러운 뜻 없겠는가 今夕離亭無恨意
더구나 한여름 찌는 듯한 더위인데 炎天況復劇焚如

김 전부 희원[123] 어른께 부치다

寄金典簿希元丈

세도는 엉클어진 실보다 어지러운데	世道紛紛劇亂繩
사문의 여맥은 아득히도 이을 자 없구나	斯文餘脈渺無承
황량한 화석정의 발자취 생각하고	荒涼花石思遺躅
쓸쓸한 사계의 한적한 삶을 떠올린다네	寥落沙溪想曲肱
병상에서 한가롭게 음양의 이치 탐구하고	病榻偸閑探月窟
위태로운 세상길에 봄 얼음 밟듯 조심하네	危途持戒踏春氷
남명과 북극 삼천 리 길	南溟北極三千里
헤어져 그리는 정 한 통 편지에 부쳐 보내네	多少離情一札憑

화석(花石)은 율곡(栗谷) 선생의 정자 이름이고, 사계는 희원이 거처하는 곳이다.

123 김 전부 희원(金典簿希元) : 전부는 종친부(宗親府)의 정5품 벼슬이고, 희원은 김장생(金長生)의 자이다.

연군음

戀君吟

이 몸 허물 생각하니 만번 죽어 마땅하거늘　追省愆尤萬死宜
성은 입어 가는 곳마다 두 줄기 눈물 흐른다　聖恩隨處淚雙垂
흰머리 늘그막에 늘어 가니 가련한데　自憐霜髮侵衰境
용안도 예전과는 달라지셨겠지　遙想天顏異昔時
어전(御前)의 향 연기를 천 리 밖에서 꿈꾸는데　前席香煙千里夢
한밤중의 밝은 달은 이내 마음 알아주네　中宵明月寸心知
그림 그린 모연수[124] 원망할 것 없으니　丹靑不怨毛延壽
왕소군의 운명이 기구할 뿐인 것을　只是昭君賦命奇

124 그림 그린 모연수(毛延壽) : 전한 효원제(前漢孝元帝)는 후궁이 매우 많아서 그림을 보고 궁녀를 골랐다. 왕소군(王昭君)은 뇌물을 바치지 않아 화공 모연수가 초상화를 제대로 그려 주지 않았으므로 효원제의 사랑을 받지 못하고 흉노(匈奴)의 선우(單于)에게 보내지게 되었다. 왕소군이 떠날 적에 효원제가 보니 절세미인이었다. 이에 뇌물을 받은 모연수 등은 기시형(棄市刑)을 당하였다.《漢書 匈奴傳下》

어머니를 그리며
思親

지난날에는 수령 되어 모자가 함께 갔었는데	奉檄曾年母子隨
이제는 돌아가지 못하는 몸이 되었구나	此身今作未歸兒
하늘은 북극에 맞닿았는데 누런 구름 어둑하고	天連北極黃雲暗
해는 서산으로 기우는데[125] 흰머리 드리웠다	日迫西山白髮垂
난리 후의 빈한한 생활 오직 나를 의지하셨는데	亂後貧寒唯賴我
병중의 약시중 다시 누구에게 기대실까	病中醫藥更憑誰
봄은 오고 고향 소식 끊어졌으니	春來又斷鄕園信
천 리 밖 이별의 정 이때 배나 더하누나	千里離情倍此時

125 해는 서산으로 기우는데 : 어머니가 연로하였다는 뜻이다. 이밀(李密)의 〈진정표(陳情表)〉에 "다만 조모 유씨는 해가 서산으로 기울듯 기식이 끊어질 지경이니, 목숨이 위태로워 아침에 저녁 일을 생각할 수 없습니다." 하였다. 《古文眞寶 後集 卷1》

광릉[126]의 소나무와 오동나무를 떠올리다

憶廣陵松梧

어릴 적 색동옷 입고 뜰을 지나갔었는데[127]	早歲班衣憶鯉趨
한밤중의 피 울음이 새끼 까마귀 같구나	中宵啼血似雛烏
수종산 길에는 슬픈 바람이 나무에 불고	悲風樹色鍾山路
두미호에 달 밝은 밤 여울 소리 들리리라	明月灘聲杜美湖
천 리 밖 꿈속의 혼은 무덤을 찾아가는데	千里夢魂尋若斧
한 해의 향화는 종에게 맡겼구나	一年香火寄胡奴
나무꾼아 경솔하게 벌목하지 말지어다	爲言樵子休輕伐
손수 나무 심었던 내가 지금 이렇게 늙었으니	手植如今有老吾

126 광릉(廣陵) : 경기도 광주(廣州)로, 정엽의 부친 정유성(鄭惟誠)의 묘가 있는 곳이다. 1584년(선조17) 광주 용진(龍津) 강가에 장사 지냈다가 25년 뒤에 양주(楊州)로 이장하였다.《守夢集 卷2 先考贈資憲大夫吏曹判書兼知義禁府事成均進士府君墓誌》

127 뜰을 지나갔었는데 : 부친의 생전에 가르침을 받았다는 뜻이다. 공자(孔子)가 홀로 뜰에 서 있을 때에 아들 리(鯉)가 종종걸음으로 지나가자, 공자가 불러 세우고 시(詩)와 예(禮)를 배워야 한다고 가르쳤다.《論語 季氏》

6월 초 가서를 써서 인편에 어머니께 보내다

六月初裁家書送人親庭

태평성대 유배객 종성에 온 지 이 년	明時遷客二年鍾
멀리 떨어진 그리움에 한 통 편지 부치네	千里離情寄一封
바닷가 변방에 누런 구름 싸늘히 흩어지고	海戍黃雲寒淰淰
하늘가 푸른 봉우리 빽빽이 겹쳐 있네	天邊翠岫細重重
병든 자식은 요행히 올봄 죽음을 면했고	病兒幸免今春死
나이 드신 어머니는 예전 모습 아니시리라	老母應非舊日容
기다리실 어머니 위로하려 좋은 소식 쓰노니	爲慰倚門題好語
저는 여전히 건강하고 이곳 변방엔 아무 탈 없습니다	此身猶健夜無烽

계음[128]에게 부치다

寄溪陰

창을 두드리는 잔설 어지러이 떨어지고 打窓殘雪落霏霏
방을 밝히던 등불은 새벽녘 희미해지네 壁裏淸燈曉轉微
상보의 후손 관직이 홀로 한미하나[129] 尙父雲仍官獨冷
치규와 같은 골상 옛날에도 드물었으리라[130] 稚圭骨相古應稀
주후로서 너그러이 법 집행해 칭송이 자자했고[131] 寬文柱後方騰頌
섬돌 앞에 말 매어 자주 비난에 시달렸네[132] 繫馬階前屢困譏

128 계음(溪陰) : 곽열(郭說, 1548~1630)을 지칭하는 듯하다. 본관은 청주(淸州), 자는 몽득(夢得), 호는 서포(西浦)·포옹(浦翁)이다. 곽열의 문집인 《서포집(西浦集)》 권5에 이 시의 차운시가 수록되어 있는데, 그 주석에 당시 정엽은 정언(正言)에서 체차되어 고향으로 내려가 있다고 하였다.

129 상보(尙父)의……한미하나 : 당 덕종(唐德宗) 때 상보의 호를 하사받은 곽자의(郭子儀)를 가리킨다. 《新唐書 郭子儀列傳》 곽열이 훌륭한 가문 출신이지만 관직이 한미하다는 말로, 그의 성이 곽씨라서 곽자의의 후손이라고 한 것이다.

130 치규(稚圭)와……드물었으리라 : 곽열의 풍채가 빼어남을 묘사한 말이다. 치규는 송(宋)나라 인종(仁宗) 때부터 신종(神宗) 때까지 재상을 지냈던 한기(韓琦)의 자인데, 그는 어려서부터 풍골(風骨)이 빼어났던 것으로 알려졌다. 《宋史 韓琦列傳》

131 주후(柱後)로서……자자했고 : 주후는 법관의 모자인 주후관(柱後冠)을 가리킨다. 곽열이 1599년(선조32), 1603년, 1604년 형조 좌랑으로서 법을 잘 집행하여 칭송받았던 일을 말한 것이다. 《西浦集 附錄 西浦郭公行狀》

132 섬돌……시달렸네 : 곽열이 술을 좋아하여 주위로부터 자주 비난을 받았던 사실을 말한 것이다. 두보(杜甫)가 자신의 벗인 정건(鄭虔)에 대해 "광문 선생이 관사에 이르러, 대청 섬돌 아래에 말을 매어 놓네. 취하면 즉시 말을 타고 돌아가니, 관장의

예전 가죽신 소리[133] 누가 기억하랴 昔日履聲誰記憶

백발 되어 고향 산의 고사리를 먹는데 白頭咬得故山薇

질타 크게 당했다오."라고 한 것을 차용한 것이다.《杜少陵詩集 卷3 戲簡鄭廣文兼呈蘇司業》

133 가죽신 소리 : 간관(諫官)으로서 임금에게 직언하는 것을 가리키는 말이다. 한(漢)나라 정숭(鄭崇)이 간쟁하러 갈 때마다 가죽신을 끌면서 갔는데, 그럴 때마다 황제가 웃으면서 "정 상서의 가죽신 소리인 줄을 내가 알겠다." 하였다고 한다.《漢書 鄭崇傳》

유정대사(惟政大師)의 시에 차운하여 대마도로 가는 그를 전송하다[134]

次惟政老禪韻送對馬島

묘법은 본래 중생을 구제하길 기약하니　　妙法元期濟衆生
그대의 말 한마디 연성벽[135]보다 귀하구나　　片言還覺重連城
향로봉의 밝은 달을 가을 내내 꿈꾸더니　　香爐明月三秋夢
대마도 가는 배에서 먼 고국 그리워하네　　馬島孤舟萬里情
성주께서 이제 큰 도량을 넓히시니　　聖主卽今恢大度
왜국은 지친 병사 쉬게 됨을 기뻐하리　　蠻鄕應喜息疲兵
오경을 다 외운들 끝내 어디에 쓰겠는가　　五經誦盡終何用
나라의 안위 이 행차에 달린 것을 보기만 할 뿐　　坐見安危寄此行

134 유정대사(惟政大師)의……전송하다 : 유정대사(1544~1610)는 본관은 풍천(豐川), 속성은 임(任), 속명은 응규(應奎), 자는 이환(離幻), 호는 사명당(泗溟堂)·사명당(四溟堂)·송운(松雲)·종봉(鍾峯), 시호는 자통홍제존자(慈通弘濟尊者)이다. 임진왜란 이후 국교가 단절되었던 왜(倭)와의 강화(講和)를 위해 1604년(선조37) 6월 대마도에 파견되었는데, 이 시는 그때 써서 보낸 것으로 보인다.

135 연성벽(連城璧) : 값어치가 여러 고을과 바꿀 만한 벽옥(璧玉)이란 말로, 천하의 보배로 일컬어지는 화씨벽(和氏璧)을 가리킨다. 전국 시대에 조(趙)나라 혜문왕(惠文王)이 소유하고 있었는데, 진(秦)나라 소왕(昭王)이 15개의 성읍과 맞바꾸자고 청한 데에서 유래하였다.《史記 廉頗藺相如列傳》

관동 이 방백[136]이 부쳐 온 시에 차운하다

次關東李方伯所寄韻

병으로 필묵을 잡지 못하다가	筆墨緣痾把未曾
승려가 가는 편에 시를 부쳐 보내네	傳詩賴有小林僧
그대 부임할 때에 봄빛이 생동했는데	雙旌下境春輝動
몇 말 녹봉 받느라 내 머리 더 세었네	斗粟勞心鬢雪增
매사에 각을 세우는 나 자신 부끄러운데	觸物自慙時露角
그때마다 그대는 너그럽게 받아 주었지	容人還荷每藏稜
낙산에서 좋은 밤에 만나고자 하니	洛山欲作良宵話
선창에 달이 환히 비추는 날 와 주기를	須趁禪窓月似燈

136 관동(關東) 이 방백(李方伯) : 이욱(李稶)이다. 70쪽 주33 참조.

사위 나군이 중도에 부쳐 준 시에 차운하다
次羅甥中途見寄

누구와 함께 술 마시고 글을 논할까	把酒論文誰與同
그대 이제 떠났는데 나는 여기 남아 있네	君今西去我猶東
오늘 아침 내린 비에 윤건이 젖었을 테고	綸巾想墊今朝雨
어젯밤엔 낡은 부채 바람을 맞았겠지	敗扇應逢昨夜風
새옹의 말은 득실을 논할 필요 없고[137]	塞馬不須論得失
숲속 까마귀 암수를 굳이 물을 필요 있나[138]	林烏何必問雌雄
이별하던 정자에서 했던 이 말 그대 기억하라	離亭此語君宜記
물고기 그물에 기러기가 걸릴까 걱정이니[139]	魚網橫罹恐及鴻

137 새옹의……없고 : 새옹지마(塞翁之馬) 고사를 차용하여, 인생의 길흉화복은 무상하여 예측할 수 없으니 따지지 말라고 경계한 것이다.

138 숲속……있나 : 시비를 굳이 따지지 말라고 경계한 것이다. 《시경》 〈소아(小雅) 정월(正月)〉에 "모두가 제가 옳다고 하니, 누가 까마귀의 암수를 알까." 하였다.

139 물고기……걱정이니 : 뜻밖의 재앙을 당할까 염려된다는 말이다. 《시경》 〈패풍(邶風) 신대(新臺)〉에 "고기 그물을 설치했는데, 기러기가 걸렸도다." 하였다.

사위 이군의 시[140]에 차운하다 2수

次李甥韻 二首

글로도 못다 쓰고 말하기도 어려우니　　書難盡寫語難宣
세파로 근년에 살쩍이 세었네　　閱世年來鬢失玄
옥패를 차고서 몇 번이나 향안리가 되었던가[141]　　玉佩幾隨香案吏
동장을 차고도 적송자가 되었도다[142]　　銅章兼作赤松仙
낙산사 아래엔 하늘이 바다와 잇닿았고　　洛山寺下天連海
현수루 앞에는 달이 내에 가득 비치네　　峴首樓前月滿川
돌아보니 벗들이 거의 흩어지고 영락하여　　回想親朋多散落
반은 유배객 되고 반은 땅에 묻혔구나　　半爲湘客半重泉

강가 집이 멀리 백운[143] 이는 곳에 있으니　　江廬遠在白雲隈
몇 말 녹봉이 어찌 나를 여기로 오게 했나　　斗粟如何起我來

140 이군의 시 : 이군은 정엽의 막냇사위 이상질(李尙質)이다. 시는 〈견회봉정빙군합하(遣懷奉呈聘君閤下)〉로 《가주집(家州集)》 권3에 실려 있다.

141 옥패(玉佩)를……되었던가 : 과거에 왕의 근신(近臣)으로 자주 기용되었다는 말이다. 옥패는 관인들이 허리에 차는 옥제 장식이고, 향안리(香案吏)는 임금의 근신을 가리키는 말이다.

142 동장(銅章)을……되었도다 : 조정에서 떠나 지방관이 되었으나 산수가 아름다운 고장에서 신선처럼 지낸다는 뜻이다. 동장은 한(漢)나라 때 600석 이상의 녹봉을 받는 벼슬아치가 지니는 구리 도장이다. 적송자(赤松子)는 중국 전설상의 선인(仙人)이다.

143 백운(白雲) : 어버이를 그리워하는 정을 나타내는 시어(詩語)이다. 54쪽 주12 참조.

병중에 이런저런 일 다 제쳐 두고	病裏掃除多少事
시름겨워 술잔만 기울이노라	愁邊傾倒淺深杯
맑은 물빛 일렁이니 삼신산은 아득하고	澄光蕩漾迷三島
푸른 산빛 허공에 떠 있으니 오대산이 가깝네	翠色浮天近五臺
내게 세도에 관해 말하지 말게나	莫向此間談世道
조정 가득한 백관들 다 어진 인재이니	滿庭鵷鷺盡賢才

단오에 소회를 쓰다
端午書懷

관새에는 아득히 고갯길이 비꼈는데　　關塞迢迢嶺路橫
하늘에 닿은 바다는 쇠잔한 성 둘러쌌네　　接天溟渤繞殘城
백발에도 관직에 매인 이 몸이 가엾고　　自憐白髮猶從食
단심으로 고깃국 버리지 못했던 것[144] 부끄럽네　　還愧丹心未舍羹
묵은 풀이 비에 젖는데 누가 선산에 성묘할까　　荒草雨沾誰上墓
성상께서 내리셨던 술잔을 떠올리네　　細氈恩勸憶傾觥
길목에서 또 그네 놀이 보니　　街頭又見鞦韆戲
이날 타향에서 시름이 배가 되네　　此日他鄉倍惱情

144 고깃국……것 : 춘추 시대 정(鄭)나라 장공(莊公)이, 아우 숙단(叔段)이 반란을 모의하였을 때 가담했다고 하여 친어머니인 강씨(姜氏)를 유폐하였다. 영고숙(潁考叔)이 장공이 고깃국을 내려 주었을 때 자기 어머니를 생각하여 먹지 않자, 장공이 그 효심에 감동하여 강씨와의 관계를 회복하였다고 한다.《春秋左氏傳 隱公1年》 정엽은 1617년(광해군9) 폐모론(廢母論)이 일어나려고 하자 외직을 구하여 양양 부사(襄陽府使)가 되었다. 광해군을 설득해 인목대비의 폐위를 막지 못했던 것을 영고숙의 고사를 인용하여 자책한 것이다.

사위 이군의 시[145]에 차운하다 5수

又次李甥韻 五首

세상사 엉클어진 실처럼 어지러우니	世事紛紛劇亂絲
위태로운 세상길에 조심조심 살아가네	危途心似聽氷疑
기이한 재주는 공평한 정사 할 수 있다 자부하였고	奇才自許能分肉
씩씩한 뜻은 전장에서 죽고자 했었지	壯志誰知擬裹屍
만년의 계책 이제 지친 새와 같으니	晩計卽今同倦鳥
남은 생 굳이 점쳐 볼 필요 있겠는가	餘生何必問靈龜
동호는 어디든 낚싯대 드리울 만하니	東湖處處堪垂釣
작은 전답 마련하려 다투는 것 비웃노라	却笑求田競立錐

젊은 시절 일찍이 오릉 자제[146] 압도했는데	少年曾壓五陵豪
늙어서는 경전 읽느라 부질없이 애를 쓰네	老把遺經謾自勞
몇 말 녹봉 사람을 그르치니 쓸모없는 신세 가엾고	斗粟誤人憐走肉
명주는 모함이 많으니[147] 헐뜯는 것 우습네	明珠多謗笑吹毛

145 이군의 시 : 〈우음봉정빙군합하(偶吟奉呈聘君閤下)〉로, 《가주집(家州集)》 권3에 실려 있다.

146 오릉 자제(五陵子弟) : 오릉(五陵)은 한(漢)나라의 장안(長安)을 뜻하는 말로, 예로부터 장안 주변에 부호가(富豪家)의 자제로 호탕한 기개를 지닌 젊은이가 많아, 이들을 '오릉 자제' 또는 '오릉 연소(五陵年少)'라 불렀다. 《漢書 游俠傳 原涉》 여기서는 서울 명문대가의 자제들을 가리킨다.

147 명주(明珠)는 모함이 많으니 : 억울하게 참소를 당하는 것을 말한다. 후한(後漢)

호숫가에서 얼마나 오류선생 버드나무 떠올렸나[148]	湖邊幾憶先生柳
문하는 부끄럽게도 적 상국의 도리와 같네[149]	門下慙爲相國桃
꿈속에서 분명히 옛날의 은거지로 돌아가	夢裏分明歸舊隱
낚싯대 잡고 한가로이 높은 물가 바위에 앉았지	把竿閑坐石磯高

낙산사의 경치 세상에서 으뜸이라	洛山名勝世無儔
때때로 남여 타고 이곳에 이르러 쉬네	時倚藍輿到此休
여강의 신륵사[150]가 가소롭거니와	可笑驪江神勒寺
풍악산 정양사도 논할 것이 못 되네	何論楓嶽正陽樓
황홀히 학을 타고 속세를 벗어나	恍登鶴背超塵界
삼신산을 마주하고 객수를 푸노라	直對鼇頭豁客愁
묻노니 사선이 자취를 남겼던가	借問四仙留迹否

때의 장수 마원(馬援)이 교지국(交阯國)에 있을 때 장기(瘴氣)를 이겨 내려고 율무를 먹다가 귀국할 때 수레에 그 씨앗을 싣고 왔는데, 그가 죽은 뒤에 명주를 몰래 싣고 왔다고 참소한 자가 있었다. 《後漢書 馬援列傳》

148 호숫가에서……떠올렸나 : 도잠(陶潛)처럼 은거할 것을 자주 꿈꿨다는 뜻이다. 도잠이 고향에 은거하며 집 주위에 버드나무 다섯 그루를 심고 오류선생(五柳先生)이라고 자호(自號)하였으며, 〈오류선생전(五柳先生傳)〉을 지어 그 즐거움을 표현하였다.

149 문하는……같네 : 적 상국(狄相國)은 당(唐)나라의 명상(名相) 적인걸(狄仁傑)을 가리키고, 도리(桃李)는 그의 문하에 있던 수많은 현사(賢士)를 비유한 말이다. 적인걸이 수십 인의 인재를 천거하여 모두 명신(名臣)이 되었으므로 혹자가 적인걸에게 말하기를 "천하의 도리가 공의 문에 다 있도다." 하였다. 《新唐書 狄仁傑列傳》 자신의 문하에 이상질처럼 훌륭한 인재가 있는데도 그를 벼슬길로 이끌어 줄 능력이 없다고 자책한 것이다.

150 신륵사(神勒寺) : 경기도 여주(驪州) 봉미산(鳳尾山)에 있는 사찰이다.

단서로 나도 이 유람을 기록하노라[151] 丹書吾亦記玆遊

세도의 험난함 태항산 고개와 같으니 世途危險太行巓
백발에 동장 찬 신세 스스로 가엾네 白髮銅章我自憐
천 리 밖 외로운 종적 동해 바닷가에 있고 千里孤蹤東海上
오경의 새벽녘 꿈에선 대궐 곁에 맴도네 五更歸夢北辰邊
때때로 소회를 달래려 시구를 주고받고 時因遣興酬瓊句
매양 근심 풀려고 술잔을 기울이네 每爲消愁倒玉船
봄의 끝 무렵 고향 생각 가눌 길 없으니 春盡不堪懷舊土
광릉에서는 안개비에 밭을 매려 하겠지 廣陵煙雨擬鋤田

영락하여 일찍이 우산만 달랑 지고 왔는데 落魄曾來只荷簦
주문에 다다라서 감히 먼저 오를쏜가 朱門到處敢先騰
누가 알랴 지극한 정성이 악어도 길들일 줄[152] 誰知悃愊能馴鰐
우습게도 부질없이 〈복조부〉[153]를 짓노라 自笑文章謾賦鵩[154]

151 사선(四仙)이……기록하노라 : 신라 시대의 사선으로 일컬어지는 영랑(永郞), 술랑(述郞), 안상(安瑺), 남석행(南石行)이 금강산 해상에서 노닐며 석벽에 '술랑도남석행(述郞徒南石行)'이라는 여섯 글자를 붉은 글씨로 남겼다고 한다.

152 악어도 길들일 줄 : 당 헌종(唐憲宗) 때 한유(韓愈)가 조주 자사(潮州刺史)로 있었는데, 악계(惡溪)에 사는 악어가 가축을 마구 잡아먹어서 백성들이 몹시 고통스러워하였다. 이에 한유가 직접 〈악어문(鰐魚文)〉을 지어 악계에 던졌더니, 악어들이 떠나 더 이상 조주에 악어의 폐해가 없었다고 한다. 《古文眞寶 後集 卷3》

153 복조부(鵩鳥賦) : 62쪽 주20 참조.

154 鵩 : 대본에는 '鵬'으로 되어 있다. 문맥에 근거하여 수정하였다.

신묘한 말이 늦도록 임금의 마구간에 매여 있더니 神馬晚爲天廏縶
높은 하늘 기러기 이제 주살에서 멀어졌네[155] 冥鴻今遠佽飛矰
어느 때나 다시 동호 강변 밟아 볼까 何時更踏東湖上
높고 낮은 돌길에 푸른 덩굴 얽혔으리 石逕高低絡翠藤

155 높은……멀어졌네 : 조정에서 멀리 떨어진 곳에서 은거한다는 뜻이다. 한(漢)나라 양웅(揚雄)의 《법언(法言)》 〈문명(問明)〉에 "기러기가 아득히 하늘 속으로 높이 날면, 주살로 쏘는 사람이 어찌 잡으랴."라고 한 것을 차용하였다. 여기서는 정엽이 1617년(광해군9) 폐모론(廢母論)이 일어나려고 하자 외직을 구하여 양양 부사가 되었던 것을 가리킨다.

양양에서 우연히 짓다
襄陽偶題

푸른 산과 맑은 물이 앞뒤로 에워싼 곳	翠岫澄流繞後前
이곳에 온 지도 벌써 한 해가 되었네	來遊蹤迹已成年
여울 소리 머리맡에 들려오니 빗소리인가 하고	灘聲近枕疑疏雨
이내가 주렴에 스며드니 저녁 안개 자욱하네	嵐氣侵簾藹晚煙
고개는 동서를 막아 다른 땅을 만들고	嶺隔東西爲異地
바다는 남북으로 통하며 아득히 허공에 닿았네	海通南北杳浮天
아헌에서 종일토록 향 사르고 앉았으니	衙軒盡日燒香坐
만년에 천주 수령이 된 진옹과 같네[156]	還似眞翁老守泉

156 아헌(衙軒)에서……같네 : 진옹(眞翁)은 송(宋)나라 영종(寧宗), 이종(理宗) 때의 문신인 진덕수(眞德秀)를 가리킨다. 진덕수가 1225년 천주 자사(泉州刺史)를 시내면서 〈심경찬(心經贊)〉을 지었는데, 그 내용에 "내가 와서 고을을 맡으매……밝은 창가 안석에서 맑은 대낮 향을 사르고 책을 펴고 숙연한 자세로 나의 천군(天君)을 섬기노라." 하였다.

구름을 읊다. 최숙생의 시에 차운하다

詠雲次崔淑生韻

흰옷과 검은 개[157] 어디에서 생겨났나	白衣蒼狗自何生
일만의 봉우리에 기이한 모습 수시로 변하네	時幻奇形萬岫嶸
농사철에 갈망하니 가뭄인 줄 알겠으며	東作渴望知魃虐
서쪽 교외에 끼었으니 옅은 구름임을 알겠네[158]	西郊成畜覺陰輕
모름지기 지친 새와 함께 무심히 나올지니[159]	須同倦鳥無心出
긴 무지개 좇아 해 가까이 비끼지 말라[160]	莫逐長虹近日横
드날려 〈대풍가〉[161]에 전해지는 것도 좋겠지만	縱好飛揚傳沛曲

157 흰옷과 검은 개 : 구름의 모습을 빗댄 것이다. 두보(杜甫)의 〈가탄(可嘆)〉 시에 "하늘의 흰 구름이 하얀 옷과 같더니 잠깐 사이에 바뀌어 검둥개와 같아졌네.〔天上浮雲似白衣, 斯須改變如蒼狗.〕" 하였다. 《杜少陵詩集 卷21》

158 서쪽……알겠네 : 구름이 생성되었으나 비가 오지 않을 것이라는 말이다. 《주역》〈소축괘(小畜卦)〉에 "소축은 형통하니 구름은 빽빽하나 비가 오지 않는 것은 나의 서교로부터 왔기 때문이다.〔小畜亨, 密雲不雨, 自我西郊.〕" 하였는데, 정이(程頤)의 《역전(易傳)》에서 이를 풀이하기를 "서남은 음방이다. 음으로부터 선창하였으므로 화하지 못하여 비를 이루지 못한 것이다.〔西南, 陰方. 自陰倡, 故不和而不能成雨.〕" 하였다.

159 모름지기……나올지니 : 도잠(陶潛)의 〈귀거래사(歸去來辭)〉에 "구름은 무심히 산봉우리에서 나오고, 새는 날기에 지쳐서 돌아올 줄을 안다.〔雲無心以出岫, 鳥倦飛而知還.〕" 한 것을 차용하였다. 《古文眞寶 後集 卷1》

160 긴……말라 : 흰 무지개가 태양을 가로지르고 백색 운기(雲氣)가 하늘을 가로지르는 현상을 경계한 것이다. 흰 무지개와 백색 운기는 재이(災異)의 조짐으로 여겨졌다.

161 대풍가(大風歌) : 한 고조가 천하를 통일한 뒤에 고향인 풍패(豐沛)에서 지어 부른 노래이다. 그 내용은 다음과 같다. "큰바람이 일어나 구름이 흩날렸도다. 위엄을

찬란히 순 임금의 노래[162]에 드는 것만 하겠는가　何如燦爛入韶聲

온 천하에 떨치고 고향에 돌아왔도다. 어떡하면 용맹한 장사를 얻어서 사방을 지킬까? 〔大風起兮雲飛揚, 威加海內兮歸故鄕, 安得猛士兮守四方?〕"《史記 高祖本紀》

162 순 임금의 노래 : 순 임금이 신하들과 함께 태평의 기상을 즐거워하며 노래한 〈경운가(卿雲歌)〉를 가리킨다. 그 내용 중에 "상서로운 구름 찬란함이여, 서로 얽히어 광원하도다.〔卿雲爛兮, 糺縵縵兮.〕"라는 구절이 있다.

유 지사와 작별하며[163] 이름은 간이다.

奉別柳知事 名澗

영해의 삼 년 이별 어찌 견뎌 냈던가[164]	那堪嶺海三年別
또다시 연경 가는 만 리 길 전송하네	又送燕山萬里行
관문의 아전이 예전 사신[165]을 다시 맞이하고	關吏重迎前日使
행인들 작은 아들의 이름을 다투어 외우네[166]	途人爭誦小郞名
교원[167]에 짙게 덮인 구름 안개 차마 보랴	喬園忍看雲煙鎖
훈전[168]에서 밝게 뜬 해와 달을 바라볼 뿐이네	薰殿惟瞻日月明
동작과 광릉이 한강수로 이어졌으니	銅雀廣陵江水接
돌아오거든 함께 낚싯대를 드리우세	歸來須共釣絲輕

163 유 지사(柳知事)와 작별하며 : 유 지사는 유간(柳澗, 1554~1621)으로, 본관은 진주(晉州), 자는 노천(老泉), 호는 후재(後材)이다. 이 시는 그가 1620년(광해군12) 진향사(進香使)로 파견될 때 지은 작품이다.

164 영해의……냈던가 : 정엽은 1617년 양양 부사(襄陽府使)를 지냈고 1619년에는 파직되어 고향에 돌아왔다. 이로 인해 서울을 떠나 있으면서 유간을 만나 보지 못했던 사정을 말한 것이다.

165 예전 사신 : 유간은 1608년 사은사로, 1616년 공빈(恭嬪) 김씨(金氏)의 추숭을 요청하기 위한 주청 부사(奏請副使)로 중국에 파견된 적이 있었다.

166 행인들……외우네 : 유간의 작은 아들 유여각(柳汝恪)도 1615년 사은사 김권(金權)을 따라 서장관(書狀官)으로 중국에 다녀왔다.

167 교원(喬園) : 교산(喬山)과 같은 말로 왕릉(王陵)을 뜻하는데, 여기서는 임진왜란 때 군대를 파병해 준 신종황제(神宗皇帝)의 능을 가리키는 것으로 보인다.

168 훈전(薰殿) : 본래 남훈(南薰)의 노래를 부른 순 임금의 전각을 지칭하는데, 보통 임금의 전각 혹은 임금을 비유하는 말로 쓰인다. 여기서는 중국 황제의 전각을 가리킨다.

홍양으로 부임하는 김경진[169]을 전송하며 이름은 신국이다.

送金景進赴洪陽 名藎國

당시 김경진이 승정원에 있었는데 소장을 올려 지방 수령으로 가기를 청하여 특별히 제수되었다.

무술년 춘방에서 관직 생활 함께했는데	戊戌春坊席共聯
중간에 소식이 아득히 끊겼었지	中間消息杳無傳
대궐에 거듭 나아가니 나는 늙은이가 되었는데	重趨禁闥吾衰境
서로 얼굴 마주 보니 그대는 청년이네	相對容顏子壯年
격서를 기뻐한 것은 다만 노모가 계셔서이니[170]	喜檄只緣西日暮
누대에 기대어 임금 계신 곳을 멀리 바라보리라	憑樓應望北辰邊
홍양의 어떤 것이 마음을 몹시 끌 것인가	洪陽底物關情苦
창밖에 시린 매화 난간 밖 연꽃이리라[171]	窓外寒梅檻外蓮

169 김경진(金景進) : 김신국(金藎國, 1572~1657)으로, 본관은 청풍(淸風), 자는 경진, 호는 후추(後瘳)이다. 1609년(광해군1) 승정원 우부승지로 있다가 모친을 봉양하기 위하여 외직을 구해 홍주 목사(洪州牧使)로 나갔다.

170 격서(檄書)를……계셔서이니 : 후한(後漢)의 모의(毛義)가 집이 가난하고 어머니가 연로하였는데, 수령으로 삼는다는 격서가 오자 매우 기뻐하며 벼슬에 나아가니 사람들이 모두 천하게 여겼다. 그 후 어머니가 세상을 떠난 뒤 효렴(孝廉)으로 천거되었으나 나아가지 않자 비로소 사람들은 그가 벼슬길에 나아간 것이 어머니를 위해서였음을 알았다고 한다.《後漢書 劉趙淳于江劉周趙列傳序》

171 홍양(洪陽)의……연꽃이리라 : 정엽은 1607년(선조40) 홍주 목사를 지냈는데, 김신국이 이곳으로 부임하기 때문에 그를 전송하며 홍양의 매화와 연꽃의 아름다움을 말한 것이다.

김 동지 은휘[172]에 대한 만시

挽金同知殷輝

사우들이 선배를 논할 적에	曾聞師友論先輩
늘 우리 공 칭송이 자자했었지	每向吾公吃吃稱
수령 되어 고을 다스릴 적 유애가 남아 있고[173]	鈴閣琴鳴遺愛在
행궁에 상소 올리자 곧다는 명성 더욱 높아졌네[174]	行宮疏入直聲增
고매한 재주와 원대한 식견 누가 따를 수 있으랴	高才遠識誰能似
어려운 나랏일 맡아 노년에도 잘 수행했네	錯節盤根老可能
물가의 사립문이 이제 적막해졌으니	流水柴門今寂寞
온화한 그 말씀을 다시 들을 수 없으리라	春風談笑更難承

172 김 동지 은휘(金同知殷輝) : 김은휘(1541~1611)는, 본관은 광산(光山), 자는 경회(景晦)이다. 정지운(鄭之雲)의 문인으로, 임진왜란 때 의병을 모집하여 체찰사(體察使) 정철(鄭澈)의 종사관(從事官)으로 종군하였다.

173 유애(遺愛)가 남아 있고 : 김은휘는 지방관으로서 여러 치적을 남겼는데, 특히 임피 현령(臨陂縣令)을 맡았을 때는 고을을 잘 다스려 백성들이 그를 기리고자 유애비(遺愛碑)를 세웠다는 일화가 행장(行狀)에 전한다.《沙溪遺稿 卷8 嘉善大夫行僉知中樞府事兼五衛將金公行狀》

174 행궁(行宮)에……높아졌네 : 김은휘의 행장에, 임진왜란 당시 김은휘가 행재소(行在所)에 가려다 길이 막혀 결국 이르지 못하고, 대신 이천(伊川)에 있던 광해군에게 가서 본래 선조에게 진달하려 한 시폐조(時弊條)를 진달했다는 일화가 보이는데, 이를 가리키는 것으로 추측된다.《沙溪遺稿 卷8 嘉善大夫行僉知中樞府事兼五衛將金公行狀》

한 세마[175]에 대한 만사 병서
韓洗馬挽詞 幷序

공은 행실이 훌륭하고 문장이 뛰어났는데, 내가 노년에 공과 가장 깊이 사귀면서 나이의 고하를 따지지 않았다. 올봄에 아이를 잃고 병이 난 상황에서 호남(湖南)에 가게 되었을 때, 공이 와서 전별해 주었는데 슬퍼하며 자못 나를 안쓰러워하였다. 호남에서 돌아왔을 때는 공이 이미 위독한 지경이었으니, 어찌 그때 그 이별이 마지막 만남이 될 줄을 알았겠는가. 내가 구설이 많은 것을 경계하고 또 근래에 더욱 쇠약하고 병이 들어, 문을 닫아걸고 한 걸음도 나가지 않은 지 한 해가 되어 간다. 그래서 빈전에 조문도 하지 못하고 하관할 적에 가 보지도 못하였으니 더욱 애통하다.

늙은 내가 후생을 두려워했겠는가마는 老眼何曾畏後生
그대에게는 마음이 기울어졌네 向君深覺此心傾
몰려다니며 놀기 싫어하여 명성이 무거워졌고 厭從遊伴名彌重
부친이 가르치기도 전에 이미 학문을 이루었네 不待趨庭學已成
병석에서 이별할 적 했던 말 잊을 수 있겠는가 病席可忘臨別語
초당에서 책 읽던 음성 여전히 기억나네 草堂猶記讀書聲
인재가 땅에 묻히는 것을 벗들도 차마 볼 수 없는데 朋知不忍看埋玉
하물며 부자간 정리에 있어서랴 況復人間父子情

175 한 세마(韓洗馬) : 한신급(韓信及)으로, 본관은 청주(淸州), 자는 실지(實之)이다.

김 금구[176] 어른에 대한 만시

挽金金溝舊丈

멀리서 범사 김 태수를 떠올리니	遙憶泛沙金太守
당시 아버님의 벗으로는 이분이 남아 계셨지	當時先執此翁餘
문재가 고인과 같았으나 속절없이 기량 감췄고	文才逼古空藏器
오늘날 세도를 슬퍼하여 홀로 은거하였네	世道傷今獨閉廬
그래도 여강의 안개 노을 주인이 되었으니	驪水煙霞猶作主
모재[177]의 풍도가 전부 없어지지는 않았네	慕齋風韻未全除
서울에 몸져누워 가서 곡할 수 없으니	京塵病滯難趨哭
종남의 옛터를 향해 눈물 흘릴 뿐	只向終南泣舊墟

176 김 금구(金金溝) : 금구 현령(金溝縣令)을 지낸 김자(金滋)를 가리키는 듯하다.

177 모재(慕齋) : 김안국(金安國)의 호이다. 124쪽 주100 참조.

윤 상국[178]에 대한 만시 이름은 두수이다.

挽尹相國 名斗壽

벼슬하기 전부터 종들도 이름을 알았고	走卒知名自布衣
위태로운 시국에 눈물 흘리며 정승이 되었네	時危揮淚上黃扉
제공은 산하가 다르다 탄식할 뿐이었는데[179]	諸公擧目山河異
공의 큰 재량으로 해와 달이 빛났네	隻手擎天日月輝
강동(江東)이 우러르던 안석의 풍류[180]를 지녔고	安石風流江左望
세상에 드문 분양의 복록[181]을 누렸네	汾陽福祿世間稀
모습이 기린각에 남아 공적이 환히 빛나건만	形留麟閣忠勳炳
소인배들 당시에 부질없이 시비를 논했었네	兒輩當年謾是非

178 윤 상국(尹相國) : 윤두수(尹斗壽, 1533~1601)로, 본관은 해평(海平), 자는 자앙(子仰), 호는 오음(梧陰), 시호는 문정(文靖)이다.

179 제공은……뿐이었는데 : 시국이 위태로운데 무기력하게 슬퍼하기만 했다는 말이다. 진(晉)나라가 양자강 이남으로 천도했을 때에 당시 인사들이 한가한 날이면 신정(新亭)에 나와서 술을 마셨다. 주의(周顗)가 "풍경은 다르지 않으나 눈을 들어 보매 산하가 다르구나."라고 탄식하니, 모두 서로 바라보며 눈물을 흘렸다. 이를 본 왕도(王導)가 낯빛을 바꾸며 말하기를 "응당 함께 왕실과 협력하여 중원을 회복해야 할 것이지, 어찌 초나라 죄수처럼 마주 보며 눈물을 흘린단 말인가."라고 하였다. 《晉書 王導列傳》

180 안석(安石)의 풍류 : 안석은 동진(東晉) 때 재상을 지냈던 사안(謝安)의 자(字)이다 《남제서(南齊書)》 〈왕검열전(王儉列傳)〉에 "강좌(江左)의 풍류 재상으로 오직 사안이 있을 뿐이다." 하였다.

181 분양(汾陽)의 복록 : 분양은 당나라 곽자의(郭子儀)의 봉호(封號)이다. 훗날 이름을 기억할 수 없을 정도로 자손들이 많았으며 부인과 함께 장수를 누렸으므로 다복(多福)의 대명사가 되었다. 《新唐書 郭子儀列傳》

신 참판[182]에 대한 만시 이름은 경진이다.

挽辛參判 名慶晉

명신의 아들이 또 명신이 되었으니	名臣之子又名臣
충후한 가풍 옛사람에 가깝도다	忠厚家風近古人
위태로운 오늘날 재상감으로 기대했으니	今日艱危期碩輔
지난날의 횡액은 인친이기 때문이었네[183]	向來炎火坐姻親
많은 책 섭렵한 것은 박식을 과시하려 함이 아니고	群書涉盡非誇富
사방 벽 횅하여도 가난을 말하지 않았네	四壁蕭然不說貧
서글퍼라 북산의 바위 아래 집에는	惆悵北山巖下宅
문이 닫혔으니 꽃 지는 봄 누가 관장할까	閉門誰管落花春

182 신 참판(辛參判) : 신경진(辛慶晉, 1554～1619)으로, 본관은 영월(寧越), 자는 용석(用錫), 호는 아호(丫湖)이다.

183 지난날의……때문이었네 : 1612년(광해군4) 신경진의 사돈 황혁(黃赫)이 외손인 진릉군(晉陵君) 이태경(李泰慶)을 옹립하려 한다는 무고로 투옥되어 옥사하였는데, 신경진이 이 일에 연루되어 파직된 것을 가리킨다.

최 첨지[184]에 대한 만시 이름은 기남이다.

挽崔僉知 名起南

지난번 신 참판의 죽음에 통곡하였는데	昨來慟哭辛參判
오늘 어째서 또 이분이 돌아가셨나	今日如何又此人
두 노인이 잇따라 돌아가시니	二老相隨乘化去
외로이 나 홀로 남아 누구와 친할까	孤蹤獨在向誰親
곤산에 불길이 일어도 마음은 오히려 태연하였고[185]	崑山火起心猶泰
운곡의 전답 황폐해도 학문은 빈약하지 않았네	雲谷田荒學不貧
이별한 지 몇 년 만에 그대로 사별하니	生別幾年仍死別
더 이상 온화한 그대 만나 보지 못하리	溫溫無復座中春

184 최 첨지(崔僉知) : 최기남(崔起南, 1559~1619)으로, 본관은 전주(全州), 자는 여숙(輿叔), 호는 만곡(晩谷)·만옹(晩翁)·양암(養庵)이다.

185 곤산(崑山)에……태연하였고 : 1612년(광해군4) 인목대비(仁穆大妃)를 폐출하는 옥사에 연루되어 관직이 삭탈되는 등 큰 환란 속에서도 동요하지 않고 침착했다는 뜻이다. 《서경》 〈윤정(胤征)〉에 "곤강(崑岡)에 불이 나면 옥과 돌이 다 타 버린다." 하였다.

송 동지[186]에 대한 만시 이름은 영구이다.

挽宋同知 名英耇

세간의 이런저런 일 다 벗어던지니 脫落世間多小事
맑은 풍모 호탕한 기운 절로 신선이었지 淸風豪氣自神仙
웅어의 경중[187] 누구나 말은 잘하지만 熊魚輕重人能說
목숨을 바쳐야 할 때 기꺼이 바칠 자 누구인가 軀命當時孰肯捐
흰 개가죽[188]의 위태로운 종적 가난해도 편안하였고 素簚[189]危蹤飢亦泰
세한의 굳센 절개 노년에도 온전하였네 歲寒勁節老猶全
남은 나는 동호에 몸져누웠으니 餘生病臥東湖上
붉은 명정 바라보매 눈물이 절로 흐르네 回望丹旌涕自漣

186 송 동지(宋同知) : 송영구(宋英耇, 1556~1620)로, 본관은 진천(鎭川), 자는 인수(仁叟), 호는 표옹(瓢翁)·모귀(暮歸)·일표(一瓢)·백련거사(白蓮居士)이다. 성혼(成渾)의 문인으로 광해군 때 폐모론(廢母論)에 반대하여 정청(庭請)에 참여하지 않아 파직되었다.

187 웅어(熊魚)의 경중 : 개인의 목숨보다 의리가 더 중요하다는 뜻이다. 《맹자》 〈고자 상(告子上)〉에 "생선도 먹고 싶고 곰 발바닥도 먹고 싶지만, 이 두 가지를 모두 얻을 수 없다면 생선을 버리고 곰 발바닥을 취하겠다. 목숨도 원하고 의리도 원하지만, 이 두 가지를 모두 얻을 수 없다면 목숨을 버리고 의리를 취하겠다." 하였다.

188 흰 개가죽 : 흰 개가죽으로 만든 수레 덮개를 이르는 말로, 《예기(禮記)》 〈곡례 하(曲禮下)〉에 "대부(大夫)나 사(士)가 조국을 떠날 때에는……흰 짚신을 신고, 수레의 손잡이를 흰 개가죽으로 덮는다." 하였다. 여기서는 송영구가 파직된 것을 가리킨다.

189 簚 : 대본에는 '幭'로 되어 있다. 《표옹유고(瓢翁遺稿)》 권3 〈만사(挽辭)〉에 근거하여 수정하였다.

이 첨지 수지[190]에 대한 만시 이름은 수록이다.

挽李僉知綏之 名綏祿

계해년 갑자년에 한 살 터울로 태어나	年數差殊癸甲生
살쩍도 똑같이 듬성듬성해졌네	相看鬚鬢共星星
오래도록 조정을 떠나 낯선 얼굴이 많은데	久違鵷列多新面
멀리 여강을 찾아와 옛정을 알겠구나	遠訪驪江認舊情
유애가 백성에게 있으니 기량을 시험해 본 것이며	遺愛在民曾試器
문장은 세상을 놀랬으니 얼마나 정수를 머금었나	文章驚世幾含[191]英
쪽배 타고 머리 푼 것[192] 괴이하게 여기지 말라	扁舟散髮休嗔怪
그 누가 노년이 되어서도 옥설처럼 맑으랴	到老何人玉雪淸

190 이 첨지 수지(李僉知綏之) : 이수록(李綏祿, 1564~1620)으로, 본관은 전주(全州), 자는 수지, 호는 동고(東皐)이다. 1617년(광해군9) 인목대비(仁穆大妃)의 폐모론이 대두하자 사직하고 고향으로 내려와 이원익(李元翼), 정엽 등과 교유하였다. 뒤이어 여주 목사(驪州牧使)에 임명되어 당상관의 품계에 올랐으나 병을 이유로 사임하고 취임하지 않았다

191 含 : 대본에는 '舍'로 되어 있다. 문맥에 근거하여 수정하였다.

192 쪽배……것 : 이수록이 관직을 버리고 개연히 떠났던 일을 말한다. 이백(李白)의 시 〈선주사조루전별교서숙운(宣州謝朓樓餞別校書叔雲)〉에 "세상의 인생살이 뜻에 맞지 않으니, 내일은 머리 풀고 쪽배 타리라."라고 한 표현을 차용하였다. 《李太白文集 卷15》

칠언 배율 七言排律

소경대왕[193]에 대한 만사

昭敬大王挽詞

어질다는 명성 잠저 시절부터 퍼졌으니　仁聲久播邸潛辰
우리 백성 성신을 칭송하였네　左海謳歌屬聖神
뛰어난 국량 요순 같은 군주가 될 만하였으니　逸駕可期堯舜竝
원대한 계책 어찌 한당을 따르려 했겠는가　宏圖肯數漢唐遵
원로를 의지하여 조정이 절로 엄숙해졌고　廟堂自肅憑元老
은사를 기용하여 암혈이 모두 비었네[194]　巖穴皆空起碩人
대궐에서 지극한 이치 논하고　廣廈細氈論至理
밤낮으로 정무에 힘쓰며 백성을 염려하셨네　宵衣旰食軫黎民
백 년간 변방에 전쟁이 없었고　百年邊塞風塵靜
천 리 농토에 은택이 고루 미쳤네　千里桑麻雨露均
노나라 반궁에 다북쑥이 무성하였고[195]　魯泮菁莪看濟濟

193 소경대왕(昭敬大王) : 선조(宣祖)를 가리킨다. 소경(昭敬)은 시호이다.

194 은사(隱士)를……비었네 : 인재를 모두 등용하여 유일(遺逸)이 없다는 뜻이다. 암혈은 은사의 거처를 비유하는 말이다.

주나라 문물이 찬란히 빛났네　　周家文物見彬彬
정성 다해 주청하여 황제께 후한 총애를 받으니　　丹心北拱偏承渥
보전이 반포되어 비로소 종계가 바로잡혔네[196]　　寶典東頒始正倫
성주께서 줄곧 순정한 덕을 보전하셨는데　　聖主向來全一德
명군의 시대에 어째서 화합하지 못했는가　　明時何事欠同寅
험고했던 성 무너져 도성이 침략당해 놀랐고　　金湯失險驚侵鎬
조정 신료 계책 없어 파천하며 애통해하셨네　　肉食無謀痛去邠
땅이 끝난 의주에서 오랜 세월 보냈는데　　地盡龍灣淹歲月
하늘에 잇닿은 동방에 봄기운이 발하였네[197]　　天連鰈域發陽春
요기가 걷히니 산하가 예전 같고　　妖氛已霽山河舊
태평한 운수 다시 돌아오니 종묘가 새로워졌네　　泰運重回廟貌新

195 노(魯)나라……무성하였고 : 인재를 잘 육성하였다는 말이다. 반궁(泮宮)은 성균관을 가리키는 말이다. 《시경》〈소아(小雅) 청청자아(菁菁者莪)〉에 "무성하고 무성한 다북쑥이여, 저 언덕 가운데 있도다. 군자를 만나고 나니, 나에게 백붕을 준 듯하여라.〔菁菁者莪, 在彼中陵, 旣見君子, 錫我百朋.〕" 하였는데, 모서(毛序)에서 "〈청청자아〉는 인재를 양성하는 것을 즐거워한 시이다." 하였다.

196 보전(寶典)이……바로잡혔네 : 보전은 명(明)나라의 《대명회전(大明會典)》을 가리킨다. 《대명회전》에 이성계(李成桂)의 세계(世系)가 잘못 기록되어 있었으므로 조선 초기부터 명나라에 고쳐 주기를 주청하였으나 받아들여지지 않았다. 그러다 1584년(선조17) 주청사(奏請使) 황정욱(黃廷彧) 등을 보내 수정해 주길 청하였을 때 비로소 조선의 요구가 반영되었다. 이후 1587년 주청사 유홍(兪泓)을 보내 수정된 《대명회전》의 반사(頒賜)를 요청하여, 황제의 칙서와 함께 수정된 《대명회전》 한 질을 받았고, 1589년에는 성절사(聖節使) 윤근수(尹根壽)가 《대명회전》 전부를 받아 옴으로써, 이와 관련한 문제가 완전히 해결되었다.

197 하늘에……발하였네 : 명나라 황제가 조선에 구원병을 보내 주어 임진왜란을 극복하고 국운을 회복하게 되었다는 뜻이다.

처음 가도[198]를 거절할 때 충정이 해를 관통했고 初折假途精貫日
다시 수호를 배척할 때 기개가 하늘에 비꼈네 更排修好氣橫旻
이로써 대포가 위나라 보존한 것[199]임을 알았으니 從知大布能存衛
황제가 곡진에 감격했던 때문[200]만은 아니었네 不獨皇靈感哭秦
보령이 아직 높지 않은데 홀연 고명을 남기니 未倦忽然勤顧命
많은 간난에 옥체를 혹사하신 탓이리라 多艱無乃太勞身
천지같이 은택이 두터워 원근의 백성 슬퍼하고 乾坤厚澤悲遐邇
부모같이 은혜가 크니 진신이 통곡하네 父母洪恩慟搢紳
문왕과 태사는 묘역은 다르지만 원침은 가깝고[201] 文姒異塋園寢近
고조와 광무제는 사업이 같은데 능묘가 가깝네[202] 高光同業若堂隣

198 가도(假道) : 1591년 왜(倭)의 관백(關白)인 풍신수길(豐信秀吉)이 사신을 보내 명나라를 정벌하려 하니 길을 빌려 달라〔假道〕고 하였다.

199 대포(大布)가……것 : 대포는 거친 베옷을 가리킨다. 춘추 시대 적(狄)의 침입으로 위(衛)나라가 멸망하였는데, 당시 위 문공(衛文公)이 근검에 솔선수범하여 대포의 옷을 입고 대백(大帛)의 관을 쓰고서 백성들과 고락(苦樂)을 함께하여 위나라를 다시 부흥시켰다. 《春秋左氏傳 閔公2年》

200 황제가……때문 : 명나라 황제가 선조의 요청으로 구원병을 보내 준 것을 말한 것이다. 곡진(哭秦)은 곡진정(哭秦庭)의 준말로, 춘추 시대 오(吳)나라가 초(楚)나라를 침략하자 초나라 대부 신포서(申包胥)가 진(秦)나라로 가 구원병을 요청하면서, 진나라 대궐의 뜰에서 7일 동안이나 음식을 먹지 않고 곡을 했던 것을 가리킨다. 결국 진 애공(秦哀公)이 감동하여 군사를 보내 초나라를 구해 주었다. 《春秋左氏傳 定公4年》

201 문왕(文王)과……가깝고 : 선조와 그의 비 의인왕후(懿仁王后)를 주 문왕(周文王)과 그의 비 태사(太姒)에게 비유한 것이다. 선조와 의인왕후의 무덤은 목릉(穆陵)과 유릉(裕陵)으로 각각 따로 조성되었으나 모두 건원릉(健元陵) 주변에 있어 거리가 가까웠기 때문에 이렇게 말한 것이다.

202 고조(高祖)와……가깝네 : 태조를 한 고조(漢高祖)에게, 선조를 후한 광무제(後

하해같이 포용하는 명군의 시대 만났으니　海涵垢汚逢昭代
산처럼 허물 쌓인 미천한 신하 부끄러워지네　山積愆尤愧賤臣
일찍이 옥서의 벼슬 맡아 지척에서 모셨고　玉署曾叨趨咫尺
후에는 은대의 벼슬 맡아 사륜을 받들었네　銀臺晩忝奉絲綸
늘그막에 조정을 떠나니 거울 속 모습 백발인데　老違前席霜侵鏡
꿈속에 임금을 마주하니 눈물이 흐르네　夢對重瞳涙濕巾
묵은 풀에 찬 안개 덮인 성곽 동쪽 길에서　荒草寒煙東郭路
새벽녘에 어찌 차마 용순[203]을 전송하랴　曉天何忍送龍輴

漢光武帝)에게 비유한 것이다. 광무제는 한을 재건하였다고 하여 흔히 중흥의 군주로 일컬어지는데, 선조가 임진왜란을 극복한 것을 두고 조선을 중흥하였다고 평가하여 광무제에 비유한 것이다. 능묘가 가깝다고 한 것은 선조의 무덤인 목릉이 태조의 무덤인 건원릉 가까이에 조성되었기 때문에 이렇게 말한 것이다.

203 용순(龍輴) : 임금의 상여로, 여기서는 선조의 상여를 가리킨다.

수몽집

제2권

祭文 제문
墓誌 묘지
行狀 행장

제문 祭文

충훈부 진향 제문

忠勳府進香祭文

제왕의 자질로 선왕의 총애를 받았으니	龍行入眷
백성들이 칭송하며 덕에 귀의하였습니다	謳歌歸德
학문은 이치를 탐구하는 데에 힘썼고	學懋探理
바라는 대로 다스려지는 정치[1]를 기약하셨습니다	治期從欲
즉위하신 초년에	初年萬機
온 나라를 고무하셨으니	聳動一國
은거했던 인물을 등용하고	延登遯荒
참소하는 소인을 물리치셨습니다	黜斥入腹
인척에게는 사사로움을 끊으셨고	私絶戚里
신료에게 예를 엄격히 갖추셨습니다	禮嚴臣隣

1 바라는……정치 : 백성들이 법을 범하지 않아서 윗사람이 형벌을 쓰지 않는 정치를 말한다. 《서경》 〈대우모(大禹謨)〉에, 순(舜) 임금이 "바라는 대로 다스려진다.〔從欲以治.〕"라고 하였는데, 채침(蔡沈)의 주석에 "백성들이 법을 범하지 않아서 윗사람이 형벌을 쓰지 않는 것이 순이 바라는 바이다."라고 하였다.

만백성이 다 눈 비비고 바라보니 萬目咸拭
온갖 제도 새롭게 하셨습니다 百度維新
소외된 백성이 없고 民無向隅
선비들은 조정에 등용되길 원하였습니다 士願揚庭
검소함을 숭상하여 거친 음식 드셨고 菲食崇儉
밤낮으로 정무에 애쓰셨습니다 宵衣勵精
정성이 북신(北辰)을 향하였으니 赤悃拱北
보전이 동방에 반포되었고 寶典降東
왕실의 계보 무함을 씻어 璿系滌誣
조종에 빛나는 공을 세웠습니다 功光祖宗
임금을 미약하다 여겼으니[2] 离明謂微
하늘이 진노하셨습니다 天怒雷發
토벌해 뿔을 뽑으려 하여 伐謀脫角
흉적을 거듭 평정하셨습니다[3] 再平凶賊
역량[4]이 병력을 믿고서 逆亮阻兵

2 임금을 미약하다 여겼으니 : 정여립(鄭汝立)이 반역을 도모한 것을 가리킨다. 정여립은 본래 서인(西人) 편에 있으면서 이이(李珥)와 성혼(成渾)의 촉망을 받았는데, 1585년(선조18) 홍문관 수찬이 된 뒤로 당시 집권 세력인 동인(東人) 편으로 돌아서서 이이를 배반하고 성혼, 박순(朴淳)을 비판하였다. 선조가 이를 불쾌히 여기자 벼슬을 버리고 고향으로 돌아가 진안(鎭安) 죽도(竹島)에 지내면서 대동계(大同契)를 조직하여 전국적으로 확대해 나갔는데, 1589년 모반을 꾀하고 있다는 황해도 관찰사 한준(韓準) 등의 고변이 있자 아들 정옥남(鄭玉男)과 함께 피신하였다가 본인은 자결하고 정옥남은 체포되었다.

3 흉적을 거듭 평정하셨습니다 : 기축옥사를 가리킨다.

4 역량(逆亮) : 금(金)나라 황제 완안량(完顏亮)이다. 남송(南宋)이 금나라에 신하

길을 빌린다는 구실을 내세웠는데	計在假道
엄한 말로 꾸짖어 의를 지켰으니	嚴辭守義
황제께서 우리나라 돌보셨습니다	帝勤東顧
요기가 사라지자	妖氛已掃
국토가 다시 온전해졌습니다	金甌復完
생각해 보니 몽진하셨던 것은	言念蒙塵
나쁜 운수를 만났을 뿐이었습니다	否運之遭
호종한 것이 어찌 공이 되겠습니까마는	執靮奚功
하찮은 수고로움 도리어 헤아려 주셨습니다	猶軫微勞
어가가 다시 서울로 돌아온 뒤	六龍旋京
오사에게 은택이 고루 미쳤습니다[5]	五蛇均恩
그간 이룩한 위대한 공렬은	前後偉烈
모두 정사에 애를 쓰신 덕입니다	罔匪憂勤
덕을 스스로 차지하지 않으시고	德不自居
공은 반드시 아랫사람에게 미루셨습니다	功必推下
한창 만수를 축원하니	方祝萬壽

가 되겠다는 서약을 올리고 두 나라의 평화를 유지하고 있었는데, 완안량이 남송과 강화를 깨고 침략하였다. 이후 남송의 반격을 받아 대패하고 자신까지 부하의 손에 살해되었다. 《金史 海陵本紀》 여기서는 풍신수길(豐臣秀吉)을 가리킨다.

5 오사(五蛇)에게……미쳤습니다 : 피난길에 호종하였던 신하들이 모두 공로를 인정받아 공신에 임명되었다는 말이다. 오사는 춘추 시대 진(晉)나라 공자(公子) 중이(重耳)가 국외로 망명하였을 때 보필하였던 호언(狐偃), 조최(趙衰), 위무자(魏武子), 사공계자(司空季子), 개자추(介子推) 다섯 사람을 이르는 말이다. 《史記 晉世家》 여기서는 선조가 의주로 피난하였을 때 호종한 신료들을 비유한 것이다.

온갖 복 받으셔야 하는데 宜受百嘏
높지 않은 보령으로 堯年未倦
어찌 이리 갑자기 돌아가신단 말입니까 舜陟何遽
용의 수염 부여잡지 못하였으니[6] 莫攀龍髯
승천하신 임금과 이미 멀어졌습니다 已隔仙馭
온 신료들 통곡 소리 우레와 같고 千官雷哭
만백성의 눈물은 비처럼 흐릅니다 萬姓雨泣
신들은 대려의 맹세[7] 마음 깊이 새겼으니 臣等帶礪盟深
부모의 상을 당한 듯 애통합니다 如喪慟切
경건히 술을 올리오니 虔薦泂酌
부디 오시어 흠향하소서 冀垂歆格

6 용의……못하였으니 : 임금을 따라 죽지 못했다는 말이다. 황제(黃帝)가 형산(荊山) 아래에서 솥을 주조하고 나서 용을 타고 승천할 적에 신하와 후궁 70여 인을 함께 데리고 갔는데, 여기에 참여하지 못한 사람들이 모두 용의 수염을 붙잡고서 함께 올라가려 했다는 전설이 전한다.《史記 封禪書》

7 대려(帶礪)의 맹세 : 공신으로 녹훈되었다는 것이다. 한 고조(漢高祖) 유방(劉邦)이 천하를 통일한 후에 개국 공신들을 봉작했는데, 그 서사(誓詞)에 "황하가 띠〔帶〕처럼 가늘어지고 태산이 숫돌〔礪〕처럼 닳는다 하더라도 나라는 영원히 보존되어 후손에게까지 영화가 미치게 하리라."라고 한 데서 유래한 말이다.《史記 高祖功臣侯者年表》

명곡 선생[8]에 대한 제문

祭鳴谷先生文

선생의 장인이다.

가정(稼亭)과 목은(牧隱)의 후손들이 오래 지날수록 점점 더 창성하여 대대로 현인군자가 나왔습니다. 그중 토정(土亭) 이지함(李之菡)[9] 공이 속세를 떠나 고고하게 지내면서 명성과 재덕이 한 세상을 감복시켰는데, 선생이 어려서부터 그 가르침을 마음에 새기고서 학문과 덕행을 쌓아 출사(出仕)해 현대부(賢大夫)가 되었습니다.

제가 선생의 문하에서 가르침을 받은 지 이제까지 17년입니다. 제가 재능과 지혜를 펼친 사람도 보고, 고결한 행실로 자중자애(自重自愛)하는 사람도 보고, 주공(周公)과 공자(孔子)를 말해 유자로서 이름난 사람도 보았습니다. 그런데 선생께서는 심행(心行)이 순선(純善)하여 겉과 속에 차이가 없으며, 효성은 신명을 감격하게 할 만하고 충신(忠信)은 오랑캐 땅에서도 행해질 만하며, 말씨가 온화하고 인자하여 못마땅한 구석을 드러내지 않고, 도량이 넓어 기쁨이나 노여움을 드러내지 않으셨습니다. 그러다가도 큰일을 당하여 시비를 판단할 적에는 근엄하게 홀로 서고 확고하게 지조를 지켜서 이해와 화복 때문에 마음

8 명곡(鳴谷) 선생 : 정엽의 장인인 이산보(李山甫, 1539~1594)로, 본관은 한산(韓山), 자는 중거(仲擧), 호는 명곡, 시호는 충간(忠簡)이다. 어려서 작은아버지인 이지함을 사사하였다.

9 이지함(李之菡) : 1517~1578. 본관은 한산, 자는 형백(馨伯)·형중(馨仲), 호는 토정, 시호는 문강(文康)이다.

을 동요하지 않으셨습니다. 사헌부와 전조(銓曹)의 벼슬을 맡았을 적에는 인망이 융성해질수록 권세를 가벼이 여겨 그 처신이 포의의 선비와 같이 고요하였고, 사람들이 떠들어 대고 배척하기를 우물에 떨어뜨리고 돌을 덮듯 하였으나 태연히 근심하는 뜻이 없으셨습니다. 뜻을 얻고 잃음과 영욕에 대하여 아무 일도 아닌 듯 여기며 초심을 잃지 않아 진솔한 성정을 유지하셨습니다. 이러한 경지에 이른 분은 오직 선생 한 분밖에 없습니다.

선생의 덕은 자기 마음을 속이지 않는 데에서부터 시작하여 가족들에게 신뢰받고 마을에 드러나고 정사에 발휘되어 백성에 미쳤습니다. 그리하여 비록 남방의 거칠고 교활한 사람이나 서방의 남을 속이고 따지기를 좋아하는 사람이라 하더라도 진심으로 좋아하고 사모하지 않는 이가 없어서 풍도를 들은 자는 절로 감격하고 덕을 목도한 자는 절로 인정이 도타워졌습니다. 이 때문에 지금까지도 칭송이 이어지고 있습니다.

아, 온화하고 도타운 덕을 지닌 선생께서 노(魯)나라 애공(哀公)·정공(定公)의 시대에 태어나셨다면, 공자도 "인(仁)을 좋아하는 사람을 보지 못했다."라고 말씀하지 않았을 텐데,[10] 말세가 각박하여 덕을 알아주는 이가 적었습니다. 조정에서 배척당하게 되어 갑신년(1584, 선조17) 이후 조정에서 편안히 계시지 못했습니다. 그러다 임금이 서쪽으로 파천(播遷)하실 적에는 고삐를 잡고 호종하였는데, 슬피 흐느껴 울며 왕사(王事)를 위해 죽기를 다짐하셨습니다. 그렇게 3년간 나

10 공자도……텐데 : 《논어》 〈이인(里仁)〉에 나오는 말로, 선생이 공자 시대에 태어났다면 공자도 선생에 대해 인을 좋아하는 사람이라고 인정했을 것이라는 말이다.

라를 위해 온 힘을 다 쏟더니 한번 병이 나자 고질이 되었습니다. 처자식이 전전하며 추위에 떨고 배를 주려도 신경 쓰지 않고 오직 적의 동태가 어떠한지만 묻다가 돌아가셨으니, 나라를 위해 목숨을 바친 선생의 의리는 옛사람에 비겨도 부끄럽지 않습니다.

부고가 들려오자 진신들은 조정에서 슬퍼하고 사대부는 거리에서 눈물을 흘렸으며, 멀리 궁벽한 마을에 사는 천한 사람들도 모두 "선인(善人)이 돌아가셨으니 나라가 어찌 될지 알 만하다."라고 하였으니, 선생의 덕이 사람의 마음을 깊이 감동시켰다 할 만합니다. 나라의 형세가 어렵고 위태로워 아침저녁 사이에도 어떻게 될지 모르는 상황인데, 배의 노와 같은 선생께서 먼저 돌아가시니 하늘은 참으로 어떤 마음이란 말입니까.

더욱이 저 소자는 일찍부터 가르치고 길러 주시는 은혜를 입어 정(情)이 부자간 같고 의(義)는 사제를 겸하였습니다. 옛날 제가 몽매하여 스스로 구렁에 빠졌는데, 지난 잘못을 뉘우치고 감히 마음대로 악행을 저지르지 못했던 것은 실로 선생께서 지도하고 깨우쳐 주신 덕입니다.

계미년(1583)에 선친께서 병이 위중할 적에 선생의 손을 잡고 저를 가리키며 "우리 아이를 부탁합니다."라고 하였으니 죽음을 앞두고서 하신 그 말씀을 어찌 잊겠습니까. 선친을 여의고 10년 동안 선생을 의탁하여 살다가, 난리를 만나 헤어진 뒤로는 온 나라가 병란에 휩싸여 서쪽을 바라보며 슬피 울음을 삼키면서 죽을 때까지 다시는 못 뵈리라 여겼습니다. 그러다 다행스럽게도 호외(湖外)에서 다시 뵙고 말씀을 나누었는데 머리가 이미 세었고, 시력과 청력이 노쇠해서 거의 예전 모습이 아니었습니다. 올봄에는 제가 다시 조정으로 돌아왔기에 다만 서신을 의지하여 때때로 위안을 얻었습니다. 초여름엔 말미를 받아 아산(牙山)으로 어머니를 뵈러 갔는데, 당시 선생께서 동궁을 호종하여 홍양(洪陽)에 계셨으니, 물을 사이에 두고 바라보이는 곳이었습니다. 배 한 척으로 건너갈 수 있는 거리였으나 바쁜 여정에 기한이 있어 서둘러 도성으로 돌아왔습니다. 그 후 얼마 지나지 않아 편찮으시다는 소식을 듣고서 노복 하나를 보내 문후를 여쭈게 하였는데, 노복이 댁에 이르기도 전에 부음이 먼저 이르렀습니다. 아, 애통합니다.

성대한 덕을 지닌 선생께서 이렇게 돌아가신단 말입니까. 생민들이 우러르던 분이며 국가가 믿던 분인데 어찌 하늘은 이렇게 갑작스레 빼앗아 간단 말입니까. 외로이 남은 저는 앞으로 누구를 의지한단 말입니까. 훌륭한 점은 누구를 보고 본받을 것이며 허물은 누구에게서 듣고 스스로 경계하겠습니까. 덕스러운 그 모습 다시는 볼 수 없고 따뜻한 그 말씀 다시는 들을 수 없단 말입니까. 아, 애통합니다.

평소 선생께 두터운 은혜를 입고서 터럭만큼도 갚지 못하였는데, 근래에는 다사다난하여 오래도록 헤어져 있으면서, 편지로 그 회포를 다 써 보내지 못하고 꿈에서도 그 마음을 전하지 못하였습니다. 병드셨을 적엔 곁에서 간호하지 못하고, 돌아가셨을 적엔 염할 때 맞춰 가서 슬픔을 다하지 못하였습니다. 아, 애통합니다. 영원히 선생을 저버리고 말았습니다. 어째서 백수(白壽)를 누려 우리 백성 편히 살게 해 주지 않고, 큰 은혜를 거두어 무덤으로 돌아간단 말입니까. 황량한 해곡(海曲)에 무덤이 이루어지려 하니, 아, 하늘이여! 어느 때에나 슬픔이 그치겠습니까.

선생의 아들 경탁(慶倬)은 이미 장성하였는데 심지가 있고 문장이 훌륭하며, 경흔(慶俒)은 아직 성년이 되지 않았습니다. 제가 죽지 않는 한 어찌 감히 선생이 평소 두 아들을 사랑하시던 마음을 잊겠습니까.

아, 애통합니다. 이 글이 끝나도 슬픔은 끝나지 않습니다. 존령께서는 부디 이르러 흠향하소서.

윤 상국[11]에 대한 제문 이름은 두수이다.

祭尹相國文 名斗壽

영령께서는 진무하는 역량과	惟靈鎭物之量
나라를 위해 몸 바쳐 애쓰는 충정으로	盡瘁之忠
곽 분양과 같은 복[12]을 누리고	汾陽之福
왕도와 같은 공[13]을 갖추었네	王導之功
공이 살아 있을 때에는	公之在也
높은 산처럼 우뚝하였는데	喬嶽其崇
공이 돌아가시니	公之亡也
조정이 텅 비었네	廊廟其空
남은 은택 사람들에게 있으니	遺澤在人
하인들도 그 이름을 외우네	走卒之誦
소자는 와서 제수를 올리며	小子來奠
나라를 위해 통곡하네	爲國之慟

11 윤 상국(尹相國) : 윤두수(尹斗壽, 1533~1601)로 본관은 해평(海平), 자는 자앙(子仰), 호는 오음(梧陰), 시호는 문정(文靖)이다.

12 곽……복 : 곽 분양(郭汾陽)은 분양왕(汾陽王)에 봉해진 곽자의(郭子儀)로, 안녹산(安祿山)과 사사명(史思明)의 난을 평정한 공이 있었다. 훗날 이름을 기억할 수 없을 정도로 자손들이 많았으며 부인과 함께 장수를 누렸으므로 다복(多福)의 대명사가 되었다. 《新唐書 郭子儀列傳》

13 왕도(王導)와 같은 공 : 왕도는 진(晉)나라의 명신(名臣)으로, 그에 대해 《통감절요(通鑑節要)》의 사평(史評)에서 "동진(東晉)이 중흥(中興)한 것은 왕도의 공이 대부분을 차지한다."라고 하였다.

익사한 이 수사[14]에 대한 제문 이름은 계정이다.

祭李水使溺死文 名繼鄭

사나운 물결 위에 노를 치며	擊楫鯨波
나라를 위해 몸을 바치려 했는데	徇國亡身
변고가 배에서 일어났으니	變起舟中
천명이지 사람 탓이 아니라네	天也非人
공의 죽음만 슬픈 것이 아니라	匪公斯慟
나라의 명운이 다할까 애통해하네	國步將淪

14 이 수사(李水使) : 이계정(李繼鄭, 1539~1595)으로, 본관은 원주(原州), 자는 경윤(景胤)이다. 충청도 수군절도사를 지냈다. 1595년(선조28) 삼도 수군통제사 이순신(李舜臣)과 연합하여 한산(閑山) 앞바다 전투에 참여하였다가 배가 불타서 침몰하는 바람에 전사하였다.

박열지[15]에 대한 제문 이름은 동열이다.
祭朴說之文 名東說

천계(天啓) 2년(1622, 광해군14) 임술년 9월 13일에 삼가 술과 과일을 보내 망우(亡友) 박열지의 영전에 올립니다.

위인이 아름다운 재주를 이루었으니	偉人濟美
명가의 자손이요	名家之子
후덕함이 명망에 걸맞으니	厚德協望
재상이 될 그릇이었네	公輔之器
먼 길을 이제 겨우 반만 가 놓고	長途纔半
어찌 여기서 그쳤단 말인가	何止於此
문장은 당대에 드날렸지만	文振一世
그대에겐 여사였네	於子餘事
은택은 백 리에 두루 미쳤지만	澤洽百里
어찌 뜻을 폈다고 하겠는가	曷云展志
타고난 성품은 효성과 우애가 깊고	天性孝友
마음은 넉넉하였네	胸次坦夷
곤궁하여도 염려하는 마음 없었으니	窮不懷戚
현달하여도 기쁜 기색 있었으랴	達豈色喜

15 박열지(朴說之) : 박동열(朴東說, 1564~1622)로, 본관은 반남(潘南), 자는 열지, 호는 남곽(南郭)이다.

말과 행동은 정성스러웠고　云爲悃愊
담소할 땐 천진하였네　談笑天眞
아, 말세에　嗟嗟末路
이러한 사람 또 볼 수 있으랴　可見斯人
추억해 보면 종유했던 것은　追憶從遊
진실로 어렸을 때부터였네　實自髫年
위험한 길에서 엎어질 때에도　危途顚沛
옛정이 그전과 다름없었네　舊情依然
함께 영원히 잠들기를 바랐는데　同願無訛
어째서 나보다 먼저 갔단 말인가　去何我先
편안히 운산에 누웠으니　大臥雲山
그대는 그만이겠지만　子則已焉
이 세상에서 온갖 근심 안고 있으니　百憂斯世
내 마음 누가 알아주랴　余心誰知
나는 그대를 슬퍼하지 않으나　余不子悲
그대는 응당 나를 슬퍼하겠지　子應余悲
말로 어찌 다 표현하랴　言豈可盡
아, 열지여　嗚呼說之

이 청풍[16]에 대한 제문 이름은 기설이다.

祭李淸風文 名基卨

천계(天啓) 2년(1622, 광해군14) 10월 13일에 삼가 술과 과일을 보내어 이 청풍의 영전에 올립니다.

맑은 기풍은 나약한 이 진작하고	淸風起懦
지극한 행실은 야박한 풍속을 돈독하게 했네	至行敦薄
세상 밖으로 천 길이나 솟아 있으니	千丈物表
아득히 높은 행적이었네	邈乎高躅
어진 이를 어진 이로 대하는 정성이 얕아서	賢賢誠淺
같은 세상을 살면서 뵙지도 못했네	同世莫覿
어찌도 그리 갑자기 가 버렸는가	其萎何遽
애통하게도 영영 멀어져 버렸네	痛矣永隔
제주(祭酒)조차 직접 올리지 못하니	綿酒不躬
강외에 병들어 누운 몸이라네	江外病伏

16 이 청풍(李淸風) : 이기설(李基卨, 1558~1622)로, 본관은 연안(延安), 자는 공조(公造), 호는 연봉(蓮峯)이다. 무주 현감(茂朱縣監), 송화 현감(松禾縣監), 청풍 군수(淸風郡守) 등을 지냈다.

권 좌랑[17]에 대한 제문 이름은 득기이다.

祭權佐郎文 名得己

학문은 어찌 그리 넓고 문장은 어찌 그리 풍부하며 행실은 어찌 그리 고상했던가. 그런데 명은 어찌 그리 궁하단 말인가. 강물에 몸을 던진 굴원(屈原)의 뜻[18]과 바다로 들어가려 했던 노중련(魯仲連)의 행적[19]을 지금 세상에서 공만이 가졌는데, 공은 떠나가 버렸네.

경성(景星)과 경운(卿雲)[20]이 되어 세상을 상서롭게 만들까. 우레와 천둥이 되어 사특함을 벌할까. 만약 영령께서 계신다면 내가 올리는

17 권 좌랑(權佐郎) : 권득기(權得己, 1570~1622)로, 본관은 안동(安東), 자는 중지(重之)이다. 1610년(광해군2) 식년 문과에 장원으로 급제하여 예조 좌랑이 되었다. 광해군의 실덕으로 정치가 혼란하자 관직을 버리고 은거하였다.

18 강물에……뜻 : 전국 시대 초(楚)나라 굴원이 참소를 입어 방축되었다가 결국 세상과 영합하지 않고 멱라수(汨羅水)에 빠져 죽은 것을 가리킨다.《史記 屈原列傳》 대개 이는 굴원과 같이 세상에 영합하지 않는 고고한 뜻을 의미한다. 여기서는 권득기가 광해군이 모후를 서궁에 유폐하고 영창대군을 살해하는 등 정치가 혼란해지자 관직을 버리고 떠난 것을 표현한 것이다.

19 바다로……행적 : 전국 시대에 진(秦)나라가 조(趙)나라를 공격하여 포위했는데, 노중련이 위(魏)나라와 조나라가 진나라를 황제로 추대하려 한다는 말을 듣고 "진나라를 황제로 추대한다면 나는 동해에 빠져 죽을지언정 진나라의 백성이 되기를 원하지 않는다." 하였다.《史記 魯仲連列傳》 여기서는 권득기가 광해군 때 정치가 혼란해지자 관직을 버리고 떠난 것을 말한다.

20 경성(景星)과 경운(卿雲) : 고대에 태평 시대에 나타난다고 인식했던 상서로운 현상들이다. 경성은 대성(大星), 덕성(德星)이라고도 하고, 경운은 경운(慶雲)이라고도 하며 오색의 채운(彩雲)을 가리킨다.

술을 흠향하소서. 머리칼 다 빠진 노쇠한 이 몸이 세상에 홀로 남겨져 죽기를 바랄 뿐이니 이 역시 슬프도다. 공이 나에 대해 서글퍼해야 하랴, 내가 공에 대해 서글퍼해야 하랴, 아니면 모두 서글퍼하지 않고 하늘에 맡겨야 하나. 아, 슬프도다.

신 승지[21]에 대한 제문 이름은 응구이다.
祭申承旨文 名應榘

천계(天啓) 3년(1623, 인조1) 세차(歲次) 계해 12월 병술삭(丙戌朔) 11일 병신일에 삼가 술과 과일을 보내어 감히 승지 신공(申公)의 영전에 밝게 고합니다.

아, 강하고 굳센 자품, 방정하고 엄정한 기질, 바르고 당당한 의론, 고상하고 현명한 견식을 다시 볼 수 있을까, 다시 볼 수 없을까.

지난번 벼슬에 올랐지만 오히려 노친을 위한 것이었고 부친이 돌아가시고 나서는 관작과 봉록을 뜬구름처럼 여겼으니, 출처의 행위가 만년에는 더욱 엄정하였네.

돌아보건대 내 평생 의지하였던 사우(師友)는 공과 사계(沙溪) 선생뿐인데, 사계 선생은 호외(湖外)에 계시고 공은 지금 영원히 떠나 버렸네. 홀로 남겨진 이 몸이 잘못하면 누가 경계해 주랴.

동문(東門)에서 이별하고 나서 이로부터 영원히 헤어졌는데 이제 무덤이 완성되려 하지만 끝내 곡조차 못 하네. 아, 슬프도다.

21 신 승지(申承旨) : 신응구(申應榘, 1553~1623)로, 본관은 고령(高靈), 자는 자방(子方), 호는 만퇴헌(晩退軒)이다. 성혼(成渾)과 이이(李珥)의 문하에서 수학하였다. 1613년(광해군5) 이이첨(李爾瞻) 등이 폐모론(廢母論)을 주장하자 관직에서 물러났다.

황사숙[22]에 대한 제문 이름은 신이다.
祭黃思叔文 名愼

아, 사숙이여. 무슨 죄와 잘못이 있기에 끝내 바닷가에서 일어나지 못했는가. 그 도가 해신(海神)도 길들이고 먼 오랑캐의 나라에도 행해졌는데 조정 관리들은 감동시키지 못했네. 시운인가, 천명인가. 아, 사숙이여.

관작을 회복하고 예장(禮葬)을 명하여 고향으로 돌아가게 되니 밝은 성상께서 신하를 알아주셨네. 아, 사숙이여.

멀리 호외(湖外)에서 지내는 터라, 장지에 가서 슬픔을 다하지도 못하네. 끝이로다, 영영 멀어져 버렸구나. 아, 사숙이여.

22 황사숙(黃思叔) : 황신(黃愼, 1560~1617)으로, 본관은 창원(昌原), 자는 사숙, 호는 추포(秋浦)이다. 임진왜란 때 통신사(通信使)로 명사(明使)를 따라 일본에 내왕하였고 1596년(선조29)에도 통신사로 일본에 갔다. 1617년(광해군9) 옹진에 유배되었다가 배소에서 죽자, 광해군이 그의 관작을 회복시키고 예장을 명하였다.

토정[23]에 대한 제문

祭土亭文

보령(保寧)의 서원(書院)[24]에 봉안한 후에 올린 제문이다.

산천이 빼어난 정기 잉태하여	山川孕秀
비범한 인재가 때때로 났네	間氣時作
지극한 행실과 높은 식견이	至行高識
삼대의 인물이라네	三代人物
덕을 본 자는 심취하고	覿德心醉
풍도를 들은 자는 또한 뜻을 세웠네	聞風亦立
직접 배우지는 못한	未及函丈
아, 우리 후학들이여	嗟我後學
남은 자취 여기 있으니	遺躅在玆
흠모하는 마음 더 절실하네	想慕倍切
영령이 머무실 곳 여기 있으니	妥靈有所
부디 강림하소서	庶幾來格

23 토정(土亭) : 이지함(李之菡, 1517~1578)으로, 본관은 한산, 자는 형백(馨伯)·형중(馨仲), 호는 토정, 시호는 문강(文康)이다.

24 보령(保寧)의 서원(書院) : 1610년(광해군2) 충청도 관찰사 정엽과 이지함의 문인인 구계우(具繼禹)가 주도하여 건립하였으며, 1686년(숙종12) 화암서원으로 사액(賜額)되었다. 처음에는 이지함과 이산보(李山甫)의 위패를 모셨고, 이후 이몽규(李夢奎), 이정암(李廷馣), 구계우의 위패를 모셨다.

명곡[25]에 대한 제문

祭鳴谷文

토정(土亭)의 서원에 배향할 때 올린 제문이다.

두터운 덕과 넓은 도량을	厚德宏量
하인들도 공경할 줄 알았고	走卒知欽
더구나 그 고을에서는	況在鄕黨
사모하는 마음 더욱 깊었네	誠慕彌深
고향 언덕이 완연하니	某丘宛然
이곳을 버리고 어딜 가랴	捨此何之
토정이 오른편에 있으니	土亭臨右
연원이 여기에 있네	淵源在玆
사당을 세워 제수 올리니	建宇奠菜
많은 선비 마음을 경건히 하네	多士虔心
영령께서 계신다면	不昧者存
부디 이곳에 머물러 흠향하소서	庶處庶歆

25 명곡(鳴谷) : 정엽의 장인인 이산보(李山甫, 1539~1594)로, 본관은 한산(韓山), 자는 중거(仲擧), 호는 명곡, 시호는 충간(忠簡)이다. 어려서 작은아버지인 이지함을 사사하였다.

민 천총을 의주에 임시로 장사 지낼 때의 치제문

閔千摠義州權葬致祭文

다음은 모두 응제(應製)로 지은 것이다.

영령께서는 천하의 제일가는 호걸로서	惟靈南豪莫先
옛 장군의 기풍이 있었으니	有古將風
천 리 길에 칼을 잡고서	千里仗劍
조선을 구원하러 출정하였네	從難于東
안타깝게도 내가 어리석어서	閔予昧猷
안일하게 지내다 전쟁 불러왔네	積嬉致戎
날마다 군대의 규율을 가르치며	日訓師律
이 년간 고생하였는데	二載勤勞
담소하는 가운데 지휘하는 것이	談笑指揮
모두 신출귀몰한 도략(韜略)이었네	罔非神韜
이를 통해 병사를 부렸으니	用玆行師
누구를 대적한들 이기지 못했으랴	何敵不克
오직 공에게 힘입어	惟公寔賴
왜적을 쓸어버리기를 맹세했네	誓掃老賊
헌데 지금 공이 일어나지 못하니	公今不起
내가 장차 어찌하리오	予將何爲
유법이 전해지지 않으니	遺法莫傳
삼군을 누가 거느리랴	三軍誰帥
남아의 장대한 뜻으로	男兒壯志

전장에서 죽기를 각오했을지라도	縱甘裹革
나 때문이 아니었다면	匪予之故
어찌 이역에서 죽었으랴	胡爲異域
저 용만[26]을 바라보니	瞻彼龍灣
요동과 경계를 이루고 있네	界于遼路
임시로 이곳에 장사 지내	玆焉草窆
고향 땅 그리워하는 마음 위로하네	用慰懷土
여우도 죽을 때에는 고향을 돌아보는데	物亦首丘
하물며 인정에 있어서랴	矧爾人情
산천이 막혀 있지만	山川雖阻
혼기는 유행하네	魂氣流行
표장이 오기를 기다리노니	有待來章
어찌 여기에 오래 머물겠는가	豈久于玆
변변찮은 제물로 애달픈 마음을 드러내니	薄奠敍哀
부디 이를 흠향하기를 바라노라	庶幾歆斯

26 용만(龍灣) : 평안도 의주(義州)의 별칭이다.

행 호군 권징[27]에 대한 치제문

行護軍權徵致祭文

영령은 시서의 학술을 갖추고	惟靈詩書學術
효도하고 우애 있는 집안의 명성을 잇고	孝友家聲
맑은 지조와 훌륭한 명망을	淸操雅望
일찌감치 조정에서 드날렸네	早揚于廷
강연에서는 논의가 심오하고	講筵論奧
사관이 되어서는 필법이 공정했으며	靑史筆公
인재 선발에는 감식력이 뛰어나고	鑑澈甄才
총마를 타고 다닐 때에는 처사가 엄정했네[28]	霜肅乘驄
부신 차고 고을 맡자 보리가 상서로워졌고[29]	佩符麥瑞
부절 잡고 지방관 되자 감당의 노래 울렸으니[30]	握節棠歌

27 권징(權徵) : 1538~1598. 본관은 안동(安東), 자는 이원(而遠), 호는 송암(松菴), 시호는 충정(忠定)이다. 임진왜란이 일어나자 경기도 관찰사에 특별히 임명되어 임진강을 방어했으나 패배했다. 1593년(선조26) 서울 탈환 작전에 참가했으며, 명(明)나라 제독 이여송(李如松)이 추진하는 화의에 반대, 끝까지 왜병을 토벌할 것을 주장하였다.

28 총마(驄馬)를……엄정했네 : 후한(後漢)의 환전(桓典)이 시어사(侍御史)가 되어 총마를 타고 다닐 때 처사가 매우 엄정하였기 때문에 간인(奸人)들이 항상 총마어사(驄馬御史)라고 부르며 두려워하였다. 《後漢書 桓榮列傳 典》

29 보리가 상서로워졌고 : 태평성대에 생기는 서맥(瑞麥)을 말한다. 송 진종(宋眞宗) 때 수주(壽州)에서 서맥을 올렸는데, 한 대에 다섯 이삭이 달려 있었다 한다. 《資治通鑑綱目 卷54》

안팎으로 공이 있고	內外有績
시종일관 흠이 없었네	終始無瑕
지난번 외적들이 쳐들어왔을 때에는	昔者寇至
경은 경기도 관찰사였고	卿尹于畿
내가 도성으로 돌아왔을 때에는	逮予旋軫
호조 판서를 맡았네	又長度支
삼 년간 심력을 다하다가	三年盡瘁
한번 병에 걸려 낫지 않았네	一疾難醫
임금의 잘못에 간언하는 것 잊지 않고	君違不忘
벼슬에서 물러나서도 여전히 독실히 하였네	即閑猶篤
심혈을 토해 낸 봉장은	刳瀝封章
글자마다 충심이 담겨 있었네	字字忠赤
부디 병이 나아	庶幾或瘳
국난을 구제하기를 바랐었네	期濟艱危
그런데 갑자기 부고가 전해지니	遽報云亡
국인들은 탄식하는데	國人嗟咨
고굉지신(股肱之臣) 없어지니	股肱之虧
하물며 내 슬픔은 오죽하랴	矧余之悲
이에 종축에게 명하여	爰命宗祝

30 감당(甘棠)의 노래 울렸으니 : 지방관으로서 선정(善政)을 베풀었다는 뜻이다. 주 문왕(周文王) 때 남국(南國)의 백성들이 소백(召伯)의 선정에 감사하여 그가 머물렀던 감당나무를 소중히 여겨 노래하기를 "무성한 감당나무를, 자르지도 말고 베지도 말라. 소백께서 쉬셨던 곳이니라." 하였다. 《詩經 召南 甘棠》

부의를 보내니	用致菲儀
이승과 저승은 한 이치라	幽明一理
영령은 와서 이를진저	靈其格思

황해도 마항포에 빠져 죽은 중국 병사에 대한 치제문

黃海道馬項浦渰死唐兵致祭文

국경을 침범한 적들 있으니	有猘剝藩
황제께서 혁연히 노하시어	聖怒斯赫
이미 육군을 출정시키고	旣濟陵師
해군도 돕도록 명하셨네	夾以海卒
바람 타고 가는 천 척의 배	乘風千颿
만 리 길 동해를 건너와	萬里東洋
앉아서 변방의 계책을 굳건히 하여	坐牢邊心
저 커져 가는 세력의 적들을 막았네	遏彼方張
까마귀가 울며 달아난다고 알리자[31]	烏聲報遁
익조(鷁鳥) 그린 중국 배들 북쪽으로 돌아가는데	鷁首回北
가던 도중 요동 인근에서	途半遼界
놀란 물결이 노를 부러뜨렸네	駭浪摧楫
뱃사람도 손쓸 수 없었으니	黃帽莫手
하늘이 실로 무슨 마음으로 한 것인가	天實何爲
한 사람의 죽음도 오히려 애통한데	一夫猶痛

31 까마귀가……알리자 : 왜적이 퇴각하기 시작했다는 말이다. 진(晉)나라가 제(齊)나라를 정벌하였을 때, 사광(師曠)이 진후(晉侯)에게 "나는 새와 까마귀가 즐겁게 우짖고 있으니, 제나라 군사가 도망간 것이 틀림없습니다.〔鳥烏之聲樂, 齊師其遁.〕"라고 하였는데, 과연 그 말이 맞았다는 고사가 있다. 《春秋左氏傳 襄公18年》

더구나 얼마나 많은 남아가 죽었는가　矧幾男兒
평생 몸 바쳐　生平許身
전장에서 죽기를 각오했을지라도　縱甘裹革
어찌 이역에서　豈意異域
갑자기 물고기 밥 될 줄 생각했으랴　遽埋魚腹
황제의 조정에서 개선하여 술 마실 때　皇庭飮至
군공을 크게 포상할 텐데　大賚軍伐
노를 치며 맹세했던 장대한 뜻 가진 병사들　擊楫壯志
대해에서 원통함을 품었으리라　抱冤蛟窟
출정할 때에는 버들가지 하늘거리더니　依依楊柳
이제는 웃고 노래하며 맞이하는데　笑歌相迎
갔다가 돌아오지 못한 이 있으니　有來無歸
외로운 아낙네 슬피 우네　孤嫠悲鳴
이 또한 나 때문이라　玆亦予故
실로 마음이 비통하네　實怛于心
변변찮은 제물로 애통함을 표하노니　薄奠致哀
혼령은 부디 흠향하소서　魂庶幾歆

종묘의 구실에 비를 기원하는 제문

宗廟九室祈雨祭文

지극한 덕이 백성에게 미쳐	至德浹民
남은 은택이 끝없지만	遺澤未竭
몇 년간 병화가 일어나	積稔構兵
하늘이 내리신 재앙을 만났습니다	遭天降割
끊어질 듯 위태로운 백성의 목숨	奄奄一脈
오직 농사일에 달렸는데	惟在稼穡
농사가 한창인 이때에	當玆南訛
가뭄이 극심합니다	亢陽災極
모든 산천에 다 빌었지만	竝走群望
여전히 고택이 내리지 않아서	尙閟膏澤
백성을 근심하는 마음 깊어만 가니	恤浚憂民
하늘에 계신 선왕도 근심이 크실 것입니다	在天亦篤
부디 단비 내리시어	乞霈甘霖
우리 백성 살려 주소서	活我民物

동해에 비를 기원하는 제문

東海祭文

만물 중에 가장 큰 바다로　爲物最鉅
나라의 동쪽에 있으니　在國之東
흐르는 물이 모이는 곳이고　衆流之宗
사물을 윤택하게 하는 공 있습니다　潤物之功
제때 비 내리고 해 뜨는 날씨　雨雨暘暘
거의 동해의 음덕 입었습니다　幾賴陰騭
그런데 이렇게 심한 가뭄이　惟玆旱魃
어찌 차마 오늘 같은 지경에 이르렀단 말입니까　胡忍今日
간절한 마음으로 무지개 바라지만　顒顒望霓
햇볕만 쨍쨍 한 달째 내리쬡니다　杲杲彌月
벼 이삭이 모두 병들었으니　苗穗俱痒
남은 백성들 무엇을 먹겠습니까　孑遺奚食
불쌍한 이는 백성이 아니겠습니까　可哀匪民
죄는 임금인 나에게 있습니다　罪在涼德
부디 크나큰 도움을 내리사　庶垂玄佑
어서 비 내리는 은택을 베푸소서　亟惠霈澤

건원릉에 관원을 보내어 제사 지낼 때의 제문[32]

健元陵遣官祭文

성조께서 나라를 창건하사 聖祖啓運
공업을 만세토록 전하셨으니 功業萬世
능을 멀리서 바라보매 瞻望若堂
마치 옆에 계신 듯 마음 더 간절합니다 倍切如在
다만 이 몸 상중이라 顧玆纍然
전배하는 정성 펴지 못하고 莫伸展拜
소박한 제수를 대신 올리게 하니 代薦泂酌
제사를 지내도 지내지 않은 것과 같습니다 祭若不祭

32 건원릉(健元陵)에……제문 : 1608년(선조41) 2월 1일 선조가 승하한 후 1609년(광해군1) 8월 8일, 목릉(穆陵)에 제사 지내기 전에 건원릉, 현릉(顯陵), 유릉(裕陵)에도 제사 지내야 하는데 상중이므로 관원에게 대행하게 해야 한다는 예조의 건의가 있었다. 《光海君日記 1年 8月 8日》 이 작품 이하 건원릉, 현릉, 유릉에 대한 제문은 이때 지어진 것으로 보인다.

현릉에 관원을 보내어 제사 지낼 때의 제문

顯陵遣官祭文

하늘이 큰 재앙을 내려	天降大割
슬프게도 이 몸 홀로 남았는데	哀此惸惸
선릉을 살펴보니	來省先陵
묘소가 울창합니다	有蔚佳城
신령한 조손께서	靈祖神孫
좌우에 있습니다	在左在右
이에 감히 신하를 보내어	玆敢遣臣
추모하는 정성을 폅니다	用伸追慕

유릉[33]에 관원을 보내어 제사 지낼 때의 제문
裕陵遣官祭文

문왕과 태사가 다른 곳에 묻혔으나[34]	文姒異塋
원침은 오히려 이웃하고 있습니다	園寢猶隣
직접 예를 펴지 못하니	展禮未躬
상복을 입고 있어서입니다	衰衣在身
소나무와 잣나무가 이미 제법 자랐으니	松柏已拱
서리와 이슬에 마음이 아픕니다[35]	霜露愴神
그리움 어찌 감당하겠습니까	曷堪孺慕
부디 정갈한 제사를 흠향하소서	庶歆精禋

33 유릉(裕陵) : 선조(宣祖)의 비인 의인왕후(懿仁王后) 박씨의 무덤이다. 1630년(인조8) 선조의 무덤인 목릉(穆陵)을 물기가 찬다고 하여 유릉 곁에 옮기고 선조와 의인왕후 박씨, 계비인 인목왕후(仁穆王后) 김씨를 합장(合葬)하고 목릉으로 합칭하였다.

34 문왕(文王)과……묻혔으나 : 선조와 그의 비 의인왕후를 주 문왕과 그의 비 태사(太姒)에 비유한 것이다. 이 글을 쓸 당시인 1609년(광해군1)에는 선조와 의인왕후가 아직 합장되지 않았으므로 다른 곳에 묻혔다고 말한 것이다.

35 서리와……아픕니다 : 서리와 이슬은 죽은 부모에 대한 그리움을 상징한다. 《예기(禮記)》 〈제의(祭義)〉에 "가을에 서리와 이슬이 내리거든 군자가 그것을 밟아 보고 반드시 슬픈 마음이 생기나니 이는 날이 추워져서 그런 것이 아니다. 또 봄에 비와 이슬이 내려 땅이 축축해지거든 군자가 그것을 밟아 보고 반드시 두려운 마음이 생겨 마치 죽은 부모를 만날 것 같은 생각이 들게 된다."라고 한 데서 유래하였다.

종묘 이실에 비를 기원하는 제문

宗廟二室祈雨祭文

봄부터 비가 내리지 않더니	自春閟澤
가을이 다 되도록 가뭄이 심한지라	迫秋猶酷
모든 산천에 다 빌었지만	竝走群望
신의 감응은 요원하기만 합니다	神應逾邈
차라리 제가 불타 죽을지언정	寧欲自焚
백성의 주검이 구렁을 메우는 것을 차마 보겠습니까	忍視塡壑
생각건대 재앙을 근심하는 마음이	追想憂災
어찌 유명 간에 차이가 있겠습니까	豈間存歿
어서 천 리에 비를 뿌리시어	亟霈千里
우리 백성들 살려 주소서	活我民物

삼각산과 수락산에 제사 지낼 때의 제문

三角山水落山祭文

뭇 산 중 높은 산으로	尊於衆嶽
우리 왕도를 보위하시네	衛我王都
이제 부디 도우셔서	今兹冀佑
용순[36]이 가는 길을 열어 주소서	龍輴啓途

36 용순(龍輴) : 임금의 상여로, 여기서는 선조의 상여를 가리키는 것으로 보인다.

중앙의 산천[37]에 비를 기원하는 제문

中央嶽瀆祈雨祭文

나라의 중앙에서 중심을 잡고	鎭紀于中
만물에 은택을 베푸는 공이 있는데	功在澤物
지금 어찌 은택이 막혀서	今胡屯膏
가뭄이 이토록 혹독하단 말입니까	旱魃肆虐
농사가 헛수고가 되니	三農罔功
만백성이 어찌 곡식을 먹겠습니까	萬姓曷粒
신명한 도움 내리시어	願垂明佑
어서 단비 뿌려 주소서	亟霈甘液

37 중앙의 산천 : 국가가 제사 지내는 4악(嶽) 7독(瀆) 가운데 도성의 삼각산과 한강을 가리킨다.

서방의 산과 바다와 강에 비를 기원하는 제문
西方嶽海瀆祭文

산과 물이 다르지만　　峙流雖殊
만물을 이롭게 하는 것은 매한가지입니다　　利物則一
여름 농사철에 가뭄이 극심하니　　南訛旱極
가을에 추수할 희망이 없습니다　　西成望絶
백성들이 무슨 잘못 있겠습니까　　赤子奚辜
죽어서 구렁을 메우게 되었습니다　　將塡于壑
천 리에 비를 뿌리시어　　霈然千里
부디 음덕을 내려 주소서　　庶垂陰騭

경도의 옛집에 신주를 봉안할 때의 축문 천계 계해년(1623, 인조1)

奉安神主於京都舊宅祝文 天啓癸亥

효손이 삼가 아뢰니다.

선조대왕의 사군(嗣君)이 적신(賊臣) 이이첨(李爾瞻)에게 속아 모후(母后)를 유폐하였습니다. 그리하여 강상이 무너지고 온갖 법도가 상리와 어긋나 국사가 망극해짐에 따라 역성(易姓)의 변란이 조석에 임박했습니다.

제가 외직을 청하여 양양 부사로 나갔다가[38] 그대로 관직에서 물러나 재야에 있은 지 이미 6년이 되었는데 선왕의 신손(神孫)께서 의(義)를 들어 난을 다스리셨습니다. 이에 흉악한 무리가 죄를 받았으며, 축출되고 화란을 피해 숨었던 이들이 모두 등용되어 세도가 회복되기를 기대하였습니다.

성상께서 먼저 학교를 염려하셔서 전조(銓曹)의 천거를 받아 저를 성균관대사성 겸 동지경연 원자사부(成均館大司成兼同知經筵元子師傅)로 삼았습니다. 상소를 올려 사직을 하였는데 성상의 비답(批答)이 정중하였고 이어서 소명(召命)이 누추한 집에까지 내려왔습니다.

이에 가족들을 이끌고 다시 서울로 돌아와서 신주를 받들어 옛집에 봉안합니다. 감히 고합니다.

38 외직을……나갔다가 : 정엽은 1617년(광해군9) 폐모론(廢母論)이 일어나려고 하자 외직을 구하여 양양 부사가 되었다.

묘지 墓誌

선조고 증 통정대부 승정원좌승지 겸 경연참찬관 부군 묘지
先祖考贈通政大夫承政院左承旨兼經筵參贊官府君墓誌

공의 휘는 선(璇)이고 자는 중온(仲溫)이며 본관은 초계(草溪)이다. 증조 휘 윤신(允愼)은 파주 목사(坡州牧使)를 지냈으니, 바로 지중추부사(知中樞府事) 휘 발(發)의 장남이다. 조부 휘 전(詮)은 순천 도호부사(順天都護府使)를 지냈다. 선고(先考)는 증(贈) 통례원 좌통례(通禮院左通禮) 휘 희년(熙年)이고 선비(先妣)는 여흥 민씨(驪興閔氏)로 관찰사 사건(思蹇)의 따님이다.

공은 어려서부터 장성할 때까지 집안에서 잘못한 일이 거의 없었고 부모를 섬김에 조금도 그 뜻을 어긴 일이 없었다. 부모가 돌아가시고는 계씨(季氏)와 함께 살았는데 시종일관 흠잡는 말이 나오지 않았다. 그래서 온 집안사람들 중 교화하기 어려운 자일지라도 공에게는 모두 기뻐하며 복종하였다. 병이 심해졌을 때는 앉고 누울 때에도 남의 도움이 필요할 정도였으나, 미천한 자라도 보면 반드시 일어나 앉아서 용모를 단정히 하였다. 효성스럽고 우애 있는 행실과 공경하고 삼가는 덕은 잘못을 바로잡는 학문의 도움이 없이도 그렇게 된 것이니, 바로 천성에서 나온 것이었다.

임신년(1512, 중종7)에 태어나서 임자년(1552, 명종7)에 졸하였으니 춘추가 겨우 마흔하나였다. 그 덕을 드러나지 않게 한 데다 수명마저도 짧게 하였으니 하늘은 진실로 무슨 마음이신가.

공은 장단 김씨(長湍金氏)에게 장가들었으니 창신교위(彰信校尉) 숙담(淑淡)의 따님이다. 두 아들을 낳았다. 장남 유성(惟誠)은 나의 선고이니 성균관 진사로 이조 판서에 추증되었으며, 차남은 관례하기 전에 요절하였다. 판서공에서부터 나의 아들 생원 원석(元奭)에 이르기까지 삼대가 모두 독자이다. 딸의 출가에 대해서는 판서공의 묘지에 기록되어 있다.

부인 김씨는 엄중하면서도 덕량이 있었으며 견식과 사려도 높고 깊었다. 기축년(1589, 선조22)과 경인년(1590) 사이에 나라에 난리가 있을 줄 알아서 온 집안에 병화(兵禍)를 피할 계책을 마련하도록 경계하고 매번 하늘에 빨리 죽게 해 달라고 빌었다. 신묘년(1591) 겨울에 가벼운 질환으로 돌아가셨으니 승지공이 돌아가신 지 40년 뒤의 일이었다. 승지공의 묘가 양주(楊州) 풍양(豐壤) 봉곡리(蜂谷里)에 있었는데, 부인이 졸한 다음 해인 임진년(1592) 3월에 광주(廣州)의 강가로 옮겨 합장하였다. 하관이 끝나자마자 왜적이 삼도(三都)를 짓밟음에 따라 세족(世族)이 거의 다 병화를 입으니, 가족과 친척들 모두가 부인의 앞을 내다본 밝은 식견과 부인의 소원이 이루어진 것에 대해 감복하였다.

무신년(1608, 광해군 즉위년) 9월에 승지공 및 부인의 묘를 모두 옮겨 다시 양주 치소 서쪽 장흥리(長興里) 묘좌유향(卯坐酉向)의 언덕에 함께 장사 지냈으니 선조 지중추부사공의 묘가 있는 곳이다.

만력 47년(1619) 9월 일에 손자 모(某)는 삼가 쓰다.

선고 증 자헌대부 이조판서 겸 지의금부사 성균 진사 부군 묘지

先考贈資憲大夫吏曹判書兼知義禁府事成均進士府君墓誌

공의 휘는 유성(惟誠)이고 자는 경일(景一)이며 본관은 초계(草溪)이다. 본조(本朝)에 들어와 지중추부사를 지낸 휘 발(發)이 공의 5대조이다. 증조 휘 전(詮)은 관직이 순천 도호부사(順天都護府使)에 그쳤고, 조부 휘 희년(熙年)은 통례원 좌통례(通禮院左通禮)에 추증되었다. 선고(先考) 휘 선(璇)은 승정원 좌승지에 추증되었다. 선비(先妣) 숙부인(淑夫人) 김씨는 창신교위(彰信校尉) 숙담(淑淡)의 따님인데, 가정(嘉靖) 기해년(1539, 중종34)에 공을 낳았다.

공은 나면서부터 기개와 도량이 보통 아이와 달라서, 통례공이 여러 손자들 가운데 가장 중시하였다. 공이 14세에 부친을 여의었는데 문밖을 나가지 않고 삼가 상주 노릇을 하니, 친척들이 모두 흐뭇한 마음으로 감복하였다. 공은 계부(季父)를 부친처럼 섬겼다. 계부가 병이 들자 공이 옷과 띠를 풀지 않은 채 몇 달 동안이나 약시중 들기를 게을리하지 않았다. 돌아가시고 나서는 일 년이 되도록 고기를 먹지 않고 대부인(大夫人)께 문안 인사를 드리는 경우가 아니면 반드시 묘소 옆에서 지냈다. 공은 대부인을 지극한 정성으로 섬겼을 뿐만 아니라 이처럼 계부를 섬기는 데에도 처음부터 끝까지 유감이 없도록 하였다. 선조의 제사를 받들 때에 반드시 정성스럽고 경건히 하였으며 찬품(饌品)과 의절(儀節)은 모두 《주자가례(朱子家禮)》를 따랐다. 집안에서는 엄중하고 과묵하니 자제와 하인 들이 절로 경외하여 복종하고 규문(閨門)

이 엄숙하였다. 선비로서 부귀한 자들과 교유하면서 논의를 일삼고 명예와 벼슬을 도모하는 자에 대해 늘 부끄럽게 여겼다. 그리하여 친구라도 조금의 명성과 권세가 있으면 일찍이 그 집에 나아간 적이 없고 자제들에게도 고요한 마음으로 독서하라고 늘 곡진하게 가르쳤다.

공은 입으로 좋고 나쁜 것을 말하지 않았지만 감식안이 명철하여 사람을 보면 곧바로 그의 길흉을 알았다. 적신(賊臣) 정여립(鄭汝立)이 세상을 속여 명망이 한창 높았는데, 정여립이 서울에 이르니 그를 보려고 하는 자들이 문 앞에 가득하였다. 공이 사사로이 말하기를 "내가 우연히 벗의 집에서 그를 만났는데 흉인(凶人)이었다." 하고, 이어 나를 경계시켰다. 후에 적신 정여립이 반역을 도모하다가 일이 발각되자 명을 피하여 달아나다 자살하였는데, 사대부 중에 편지 한 장이라도 주고받은 자들은 모두 죄에 연루되었다. 공의 선견지명이 대개 이와 같았다.

공은 순일하고 독실한 품행 및 문재와 필력을 가지고도 세상에 쓰이지 못하고 만년에 계유년(1573, 선조6) 사마시에 합격하는 데에 그쳤으며, 수명도 길지 않아서 45세의 나이로 대부인께서 살아 계신 날에 돌아가셨다. 이는 내가 끝없이 애한을 품는 이유일 뿐만 아니라, 진실로 당대 공을 아는 자들이 모두 애석하게 여기는 바이다.

돌아가신 이듬해 갑신년(1584) 3월에 광주(廣州) 용진강(龍津江) 가에 장사 지냈다가 25년 뒤 무신년(1608)에 양주(楊州) 치소 서쪽 장흥리(長興里) 묘좌유향(卯坐酉向)의 언덕에 이장하였으니 지중추부사공의 묘가 있는 곳이다.

부인 파평 윤씨(坡平尹氏)는 증(贈) 좌찬성(左贊成) 언태(彦台)의 따님이다. 1남을 낳았으니 바로 모(某)이다. 딸은 임연(任兗)에게 시집갔는데 임연은 문과에 급제하고 익사 공신(翼社功臣)으로 녹훈되어 풍안군(豐安君)의 봉호를 받았다. 모는 증 영의정 한창부원군(韓昌府院君) 이산보(李山甫)의 딸에게 장가가서 1남 원석(元奭)을 두었는데 그는 생원이다. 딸은 넷인데, 첫째는 유학(幼學) 이정철(李廷喆)에게, 둘째는 진사 나만갑(羅萬甲)에게, 셋째는 유학 유철증(兪哲曾)에게, 넷째는 진사 이상질(李尙質)에게 시집갔다. 풍안군은 2남 3녀를 낳았다. 장남 준백(俊伯)은 진사이고 차남 의백(義伯)은 아직 어리다. 그 사위는 의금부 도사 구시백(具時伯), 별좌(別坐) 이광호(李光澔), 유학(幼學) 권억(權嶷)이다.

불초한 나는 일컬을 만한 것이 한 가지도 없는데 일찍이 과거에 합격하여 청반(淸班)을 두루 거치고 분에 넘치게 경상(卿相)의 반열에 올라 돌아가신 선군자의 벼슬이 추증되는 데에 이르렀다. 이것이 어찌 불초한 내가 몸소 이룬 것이겠는가. 모두 선군자께서 남기신 은택으로서 하늘이 공에게 보답하지 못한 것을 공의 후손에게 보답하려는 것이 아니겠는가.

만력 47년(1620, 광해군12) 9월 일에 아들 모는 눈물을 흘리며 삼가 쓰다.

진사 정공 묘지
進士鄭公墓誌

공의 휘는 유명(惟明)이고 자는 모(某)이며 본관은 초계(草溪)이니 지중추부사 휘 발(發)의 5대손이다. 지중추부사공에서 2대를 내려와 순천 도호부사(順天都護府使)를 지낸 휘 전(詮)이 공의 증조부이다. 조부 휘 희년(熙年)은 좌통례(左通禮)에 추증되었다. 그의 계자(季子)인 적순부위(迪順副尉) 휘 순(珣)이 공의 선고(先考)이다. 선비(先妣) 양천 허씨(陽川許氏)는 현감 례(砅)의 따님이니 또한 망족(望族)이다.

공은 타고난 자질이 순후하고 내면과 외면이 평안하였으며 그 말을 들으면 선인(善人)인 줄을 알 수 있었다. 일찍 모친을 여의고 부위공을 섬길 적에 자식의 본분을 다하여 터럭만큼도 그 뜻을 어기지 않았다. 부위공께서 오래 병을 앓자 시자(侍者)들 중에 태만해지지 않은 자가 없었는데 공은 잠도 자지 않고 수개월 동안 옷과 띠를 풀지 않은 채 병시중을 들었다. 집안에서 행실의 돈독함이 대개 이와 같았다. 형제와 지내고 친척을 대하며 붕우와 교유하는 것에서부터 하인을 대하는 데까지 화평하고 화락하지 않음이 없어서 모두가 진심으로 좋아하였으며, 평생토록 성난 기색을 드러내어 남들과 시비를 따진 적이 없었다. 이는 잘못을 바로잡는 도움이 없이도 그러하였다.

젊었을 때 경사(京師)에서 기예를 겨루면서 문장으로 이름을 날렸다. 일찍이 과장(科場)에서 고관(考官)이 정해진 규격을 어겼다는 이유로 공의 시험지를 불태웠는데, 공이 가만히 서서 바라볼 뿐 말과 안색에 흔들림이 없었다. 고관이 그 사람됨을 비범하게 여겨 입을 모아 칭찬하였다. 이 일로 더욱 사인(士人)들에게 존경을 받았다. 당시 동년배들이 모두 입신양명하여 높은 벼슬에 올랐다. 그런데 공은 누구만 못하였기에 끝내 대과에 급제하지 못하여 당시에 중용되지 못하고 만년에 신묘년(1591, 선조24) 사마시에 합격하는 데에 그쳤단 말인가. 병화를 만나서 관서 지역을 떠돌다가 병에 걸려 객지에서 일어나지 못하였으니 하늘은 어찌하여 그 자질을 후하게 부여하였으면서 그 운명은 박하게 하였단 말인가.

병오년(1546, 명종1) 모월 모일에 태어나 갑오년(1594) 5월 29일에 돌아가셨으니 춘추가 49세였다. 강서(江西) 땅에 임시로 매장했다가 전쟁이 끝난 뒤에 고자(孤子)들이 힘써 예를 갖추어서 부평(富平) 용두촌(龍頭村) 모좌모향(某坐某向)의 언덕에 개장(改葬)하였으니 새로 정한 묏자리였다.

공은 충의위(忠義衛) 이언성(李彦誠)의 따님에게 장가들었으니 익안대군(益安大君) 휘 방의(芳毅)의 후손이다. 3남 1녀를 두었다. 장남 진(晉)은 행실이 훌륭하고 문장에 뛰어났는데, 상사(上舍)로서 가난 때문에 벼슬길에 나가 지금은 사옹원 봉사(司饔院奉事)로 있다. 충의위 이인오(李仁悟)의 딸에게 장가들어 2남을 낳았다. 차남 로(魯)는 충의위 남응선(南應善)의 딸에게 장가들어 2녀 1남을 낳았다. 삼남 보(普)는 사인(士人) 이형일(李亨一)의 딸에게 장가들어 1남을 낳았다. 세 형제의 자식은 모두 어리다. 딸은 부사(府使) 이영침(李永琛)의 아들 경(警)에게 시집갔다. 경은 생원인데 불행히도 임진년(1592)에 왜적들에게 피살되었다. 아들 대윤(大胤)은 업유(業儒)이다.

아, 공이 돌아가신 후 공의 아내 이씨는 자녀들을 훈계하고 가법을 지켜서 어머니의 도리를 크게 얻었다. 봉사공이 또 훈계를 받들어 자립하여 그 명성을 실추하지 않았고 많은 후손이 서로 이어 나와서 우뚝이 두각을 나타냈으니, 하늘이 공에게 펴지 못한 것을 후손들에게 베풀려는 것인가 보다. 내가 여러 조카 중에서도 가장 큰 은혜를 받았고 게다가 공의 품행을 매우 상세히 아니, 묘지문을 써 달라는 봉사공의 청을 어찌 감히 사양하겠는가.

만력 47년(1620, 광해군12) 9월 일에 당질(堂姪) 자헌대부(資憲大夫) 행 호군(行護軍) 모는 삼가 쓰노라.

숙인 구씨 묘지

淑人具氏墓誌

산음 현감(山陰縣監)을 지낸 심혁(沈奭) 씨가 그 선비(先妣) 숙인(淑人)을 장사 지내고 나서 유택(幽宅)에 돌을 묻어 불후하게 하려 하면서 나에게 묘지문을 청하였다. 내가 인척으로서 숙인의 규방 행실에 대해서 가장 상세히 들었으니 어찌 글을 못한다는 이유로 사양할 수 있겠는가.

숙인은 성이 구씨(具氏)로 능성(綾城)의 망족(望族)이다. 삼한삼중대광(三韓三重大匡) 검교 상장군(檢校上將軍) 휘 존유(存裕)의 후손이고 성균관 생원 증(贈) 이조 참판 휘 이(頤)의 증손이다. 그리고 이조 좌랑 휘 수복(壽福)의 손녀이고 봉상시 정(奉常寺正) 증 이조 참판 휘 변(忭)의 따님이며 사간원 정언 안동 김공(安東金公) 과(鈛)의 외손이다. 좌랑과 정언이 모두 기묘년(1519, 중종14)의 현사였으니 대대로 명망을 떨친 집안이다.

숙인은 성품이 온화하고 순하며 곱고 차분하여 부모에게 총애를 받았다. 그의 배필감을 구할 적에 이웃에 진사인 청송 심씨(青松沈氏) 호(鎬)가 살고 있었는데 고상한 행실을 갖추었으나 벼슬하지는 않았다. 참판공이 항상 그 사람됨을 흠모하였고, 또 그의 아들 심종민(沈宗敏)이 가법(家法)을 잘 지킨다는 말을 듣고서 마침내 심종민과 혼인을 시켰다. 이때 숙인의 나이가 17세였다. 진사는 집안이 부유하면서도 예를 좋아하여 사치스러운 의복을 예물로 삼는 시속을 따르지 않고 그저 여성이 지켜야 할 고금의 법도를 수집하여 한 책의 가훈으로 만들어 주었다. 폐백을 올리는 날에 숙인이 절하고 받아서 마음에 새겨

종신토록 그 교훈을 따라 받들기를 게을리하지 않았다. 시부모를 섬길 적에는 정성을 다하고 공을 섬길 때에는 예를 어기는 일이 없었다. 자녀를 가르칠 적에는 자애로우면서도 의로웠고 친척과 돈독하게 지냈다. 공의 서얼 누이들과 20여 년을 함께 지내면서도 흠잡는 말이 나오지 않았고 심지어는 잉첩과 생활하면서 그들의 마음을 얻기까지 하였다. 그러니 한집안의 윗사람이나 아랫사람 중에 공경하여 따르지 않는 이가 없었다.

공을 따라 네 고을을 다니면서 시종 조금도 사익을 챙긴 일이 없었으니 지금까지도 네 고을 사람들의 칭송이 끊어지지 않고 있다. 이천현(利川縣)에서 병으로 돌아가셨을 때는 관인과 노소가 모두 울며 마음 아파하고 장례 물품을 갖추는 데 마음을 다하였으니 그 덕이 이와 같이 사람을 감동시켰다.

숙인은 가정(嘉靖) 계축년(1553, 명종8) 8월 정유일에 태어나서 만력(萬曆) 병진년(1616, 광해군8) 4월 26일에 졸하였으니 춘추가 64세였다. 6월 7일 병오에 광주(廣州) 치소 석문리(石門里) 간좌곤향(艮坐坤向)의 언덕에 장사 지냈으니 새로 정한 묏자리였다.

2남 3녀를 두었다. 장남은 혁(侅)이니 그의 아버지의 뒤를 이어 산음 현감을 맡아 명성과 공적이 더욱 드러났다. 차남 집(僺)은 유학(幼學)으로 학문과 절개가 있다. 산음 현감은 서천부원군(西川府院君) 정곤수(鄭崑壽)의 따님에게 장가들어 5남을 낳았으니 지환(之渙), 지식(之湜), 지보(之溥), 지엄(之淹), 지오(之澳)이다. 집은 급제 이경기(李慶祺)의 딸에게 장가들어 1남을 낳았으니 지함(之涵)이다. 장녀는 문과에 급제한 첨지중추부사(僉知中樞府事) 홍서익(洪瑞翼)의 부인이니 명구(命耉), 명하(命夏)가 그의 아들이다. 차녀는 우지신(禹祗身)에게 시집가서 2남을 낳았으니 숭선(崇善)과 숭원(崇元)이다. 삼녀는 정원석(鄭元奭)에게 시집가서 1남 원(援)을 낳았다.

숙인은 명망 있는 집안에서 태어나 명망 있는 집안으로 시집가서, 딸과 아내와 어머니로서 집에 있을 때나 임지에 따라 갔을 때나 모두 본보기가 되었다. 타고난 기품이 남보다 뛰어나서일 뿐만이 아니니 양가의 가훈에서 얻은 것이 어떠하였겠는가. 아내의 덕을 갖추고 공과 해로하여 많은 복을 받았고, 3녀가 시집가고 2남이 훈계를 입었으며, 많은 후손이 그 경사를 넓혀 갈 것이다. 그러고 보면 하늘이 선인에게 보답한다는 말이 또한 거짓이 아니다. 삼가 쓰노라.

행장 行狀

증 충근정량효절협책호성 공신 대광보국숭록대부 의정부 영의정 겸 영경연홍문관예문관춘추관관상감사 세자사 한흥부원군 자헌대부 이조판서 겸 세자좌빈객 지춘추관사 이공 행장

贈忠勤貞亮效節協策扈聖功臣大匡輔國崇祿大夫議政府領議政兼領經筵弘文館藝文館春秋館觀象監事世子師韓興府院君資憲大夫吏曹判書兼世子左賓客知春秋館事李公行狀

공의 휘는 산보(山甫)이고 자(字)는 중거(仲擧)이며 호는 명곡(鳴谷)이다. 고려 말 시중(侍中)으로 한산백(韓山伯)에 봉해진 목은(牧隱) 선생이 가정(稼亭)을 이어 도덕과 문장으로 중국에 이름을 떨쳐서 일세의 종사(宗師)가 되었고, 포은(圃隱)과 같은 여러 현인이 모두 그 문하에서 나왔다. 그리하여 지금까지 사람들이 북두성처럼 우러러보니 공이 바로 그분의 7대손이다. 가정과 목은 이후에도 대대로 아름다움을 이었는데, 그 가운데 대사성을 지낸 휘 우(堣)가 공에게 고조가 된다. 증조는 증 이조 판서 한원군(韓原君) 휘 장윤(長潤)이다. 조부는 증 의정부 좌찬성 휘 치(穉)이다. 좌찬성은 3남을 낳았는데, 차남이 바로 증 의정부 영의정 한창부원군(韓昌府院君) 휘 지무(之茂)이니 이분이 공의 선고(先考)이다. 선비(先妣) 능성 구씨(綾城具氏)는 증 정부인이니 모(某)의 따님이다. 선고와 선비의 추증은 공이 현달한 데에 따른 것이다. 의정공(議政公)은 효성과 우애가 천성에서 나와 형제와 함께 생활하였다. 부인이 실제로 집안일을 주관하였는데 안팎으로 흠잡는 말이 나오지 않았다. 기해년(1539, 중종34) 10월 6일에 보령(保寧)의 집에서 공을 낳았다.

공은 나면서부터 자질이 순수하고 아름다웠으며, 6, 7세 때 이미 성인의 풍도가 있었다. 어릴 때부터 반드시 언행을 진실하게 하여 조금이라도 숨긴 적이 없었다. 한번은 동네 아이들과 함께 개울 얼음 위에서 놀다가 발이 미끄러지는 바람에 이가 부러졌다. 아이들은 꾸지람을 받을까 두려워 꾸며 댈 말을 궁리하였지만, 공은 "숙부께서 일찍이 사람에게 '마음을 속이지 말라.'라고 가르치셨으니 나는 사실대로 말할 것이다."라고 하였다. 숙부는 그의 계부(季父)인 토정공(土亭公)이다. 토정이 공의 이가 부러진 것을 보고 그 이유를 묻자 공이 사실대로 다 말하였다. 후에 공이 아이들과 함께 말한 내용을 토정이 듣고 탄복해 마지않았다.

9세 때 양모(養母) 조씨(趙氏)의 슬하에 있었다. 토정이 그를 데리고 상경하다가 갈원(葛院)[39]에 이르렀을 때 길가에 서 있는 돌부처를 가리키며 "저것도 부모가 있을까?"라고 물어보니, 공이 "있습니다."라고 하였다. 토정이 "누구냐?"라고 하니, 공이 "하늘이 아버지이고 땅이 어머니입니다."라고 하였다. 토정이 감탄하면서 "이 아이는 심성과 지혜가 툭 트였으니 마땅히 대인군자가 될 것이다."라고 하였다.

10세 때 토정에게 학문을 배우기 시작했는데 일취월장하여 경서와

39 갈원(葛院) : 진위현(振威縣)의 속원(屬院)으로, 지금의 경기도 평택 지역이다.

사서를 외우고 대의(大義)를 통하였다. 도사(都事) 이별(李鼈)은 이름난 사람으로 감식안이 있었다. 그가 토정을 방문했을 때 옆에 있는 공을 보고는 속으로 빼어나다 여겨 곧바로 딸을 시집보내기로 허락하였다. 공의 나이 17세 때 장가들러 서울로 가게 되었는데, 떠날 무렵에 토정이 경계시키며 "모쪼록 촌음(寸陰)을 아껴 써라."라고 하였다. 서울에 들어가서는 종형인 아계공(鵝溪公)[40]과 함께 동호(東湖)의 정자에서 독서하였다. 당시 아계는 세상에 드문 글재주를 가졌기에 찾아오는 사람이 줄을 잇고 음악 소리가 어지럽게 들렸지만 공은 쉬지 않고 독서하였고, 곁에 있는 벗들이 혹 장난치고 욕을 해도 대답하지 않았다. 하루는 벗들이 함께 공을 끌고 가서 배에 태웠다. 배가 봉은사(奉恩寺)에 도착하자 벗들이 다투어 절 안으로 들어가 놀았는데, 날이 저물어 배에 돌아와 보니 공이 배에서 태연자약하게 독서하고 있었다. 벗들이 묻기를 "어찌 이렇게까지 고집하는가?"라고 하자, 공이 "부형의 훈계를 받았으니 이와 같이 하지 않을 수 없다."라고 하였다. 그가 훈계를 어기지 않은 것이 대략 이와 같았다.

공은 매번 향시에서 장원을 차지하였다. 하루는 시험장에 들어가려 할 때 공부를 함께 하던 벗이 금고(禁錮)를 당하자, 공이 "나 혼자 시험장에 들어가는 것은 마음에 편치 않다."라고 하고 마침내 곧장 벗과 함께 돌아갔다. 공이 득실에 임하여 구차하지 않았던 것은 젊을 때부터 그랬던 것이다. 토정이 일찍이 칭찬하면서 "옛사람이 말하기를 '오직 대인만이 어린아이의 마음을 잃지 않는다.'라고 하였는데, 내가 세상

40 아계공(鵝溪公) : 이산해(李山海, 1539~1609)로, 본관은 한산(韓山), 자는 여수(汝受), 호는 아계이다.

사람을 보니 어릴 때는 자질이 혹 출중하더라도 성장할수록 그 마음을 점점 잃어 성인이 되어서는 문득 어릴 때와는 다른 사람처럼 되어 버린다. 이모(李某)는 처음 태어날 때 기질이 순박하였고 조금 더 자라서는 중후한 군자가 되었다가 성인이 되어서는 대인군자가 되었으니 나이와 덕이 함께 성장한 것이다. 진실로 이른바 어린아이의 마음을 잃지 않은 자이다."라고 하였다.

정묘년(1567, 명종22)에 성균관 생원이 되었다. 무진년(1568, 선조1)은 선조대왕의 즉위 원년인데 이때 공이 증광 별시(增廣別試)에 급제하였다. 처음에 권지 승문원부정자에 제수되었다가 이윽고 천거로 예문관에 들어가 검열(檢閱), 대교(待敎), 봉교(奉敎)가 되었다.

신미년(1571)에 관례대로 성균관 전적(成均館典籍)으로 승진하였다. 곧이어 예조 좌랑에 배수되었다가 부모를 봉양하기 위해 외직으로 나가기를 요청하여 해미 현감(海美縣監)에 보임되었다. 현감을 맡은 지 몇 달 만에 사간원 정언으로 소환되었다가 천거로 병조 좌랑이 되었다. 모친상을 당하여 고만산(高巒山)의 묘 옆에 여막을 지어 거처하면서 최질(衰絰)을 벗지 않고 직접 제수를 갖추어 삼년상을 마쳤다.

다시 병조 정랑에 배수되었다가 어사로서 함경도를 순안(巡按)하였는데 들르는 곳마다 사람들이 그 덕에 감복하여 지금까지도 이름을 외우고 있다. 선발되어 홍문관에 들어가 수찬과 교리를 역임하고 사헌부 지평, 사간원 헌납으로 자리를 옮겼으며 춘추관 기사관(春秋館記事官)을 겸하였다.

병자년(1576)에 천거로 이조 정랑에 배수되었으니 이조의 낭관(郎官)은 진실로 사림의 극선(極選)이다. 이때 동서(東西) 붕당의 이름과 자취가 이미 형성된 터라, 김성일(金誠一)과 윤현(尹晛)의 무리들이 모두 낭관이 되어 사람들을 천거하고 물러나게 할 때 눈을 부릅뜨고서 서로 양보하지 않았다. 공이 그 사이에서 화평하게 하고 조제하는 데 힘쓰니 청의(淸議)가 공을 매우 중히 여겼다.

정축년(1577)에 양모의 상을 당하여 서천(舒川)에서 시묘살이를 하면서 생모와 똑같이 상례를 치르며 나태히 하지 않았다. 서천은 바닷가 고을이라 풍속이 비루하였는데, 공이 시묘살이를 하고부터 그 고을 사람들이 공의 덕을 보고 선한 마음을 일으켰다. 그리하여 지금까지 선비들이 학문에 뜻을 두고 행동을 삼갈 줄 알게 되었으니, 바로 공의 유풍이다.

상을 마치자 성균관 직강에 배수되었고, 얼마 후 천거로 의정부 검상(議政府檢詳)이 되었다가 사인(舍人)에 올랐으며, 양사(兩司)의 아장(亞長), 홍문관 응교·전한·직제학을 역임하였다. 2, 3년 사이에 수시로 옮겨 제수된 자리가 이 몇몇 관직을 벗어나지 않았다.

옥당에서 숙직할 때 야대(夜對)에 입시한 자리에서, 동서로 붕당이 갈라져 인사 행정이 근래에 더욱 편파적으로 됨에 따라 뛰어난 인재를 폐고(廢錮)하는 경우가 매우 많다고 극력 진달하였다. 말을 마치고 일어나 나가려 할 때 상이 그대로 앉으라고 명하고 그 일을 물어보았는데 이 일 때문에 시론(時論)에 크게 미움을 받았다. 그리하여 병을 이유로 사직하여 직제학에서 체직되어 종부시 정(宗簿寺正)으로 옮겨 갔다. 이때가 계미년(1583)이었다.

삼사(三司)가 온 힘을 다해 율곡을 공박하면서 군주를 업신여기고 국권을 멋대로 한다는 명목으로 죄주기를 청하기까지 하였다. 공도 이때에 논척을 받아 거의 일 년간 한직(閑職)에 있었는데, 상이 특별히 명하여 박근원(朴謹元), 송응개(宋應漑), 허봉(許篈) 등 3인을 유배하고는 율곡을 부르고 다시 공을 집의(執義)에 제수하였다. 얼마 뒤에는 공의 자급(資級)이 부족한데도 상이 특별히 의망(擬望)을 명하여 공을 승정원 동부승지로 승진시켰다. 이후 차례에 따라 우부승지로 옮겼다. 체차되어 첨지중추부사에 부직되었다가 성균관 대사성, 호조 참의, 사간원 대사간을 역임하였다.

율곡이 세상을 떠나고 난 뒤 시의(時議)가 크게 변하였다. 을유년(1585) 봄에 부제학 김우옹(金宇顒)이 입대하여 율곡이 나라를 그르쳤다고 비방하였다. 공이 우승지로 입시하였다가 율곡의 뛰어난 행실을 통렬하게 진달하자, 상이 무릎을 치고 감탄하면서 "이와 같은데 소인이란 말인가."라고 하였다. 그러고는 김우옹이 말을 하면 반드시 공에게 묻기를 "이 말은 어떠한가?"라고 하니 공이 또한 숨김없이 말을 다 하여 당시 기휘(忌諱)를 더욱 거슬렀다. 상이 특별히 공을 승진시켜 사헌부 대사헌으로 삼자, 시의를 좇아 율곡을 공박하던 자들이 노여움의 대상을 바꿔 다급히 공을 헐뜯으므로, 체차되어 경상도 관찰사에 배수되었다. 공이 의지할 데 없는 백성을 구휼하고 노인을 봉양하며 학교를 일으키고 적폐를 제거하는 것을 급선무로 삼으니 한 지역의 사민(士民)들이 공의 덕을 흠모하여 쉴 새 없이 칭송하기에 이르렀다.

병술년(1586)과 정해년(1587) 사이에 형조 참판을 3회, 예조 참판을 1회, 경조부(京兆府)의 아윤(亞尹)을 2회 역임하였다. 무자년(1588)에 황해도 관찰사로 나갔는데 어리석은 하인들까지도 오래도록 더욱 공을 잊지 못하여 비석을 세워 공의 덕을 새겼다.

기축년(1589)에 역변(逆變)이 일어나자 공을 불러 다시 사간원 대사간으로 삼았다. 공은 역적 정여립(鄭汝立)과 사마시 동년으로 그를 한 번 방문한 적이 있었으니 그것이 20년 전의 일이었다. 그런데 공이 그 일을 가지고 인피(引避)하였고 공을 미워하던 동료가 공을 체직하도록 청하였다. 어떤 대신(臺臣)이 아뢰기를 "이모는 역적에게 원수처럼 미움을 받은 지 오래되었습니다. 만약 지난날 한 번 본 것을 가지고 체직한다면 이이(李珥)가 살아 있더라도 대간(臺諫)이 되지 못할 것입니다."라고 하니 곧장 공을 체직하도록 청한 자를 체직하였다. 공이 동지중추부사가 되었다가 다시 대사간에 배수되었다.

경인년(1590)에 하절사(賀節使) 홍혼(洪渾)이 병으로 체차되자 공이 그를 대신하였다. 명을 받은 지 며칠 만에 길을 떠나 중국을 다녀왔는데, 온 일행이 모두 기쁜 마음으로 따랐다. 참판 이수광(李睟光)이 이때 서장관(書狀官)으로 따라갔는데 항상 공을 칭찬하면서 "훌륭한 덕을 갖춘 사람이다."라고 하였다.

역옥(逆獄)이 점점 확대되어 역적 정여립을 알고 지내던 자들이 모두 자신의 몸을 보전하지 못할 것처럼 두려워하였다. 그런데 공이 대사헌으로서 화해하고 진정시키자 비록 일 만들기를 좋아하던 자라도 감히 발론하지 않았고, 평소 공을 공격했던 자들도 이때에 와서는 부끄러워하고 심복하면서 모두 공을 믿고 두려워하지 않았다.

신묘년(1591) 봄에 특명으로 황해도 관찰사에 배수되었으니 재임이었다. 이때 정철(鄭澈)은 강계(江界)로 유배되고, 홍여순(洪汝諄)[41]이 대사간이 되어서 한쪽을 모두 축출하였다. 이때 공을 연루시키려 했으나 들추어낼 만한 허물이 조금도 없자, 단지 하늘을 원망하고 사람을 허물하였다는 이유로 공을 탄핵하였다. 공은 관직에서 물러나 한가로

41 홍여순(洪汝諄) : 대본에는 '洪汝惇'으로 되어 있다. 《선조실록》 8년 2월 29일 기사 등에 근거하여 '惇'을 '諄'으로 바로잡아 번역하였다. 이하의 '홍여순'도 동일하다.

이 지내면서 쉬지 않고 독서하였다.

임진년(1592)에 왜적이 쳐들어왔다는 급보가 전해지자 공이 보령에서 서울로 달려왔는데, 이미 도성을 떠날 계책이 정해진 상태였다. 4월 28일, 서용(敍用)하라는 명을 내려 군직에 제수하였다. 공이 새벽에 대궐에 이르러 보니 어가가 이미 서쪽으로 떠난 뒤였다. 공은 다시 집으로 가지 않고 필마로 어가를 쫓아 창릉(昌陵)의 길에 이르렀고 이후로 호종하며 동파역(東坡驛)에 이르렀다. 이때 대사간에 임명되었으나 삼사가 막 아계공을 탄핵하여 엄중한 벌로 다스리기를 청하는 상황이므로, 공이 체직해 주기를 청하였는데 말과 얼굴빛이 애절하고 눈물이 줄줄 흘러나오니 보는 자들이 모두 감동하였다.

이조 참판에서 판서로 승진하였으니 평양과 의주에 있을 때였다. 왜적들이 이미 패강(浿江)을 건넜는데 당초에 호종하던 자 중에 용만(龍灣)에 이른 자가 겨우 예닐곱이었다. 상이 다급히 요동으로 건너가는 문제를 의논하며 "나를 따를 자 누구인가?"라고 하니 공과 오성부원군(鰲城府院君) 이공(李公)[42] 등 서너 명이 따르고자 하였다. 제독(提督) 이여송(李如松)이 요동에 대군을 주둔시키고는 머뭇거리며 전진하려 하지 않았다. 공이 밤낮을 가리지 않고 달려가 군문(軍門)에 이르러 사정을 알렸는데 말과 함께 눈물이 줄줄 흘렀다. 이에 제독이 술과 음식을 차려 예의를 갖추고자 하자, 공이 "군주가 몽진(蒙塵) 중이니 의리상 차마 먹을 수 없습니다. 비록 음식을 입에 넣더라도 목을 넘어

42 오성부원군(鰲城府院君) 이공(李公) : 이항복(李恒福, 1556~1618)으로, 오성부원군은 그의 봉호이다. 본관은 경주(慶州), 자는 자상(子常), 호는 필운(弼雲)·백사(白沙), 시호는 문충(文忠)이다.

가지 않습니다."라고 하고 마침내 뜰에서 통곡하였다. 제독이 감동하여 곧바로 공을 따라 강을 건너 평양을 수복하였다.

명나라 군대가 경성에 가까이 이르러 적들과 지구전을 펼치는 동안 군량이 다 떨어져 물러나 주둔하려고 하였다. 이에 상이 크게 걱정하며 "지금 기댈 곳은 해서(海西)뿐인데, 그곳의 관가가 모두 텅 비어 아무것도 없는 상태이다. 만약 민간에서 곡식을 거두면 원성만 살 뿐 소득이 없을 테니 이 일을 어떻게 하면 좋겠는가?"라고 하였다. 그러자 모두 "이모가 일찍이 이 도의 관찰사로 있을 때 민심을 크게 얻었으니 그를 보내면 뜻을 이룰 수 있을 것입니다."라고 하였다. 공이 도검찰사(都檢察使)에 임명되어 황해도 경내에 이르자 어린아이와 노인 들이 "이 감사께서 오셨다."라고 하며 다들 비축한 양식을 내어 왔다. 그리하여 머리에 이고 등에 진 사람들이 길에 이어지니 군량이 크게 모였다. 행재소로 돌아와 복명하자 또 공을 전라도, 충청도, 경상도를 총괄하도록 보냈는데 직명은 전과 같았다. 공이 평소 사민(士民)들에게 신임을 얻었기에 이 지역의 사민들이 공이 왔다는 소식을 듣고 해서에서와 같이 기꺼이 곡식을 가지고 달려와 모였다. 명나라 장수가 대군을 이끌고 남쪽으로 내려올 때 시종 양식이 부족하지 않았던 것은 모두 공 덕택이었다.

공이 오랫동안 외직에 있었다는 이유로 사직하여 이조 판서에서 체차되었다. 의정부 좌참찬으로 그대로 동궁을 호종하여 공산(公山)[43]으로 내려와서 전주(全州)에 이르렀다가 홍양(洪陽)[44]으로 옮겨 가 머물

43 공산(公山) : 충청도 공주(公州)에 위치한 산인데, 공주의 별칭이기도 한다.

44 홍양(洪陽) : 충청도 홍성(洪城)의 옛 이름이다.

렸다. 갑오년(1594) 4월 28일에 병으로 홍양의 우거에서 졸하니 56세였다.

공은 타고난 자질이 순수하고 기량이 드넓어 용모와 사기(辭氣)에서도 후덕한 위인(偉人)임을 알 수 있었다. 토정은 식견이 높아서 인정하는 인물이 드물었는데, 공에 대해서만은 항상 칭찬하여 "효제(孝悌)와 충신(忠信)으로 말하면 공문(孔門)의 제자들에게 비하더라도 부끄러움이 없을 것이다."라고 하고, 또 심지어 "육 척의 어린 군주를 맡길 만한 자로서 의연히 누구도 뺏을 수 없는 절조(節操)를 지니고 있다."[45] 라고 하였다.

공이 토정에게 수학하면서 묻고 분변하며 생각하고 탐구하는 것을 일찍이 잠시도 쉬지 않았고 말할 때나 움직일 때, 앉아 있을 때나 서 있을 때에 토정의 가르침을 한결같이 따랐다. 집에 있을 때에는 새벽에 일어나 세수하고 빗질하고서 반드시 사당에 배알하고 출입할 때에도 예를 갖추었다. 앉아 있을 때에는 반드시 의관을 정돈하고 경서를 읽었으며, 일에 응하고 남을 접할 때에는 온화한 기운을 보였다. 처자나 종이라도 일찍이 농담하는 말을 들은 적이 없고 또한 나태한 태도를 본 적이 없었다. 외물에 초연하여 거처, 음식, 의복에 일체 그 마음을 쓰지 않았다. 청사(廳事)의 토상(土牀)이 무너져 군불을 때지 못했는데 공은 그곳에 거적만 깔고 앉아 지내면서 끝끝내 돌 하나라도 옮겨서 개수하지 않았다. 반면에 남의 위급함을 구제하는 일은 마치 자신이

45 육……있다 : 《논어》 〈태백(泰伯)〉에 "증자가 말하기를 '육 척의 어린 임금을 맡길 만하고, 백 리 되는 나라의 운명을 위임할 만하며, 대절에 임해서 그 절조를 빼앗을 수 없다면 군자다운 사람인가? 군자다운 사람이다.' 하였다."라고 하였다.

굶주리고 목마른 듯이 하였다.

부모를 섬긴 것에 대해 살펴보면, 어릴 적 부친을 여의고 생모와 양모를 모셨는데 그 뜻을 받들고 봉양을 극진히 하며 자신의 정성을 다하지 않은 적이 없고, 전후의 집상(執喪) 때에도 마음과 예를 모두 지극히 하였다. 조씨(趙氏)의 상을 당했을 때에 당시 이름나고 지체 높은 공경(公卿)들이 모두 "어릴 적에 조씨의 손에 자랐지만 형이 요절하여 친부모에게 돌아갔으니 예법으로 보면 최복(衰服)을 입어서는 안 된다."라고 하였다. 그런데 공은 초상 때부터 기년(朞年)이 될 때까지 먹고 마시며 곡하고 제를 올리는 예절을 한결같이 친부모의 상과 같이 하였다. 소상(小祥) 때에 작례(酌禮)를 하고 최복을 벗었지만 심상(心喪)을 하며 여막에 지내면서 슬퍼하고 애달파하는 모습과 음식을 올리고 곡하는 예를 조금도 달리하지 않았다. 제사를 지낼 적에는 비록 세세한 절목이라도 모두 《주자가례(朱子家禮)》를 따랐다. 기일에는 직접 제수를 마련하고 술을 올리며 자기도 모르게 눈물을 흘리니 옆에 있는 자들도 모두 슬퍼하였다.

자제를 가르칠 때에는 과거 공부를 권면한 적이 없었다. 항상 경계하여 말하기를 "뜻을 세우고 몸을 닦는 일은 고인(古人)을 기준으로 삼아 행해야 한다. 과거에 급제하는 것은 여사이다."라고 하였다. 장자(長子) 도사공(都事公)이 문재(文才)가 있어 학문을 일찍 이루어 이른 나이에 초시에 합격하자 온 집안이 놀라고 기뻐하였는데, 공은 기뻐하는 기색 없이 단지 책을 읽고 마음을 다스리라고 권면하였다. 어떤 사람이 한 가지 선행을 했다는 말을 들으면 마치 자기 일처럼 좋아하여 칭찬해 마지않았고, 어떤 이가 남의 허물이나 잘못을 말하면 응대하려 하지 않고 단지 "이는 반드시 사실이 아닐 것이다."라고 하였다. 종이 잘못을 해도 꾸짖거나 욕한 적이 없고 크게 잘못을 한 경우에만 조금 매질하고 꾸짖을 뿐이었다. 그러므로 온 집안이 화목한 기운이 넘치면서도 내외와 상하 간에 예법이 매우 엄격하였다.

친척을 사랑하는 마음은 더욱 돈독하였다. 토정이 돌아가신 후 그의 첩을 섬기고 그의 고자(孤子)를 보살피는 일에 마음을 다하여 늙을 때까지 한결같이 하였다. 그리고 아계공을 마치 친형처럼 대하여 그가 잘못을 행할 때마다 바른 도리로 간언해 마지않았다. 소원한 친척이라 할지라도 궁벽한 시골의 가난한 집까지 차례대로 돌아다니며 두루 살펴보고 곤궁한 고아나 과부를 가려서 더욱 보살펴 녹봉을 덜어 구휼해 주었으며, 그들이 병들면 극진히 돌보아 주고 그들이 상을 당하면 정을 다하였다. 그리하여 어린아이, 노인, 친한 이, 소원한 이가 모두 친부모와 친형제처럼 의지하여 날마다 집에 가득하였는데, 원하는 것이 있으면 반드시 이루어 주고 조금도 싫어한 적이 없었다. 이웃과 고을 사람을 대할 때도, 천할지라도 노인은 반드시 공경하고 어린아이에게도 은혜로이 대해 주었으므로 모두가 공을 좋아하였다.

벼슬을 하게 되어서는 속이지 않는 것을 근본으로 삼고 백성을 구제하는 것을 급선무로 삼아 윗사람을 섬기고 아랫사람을 대하는 데에 한결같이 정성을 다하였다. 경연에 입시한 10여 년 동안에는 경전을 인용하여 계도함으로써 상의 마음을 감동시켰고, 여러 사람이 떠들어대도 개의치 않고 통렬하게 자기 견해를 진달하였다. 그리하여 성상께서 항상 그 질박하고 정직함을 인정하였다. 양도(兩道)에 관찰사로 나가서는, 백성들이 상처를 입기나 한 것처럼 불쌍히 대하는 마음이 정사를 펴는 데에 절로 드러났다. 백성에게 은혜가 미칠 것이 있으면 정신을 다 쏟고도 오히려 부족할까 염려하였다. 이에 은택이 두루 미치고 명성이 절로 높아져서 난리 때에 그에게 크게 힘입었던 것이다.

평상시 율곡 이이, 우계(牛溪) 성혼(成渾), 익성군(益城君) 홍성민(洪聖民), 송강(松江) 정철(鄭澈), 중봉(重峯) 조헌(趙憲)과 매우 친하게 지냈다. 공은 덕이 후하여 널리 사랑하고 도량이 넓어 남의 잘못을 포용하였다. 하지만 국가의 대론과 관련된 시비와 사정(邪正)에 대해서는 말로 드러내지 않으면서도 매우 엄정하게 구별하고 밖으로 경계를 두지 않으면서도 매우 확실하게 지켜서 이해나 화복에 따라 마음이 동요되지 않고 남의 말이나 세상의 변천에 따라 견해를 바꾸지 않았다. 그 사람이 선하다는 것을 알고 나면 나이의 고하와 신분의 귀천을 따지지 않고서 마음으로 그를 좋아하여 시종 변하지 않았다. 그러므로 당시 선한 부류들이 모두 공을 의지하여 중히 여겼다. 상국(相國) 최흥원(崔興源)이 항상 공의 덕스러운 도량을 칭찬하면서 "내가 홍양의 수령으로 있을 적에 이공이 경차관(敬差官)으로 고을에 이르렀네. 하루는 술을 마시면서 담소를 나누는데 마침 문무의 과방(科榜)이 서울에서 왔네. 이공이 한번 보고는 나에게 주었는데, 내가 처음부터 끝까지 하나하나 세어 보고 그 가운데 정모(鄭某)라는 자를 가리키면서 '이 사람은 누군지 모르겠다.'라고 하였네. 그러자 이공이 '저의 사위입니다.'라고 하는데 사색(辭色)이 태연자약했다네."라고 하였다.

기축년(1589)에 송강 정철이 상신이 되었는데 일 처리에 대해 사람들의 말이 많으니 공이 때때로 개탄하였다. 그러다 송강이 실각하게 되어서는 화가 공에게 미쳐[46] 해서로부터 보령 강가로 돌아갔다. 내가

46 송강이……미쳐 : 1591년(선조24) 정철이 건저(建儲) 문제로 실각하였는데, 이때 이산보 역시 정철과 도당을 맺었다는 이유로 탄핵되었다.

가서 공을 뵈었더니, 공은 종일토록 《심경(心經)》을 읽으면서 시사(時事)에 관해 한마디도 언급하지 않았다. 내가 "시론(時論)이 한창 공에게 죄를 더해야 한다고 하니 더 이상 이곳에서 한가로이 지내지 못할 것 같습니다."라고 하였다. 그러자 공이 웃으며 "탄핵하는 글을 보건대 '하늘을 원망하고 사람을 허물하였다.'라고 하니 사신(士信)은 나를 모르는 자이네. 내가 무슨 하늘을 원망하는 마음을 가졌겠는가."라고 하였다. 사신은 홍여순의 자이다. 공이 기쁨과 노여움, 근심과 두려움을 사색에 드러내지 않은 것이 이와 같았다.

공은 《심경》과 《근사록(近思錄)》 등을 높이 받들어 반복하여 읽기를 게을리하지 않았다. 경서도 공부하지 않은 것이 없는데, 《역학계몽(易學啓蒙)》의 경우는 토정에게 비결을 전수받고 평생 힘을 다하였던 책이다. 게다가 천문에도 밝았는데, 신묘년(1591)에는 천상(天象)을 보고 인사(人事)를 살펴서 국사를 깊이 근심하는 마음이 매번 언어에 드러났다.

왜란이 일어나고부터 공은 처자의 사생에 대해 한마디도 언급하는 일이 없었다. 어가를 뒤쫓아 서쪽으로 갈 적에 종을 시켜 가속(家屬)에게 "더 이상 내 생각은 하지 마라."라고 전달하게 하였다. 동궁을 호종할 때에는 보령 본가까지 거리가 30리밖에 되지 않았지만 가속을 걱정하지 않았다. 자제들이 혹 언급하면 그때마다 탄식하면서 "이런 때 신하가 어찌 감히 가속을 가까이하겠는가."라고 하였다. 공이 난리에 임하여 사사로움을 돌아보지 않은 것이 이와 같았다.

공이 홍양에서 우거한 때는 갑오년(1594) 봄이었다. 병화와 기근으로 사람들이 서로 잡아먹어서 거의 다 죽을 지경이 되어 갈 곳 없는 친구들이 모두 공에게 모여들었다. 공이 좌우로 이끌어 있는 힘을 다해 구제해 주고 심지어 자신의 양식을 나누어 먹이느라 공은 하루도 배부른 적이 없었다. 자제들이 굶주린 공을 염려하여 간혹 죽을 쑤어서 올리면 그것마저도 나누어 주었다. 자제들이 매우 걱정하여 여러 번 말씀드렸으나 공은 탄식하며 "원수인 적들이 여전히 들끓고 길에 시신이 즐비하니 이때에 밥을 먹는 것도 다행인데 어찌 차마 배불리 먹겠느냐."라고 하니, 자제들이 감히 더 말하지 못하였다. 공이 굶주린 백성을 진휼하는 일을 맡아 밤낮으로 노심초사하고 유민들을 살릴 방도를 강구하였다. 아침 일찍 반드시 청사에 앉아 몸소 죽 나누어 주는 것을 살피고, 저녁이 될 때까지 밥을 먹는 것도 잊었다. 이렇게 하기를 갈수록 독실하게 하다 보니 자신의 몸이 크게 상하는 줄도 자각하지 못했다.

병이 깊어지자 동궁이 태의(太醫) 양예수(楊禮壽)를 보내어 병세를 살피게 하였다. 태의가 "위태로운 증세가 아닙니다."라고 하였으니 공을 위로하기 위해서였다. 공이 "공과 함께 알고 지낸 지 오래인데 진정 나를 모르는군요. 내가 어찌 죽고 사는 것에 연연하겠습니까. 내 병은 내가 잘 압니다."라고 하였다. 자제들이 부인을 모시고 오자, 공이 "내 나이가 쉰을 넘겼고 아들과 사위를 두었으니 인사가 이만하면 되었소."라고 하고, 부인을 내보내 따로 거처하게 하였다. 이후 집안일에 대해 한마디도 언급하지 않은 채 오늘은 변방의 소식이 어떠하냐고만 묻다가 졸하였다. 공은 죽음을 앞두고 조금도 개의치 않고 일편단심으로 나라만을 생각하다가 돌아가신 후에야 그만두었다. 그 깊은 소양과 나라를 위한 정성은 옛 군자들에게서 찾더라도 많이 볼 수 없는 것이다.

공은 요직을 두루 거치고 관직이 총재(冢宰)에까지 이르렀는데도 성품이 본래 검소하여 재물을 축적하지 않았다. 살림살이에 대해서는 유무를 따지지 않고 선조께서 남겨 주신 땅 이외에 한 이랑도 더 늘리지 않았다.

부고가 전해지자 조정과 재야에서 모두 애통해하며 "훌륭한 사람이 돌아갔으니 국사를 알 만하다."라고 하였다. 동궁이 특별히 하령하여 "어진 재신이 갑자기 돌아갔으니 놀랍고 슬프다."라고 하고, 상도 이틀간 조회를 중지하였다. 양궁(兩宮)이 모두 의례대로 부의하고 사제(賜祭)하였다.

그해 9월 모일에 보령 고만산(高巒山) 자좌오향(子坐午向)의 언덕에 장사 지냈으니 선조의 무덤이 있는 곳이다. 갑진년(1604)에 상이 파천할 때 호종하였던 신하들을 녹훈하여 철권(鐵券)을 하사하였는데, 공이 제2등에 들어 충근정량효절협책호성 공신(忠勤貞亮效節協策扈聖功臣) 의정부 영의정 한흥부원군(韓興府院君)에 추증되었다.

부인 덕수 이씨(德水李氏)는 성품이 관후하고 엄중하여 함부로 말하거나 웃지 않았으며, 집안을 다스리는 데 법도가 있었다. 공이 돌아가신 후에도 살아 계실 때와 똑같이 예로써 제사를 받들고 의로써 자제들을 가르쳤다. 그리하여 친척들은 그 은혜를 생각하고 이웃들은 그 덕을 칭송하였다. 공보다 15년 뒤에 세상을 떠나 공의 묘에 합장하였다.

2남 3녀를 두었다. 장녀는 규암(圭菴) 송인수(宋麟壽)의 손자인 현감 송승조(宋承祚)에게 시집을 가서 아들 하나를 두었으니 그가 주부(主簿) 시혁(時赫)이다. 차녀는 정모(鄭某)의 아내로 아들 원석(元奭)과 딸 넷을 두었으니, 유학 이정철(李廷喆), 진사 나만갑(羅萬甲), 유학 유철증(兪哲曾), 이상질(李尙質)이 그 사위이다. 전 별좌(別坐) 정준연(鄭俊衍)의 아내가 바로 삼녀이나. 두 아들은 시민(時敏)과 시형(時馨)인데 그중 시민은 요절하였다. 딸은 유학 심모(沈某)에게 시집갔고 그 나머지 세 딸은 아직 시집가지 않았다.

아들은 경탁(慶倬)과 경완(慶俒)이다. 경탁은 문과에 장원으로 급제하여 사간원 정언에 제수되었으나 말로 배척을 당해 관직이 함경도 도사에 그쳤다. 경완은 성균관 생원이다. 모두 순후하여 선대의 유풍이 있었으므로 사람들이 모두 "의정공이 다 펼치지 못한 것이 장차 이 아들들에게서 실현되겠구나."라고 하였는데 부인이 돌아가신 지 6, 7년 뒤에 둘이 연이어 요절하였다. 하늘이 선인에게 보답한다는 것이 과연 어디에 있단 말인가. 도사는 별좌 조천상(趙天祥)의 딸에게 장가들었다. 준발(畯發)이 그의 소생으로 업유(業儒)이다. 현감 임주(林澍)의 딸이 계실(繼室)인데 자식이 없다. 생원은 유학 최모(崔某)의 딸에게 장가들어서 4남 1녀를 두었는데 모두 어리다.

수몽집

제3권

잡저 雜著

잡저 雜著

관창사

觀漲辭

기미년[1] 가을 칠월 십육 일	己未之秋七月既望
내가 동호의 물가에 있었는데	云余在乎東湖之汭
이 당시 봄가물이 가을까지 이어져	時春旱以及秋
강물이 줄어 바지만 걷고서도 건널 수 있었다	江水貧而可揭
그런데 먹구름이 모이더니 갑자기 비가 내려	陰雲集而忽雨
열흘이 다 되도록 세차게 쏟아지고	彌一旬其滂沱
물결이 점점 거세지며 불어나더니	波漸肥而上騰
평소의 한계를 넘어 세차게 흘렀다	越涯分而自多
물결이 능곡을 뒤덮어 변화시키고	汨陵谷以變易
벼랑을 집어삼켜 깨부수었다	齧崖岸而斅礫
높은 곳과 낮은 곳이 하나같이 물에 잠겼으니	混高下而爲一

1 기미년 : 1619년(광해군11)이다. 이해에 정엽은 양양 부사(襄陽府使)에서 파직되어 고향인 여주(驪州)에 돌아와 살고 있었다. 《月沙集 卷44 左參贊贈右議政謚文肅鄭公神道碑銘》

무엇이 지주처럼 우뚝 서 있으랴　孰砥柱之屹立
아, 천 그루의 큰 나무를　噫千章之喬木
내가 일찍이 의지할 만하다 여겼는데　曾余以爲可依
그마저도 뿌리째 뽑혀 흘러가 버리니　亦拔根而流轉
큰집이 기우는 것을 부지할 수 있으랴　大廈傾而奚支
날짐승 길짐승 모두 수재(水災)를 면치 못했으나　巢居穴處之俱不得免
어찌 미물을 근심할 겨를이 있으리오　然微物焉遑恤
집이 쓸려 내려가 울부짖으니　蕩室廬而呼號
물에 빠진 백성들이 가련하구나　哀赤子之淪沒
저 나루를 찾는 이 누구이기에　彼迷津之何人
그리 급히 뱃사공 부르는가　招舟子之斯急
내 노와 상앗대 없는 것이 아니지만　余豈無桂棹蘭槳
어찌 그대와 함께 물에 빠지겠는가　奈與爾而胥溺
예전에 이 물이 평온히 흐를 적에는　昔此水之安流
사람들이 헤엄치며 친근하게 여겼었는데　人泳思而可狎
장맛비가 내려 범람하기에 이르러서는　得陰澤而氾濫
곁눈으로 보면서도 두려워하네　雖睨視而掉慄
바람까지 또 따라 휘몰아치니　風伯又從而鼓之
높아져 가는 그 기세를 누가 막을까　聲勢增而誰遏
성난 물결 철썩이니　怒濤撞而淜湱
지축이 혹 끊어질까 두렵다　恐坤軸之或折
끝내 하늘을 삼켜 버리고 말 것이니　終必至於滔大
이것이 참으로 근심거리로다　實深憂之在玆
물고기 배 속의 삼려대부가 떠오르니　懷三閭於魚腹

두렵도다 나는 또 어디로 갈 것인가　　蹩蹩乎余亦何之
홀로 서성이다 우두커니 서서　　獨彷徨而佇立
강 위의 하늘 바라보니 날이 저물려 하는구나　　望江天兮天欲暮
태양신 희화는 어디 있는가　　問羲和之安在
구름이 짙게 끼어 볼 수 없구나　　雲冥冥兮不可覩
그러나 음양의 순환은　　然陰陽之開闔
천기가 한번 바뀌는 데에 달렸으니　　在天機之一轉
바라건대 밝은 해 다시 비추어　　願白日之回光
자리를 걷듯 음산한 날씨 쓸어 가 버리길　　掃陰霾猶席捲
필수를 타일러 삼갈 줄 알게 하고　　戒畢芒使知忞
욕수[2]에게 명하여 때를 관장하게 하면　　命蓐收以司時
가을 기운 소슬하게 흐르고　　肅金氣之流行
천지가 다시 화평해질 것이다　　復乾坤之淸夷
거센 물결 가라앉아 다시 일지 않고　　狂瀾伏而不興
백성과 만물이 안정되어 모두 살 곳을 얻으면　　民物奠而咸所
나 또한 강호에 살며 근심을 잊고　　余亦處江湖而忘憂
물고기 새와 함께 즐기며 노년을 마치리라　　樂魚鳥而終老

2 욕수(蓐收) : 가을을 맡은 신으로 '금정(金正)'이라고도 한다. 《禮記 月令》

창포설

菖蒲說

옛사람 중에 대나무를 사랑했던 사람도 있고 국화를 사랑했던 사람도 있으며 연꽃을 사랑했던 사람도 있다. 서로 성향이 같았기 때문인가, 아니면 식물이 저마다 알아주는 사람을 만났던 것인가?

내가 수주(愁州)에 있으면서[3] 창포 몇 포기를 옮겨 와 뜰에 심어 두고 감상하였다. 그 색을 살펴보면 한낱 푸른 풀인데, 그 내음은 향기롭고 그 맛은 매우며, 복용하면 장수할 수 있다.

문왕(文王)은 성인(聖人)이고 회암(晦庵)은 대현(大賢)인데, 한 분은 유독 즐겨 드셨고[4] 한 분은 그 안부를 물으셨다.[5] 무릇 야생화나 들풀이 한번 묵객(墨客)의 품평을 거쳐도 당대와 후대에 명성을 드날리게 되는데, 더욱이 성현이 아꼈던 것은 어떠하겠는가.

성현이 돌아가신 지 이미 오래되어 세상에 그들이 좋아했던 것을 좋아하는 자가 없으니, 창포 네가 세상 사람들에게 사랑받지 못하는

3 내가 수주(愁州)에 있으면서 : 수주는 함경북도 종성(鍾城)의 옛 이름이다. 정엽은 1602년(선조35) 종성 부사(鍾城府使)로 좌천되어 이듬해 8월까지 재직하였다.

4 한……드셨고 : 주 문왕(周文王)이 창포 김치를 좋아하였다는 이야기가 전한다. 《全唐文 卷586 讀韓愈所著毛穎傳後題》

5 한……물으셨다 : 주희(朱熹)가 남강군(南康郡)에 있을 때 오당경(吳唐卿)의 집에 있는 창포를 사랑하고 아꼈는데, 훗날 오당경에게 보낸 편지에 "보내온 편지에서 어째서 창포의 안부를 언급하지 않습니까?"라고 하였다. 《朱子書節要 卷20 葉永卿吳唐卿周得之李深子》

것이 당연하다. 내가 후대에 태어나 문왕과 회암을 사모하면서도 만나지 못하기에 그분들이 사랑했던 것을 보면 그분들을 뵙는 것처럼 여긴다. 이것이 내가 변방 지역에서 위태로운 와중에도 너를 버리지 못하고 늘 눈길을 둔 까닭이다.

국화와 대나무는 도연명(陶淵明)과 백낙천(白樂天)이 사랑하여 그 홍취를 얻었는데, 주염계(朱濂溪)만은 연꽃을 사랑하였다. 그 군자다운 꽃임을 아낀 것이다. 너는 응당 주염계가 사랑했던 연꽃과 아름다운 명성을 나란히 해야지 다른 꽃들과 대등해져서는 안 될 것이다. 아, 네가 다른 꽃과 대등해져서는 안 된다는 것을 아는 자는 오직 성현을 사모하는 자뿐일 것이다.

후목설

朽木說

밤중에 무언가가 지척의 땅을 아주 밝게 비추며 별똥별의 광채처럼 반짝였는데, 아침에 보니 썩은 나무였다.

아, 썩은 나무는 한낱 더러운 사물일 뿐인데, 밤이 되면 빛을 내니 밝은 해가 없다면 누가 썩은 나무임을 분별할 수 있겠는가.

《구봉선생시집》 후서[6]

龜峯先生詩集後序

선생의 시는 인구에 회자되어 비록 한 시대의 문장 대가라 하더라도 모두 양보하며 감히 자신을 나란히 견주지 못한다. 그런데 나는 시에 대해서는 전혀 알지 못하여 소경이 오색 자수를 보는 것과 마찬가지인 데다가 더욱이 6, 7년 동안 황야에 외로이 지내며 벗들과 만나지 못한 까닭에 남기신 시편을 수습하여 스승을 잃은 슬픔을 위로하지 못하고 때때로 전송(傳誦)되는 시 한두 편을 얻어 외우며 즐거워할 따름이었다.

그러던 어느 날, 동문(同門) 심사경(沈士敬)[7]이 홍산 현감(鴻山縣監)이 되어서 오언과 칠언의 장편 및 단율 각 몇 수를 수습하고 어렵사리 재력(財力)을 모아 판각한 뒤, 한 통(通)을 내게 주고 또 후서(後序)를 써 달라고 부탁하였다. 내가 며칠 동안 펼쳐서 읽고 읊으며 생각하였는데, 시원하게 북극으로 날아가 맑은 바람을 쐬는 듯한 기분이 들었을 뿐 아니라 스승의 음성을 그 곁에서 다시 듣는 듯하여 눈물이 절로 흘렀다.

선생은 7, 8세 때부터 쓰는 글마다 사람들을 놀라게 하였고, 아계(鵝溪) 이산해(李山海), 율곡(栗谷) 이이(李珥) 같은 분들과 문장으로 명

6 구봉선생시집(龜峯先生詩集) 후서(後序) : 구봉은 정엽의 스승 송익필(宋翼弼, 1534~1599)로, 본관은 여산(礪山), 자는 운장(雲長), 호는 구봉, 시호는 문경(文敬)이다. 이 글은 1622년(광해군14) 그의 문인인 심종직(沈宗直)이 홍산(鴻山)에서 《비선구봉선생시집(批選龜峯先生詩集)》을 간행할 때 지은 것이다.

7 심사경(沈士敬) : 심종직으로, 본관은 청송(青松), 자는 사경, 호는 죽서(竹西)이다.

성을 나란히 하였는데, 산뜻하고 빼어난 시격(詩格)은 선생이 홀로 문단(文壇)의 으뜸이 되었다. 장성하여서는 도성에 사는 벗들과 어울리는 것을 좋아하지 않아 고양(高陽)의 구봉(龜峯) 아래에 살면서 빛나는 재주를 감추고 경서(經書)에 무젖어 마음으로 체득하고 몸으로 징험하셨다. 이를 통해 이루려 한 것은 성인(聖人)이 되는 것이었으니, 옛날에 즐겨 하던 글짓기는 할 겨를도 없었으며 또한 기꺼워하지도 않으셨다.

그러나 만년에 사물에 대해 느낌이 일어 소회를 붙여 쓴 시나 사방을 떠돌며 곤란을 겪으실 때에 지은 기행시(紀行詩)와 수답시(酬答詩)는 자연스럽게 이루어져 수식하지 않아도 절로 《시경》 풍(風)·아(雅)의 뜻에 부합하여 맑으면서도 텅 비지 않고, 특이하면서도 괴상하지 않고, 즐거우면서도 방탕하지 않고, 근심하면서도 원망하지 않으며, 가까우면서도 멀고 은근하면서도 분명하며, 풍부하면서도 절제되고 간략하면서도 곡진하였다. 한 글자 한 구절이 모두 바른 성정(性情)에서 나오고 심오한 의리에 근원하여 위아래로 함께 유행하는 오묘한 경지[8]를 터득하고 음양이 변화하는 모습에 흥을 부쳐 빈천하며 곤경을 겪는 와중에도 기운이 오히려 씩씩하고, 죄인이 되어 생사의 갈림길에 있으

8 위아래로……경지 : 공자가 제자들에게 자신의 포부를 말해 보라고 하자, 증점(曾點)이 "늦은 봄에 봄옷이 만들어지면 관을 쓴 사람 대여섯 명과 동자 예닐곱 명과 함께 기수(沂水)에서 목욕하고 무우(舞雩)에서 바람 쐰 뒤 노래하면서 돌아오겠습니다."라고 하자, 공자가 "나는 증점을 허여한다."라고 하였다. 《論語 先進》 이에 대해 주희(朱熹)가 "그 가슴속이 유연(悠然)하여 곧바로 천지 만물과 더불어 위아래로 함께 흘러 각각 제자리를 얻은 오묘한 경지가 은연중에 저절로 말 밖으로 드러났기 때문에 공자가 깊이 허여한 것이다."라고 주석하였다.

면서도 말이 더욱 정밀하였다. 덕이 있는 자는 반드시 훌륭한 말을 남긴다는 말[9]이 정말이었다.

오늘날 시를 논하는 자들이 옛 시인을 높이고 지금 시인은 비루하게 여겨서 문장 대가라 할지라도 어떻게든 흠을 잡고야 마는데, 선생에 대해서는 입을 모아 찬탄하며 모두 "성당(盛唐) 시대의 맑은 격조와 요부(堯夫)의 자득한 경지[10]를 겸하였다."라고 한다. 선생이 시구를 읊는 중에 우연히 드러난 것이 이와 같다. 그렇다면 타고난 기질이 빼어나고 사물 이치에 대한 조예가 깊으며 배양한 심성(心性)이 후덕한 것을 상상해 볼 수 있을 것이다.

아, 내가 이에 더욱 느끼는 바가 있다. 선생의 영특한 기질과 박고(博古)한 경지의 학문으로 마음에 온축하고 언론으로 토해 낸 것이 세상에 나와서 쓰였다면, 사업에 시행된 것이 어떠했겠는가. 그런데 끝내 초라한 거처에서 거친 음식을 먹으며 늙어 갔고, 또 율곡을 원수처럼 여기는 당로자(當路者)들에게 대신 분풀이당하여 떠돌며 곤욕을 치렀던 실상은 차마 말할 수 없을 정도이다.

선생이 돌아가신 뒤로 이제 20여 년이 되어 가는데, 문하의 제자들이 또 알려지지 않은 훌륭한 행적을 드러내지 못하여 존경하고 본받을 만한 평소 언행과 우계(牛溪), 율곡과 정밀히 토론한 편지를 모두 전해

9 덕이……말 : 공자가 "덕이 있는 자는 반드시 훌륭한 말을 남기지만, 훌륭한 말을 남긴 자가 반드시 덕이 있는 것은 아니다."라고 하였다. 《論語 憲問》

10 요부(堯夫)의 자득한 경지 : 요부는 북송(北宋)의 학자 소옹(邵雍)의 자이다. 소옹의 문집인 《격양집(擊壤集)》 서문에 "《격양집》은 이천옹(伊川翁)이 스스로의 즐거움을 노래한 시이다. 스스로를 즐거워한 것일 뿐만 아니라, 또 능히 시운(時運)을 즐거워하여 만물과 더불어 자득한 것이다."라고 하였다.

지지 못하게 만들었다. 그리하여 현재와 후대에 전하려는 것은 오직 선생이 기꺼워하지 않는 가운데 우연히 시로 드러낸 것일 뿐이니, 시운(時運)인가 천명(天命)인가. 어찌하여 선생은 이 세상에 살아 계신 때나 돌아가신 때나 이와 같이 불우한가. 여기에 대해서는 문하의 제자들도 책망을 피하지 못할 것이다.

비록 그렇지만 당시 선생을 모시며 학문을 배웠던 사람으로는 심사경과 나를 포함한 서너 명이 이 세상에 남아 있는데, 심사경은 맑은 지조와 은택이 온 경내에서 칭송되고 있으니, 스스로 몸가짐을 바로 하고 남에게 은택을 베푼 것은 스승께 배운 바를 저버리지 않았다고 할 만하다. 또 전쟁 통에 흩어져 버렸던 유고(遺稿)를 널리 수습하여 자기 녹봉을 덜어 판각해서 길이 전하고자 하였으니, 또한 가르쳐 주신 스승의 은혜를 저버리지 않은 것에 가까울 것이다.

나의 경우는 일찌감치 스승의 가르침을 받들었으나 실천에 힘쓰지 않아 세상살이에 점점 골몰한 까닭에 이제는 우두커니 못난 사람이 되어 버려 스승의 학문을 발명(發明)하지 못하게 되었다. 문하의 제자 중에 책망을 피하지 못할 자로는 내가 첫 번째일 것이다. 그런데 이제 심사경의 간청으로 붓을 잡고 종이를 마주하니 나도 모르게 부끄러워 땀이 흘러 옷이 젖는다.

양성당기

養性堂記

종성에서 지었다.

사계공(沙溪公)[11]은 임인년(1602, 선조35)부터 연산(連山)[12]의 선영(先塋) 근처에 돌아가 살고 계셨다. 그곳에는 예전에 정자가 있었는데, 바로 최 사문 청강(崔斯文淸江)[13] 공이 지은 것이었다. 최청강 공의 후손들이 그 정자를 지키지 못하게 되자 사계공의 백조부(伯祖父)[14]께서 매입하였으니, 정자가 김씨 가문의 소유가 된 지 3대째이다.

정유년(1597)에 왜적이 호서(湖西) 지역을 유린하였을 때, 그 정자 또한 화를 면치 못하였다. 그래서 오직 옛터만이 남아 있었는데, 사계공이 건물을 새로 짓고 그 이름을 '양성(養性)'[15]이라고 지어 걸었다. 본성을 함양하는 일은 사계공이 계속 힘을 쏟아 노년에도 해이하게 하지 않는 것이다. 그러므로 정자의 이름을 이렇게 지어 스스로 경계하

11 사계공(沙溪公) : 김장생(金長生, 1548~1631)으로, 본관은 광산(光山), 자는 희원(希元), 호는 사계, 시호는 문원(文元)이다.

12 연산(連山) : 지금의 충청남도 논산시 연산면 지역을 가리킨다.

13 최 사문 청강(崔斯文淸江) : 최청강(崔淸江)으로, 본관은 전주(全州), 호는 아한정(雅閑亭)이다.

14 사계공의 백조부(伯祖父) : 김석(金錫, 1499~1558)으로, 자는 표성(表聖)이다.

15 양성(養性) : 타고난 선한 본성을 함양하는 것을 말한다. 《맹자》 〈진심 상(盡心上)〉에 "그 마음을 보존하여 그 본성을 함양하는 것은 하늘을 섬기는 것이다.〔存其心, 養其性, 所以事天也.〕"라고 한 데서 유래한 말이다.

신 것이다.

나는 변방에 재직하고 있으니 이곳은 사계공이 사는 곳과 2000여 리나 떨어져 있다. 그런데 사계공이 편지를 써서 안부를 묻고, 또 정자 근처에 있는 산과 물, 샘과 못, 소나무와 대나무 등 위아래 앞뒤로 볼만한 것들을 말씀하며 정자에 대한 기문(記文)을 써 달라고 부탁하셨다. 아, 헤어진 지 오래되었고 사는 곳이 아득히 먼 데다 내가 해가 바뀌도록 병을 앓아 조만간 죽게 될 처지라 글을 짓고 싶은 마음이 없는 줄을 모르셨을 것이다. 그러나 사계공은 내가 흠모하는 분이고, 본성을 함양하는 것은 내가 뜻을 둔 바이며, 산수의 뛰어난 경치는 그 사이에서 자유롭게 노닐고 싶지만 당장 그렇게 할 수 없는 것이니, 마음에 느껴지는 바가 없을 수 없고 가슴으로 아쉬워하지 않을 수 없다. 그리하여 병을 무릅쓰고 일어나 옷깃을 여미고 앉아 붓 가는 대로 써서 부치니, 글솜씨가 부족한 것은 따질 계제가 아니다.

무릇 사람은 본성이 없는 자가 없으나 본성을 함양하는 방법을 아는 자는 드물고, 간혹 본성을 함양하는 방도를 대강 아는 자가 있다 하더라도 본성을 함양할 수 있는 자는 이 세상에 없다. 그러나 사계공은 어려서부터 율곡(栗谷)의 문하에서 도(道)를 들어 의리(義理)의 학문을 깊이 연구하고 근본을 배양한 지 여러 해가 되었으니 본성을 함양하는 방도를 분명히 알 것이고, 본성을 함양하는 공부 또한 독실하다고 할 만하다. 가만히 있을 때에는 보존하여 함양하고 움직일 때에는 살펴서 함양하여, 부모님을 모시면서는 이를 살펴서 그 정성을 다하고 공무에 임하여서는 이를 살펴서 그 힘을 나하니, 밀힐 때 조리를 잃지 않은 것도 본성을 함양하는 것이고, 사물에 대응하면서 법도에 맞기를 구한 것 또한 본성을 함양하는 것이었다. 그렇게 하고서도 마음에 흡족하지 않아 밥 먹고 숨 쉬는 순간에도 혹시 나태해질까 걱정해서 눈길이 닿는 곳에는 모두 경계하는 마음을 부치셨다. 정자는 노닐며 즐기는 곳인데 이름을 또 이렇게 지으셨으니, 진실로 이런 마음이 있다면 무엇을 보고 듣든, 어디에 앉고 눕든 본성을 함양하는 데에 모두 도움이 될 것이다.

움직이지 않는 산을 보면 내 마음의 본체가 고요하여 동요되지 않을 것을 생각하고, 흐르는 물을 보면 내 마음의 대용(大用)이 두루 흘러 막히지 않을 것을 생각한다. 대나무에 대해서는 속이 비고 마디가 있는 점을 배우고, 소나무에 대해서는 굳세게 서서 늦게 시드는 점을 사랑한다. 산과 물, 소나무와 대나무는 긴요하지 않은 사물일 뿐인데 본성을 기르는 공부에 이와 같이 도움이 되니, 생생한 기운이 가득한 선명한 풀과 꽃, 한 점 티끌 없이 맑은 못과 달빛에 이르기까지 아마도 사계공이 본성을 함양한 즐거움 또한 여기에서 얻은 것이 있을 것이다.

옛사람은 본성을 함양하는 법에 대하여 그 극치를 다하지 않은 경우가 없었는데, 사물에서 터득한 사람도 많았다. 멀리 사물에서 터득하여 지극한 이치를 그림으로 그려 낸 사람[16]도 있고, 인자(仁者)는 산과 같고 지자(智者)는 물과 같다고 한 사람도 있고, 뜰의 풀을 뽑지 않은 사람[17]도 있고, 국화를 따며 유유자적한 사람[18]도 있었다. 가만히 만물

16 멀리……사람 : 중국 고대 전설상의 제왕인 포희(包犧)를 가리킨다. 《주역》 〈계사전 하(繫辭傳下)〉에 "옛날에 포희가 천하를 다스릴 적에 위로 하늘의 상을 관찰하고 아래로 땅의 법을 관찰하며, 새와 짐승의 무늬와 천지의 마땅함을 관찰하며, 가까이는 자신에게서 취하고 멀리는 물건에서 취하여, 이에 비로소 팔괘(八卦)를 만들어 신명의 덕을 통하고 만물의 정을 분류하였다."라고 하였다.

17 뜰의……사람 : 북송(北宋)의 유학자인 주돈이(周敦頤)를 가리킨다. 주돈이가 창 앞에 풀이 무성히 자랐는데도 베지 않기에 어떤 사람이 그 까닭을 물었더니 "나와 마음

을 바라보면 모두 지극한 이치가 깃들어 있는데, 일반 사람들이 그것을 보면 높은 것은 산인 줄만 알고, 흐르는 것은 물인 줄만 알고, 초목은 초목인 줄만 안다. 그러나 군자가 그것을 보면 높은 것에 대해서는 반드시 그 높은 까닭을 알고, 흐르는 것에 대해서는 반드시 그 흐르는 까닭을 알고, 초목에 대해서는 반드시 그것이 초목인 까닭을 안다. 만물에 대하여 그렇게 된 까닭을 깨닫고 난 뒤에는 솔개가 날고 물고기가 뛰어올라 도(道)가 천지 상하에 분명히 드러나는 것[19]과 온 산의 푸르고 누런 것이 모두 다 태극이라는 것[20]과 하나의 근원이 두루 관통하여 피차간에 차이가 없다는 것을 몸에 체득하고 마음에 터득하게 된다. 그러니 사물을 통해 터득하는 것이 본성을 함양하는 공부에 중요하지 않겠는가.

그렇다면 산이 구불구불 이어져 푸른빛을 드러내고, 물은 졸졸 섬돌 옆으로 흐르며, 위아래 네모난 못에 구름 그림자가 서성이고, 푸른 솔과 가지런한 대가 좌우에 빽빽이 서 있는 것은 이 정자가 아름다운 경치를 갖게 된 까닭인데, 본성을 함양하는 데에 도움 되는 것도 한

이 같기 때문이다."라고 대답하였다고 한다.《近思錄 卷14》풀도 사람과 마찬가지로 살고자 하는 마음이 있으므로 차마 베지 못한다는 뜻으로 한 말이다.

18 국화를……사람 : 동진(東晉)의 처사(處士)인 도잠(陶潛)을 가리킨다. 도잠의 시 〈음주(飮酒)〉에 "동쪽 울 밑에서 국화를 따고, 한가롭게 남산을 바라보네.〔採菊東籬下, 悠然見南山.〕"라고 하였다.《陶淵明集 卷3》

19 솔개가……것 :《중용장구》제12장에 "《시경》에 이르기를 '솔개는 날아 하늘에 이르고 물고기는 연못에서 뛰논다.'라고 하였으니, 위아래에 이치가 밝게 드러남을 말한 것이다."라고 하였다.

20 온……것 : 주희가 "저 온 산 가득 저마다의 빛깔을 내는 모든 것이 태극 아닌 것이 없다."라고 하였다.《朱子語類 卷116》

가지가 아닌 것이다. 더욱이 갈포 두건에 짚신 차림으로 젊은이와 아이 대여섯을 이끌고서 버드나무가 자란 물가와 복숭아꽃이 핀 시냇가에서 서성이기도 하고, 가벼운 배와 작은 노로 긴 내를 거슬러 올라가기도 하면, 여유로운 정취와 고아한 흥취가 사물과 만나 즐거워져서 무우(舞雩)에서 바람을 쐬려는 마음[21]이 생길 것이다. 이러하다면 인끈을 매고 갓끈을 휘날리면서 죽을 때까지 이익을 추구하는 사람과 비교했을 때, 누가 즐겁고 누가 괴로울 것이며, 그 본성을 함양한 것과 잃어버린 것의 차이가 또 얼마나 크겠는가.

아, 세상이 이미 혼란하고 인물은 사라져 버렸으니 율곡이 돌아가시고 나서 뒤이어 일어난 자를 전혀 들어 보지 못했다. 오직 사계공이 학문을 쌓고 덕을 쌓아 후학을 창도하니, 이제부터 한적한 곳을 굳게 지키며 미진한 점에 더욱 힘써 어두운 길을 지팡이 짚고 더듬어 가는 소경과 다름없는 나 같은 사람에게 의지가 되어 주시는 것이 내가 사계공에게 바라는 점이다.

나는 젊었을 적에 노력하지 않아 늙어 가는데도 알려진 것이 없고, 이렇게 변방의 지방관으로 좌천되어서는 죽음을 직면하고 있으니, 밤늦도록 잠들지 못하고 울컥 회한이 일어 평소 사우들이 내게 기대한 바를 저버렸다는 사실에 부끄러워한다. 하늘이 혹 나를 옥으로 만들려 해서[22] 궁벽한 변방에서 곤궁하고 초췌한 가운데 마음을 격동시키고

21 무우(舞雩)에서……마음 : 자연에서 도(道)를 즐기고자 하는 마음을 말한다. 246쪽 주8 참조.

22 하늘이……해서 : 송(宋)나라 장재(張載)의 〈서명(西銘)〉에 "하늘이 빈궁과 걱정 속에 처하게 한 이유는 그대를 옥으로 이루어 주기 위해서이다."라고 하였다. 《張子全書 卷1》

기질을 참게 하여 그 뜻과 사업을 키워 주려는 것인가.

임기를 마치고 돌아가면 벼슬에서 물러나 적막한 물가에서 사계공을 좇아 달아난 마음을 거두고 말라 버린 마음을 함양하면서 이 이름을 돌아보며 함께 힘쓸 것이다. 그러나 이를 넓혀 가서 사업에 시행하는 문제는 시운에 의한 것인가, 천명에 의한 것인가. 누가 그렇게 되게 만들며 누가 그렇게 되지 못하게 만드는가. 이것은 내가 기약할 수 있는 것이 아니다.

수몽(守夢)은 기문을 쓴다. 때는 만력(萬曆) 계묘년(1603) 초파일이다.

금강록
金剛錄

나는 지난해 사정을 아뢰어 모친을 봉양할 수 있도록 해 주시기를 상소를 올려 청하였는데, 성상께서 너그러이 윤허해 주시어 무산(巫山)의 수령을 맡게 되었다.[23] 이에 개인적으로 행운이라 여기는 것이 세 가지 있다. 고을 수령이 되어 여든의 노모를 봉양할 수 있게 된 것이 첫 번째 행운이요, 한 시대에 뜻을 함께한 벗들이 모두 화를 면치 못하였는데 나만은 선계(仙界)에서 여유롭게 노닐며 세속과 멀리 떨어져 있는 것이 두 번째 행운이요, 금강산(金剛山)을 한번 보고 싶은데도 보지 못하다가 이제 늘그막에 숙원을 풀 수 있게 된 것이 세 번째 행운이다.

그러나 서울에서 내려온 뒤로 공적인 임무와 사적인 우환으로 인해 몸을 빼내어 멀리 유람할 틈을 내지 못한 채 한 해 중 반이 지나가 버렸다. 그러던 차에 사위 나군(羅君),[24] 이군(李君)[25]이 서울에서 나를 찾아왔다가 이내 서둘러 행장을 꾸려 금강산을 향한 여정에 올랐다.

23 나는……되었다 : 정엽은 1617년(광해군9) 폐모론(廢母論)이 일어나려고 하자 외직을 자청하여 양양 부사(襄陽府使)가 되었다. 무산은 강원도 인제군 서화면과 고성군 수동면 경계에 있는 산으로, 여기서는 양양을 지칭하는 말로 쓰였다.

24 나군(羅君) : 정엽의 둘째 사위 나만갑(羅萬甲, 1592~1642)으로, 본관은 안정(安定), 자는 몽뢰(夢賚), 호는 구포(鷗浦)이다. 인목대비(仁穆大妃)가 서궁(西宮)에 유폐되자 벼슬을 버리고 귀향했다.

25 이군(李君) : 정엽의 넷째 사위 이상질(李尙質, 1597~1635)로, 본관은 전주(全州), 자는 자문(子文), 호는 가주(家州)이다.

내가 비록 늙고 기운이 없지만 또한 흔쾌히 몸을 일으켜 그들과 나란히 말을 몰면서 말 타는 피곤함도 느끼지 못하고 여정이 멀다고 느끼지도 못하니 "나를 흥기시키는 사람은 상(商)이구나."[26]라고 할 만하겠다.

낮에 낙산사(洛山寺)에 들어가 점심을 먹었다. 대포 만호(大浦萬戶) 이준(李濬)이 찾아왔기에 더불어 이야기를 나눴다. 저물녘에 청초호(靑草湖)와 영랑호(永郞湖)를 지나서 청간정(淸澗亭)에 투숙하였는데, 수령 조훤(趙暄) 영공(令公)이 좌수(座首) 최덕립(崔德立)을 보내 일행을 대접해 주었다. 이날은 무오년(1618, 광해군10) 윤4월 1일 기미일이다. 나군은 이름이 만갑(萬甲)이고, 이군은 상질(尙質)이다. 손자 원(援)이와 낙산사 주지(住持) 원우(元祐)도 함께했다. 그 나머지는 신분이 미천한 자이므로 다 기록하지 않는다.

2일. 아침을 먹고 10리를 가자 어렴풋이 보이는 먼 산이 물 한 가운데 들어앉아 있었는데, 이름이 능허대(凌虛臺)이고 그 앞에는 작은 섬 모양으로 돌이 쌓여 있었다. 사위 나군과 이군이 그곳에 가서 구경하였다. 10리쯤 되는 곳에는 둘레가 5리 정도 되는 작은 호수가 있었다. 푸른 산이 호수의 삼면을 둘렀고 동쪽은 바다와 경계한 곳에 모래 둑이 있었다. 모래 둑에는 푸른 소나무가 숲을 이루고 있었는데, 행인들이 그 사이로 지나다녔다. 교자(轎子)에서 내려 나군, 이군과 함께 수십 보(步) 들어가 보니 산기슭이 돈대처럼 평평하여 열 명쯤 앉을 만하였

26 나를……상(商)이구나 : 상은 공자의 문인 복상(卜商)을 가리킨다. 《논어》 〈팔일(八佾)〉에 공자가 복상과 《시경》을 가지고 문답하다가 "나를 흥기시키는 사람은 상이로다. 비로소 더불어 시를 말할 만하구나."라고 하였다. 두 사위 덕분에 용기를 내어 금강산 유람에 나섰다는 뜻으로 한 말이다.

다. 흰 모래와 소나무 그늘이 한 점 티끌도 없이 깨끗하고 그 아래 바위 또한 기괴하였다. 한참 동안 거닐다 천천히 걸어 나오려니 마음이 연인과 이별하는 것처럼 아쉬웠다. 세상 사람들이 선유담(仙遊潭)이라고 일컫는 곳이니, 이름을 괜히 얻은 것이 아니라 할 만하다.

간성군(杆城郡) 읍치(邑治)에 들어가자 군수(郡守)가 나와 매우 정성스럽게 대접해 주었다. 점심을 먹고 작은 누각에 올랐다. 누각 앞에 몇 길이나 되는 오동나무가 있었는데 푸른 잎이 녹음(綠陰)을 이루었다. 이 나무는 최 사문 립(崔斯文岦)[27]이 간성 군수로 있을 적에 손수 심은 것이라는 말이 고을 사람들 사이에 전해진다. 최 사문은 문장으로 으뜸가는 분인데, 이곳에서 군수를 지내는 동안 어째서 벽에다 보배로 전해질 글귀 하나 남기지 않은 것인가.

서쪽 문으로 성을 나올 적에 바람이 불어 모래 때문에 눈을 뜰 수 없었다. 거륜천(巨論川)에 이르러 샛길로 화진포(花津浦)에 들어갔다. 호수가 언덕을 감싸고 골짜기를 덮고 있는데 그득한 물결이 시야 가득 펼쳐졌다. 호수를 둘러싼 소나무 숲이 해구(海口)를 가리고 있는데 그 소나무가 몇천 그루나 되는지 알 수 없었다. 세간에 "옛날에 여기에 읍이 있었는데, 하루아침에 용에 의해 잠겨서 연못이 되었다. 날이 맑아 물결이 잠잠하면 지금도 담장과 지붕을 볼 수 있다."라고 전해지는데, 괴이한 이야기이다.

쓸쓸하게 서너 집이 호숫가 근처에 마을을 이루고 있었다. 그 마을에

27 최 사문 립(崔斯文岦) : 최립(崔岦, 1539~1612)으로, 본관은 통천(通川), 자는 입지(立之), 호는 간이(簡易)·동고(東皐)이다. 1602년(선조35) 외직을 청해 간성 군수가 되어 1605년까지 재직하였다.

여윈 얼굴의 백발노인이 살고 있었는데, 스스로 이름이 '이전(李荃)'이라고 하였다. 나이를 물었더니 79세라고 하였는데, 총명과 정력이 전혀 쇠하지 않았다. 사는 곳이 기질을 변화시킨 것[28]인가. 석양빛이 가물거릴 무렵 가랑비가 내려 옷을 적셨는데, 술 마시고 시를 읊다가 한참 만에 자리를 마쳤다.

날이 저문 뒤에 비를 맞으며 말을 달려 열산(烈山)에 들어갔다. 옛 관사(館舍)는 황량하였고, 판상(板上)에 신점(申點)[29] 공이 남긴 시(詩)만 있을 뿐이었다. 이곳은 해곡(海曲)과 조금 멀고 시내와 산이 주변을 둘렀으며 민가도 조금 많았다. 내가 두 사위에게 말하기를,

"그득한 물만 아니라면 이곳도 살 만하네."

하였더니, 나군이 말하기를,

"세상과 동떨어져서 치란(治亂)에 대한 소식이 들리지 않는 곳이니, 세상을 피해 사는 사람이 아니고서야 살 수 없습니다."

하였다. 이어 마음을 다 털어놓으며 담소를 나누다 밤이 깊어 잠들었다. 승려 원우가 청원향(淸遠香)을 피우며 잠들지 않으니, 사람으로 하여금 깊이 자신을 돌아보게 하였다.

3일. 일찌감치 아침을 먹고 모래톱을 지나갔다. 곳곳에 해곡(海曲)이 맑은 못을 이루었다. 모래 언덕을 따라 마을이 있었는데 모두 어점(漁店)이었다. 산기슭이 바다로 뻗어 들어가 있고, 그 위에 푸른 소나

28 사는……것 : 맹자가 제(齊)나라 왕의 아들을 바라보고는 "사는 곳이 기질을 변화시키고, 봉양을 받는 것이 체질을 바꾼다. 그러니 그 사는 곳이 얼마나 중요하다고 하겠는가."라고 탄식한 말을 인용하였다. 《孟子 盡心上》

29 신점(申點) : 1530~1601. 본관은 평산(平山), 자는 성여(聖輿), 시호는 충경(忠景)이다.

무가 울창하게 자라 있었다. 무송대(茂松臺), 송도(松島) 등과 같은 곳이 이루 다 기록할 수 없을 만큼 많았으니, 사위 나군과 이군처럼 승경지라면 꼭 가 보고야 마는 사람들도 다 오를 수 없었다.

아침참이 지나서 명파역(明波驛)에 이르니, 풀을 엮어 만들어 놓은 정자가 겨우 한 칸이었다. 잠깐 말을 쉬게 하고서 대강역(大康驛)으로 말을 달려 들어갔다. 골짜기가 그윽하고 깊은데, 우인(郵人)들이 열 가구쯤 가까이 모여 살았다.

양양(襄陽)의 무인(武人) 강효선(姜孝先)이 북도(北道)로부터 돌아와 오성(鰲城)[30]의 답서를 가지고 찾아왔다. 그 답서를 펼쳐 보니 이 노인의 얼굴을 뵈는 듯하여 이별의 회포가 위로되었다. 이 노인은 정승 자리에서 수십 년간 부침을 겪다 계축옥사(癸丑獄事) 때에 탄핵을 받고 벼슬에서 물러나 교외에 한가로이 지내고 계셨다. 그러다 작년 겨울에 자전(慈殿)을 폐출하려는 논의가 있자 늠름히 순(舜) 임금을 인용한 글을 지어 올렸는데, 삼사(三司)에서 이를 두고 역적을 변호했다고 논핵하여 북청(北靑)에 유배되었다.

밥을 먹고 나서 말을 타고 큰 고개를 넘는데 돌길이 가파르고 비탈졌다. 고개 아래 작은 마을은 대장일을 생업으로 삼았고 토질이 비옥하였다. 다시 고개를 넘고 큰 내를 건너니 백천교(百川橋) 하류(下流)였다. 흰 자갈과 맑은 물이 이미 금강산의 기상(氣像)을 띠고 있었다. 산이 구불구불 사방을 막고 나무가 울창하게 숲을 이룬 곳은 수고촌(秫庫村)이라고 하는 마을이었다. 금강산의 승려들이 마을에서 양식을 탁발

30 오성(鰲城) : 이항복(李恒福, 1556~1618)으로, 오성은 그의 봉호 오성부원군(鰲城府院君)에서 유래한 칭호이다. 이 당시는 관작이 삭탈되어 북청에 유배되어 있었다.

하여 여기에 쌓아 두었다가 찧어서 절로 옮기니, 이곳은 금강산 여러 사찰의 근본이 되는 땅이다. 승려 서너 명이 이곳을 지키고 있는데, 계곡물로 방아를 돌려 밤낮으로 찧어서 인력을 조금도 쓰지 않았다. 이를 만든 자는 지혜를 쓴 것이 기막히다고 할 만하다.

저녁에 두 사위와 함께 시냇가를 걸었다. 산수에 대해 논하면서 이르기를,

"이곳과 열산(烈山), 대강(大康)을 비교해 보면 이곳이 가장 경치가 좋네. 근기(近畿)에서 만약 이러한 곳을 찾게 된다면 여생을 보내는 데에 걱정이 없을 것이네."

하였더니, 두 사위가 말하기를,

"저희가 보고 기억하는 바로 말씀드리자면, 경기 지역 수백 리 땅에 과연 이만한 곳이 없습니다. 그러나 봉두(鳳頭)-선생께서 여주(驪州) 강가에 지은 정자이다.-는 강산의 경치가 매우 뛰어나니, 그곳을 놔두고 은퇴한 뒤 어디에서 여생을 보내시렵니까. 장인어른의 연세와 지위가 은퇴하기에 딱 맞으니 때를 놓쳐서는 안 됩니다."

하였다. 이 말이 나약한 사람을 흥기시키기 충분했다. 저녁에 선방(禪房)을 빌려 묵었다.

4일. 골짜기로 점점 깊이 들어갔다. 녹음이 몹시 빽빽하게 우거져 해가 보이지 않았고, 콸콸 흐르는 물소리만 들려올 뿐이었다. 10리쯤 가자 문득 시냇물에 가로놓인 비각(飛閣)이 보였는데 그 속에 사람들이 왔다 갔다 하고 있었다. 말을 두고 걸어가 비각의 기둥에 기대어 앉았다. 시냇물이 송림동(松林洞)에서부터 빠르게 흘러 내려와 각도(閣道) 아래에 못을 이루었다. 못의 깊이가 몇 길 남짓이나 되는데도 물이 맑아 바닥이 환히 보였고, 제각기 자유롭게 유영하는 물고기 백여

마리를 낱낱이 헤아릴 수 있었으며, 주변에는 하얀 돌이 줄지어 있었다. 산색과 물빛이 출렁이고 생동해 내 몸이 마치 그림 속에 있는 듯했다.

승려 수십 명이 나와서 맞이해 주었는데, 모두 맑은 눈에 파리한 얼굴이어서 세속의 사람들과 모습이 달랐다. 그곳부터는 말이 갈 수 없는 길이라 의복과 식량을 나누어 하인들에게 메고 가게 하고, 나군과 이군 그리고 손자 원(援)이와 각각 남여(藍輿)를 타고 갔다. 어느 곳이나 수석(水石)이 아름답고 나무가 빽빽했다. 언덕을 따라 돌면서 이대(尼臺), 중대(中臺)를 거쳐 상대(上臺)에 이르렀다. 사방을 둘러보니 눈 아래 펼쳐진 동해는 넓디넓어 끝이 없고 뭇 산은 모두 자그마한 언덕처럼 보일 뿐이었다. 바다 동쪽 끝 아스라하고 어렴풋한 것이 하늘인지 물인지 안개인지 그 밖에 별세계가 있는 것인지 알 수 없었다.

정오가 되어 갈 무렵 갑자기 이슬비가 오락가락하였다. 산신령이 일 만들기 좋아해서 우리 옷에 가득한 흙먼지를 씻어 주려 한 것일까. 견여(肩輿)를 멘 승려가 비 오듯 땀을 흘렸다. 분명 내 몸집이 비대해서 힘들었던 것일 텐데, 내 몸은 편하면서 남을 수고롭게 하였으니 이것이 참으로 내 마음에 불편한 점이다.

고개를 넘어 내려가니 바위와 골짜기가 더욱더 아름다웠다. 사철나무, 측백나무, 노송나무, 잣나무, 단풍나무, 녹나무가 우거져 흔들리고, 그 사이로 목련과 철쭉이 한창 흐드러지게 피어 향기를 뿜었다. 시냇물이 구불구불 흘러가며 부딪히는 소리가 마치 종소리나 거문고 소리처럼 들렸다. 온 산 가득한 소리와 빛이 어쩌면 그렇게 사람을 기쁘게 하는지, 눈과 귀로 다른 것을 보고 들을 틈이 없었다. 더러 낭떠러지에 길이 끊긴 곳은 나무 몇 개를 암석에 걸쳐 놓아 사람만 간신히 지날 수 있었다. 이 때문에 빗속에 도롱이를 입고 견여에서 내려 힘겹게 걸었다. 만약 솜씨 좋은 화가에게 그 광경을 그리게 했다면 참으로 빼어난 그림이 나왔을 것이다.

시내를 따라 올라가서 골짜기 입구에 들어가 바라보니 붉은 용마루와 서까래가 온 골짜기를 찬란히 비추었다. 그곳은 유점사(楡岾寺)라고 하는 절이었다. 시내를 건너 산영루(山影樓)에 올랐다. 물이 그 아래로 졸졸 흐르고 산이 사방을 둘러쌌는데 안개가 걷혔다 끼었다 하였다. 그 광경을 보고 있자니 속세를 벗어난 듯한 기분이 들었다.

절에서 우리를 운취당(雲翠堂)에 묵게 하였는데, 방바닥에 앉으니 매우 따뜻했고 창을 열자 상쾌했다. 늙은 노송나무 수십 그루가 섬돌 아래 꼿꼿이 서 있는데 서로 버티고 있는 것처럼 보였다. 마당은 넓고 탁 트였다. 주지가 소찬(素饌)을 갖추어 대접해 주었는데, 모두 진미(珍味)여서 소(韶)를 들을 필요도 없이 고기 맛을 잊을 수 있었다.[31]

조금 쉬었다가 법당을 구경했다. 불단(佛壇) 위에 금불(金佛)이 놓여 있고 사방 벽은 단청이 화려했으며 향나무로 천축산(天竺山)을 만들어 불상 뒤에 두었고 법당 바닥에는 비단 자리를 깔아 놓았는데, 그 현란한 광경이 사람의 눈을 아찔하게 만들었다. 좌우 앞뒤의 중랑(重廊)과 복각(複閣)은 많은 칸과 교묘한 구조가 여러 사찰 중 으뜸이 될 만하였다. 이번 달 7일에 무차회(無遮會)를 열어 낙성하기로 예정되어서 원근(遠近)에서 찾아온 승려와 속인 들로 문과 법당이 북적였다.

아, 이 절은 신라 때에 창건되어 이제 벌써 천여 년이 되었다. 우리 세조(世祖) 때 불이 나서 다시 지었는데, 만력(萬曆) 을미년(1595, 선

31 소(韶)를……있었다 : 《논어》 〈술이(述而)〉에 "공자께서 제(齊)나라에 계시면서 순(舜) 임금의 음악인 소를 듣고는 석 달 동안 고기 맛을 잊으셨다."라는 내용이 나온다.

조28)에 불이 났고, 갑인년(1614, 광해군6)에 또 불이 났으니, 하늘이 거듭 재앙을 내리는 데에는 뜻이 있을 것이다. 그런데도 어찌하여 더욱 오랫동안 부처를 숭상하면서 그만두지 않는 것인가. 이번에 이 절을 다시 지을 때 그 비용이 모두 왕실에서 나왔고, 부도(浮屠)를 세울 때는 수고촌에서 바위를 캐내어 구령(狗嶺)의 험준한 비탈 40리를 넘어왔는데 마치 귀신이 운반한 것 같았으니, 재물과 인력을 얼마나 들여 이 일을 이루었는지 모르겠다. 나라에서 천명(天命)이 영원하기를 기원하는 방법이 과연 여기에 달렸단 말인가.

저녁을 먹고 명적암(明寂菴)에 올랐다. 명적암에 머무는 승려 응상(應祥)[32]은 휴정대사(休靜大師)[33]에게 가르침을 받아 경문의 뜻을 제법 알았고, 석가 이래 불법이 전승된 계보에 대해 매우 자세하게 말하였다. 그와 함께 심성(心性)에 대해서 논하였는데 일깨워 주는 바가 있었다. 어둑해질 무렵에 운취당으로 돌아왔다. 노승 법견(法堅)[34]이 운수암(雲水菴)에서 찾아와서 만났는데 응상도 내려왔다. 그들과 이야기를 나누느라 밤이 깊어 가는 줄도 몰랐다.

32 응상(應祥) : 1572~1645. 호는 송월(松月), 법호는 묘잠국일 도대선사(妙湛國一都大禪師)이다. 휴정의 제자인 유정(惟政)의 법맥을 이었으며, 유정으로부터 받은 보물들을 유점사에 보관하고 오대산에 들어가 좌선하다가, 금강산으로 다시 옮겨 30년 동안 후학들을 지도하였다. 휴정에게 직접 가르침을 받았다는 기록은 보이지 않는다.

33 휴정대사(休靜大師) : 1520~1604. 본관은 완산(完山), 속성은 최(崔), 속명은 여신(汝信), 자는 현응(玄應), 호는 청허(淸虛)이다. 묘향산에 오래 머물렀기 때문에 묘향산인(妙香山人), 서산대사(西山大師)로 불린다.

34 법견(法堅) : 1552~1634. 본관은 부안(扶安), 속성은 김(金), 호는 기암(奇巖)이다. 휴정의 대표적인 제자 중 한 사람이다.

내가 말했다.

“끝없이 생기고 생기는 것이 이(理)이니, 이미 가 버린 기(氣)를 되돌려 오는 기로 만들 수 없네. 비유하자면 나뭇잎이 시들면 땅에 떨어져 썩을 뿐, 이 잎이 어찌 다시 생기(生氣)를 가질 수 있겠는가. 자네들 불가의 윤회설(輪迴說)은 무엇을 근거로 하는 말인가?”

법견이 말했다.

“사람이 죽으면 육신과 혼백은 비록 사라지지만, 그 성(性)은 사라지지 않고 그대로 있습니다. 그래서 다시 인(人)과 물(物)이 될 수 있는 것입니다.”

내가 웃으며 말했다.

“이와 기를 가지고 말한다면, 이는 그 자체로 이이고 기는 그 자체로 기여서 섞어 말할 수 없지만, 인과 물을 가지고 말한다면 기 중에 이가 이미 갖추어져 있으니, 어찌 기를 떠나 홀로 존재하는 이가 있겠는가. 만약 인과 물이 죽어 없어지더라도 그 성은 그대로 사라지지 않는다고 한다면, 이는 성과 떨어지고 기와 떨어진 채 죽지 않고 사라지지 않는, 분명히 홀로 존재하는 성이 따로 있다는 말인가? 이에 대해 식견이 있는 사람들이 비웃을 것이네.”

내가 또 말했다.

“유가(儒家)와 불가(佛家)는 마음을 보존하는 방법이 가장 유사하네. 그러나 일이 없을 때에는 마음이 맑고 고요하여 아무런 생각을 하지 않다가도, 일이 닥치면 이치에 따라 대응하면서 각각 마땅하게 하는 것이 바로 유가의 묘결(妙訣)이네. 꼼짝 않고 앉아서 생각을 쉬는 것은 불가의 방법도 그럴듯하지만 외물(外物)을 일체 끊고 대응하지 않아 끝내 천상(天常)을 없애는 데에까지 이르니, 이것이 옳고 그름이 나뉘는 까닭이네."

법견이 말했다.

"우리 불가의 법 또한 도를 얻으면 널리 대중을 구제합니다. 어찌 사물을 끊을 리가 있겠습니까. 다만 처음에 심력(心力)이 안정되지 못했을 때 외물에 사로잡히면 맑은 마음을 보존할 수 없으므로 사물을 버려두는 것이니, 이를 반조회광법(返照回光法)[35]이라고 합니다."

내가 대답했다.

"비추어야 한다면 어찌 반조(返照)할 필요가 있겠으며, 그 빛이 절로 밝은데 어찌 회광(回光)할 필요가 있겠는가. 비유하자면 맑은 거울은 사물이 다가오면 저절로 비추는데 거울을 돌려서 비추려 하는 것과 같네. 이것이 우리 유가에게 배척받는 점일세."

이어서 유가와 불가의 같고 다른 점에 대해 이야기했는데, 세속의 사람들과 한담(閑談)을 나누는 것보다 나았다.

절 이름에 느릅나무 '유(楡)' 자를 넣어 지은 까닭은 다음과 같다. 석가가 열반에 들자 그의 제자들이 석가의 형상을 주조하여 종에 넣어 바다에 띄웠다. 바다에 떠다니던 종이 여러 나라를 두루 거쳐 고성군(高城郡) 포구에 이르렀으니, 신라 남해왕(南海王) 원년(4)의 일이다. 고성 태수(高城太守) 노춘(盧椿)이 이를 듣고 말을 달려 포구로 갔으나, 갯벌에 선명히 찍힌 자취만 보일 뿐이었다. 노춘이 종을 찾아 고개를 넘어 골짜기 어귀에 들어서니, 소나무 숲 속에 느릅나무가 한 그루

35 반조회광법(返照回光法) : 불교 선종(禪宗)에서 쓰는 용어로, 회광반조(迴光反照)라고도 한다. 외물로 향해 있는 마음을 되돌려 자기 내면의 영성(靈性)에 집중하는 것을 말한다.

있는데 그 가지에 종이 걸려 있었다. 마침내 이 일을 왕에게 아뢰자, 왕이 놀랍고 신기하게 여겨 직접 가서 보고는 곧바로 그 땅에 절을 짓게 하였다. 이로 인해 느릅나무로 그 이름을 내건 것이다.

또 이곳에 본래 샘이 없었는데, 어느 날 까마귀 떼가 모여들어 땅을 쪼아 대자 신령한 샘이 갑자기 흘러넘쳤다고 하니, 지금의 오탁정(烏啄井)이 바로 그것이다. 게방(憩房), 문수촌(文殊村), 이유암(尼遊巖), 구령, 노춘정(盧椿井), 장항(獐項), 환희령(歡喜嶺) 등은 노춘이 종의 자취를 따라올 적에 종을 보고 쉬었던 곳, 문수보살이 비구(比丘)로 변신하여 종이 있는 곳을 가리켜 준 곳, 비구니(比丘尼)로 변신하여 종이 있는 곳을 가리켜 준 곳, 노춘이 갈증이 심하여 땅을 파 샘을 얻은 곳, 개가 나타나 노춘을 이끈 곳, 노루가 나와 노춘을 이끈 곳, 노춘이 피곤하여 잠시 쉬다가 종소리를 듣고 기뻐 뛰며 다시 나아간 곳인데, 각각의 사건으로 말미암아 이름을 붙였다고 한다. 법희거사(法喜居士)가 이를 상세히 기록하였으나,[36] 너무 괴이하고 터무니없어 군자가 말할 만한 것은 못 된다.

5일. 절에서 나와 겨우 몇 리 되는 곳에 돌을 다듬어 부도의 형상으로 만들어 놓은 것이 있었다. 물어보니 휴정(休靜)과 그 제자 자휴(自休)의 사리를 넣은 것이라고 하였다. 아, 휴정은 일개 승려일 뿐이지만 도(道)로써 세상을 울려 선문(禪門)이 그를 종사(宗師)로 삼고, 또 불

36 법희거사(法喜居士)가……기록하였으나 : 법희거사는 고려 때의 문신(文臣) 민지(閔漬)를 가리킨다. 민지가 1297년(충렬왕23) 유점사의 여러 사적(事蹟)을 모아 〈금강산유점사사적기(金剛山楡岾寺事蹟記)〉를 찬술하였는데, 여기에 유점사 창건과 관련한 전설이 상세히 수록되어 있다.

법을 지키는 자가 그 문하에서 나와 그의 의발(衣鉢)이 전수되고 있다. 유자(儒者)라는 이름을 가지고 행실은 힘쓰지 않아 종신토록 성취한 것 없이 끝내 초목과 함께 썩어 없어지는 자와 비교해 보면 어떠한가.

선연(船淵)을 구경하였다. 그곳에 배처럼 생긴 돌이 있었고, 시냇물이 마치 흰 무지개처럼 흘러 그 바위에서 못을 이루었는데 맑고 깊어 가까이 갈 수 없었다. 물결이 또 흘러내려 가다 흐름이 멈추고 조금 잔잔해지면서 얕아지는데, 이런 것이 여러 층 있었으니 이른바 "구덩이를 가득 채운 후에 나아간다."라는 것인가.

시내를 건너 좁은 길을 따라 걸어 들어가니 바로 조계암(曹溪菴)이었다. 암자가 정갈하고 뜰은 널찍하였는데 노승 두세 명이 거기에 머물고 있었다. 조계암 오른편에 또 시내가 있어 인도를 받아 올라갔다. 높은 비탈을 올라 하견성암(下見性菴)에 들어가니, 그 역시 자그마한 암자였다.

잠시 쉬었다가 큰 고개를 넘었는데 고개의 지세가 높아 쌓인 눈이 여태 녹지 않고 있었다. 산허리에 난 좁은 길은 겨우 발만 디딜 수 있어서 지팡이를 짚고 간신히 걸었다. 불정대(佛頂臺)에 이르니 깎아지른 듯한 절벽이 까마득한 골짜기를 굽어보고, 불쑥 솟은 암석이 그 절벽 앞에 매달려 있었다. 절벽과 암석 사이가 겨우 몇 보밖에 되지 않는데, 나무를 걸쳐 놓아 사람이 지나갈 수 있게 해 놓았다. 그 아래는 몇천 길이나 될지 알 수 없었다. 암석은 손바닥 모양이고, 암석 위는 수십 명이 앉을 만했다. 땅을 내려다보니 아득하여 마치 천상에 올라 지상 세계를 굽어보는 것 같았다.

북쪽에는 구정봉(九井峯)이 하늘에 닿을 듯 홀로 우뚝 솟아 있었다. 구정봉을 따라 내려가면 철벽같은 만 길 벼랑이 있는데, 벼랑 사이에 띠를 드리운 듯한 것은 십이폭(十二瀑)이고, 곁에는 암자가 몇 개 있으니 백전암(柏田菴), 적멸암(寂滅菴)이었다. 그 아래에 송림굴(松林窟)이 있고 더 아래로는 원통암(圓通菴)이 있었다. 나군, 이군 두 사위는 위태로운 잔도(棧道)를 마치 평탄한 길처럼 밟으며 암석을 올라 마음껏 구경했다. 내가 손자 원이에게 "귀한 집 자식은 마루 끝에 앉지 않는 법이다.[37] 더욱이 아름다운 경치를 구경하는 데에 탐닉하여 자기 몸을 돌보지 않으며 무슨 일이 있을지 모르는 위험한 곳에 가는 것은 효자가 할 바가 아니다. 나 서방과 이 서방을 따라가지 말거라."라고 타일렀다. 나는 벼랑에 앉아만 있는데도 두려워서 서둘러 발길을 돌렸다.

걷기도 하고 견여를 타기도 하면서 숲을 지나 영은암(靈隱菴)으로 향했다. 산길이 가파르고 초목이 빽빽하며 비탈이 험준하기가 상견성암(上見性菴)으로 가는 길보다 심하였다. 견여에 앉아서도 피로를 견딜 수 없었는데, 견여를 멘 사람들은 어땠겠는가. 잠깐 쉬고 영대(靈臺)에 올랐다. 영은암에 도착해서는 쓰러져 누워 버렸다. 나군과 이군이 다시 만경대(萬景臺)에 오르는 것을 보았지만 몇 발짝도 움직일 수가 없었다. 내가 참 많이 늙었구나. 젊은 시절 기력을 회복해 마음대로 오르지 못하는 것이 한스럽다. 유점사에서 불정대까지가 15리이고, 불정대에서 영은암까지가 거의 20리인데, 영은암이 외려 유점사와 가깝다. 다만 영은암이 지세가 훨씬 높은 곳에 있어 유점사의 산영루를 굽어보고 있다.

37 귀한……법이다 : 한(漢)나라의 원앙(袁盎)이 문제(文帝)가 말을 타고 험한 언덕을 치달리려 하자 "귀한 집의 자식은 혹시라도 기왓장이 떨어져서 다칠까 염려해서 마루 끝에 앉지 않는 법입니다."라고 하면서 만류하였다. 《史記 袁盎列傳》

저녁을 먹은 후, 원우가 우리를 안내해 주어 서대(西臺)에 올랐는데 바위가 앉을 만하였다. 바라보니 만경대 아래에는 봉우리가 철을 깎아 놓은 듯 우뚝 서 있었고, 또 바라보니 백마봉(白馬峯), 향로봉(香爐峯)이 병풍처럼 벌여 서 있었다. 개밋둑과 개미구멍 같은 뭇 산들이 빽빽이 겹쳐, 비단을 묶고 오색 자수를 놓은 듯 아름다운 풍경이 남김없이 한눈에 들어왔다.

큰 내가 상완동(上浣洞)으로부터 땅을 가르며 흘렀는데, 선연과 산영루 앞에 흐르는 물은 바로 그 지류(支流)이다. 낭떠러지 사이사이에 경쇠를 매달아 놓은 듯 보이는 암자들은 이루 다 기록할 수 없다. 그 가운데 운수암이 가장 넓으니 법견이 머무는 곳이고, 영은암 또한 정교하고 화려하니 금빛과 푸른빛으로 칠한 처마가 찬란하다. 유점사 주지승이 뒤쫓아 와서 우리와 함께 유숙하였다. 그 마음이 참 정성스럽고 넉넉했다. 그의 이름은 민행(敏行)이다.

6일. 견여를 멜 승려가 아침에 유점사에서 와서 모이자 바로 출발하였다. 오늘 내려가는 비탈은 어제 올라왔던 곳인데, 내려가는 것이 비록 올라가는 것보다 쉽지만 위태롭고 무섭기는 마찬가지였다. 내산(內山)으로 향해 가는데 숲 사이로 난 한 줄기 길에는 더욱 기괴한 바위가 높이 솟아 있고 언덕이 경사가 심하고 구덩이가 깊어서 걸음마다 마음이 조마조마하였다. 내수점(內水岾)에 이르자 땅이 조금 넓어졌다. 이곳은 사신들이 휴식하는 곳이다. 승상(繩牀)에 걸터앉아 잠시 쉬었다. 바위산이 사방을 둘러싸고 길이 북쪽 고개로 나 있으며 고개는 세 겹인데 모두 '수(水)' 자를 넣어 이름을 지었다.

세 번째 고개에 오르자 장안사(長安寺)의 승려들이 이미 와서 기다리고 있었는데, 그 수가 적어서 부득이하게 유점사의 승려들에게 계속

해서 견여를 메게 하니 매우 힘들어하였다. 을사년(1605) 수재(水災)가 난 뒤로 구릉과 골짜기가 변하면서 바위가 엎어지고 언덕이 기울어져 옛길을 막아 버렸다. 이 때문에 발을 디디기도 어려운데 더구나 견여를 타고 지날 수 있었겠는가. 오래 걷다 보니 다리가 무겁고 발에 물집이 잡혀 결국 위험을 무릅쓰고 견여를 탔다. 앞에서 잡고 뒤에서 끌어당기며 왼쪽에서 붙들고 오른쪽에서 끌어서 굴러떨어지는 것을 면할 수 있었으니, 위험한 일을 행하면서 요행을 바란다[38]고 이를 만하다. 산수의 뛰어난 경치는 잠깐 눈을 즐겁게 할 뿐인데, 눈을 즐겁게 하려고 온몸을 위태롭게 하니 이는 어깨와 등을 잃는 것[39]에 가깝지 않겠는가. 노쇠한 몸으로 금강산 유람에 나선 것을 깊이 후회하였다. 골짜기로 내려오는데 채 반이 되지 않아서 왔던 길을 돌아보니, 내 몸이 마치 하늘에서 내려온 듯하였다.

조그마한 폭포 아래 시냇물이 고여 있는데, 이름이 성담(成潭)이었다. 하얀 돌이 밑에 깔렸는데, 앉아서 감상해 보니 매우 귀여웠다. 눈을 즐겁게 하려고 몸을 돌보지 않은 것을 후회하면서도 이를 사랑하는 마음을 멈추지 못하니, 산수가 음란한 음악과 아름다운 여색 같아서 사람으로 하여금 점차 그 가운데 빠져들어 가면서도 돌이킬 줄 모르게 하는 것인가. 인자(仁者)와 지자(智者)가 좋아하는 것이 어쩌면 이와

38 위험한……바란다 : 《중용장구》 제14장에 "군자는 평이함에 처하여 천명을 기다리며, 소인은 위험한 일을 행하면서 요행을 바란다."라고 하였다.

39 어깨와……것 : 보잘것없는 것에 신경 쓰느라 중요한 것을 잃는다는 뜻이다. 《맹자》 〈고자 상(告子上)〉에 "한 손가락만 기르고 어깨와 등을 잃는데도 모른다면 이는 낭질(狼疾)의 사람이 되는 것이다."라고 하였다. 이에 대해 주희는 "이리는 뒤를 잘 돌아보는데 병이 들면 돌아보지 못한다.〔狼善顧, 疾則不能.〕"라고 주석하였다.

같은 것인가.

낭떠러지 곳곳에 눈과 얼음이 아직도 다 녹지 않고 남아 있는데, 진달래가 이제 막 피어나고 적목(赤木)과 만향(蔓香)이 산을 덮고 바위를 감싸며 무성한 푸른 풀이 어지러이 뒤섞여 길을 덮기에 이르렀으니, 사람이 밟는 것이 모두 기이한 풀과 꽃이었다. 맑은 바람이 언뜻 불어서 꽃을 흩뜨리고 푸른 풀을 흔들자 향내가 물씬 풍겼다.

옥과 같고 은과 같은 산봉우리는 멀리서 바라보니 신선들이 늘어선 듯한데, 그중에서도 가장 우뚝 솟은 것은 비로봉(毗盧峯), 일출봉(日出峯), 월출봉(月出峯)이었다. 만약 비로봉 정상에 오른다면 산줄기와 물줄기가 만 가지 형상으로 펼쳐진 광경을 거의 한눈에 볼 수 있어서, 내 마음이 공자께서 태산에 올라 천하를 작게 여기신 뜻과 천년을 사이에 두고도 서로 부합하게 될 것이다. 다만 내 여력으로는 강행할 수 없기에 부여잡고 오를 수 없는 곳을 그저 우두커니 서서 머뭇거리며 슬프게 바라보고 개탄할 뿐이었다. 이것이 이른바 "우러러볼수록 더욱 높고 우뚝 서 있는 듯하여 미칠 수 없다."[40]라는 것인가. 어쩌면 스스로 한계를 지었던 것은 아닐까. 오랜 시간을 들여 낮은 곳에서부터 차근차근 오르면 높은 곳에 도달할 수 있었겠지만 발걸음을 바삐 재촉하지 않을 수 없었다. 이번 생에는 최정상의 경계를 볼 수 없는 것인가.

시내 가까이에 암자가 있었다. 문을 붉게 칠하고 불당을 단청하였는

40 우러러볼수록……없다 : 너무도 높아 도저히 미칠 수 없다는 뜻이다. 《논어》 〈자한(子罕)〉에 안연(顔淵)이 공자의 덕을 칭송하며 "우러러볼수록 더욱 높고 뚫을수록 더욱 견고하며, 홀연히 앞에 있는 듯하다가도 홀연히 뒤에 있는 듯하다."라고 하고 "도(道)가 마치 내 앞에 우뚝 서 있는 듯하여 비록 좇아가려 해도 말미암을 데가 없다."라고 하였다.

데 적막하게 아무도 없고 불상만 있었으니 바로 묘길상암(妙吉祥菴)이었다. 들어가 점심을 먹고 길을 가는데, 바위가 희면 힐 수록 물이 더욱 맑았다. 약사봉(若獅峯) 아래에는 큰 바위를 깎아 부처를 새겼는데 그 규모가 매우 컸다. 나옹(懶翁)[41]이 만든 것이었다.

몇 리쯤 가서 작은 시내를 따라 들어가니 불지암(佛智菴)이란 암자가 있었는데, 그곳은 백운봉(白雲峯)의 아래였다. 앞쪽을 보니 폭포가 혈동봉(穴洞峯)으로부터 날듯이 쏟아져 내렸다. 봉우리 사이에 작은 동굴이 있는데, 안쪽이 환히 보였다.

마하연(摩訶衍)에 도착했다. 불지암에서 또한 몇 리쯤 되고 지세가 다른 암자에 비해 넓고 평평하였다. 중향성봉(衆香城峯)이 그 뒤에 솟아 있고 도솔봉(兜率峯)과 담무갈봉(曇無竭峯)이 그 앞에 늘어서 있었다. 그 오른편에 우뚝 솟아 골짜기 입구를 병풍처럼 막은 것은 대향로봉(大香爐峯), 소향로봉(小香爐峯)이었다. 가지가 맞닿고 잎이 겹쳐 뜰에 푸른빛을 띠고 있는 것은 노송나무와 잣나무였다. 그 가운데 다른 나무가 있으니, 몸체는 소나무 같은데 잎이 측백나무와 비슷하면서도 약간 가늘었다. 거처하는 승려에게 물으니 계수나무라고 하였지만, 잎과 껍질을 가져다 씹어 보니 계수나무가 아니었다. 세간에 이름이 실질과 어긋나는 것이 어찌 유독 이것뿐이겠는가. 그 잎은 가을이 되면 누렇게 되어 떨어지고 봄에는 다시 푸르러진다고 하니, 도리어 소나무

41 나옹(懶翁) : 고려 시대 승려 혜근(惠勤, 1320～1376)으로, 속성은 아(牙), 속명은 원혜(元惠), 호는 나옹, 시호는 선각(禪覺)이다. 1366년(공민왕15) 금강산에 도착하여 정양암(正陽庵)에 거소(居所)를 두고 금강산과 동해안 일대의 보살이 살고 있다고 전하는 곳 등을 두루 돌아다녔다.

와 잣나무가 세한(歲寒)의 절조가 있는 것만 못하다.

뜰 가장자리에 무너진 작은 단이 있는데, 세조(世祖)께서 행차하셨을 때 섰던 곳이다. 유적을 어루만지니 공경심이 일어났다. 또 당시에 바른 도리로 금강산 유람에 대해서 간언하는 사람이 있었을 텐데, 어찌하여 그 말이 군주의 마음을 돌리지 못했을까 하는 생각이 들었다. 그렇지만 바른 도리를 견지한 이들은 이미 관리가 되지 못했을 것이다. 섬돌 아래에 작약 몇 떨기와 마른 연(蓮) 네다섯 포기가 있었다. 연잎은 크기가 쟁반만 하고 7월 무렵에 하얀 꽃을 피운다고 하니, 또한 선계(仙界)의 기이한 꽃이다.

회양 부사(淮陽府使) 이숙명(李俶命) 영공(令公)이 암행 어사를 기다리느라 표훈사(表訓寺)에 머무르고 있다가, 내가 왔다는 소식을 듣고 와서 술을 대접하였다.

승려 상현(尙玄)은 솔잎을 먹으면서 홀로 이 암자에서 지낸 지가 4년째이다. 계율을 지키기를 게을리하지 않고 아침저녁으로 향을 피우고 목탁을 치면서 몸을 굽혀 예불을 드리니, 늙은 나로 하여금 나태함을 경계하게 했다. 지금 사대부 가운데 또한 이 승려처럼 성심(誠心)으로 도를 행하는 자가 있겠는가. 이를 적어 동지들에게 보이려 한다.

7일. 승려들이 모이기를 기다려서 견여를 타고 출발하였다. 골짜기는 온통 반석(盤石)인데 그 모양이 침상이나 마루 같기도 하고, 대자리를 펼쳐 놓은 것 같기도 하고, 내실 같기도 하며 색이 백옥처럼 희었다. 물이 그 위로 흘러 높은 데서는 폭포가 되었다가 낮은 데서는 못을 이룬 것이 10층인데, 이름이 화룡담(火龍潭), 선담(船潭), 응벽담(凝碧潭), 벽하담(碧霞潭), 귀담(龜潭), 청유리담(青琉璃潭), 황유리담(黃琉璃潭), 진주담(眞珠潭), 청룡담(青龍潭), 흑룡담(黑龍潭)이다.

용과 유리로 이름을 붙인 것은 그 빛깔을 말한 것이고, 배, 거북, 구슬로 이름을 붙인 것은 그 형상을 말한 것이다. 그 폭포가 높은 것은 몇 길이나 되고 낮은 것은 예닐곱 자인데, 진주담이 가장 높았다. 물이 떨어지면서 거품을 날리는 것이 마치 만 섬의 구슬을 흩뿌리는 듯하였다.

물길을 따라 내려와 시내를 건너서 앉아 보니 봉우리 중턱에 암자 하나가 있었다. 바위에 얹어 지어 난간과 기둥이 바위 밖으로 튀어나와 있는데, 그것을 몇십 길의 구리 기둥을 이용하여 허공에 받쳐 놓았다. 단청한 모습을 바라보니 신기루 같았다. 층층의 돌길이 계단 같은데, 반도 오르기 전에 힘이 소진되어 나아갈 수 없었다. 두 사위와 손자만 그 위에 올라갔는데 아찔하고 두려워 잠시도 머물지 못하고 내려왔다.

이에 함께 앞서거니 뒤서거니 하고 가다 쉬다 하였는데, 물과 바위가 기이한 곳을 만날 때마다 즐거운 마음으로 바위의 먼지를 털어 내고 푸른 이끼에 앉았다. 그 시원한 모습, 졸졸 흐르는 소리, 잔잔하면서 비어 있는 듯한 풍경, 못을 이루어 고요한 경치가 모두 눈과 귀를 상쾌하게 하고 마음에 들어서 한가로이 거니느라 날이 이미 저문 줄도 몰랐다.

바위가 매끈매끈하여 미끄러졌지만, 하인들이 붙들어 준 덕에 떨어지지 않았다. 어찌하여 나로 하여금 발을 싸매고 땀을 흘리면서도 괴로운 줄 모르고, 엎어지고 넘어지며 굶주리고 목이 마른데도 그칠 줄 모르게 하여 미치광이나 바보처럼 만드는가. 유독 나만 그렇게 만드는 것이 아니라, 팔방의 사람들로 하여금 천 리 밖에서 식량을 싸 들고 거센 파도처럼 밀려오게 만든다. 그리하여 이름나고 지체 높은 공경(公卿)과 훌륭하고 뛰어난 인사 들이 지팡이를 짚고 신을 동여매고서 수고로움을 잊고 고달픔을 감수해 가면서 오로지 깊은 곳까지 감상하지 못할까 근심하고, 심지어 중국 사람들조차도 우리나라에 태어나 이곳을 구경하기를 기원한다.

세조는 존귀한 임금으로서 멀리까지 수고롭게 찾아오셨고, 단약(鍊藥)을 만들고 계율을 지키면서 화식(火食)을 끊은 도사와 승려 들 또한 모두 여기에서 지냈다. 고금(古今), 귀천(貴賤), 현우(賢愚)에 관계없이 끊임없이 유람하고 쉴 새 없이 언급하여 시로 읊고 서적에 기록한 것이 얼마나 되는지 알지 못할 정도이다. 금강산이 천하의 명성을 독차지하면서 사람들의 마음을 빼앗은 것이 어쩌면 이와 같은가.

만폭동(萬瀑洞)으로 내려가니 바위에 '봉래풍악원화동천(蓬萊楓嶽元化洞天)' 여덟 글자가 새겨져 있었다. 필세가 용과 뱀처럼 꿈틀거리고 지금에 이르기까지 자획이 이지러지지 않았으니, 양 사문 사언(楊斯文士彦)[42]의 필적이다. 이 노인은 풍류와 문장이 당대에 으뜸이었는데, 일찍이 외직을 청하여 회양 부사가 되어 이곳을 왕래하면서 금강산의 높은 봉우리와 깊은 골짜기를 샅샅이 찾아다녔으니, 남여를 타고 금강산을 유람하는 것이 바로 이 노인으로부터 시작되었다.

푸른 절벽에 학의 둥지가 있는데, 그곳은 금강대(金剛臺)였다. 붉은 정수리에 하얀 깃털의 학은 어디로 가서 돌아오지 않아 나로 하여금 그 등에 타고 날아오르지 못하게 하였는가. 한참 동안 돌산에 앉아서 각자 절구를 읊고서 바위에 쓰고 이름을 새기고서 붉게 칠하였다. 이 글씨가 삼일포(三日浦)의 옛 자취[43]처럼 천년 동안 사라지지 않아서

42 양 사문 사언(楊斯文士彦) : 양사언(楊士彦, 1517～1584)으로, 본관은 청주(淸州), 자는 응빙(應聘), 호는 봉래(蓬萊)·완구(完邱)·창해(滄海)·해객(海客) 등이다. 유람을 좋아하여 회양 부사로 있을 때 금강산에 자주 가서 경치를 완상하였다.

43 삼일포(三日浦)의 옛 자취 : 신라 시대의 사선(四仙)으로 일컬어지는 영랑(永郞), 술랑(述郞), 남랑(南郞), 안상(安詳)이 금강산 해상에서 노닐며 석벽에 '술랑도남석행

이곳을 지나며 보는 이들이 어루만지고 탄식하면서 함께 노닐지 못한 것을 한스러워하려는지 모르겠다.

은계 찰방(銀溪察訪) 김경직(金敬直)이 젊은이 대여섯 명을 데리고서 장안사에서부터 곳곳을 두루 구경하면서 왔다. 빈 골짜기에 들리는 발걸음 소리에 위안이 되고 기쁜 마음이 어떠했겠는가. 오후에 각자 흩어져 김경직은 마하연으로 올라가고, 우리는 표훈사로 향했다.

회양 부사가 나와 맞이하여 우리를 법당에 앉히고서 연포탕을 만들어 대접하니, 주린 배가 금세 불러 왔다. 이 절은 큰 사찰이다. 을사년(1605) 수재(水災)에 반이 떠내려갔는데 이미 보수를 마쳤다. 여러 절에서 불상을 안치할 적에 반드시 문 쪽을 향하게 하는데, 이 절은 여느 곳과 달리 동쪽에 안치하였다. 그 이유를 물어보았으나 승려의 말이 하도 괴이하여 적을 수 없다.

해 질 녘에 정양사(正陽寺)에 오르는데 구불구불한 길이 산을 휘감아 돌았다. 빽빽하게 하늘을 가린 것은 모두 단풍나무 숲이었다. 눈처럼 하얀 배꽃이 바람결에 옅은 향내를 풍겼다. 꽃이 피는 시기가 지역의 기온에 달려 있다는 것을 비로소 깨달았다.

천일대(天一臺)에 오르니, 곧게 서 있는 아름다운 만이천봉이 눈앞에 펼쳐져 기이한 형상이 남김없이 드러났다. 멀고 가깝고, 크고 작고, 높고 낮고, 뾰족하고 둥글고, 달리는 듯하고 머뭇거리는 듯한 층층이 겹친 봉우리가 푸른빛으로 솟고 흰빛을 두른 모습이 남김없이 다 보였다. 이곳이야말로 진정 뭇 아름다움이 다 모여 있는 곳이라 할 수 있다. 도로써 말하면 우리 유가에서 이르는 '집대성'이고, 불가에서 이르는

(述郎徒南石行)'이라는 여섯 글자를 붉은 글씨로 남겼다고 한다.

'하루아침에 단번에 깨달아 막힘없이 크게 통한다'는 경지이다. 만약 깊이 찾아가고 두루 다니지 않는다면, 어찌 내외와 본말에 대해 막힘없이 통하여 마음으로 환히 알 수 있겠는가.

헐성루(歇星樓)에 들어가니, 조망하는 경치가 천일대보다 나았다. 밤이 되어서도 정신과 기운이 맑고 또렷하여 절로 잠이 오지 않았다. 호음거사(湖陰居士)가 읊은 "거원(蘧瑗)이 바야흐로 지난 40년의 잘못을 알았다."라는 말[44]이 실로 내 마음과 부합하였다.

절 뒤에 나옹의 부도가 있고 6면으로 지은 건물이 법당 앞에 있었다. 이처럼 이름난 사찰을 오직 노승 한 명이 지키고 있었으니, 근년에 신역(身役)이 매우 번다하여 승려 역시 편안히 거처할 수 없기 때문이다. 산속의 암자와 사찰이 대부분 비어 있는데, 더구나 백성들이 길에서 유리걸식하여 열 집에 아홉이 비어 있는 것을 어찌 차마 말할 수 있겠는가. 노년에 적은 녹봉을 위해 관리가 된 것을 스스로 부끄럽게 여기니, 나는 기꺼이 자기 죄를 알았던 공거심(孔距心)이 되겠다.[45]

44 호음거사(湖陰居士)가……말 : 호음거사는 정사룡(鄭士龍, 1491～1570)으로, 호음은 그의 호이다. 1541년(중종36) 정사룡이 금강산을 유람하고 돌아오는 길에 정양사에 들러 절구 한 수를 지었는데 "정양사 안에서 향불을 피우는 밤에, 거원이 바야흐로 지난 40년의 잘못을 알았다.〔正陽寺裏燒香夜, 蘧瑗方知四十非.〕"라고 하였다.《敬窩集 卷3 金剛錄》 춘추 시대 위(衛)나라 대부 거원이 "나이 50에 지난 49년의 잘못됨을 알았다."라고 탄식한 말을 차용한 것이다.《淮南子 原道訓》

45 자기……되겠다 : 공거심은 전국 시대 제(齊)나라 대부(大夫)이다. 그가 평륙(平陸)의 읍재(邑宰)일 때, 맹자가 그에게 백성이 유리걸식하게 만든 것을 책망하면서 "남의 소와 양을 받아서 대신 기르는 자가 목장과 꼴을 구하지 못한다면, 소와 양을 주인에게 돌려줄 것인가, 아니면 소와 양이 죽어 가는 것을 서서 보고만 있을 것인가?"라고 하니, 이에 공거심이 자신의 죄를 인정하고 뉘우쳤다.《孟子 公孫丑下》

8일. 나무에 얽힌 덩굴을 헤치고서 개심대(開心臺)에 올랐는데, 개심대는 정양사의 꼭대기에 있었다. 보다 높은 곳을 볼 수는 있었지만, 정양사가 정면으로 진면목을 마주한 것만 못하였다.

다시 헐성루로 내려오니 매우 피곤하였다. 노승이 나옹의 유품인 의대(衣帶)와 옥주(玉麈)를 보여 주었는데, 마치 어제까지 쓰던 물건 같았다. 또 사리는 작은 구슬 모양이고 색깔이 푸른데, 금과 은으로 된 그릇에 담아서 수놓은 비단 수백 겹으로 싸 놓았다. 나옹은 동방의 고승이다. 신륵사(神勒寺)에서 입적(入寂)하였는데, 이 절 역시 그가 머문 곳이기에 그 의발(衣鉢)을 나누어 보관한 것이다.

점심을 먹고 장안사로 향했다. 길이 깊은 골짜기로 오르락내리락하며 이어지고 천 발 늙은 노송나무가 왕왕 길가에 서 있었다. 승려에게 물어보았으나, 그 역시 나무가 몇백 년 되었는지 알지 못했다. 만약 훌륭한 목수를 만났다면 반드시 가져다 들보로 썼을 텐데, 헛되이 산골짜기에서 늙어 가고 있으니 애석하다.

골짜기에서 나와 내려가자마자 명운담(鳴韻潭)이었다. 수석(水石)의 기이함이 만폭동에 뒤지지 않았다. 못의 왼쪽에는 푸른 절벽이 하늘을 받치고 있고, 오른쪽에는 기울어지고 무너진 바윗길이 있었는데 한 걸음이라도 잘못 디뎠다가는 바로 천 자나 되는 깊은 못에 떨어지게 된다. 몇 년 사이 빠져 죽은 승려가 서너 명이라고 하였다. 이곳을 지나서야 마음 놓고 걸을 수 있었다. 푸르고 흰 바위가 골짜기에 이어지고 시내에 놓여 있었다.

몇 리 가서 시내를 건너 왼쪽으로 향했다. 휘감긴 덩굴과 빽빽한 나무가 짙은 그늘을 드리우고 우거져서, 우왕좌왕하며 어디로 가야 할지 알 수 없었다. 나뭇가지를 자르고 수풀을 헤치면서 몸을 숙여

들어가자 길이 끊어지고 큰 바위들이 어지럽게 놓여 있어 몸이 비틀거려 걸을 수 없었다. 그러나 바위는 앉을 만한 곳이 있고 못은 볼만한 곳이 있었다.

세 번 시내를 건너자 언덕 위에 큰 바위가 있고 물이 그 아래 고여 있었다. 산기슭을 따라 돌로 만든 여장(女墻)이 거의 몇 길이나 이어졌다. 또 문이 있는데 이를 지나서 올라가니 골짜기는 더욱 깊어지고 영원암(靈元菴)이 있을 뿐이었다. 이는 백천동(百川洞)이라고도 하고 시왕동(十王洞)이라고도 하는 곳이다. 첩첩의 산봉우리가 서로 에워쌌는데, 간간이 기이한 봉우리가 우뚝 솟았으며 소나무와 노송나무가 비스듬히 기울어져 있었다. 그 위는 아주 좁은 골짜기뿐이어서 눈이 아찔하였다.

견여를 돌려 장안사로 들어갔는데 그곳 역시 큰 사찰이었다. 금색 편액이 처마에 달렸는데 '대웅보전(大雄寶殿)'이라고 적혀 있다. 한석봉(韓石峯)의 글씨였다. 법당 안에 세 구의 불상이 나란히 안치되어 있고, 동쪽에는 나한전(羅漢殿)이 있고, 문에는 사천왕상(四天王像)이 있었다.

밤에 선방에 누워서 그동안의 유람을 회상하니 걸어 다니고 쉬었던 일이 이미 지나간 자취가 되었다. 이번 생에 다시 이 산에 들어와 노승들과 더불어 지난 자취를 자세히 이야기할 수 있을지 모르겠다. 유람할 때에는 힘들게 다닌 곳도 있었지만, 산을 나가야 할 때가 다가오자 금과 옥처럼 사랑스러운 사람과 갈림길에 서서 헤어질 적에 아쉬워서 발길을 돌리지 못하는 듯한 마음이 들었다. 산수를 지나치게 좋아하는 마음이 이 지경에 이른 줄은 몰랐다.

9일. 아침에 일어나니 첨지(僉知) 이담(李憺)이 찾아왔다. 스스로 말하기를 "정청(廷請)[46]에 참여하지 않았다가 삭출해야 한다는 논핵을 당하여 가족을 이끌고서 영남(嶺南)으로 돌아왔습니다. 그러고 나서 벗 한두 명과 사군(四郡)[47]의 강산을 두루 구경한 뒤 춘성(春城)[48]에 들어가 청평사(淸平寺)[49]를 보고 양구(楊口)로 길을 잡아서 마침내 이곳에 왔습니다."라고 하였다. 이 사람은 무신년(1608) 무렵부터 당시 득세한 사람들과 친밀히 교유하여 정운 공신(定運功臣)[50]으로 책훈(策勳)되었는데, 지금에 이르러서는 발길을 돌려 산수 사이에서 자유롭게 노닐고 있으니 으슥한 골짜기에서 나온 사람[51]이라고 이를 만하다.

아침을 먹고 이 첨지와 작별하였다. 절 앞에서 말을 타고 출발하여 한 줄기 내를 아홉 번 건너자 산이 멀어질수록 속세는 점점 가까워졌다. 걸음마다 뒤돌아 바라보니, 여태까지 구경했던 아름다운 풍경이 한바탕 꿈처럼 아득하게 느껴졌다.

46 정청(廷請) : 1618년 1월 우의정 한효순(韓孝純) 등이 백관을 인솔하여 인목대비(仁穆大妃)의 폐위를 주장했던 정청을 두고 한 말이다. 《光海君日記 10年 1月 4日》

47 사군(四郡) : 산수의 풍광이 아름다운 단양(丹陽), 청풍(淸風), 제천(堤川), 영춘(永春)을 가리키는 듯하다.

48 춘성(春城) : 지금의 강원도 춘천을 가리킨다.

49 청평사(淸平寺) : 강원도 춘천시 북산면 청평리 오봉산(五峯山)에 있는 절이다.

50 정운 공신(定運功臣) : 1608년(광해군 즉위년) 소북(小北)의 영수 유영경(柳永慶) 일당을 제거하는 데 공을 세운 일로 1612년에 책훈된 공신이다.

51 으슥한……사람 : 잘못된 행실을 고쳐 바른길로 나아간 사람을 말한다. 초(楚)나라 사람 진상(陳相)이 유학(儒學)을 버리고 신농씨(神農氏)의 학설을 배우자, 맹자가 "으슥한 골짜기에서 나와 높은 나무로 올라간다는 말은 들어 봤어도, 높은 나무에서 내려가 으슥한 골짜기로 들어간다는 말은 듣지 못했다."라고 하여 그가 정학(正學)인 유학을 배우다 도리어 비루한 학문에 빠진 것을 빗대어 비판하였는데, 이 말을 차용한 것이다. 《孟子 滕文公上》

금강원(金剛院)에서 점심을 먹었다. 물이 돌아 흐르고 들이 넓은데 민가는 겨우 한두 채뿐이었다. 돌밭이 거칠고 황폐하여 생계를 이어갈 방법이 막막해 보였다. 또 30리를 가는데 길에서 사람을 만나지 못했다. 앞에는 고개 하나가 하늘을 가로지르고 있으니 이름이 쇄랑령(洒郞嶺)이었다. 구불구불 백번 꺾인 길을 따라 내려오는데, 마치 만길의 구덩이로 떨어지는 듯하였다. 서로 마주 보고 서 있는 좌우의 절벽은 끊어질 듯 이어질 듯하며 뛰는 듯 엎드린 듯하고, 쪽 찐 머리처럼 보이기도 하고 우뚝하게 홀로 서 있는 것처럼 보이기도 하였다.

골짜기 입구에 이르니, 거대한 바위 하나가 아래로는 땅에 박혀있고 위로는 하늘까지 치솟아 있었는데, 그 높이와 크기를 형용할 수 없었다. 큰 내가 고개 밑에서 발원하는데, 배 같기도 하고 구유 같기도 한 것은 못이고, 흩어지거나 쏟아지는 것은 냇물이고, 암벽에서부터 수십 길, 혹은 열 길 쏟아져 내리는 것은 폭포였다. 큰 소나무를 깎아 양쪽 기슭에 걸쳐 둔 것이 높이는 100여 자이고 넓이는 4, 5칸인 것은 판교(板橋)이고, 별이 펼쳐지고 바둑알이 벌여 있는 듯하며 눈처럼 흰 것은 바위이고, 가파르게 경사진 채로 허공에 위태롭게 걸쳐진 것은 잔로(棧路)였다. 다리를 지나고부터는 산이 기이할수록 물이 더욱 넓어지면서 서로 굽이져 감도는데, 이와 같이 40리 이어지다가 바다에 이르렀다.

아, 쇄랑동(洒郞洞)의 맑고 빼어남은 만폭동과 우열을 겨룰 만한데, 유독 이곳은 전혀 세상에 알려지지 않았다. 세상에 잘 알려지고 알려지지 못하고가 사물에도 그러하니, 알아주는 사람을 만나고 만나지 못하고가 다른 것인가. 아니면 그 사이에 운수가 있는 것인가. 먼지에 찌든 세속의 발길이 장차 이곳을 더럽힐 듯하여 산수의 신령이 아끼고 감추어 드러내지 않은 것인가.

내가 듣건대 관리들이 행차할 적에는 험한 길을 꺼려서 이 길로 다니지 않고 승려들만 때때로 왕래한다고 하니, 세상에 알려지지 않은 것이 당연하다. 그렇지만 알려지거나 알려지지 않거나 산수에 무슨 상관이 있겠는가. 지금 천년이 지나서 내가 알게 되었으나 다만 내가 명성과 기세를 이 세상에 떨치지 못했고 문장도 훗날 빛을 발하지 못할 것이니, 세 치 혀를 놀려 침이 마르도록 칭찬한들 끝내 무슨 보탬이 되겠는가.

나 역시 세상에서 알아주는 사람을 만나지 못한 자이다. 장차 새가 날아가고[52] 표범이 숨듯이[53] 이곳에 은거하여 암혈에 거처하며 흐르는 물을 감상하면서 여생을 마친다면, 이 산이 세상에 명성을 떨치는 것이 비록 강절(康節)의 백원산(百源山)[54]과 고정(考亭)의 무이산(武夷山)[55]에는 못 미치더라도, 벼슬길의 첩경이 된 종남산(終南山)[56]과 이

52 새가 날아가고 : 세상에 도(道)를 행할 수 없어 벼슬을 그만두고 떠나는 것을 의미한다. 자사(子思)가 노(魯)나라에서 상(相)으로 있으면서 도를 행할 수 없어 떠나려 하자 노나라 임금이 "천하의 군주는 모두 나와 비슷한 수준인데 어디로 가려 하시오?"라고 물었는데, 자사가 "군자는 새와 같아서 놀라면 날아갑니다."라고 대답하였다. 《子思子全書 外篇 胡母豹 第5》

53 표범이 숨듯이 : 세상에 나가 벼슬하지 않고 산림에 은거하여 수양하는 것을 의미한다. 답자(荅子)라는 사람이 도(陶) 땅을 다스리면서 사사로이 재물을 모으자, 그의 아내가 "남산(南山)의 검은 표범이 안개비 속에서 이레 동안이나 먹을 것을 구하지 않고 가만히 있는 것은 그 털을 윤택하게 하여 문채를 이루기 위해서이다."라고 하였다. 《古列女傳 卷2 陶荅子妻》

54 강절(康節)의 백원산(百源山) : 강절은 송(宋)나라 때의 학자인 소옹(邵雍)의 시호이다. 백원산은 중국 하남성(河南省)에 있는 산으로, 소옹이 은거한 곳이다.

55 고정(考亭)의 무이산(武夷山) : 고정은 송나라 때의 학자인 주희(朱熹)의 호이다. 무이산은 중국 복건성(福建省)에 있는 산으로, 주희가 은거한 곳이다.

문(移文)을 보내어 조롱했던 북산(北山)[57]보다는 훨씬 나을 것이다. 그렇다면 나와 이 산이 만난 것이 장차 어떠하겠는가.

조진역(朝珍驛)에 이르렀다. 역사(驛舍)는 없고 초막 한 채만 있었다. 잠시 쉬었다가 마교(馬轎)를 타고 달려서 두백촌(頭白村)에 도착하니 해가 이미 저물었다. 쇄랑령 북쪽은 통천군(通川郡)의 경내이다. 군수 김극건(金克鍵) 영공이 새로 집 한 채를 해안가에 지어 객관(館客)으로 삼았는데 매우 깨끗했다. 밤중에 비바람이 쳐서 세찬 물결이 격렬하게 치솟는 바람에 편히 자지 못하였다.

10일. 밤에 내리던 비가 그치고 맑게 개었다. 하늘이 구름 한 점 없이 맑고 파도가 잔잔하여 섬들이 분명하게 보였다. 밤에 비가 내리지 않고 아침에 날씨가 개지 않았다면 어찌 맑고 싱그러운 풍경을 볼 수 있었겠는가. 하늘이 나의 이번 유람을 어여삐 여겨 비와 바람을 주관하는 신을 타일러서 마음대로 굴지 못하게 하여 호수와 산이 한껏 자태를 드러내도록 한 것인가.

두 사위와 마음껏 떠들며 가는데 해당화가 만발하여 그 가지가 뻗어

56 벼슬길의……종남산(終南山) : 당(唐)나라 때 노장용(盧藏用)이 진사과에 합격한 뒤에도 뜻대로 벼슬길이 트이지 않자 종남산에 은거하였는데, 그곳은 장안(長安) 가까이에 있어 소문이 궁중에 쉽게 전해지는 까닭에 노장용은 오히려 소명(召命)을 받아 벼슬길에 나가게 되었다. 그 일로 인하여 "종남산에 은거하는 것이 벼슬길의 첩경이다."라는 말이 생겼다. 《新唐書 盧藏用列傳》

57 이문(移文)을……북산(北山) : 북산은 종산(鍾山)의 별칭이다. 남제(南齊) 때 주옹(周顒)이 종산에 은거하다가 조정의 부름에 응하여 해염 현령(海鹽縣令)이 되었다. 그가 도성으로 가는 길에 다시 종산을 들르려고 하자 주옹의 변절을 못마땅하게 여긴 공치규(孔稚珪)가 종산 신령(神靈)의 뜻을 가탁하여 〈북산이문(北山移文)〉을 지어 다시는 종산에 발을 들여놓지 못하도록 조롱하였다. 《古文眞寶 後集 卷2》

모랫길을 덮고 있어서 말도 꽃을 밟고 지나갔다. 몇 리쯤 되는 곳에 문처럼 마주한 암석이 있었다. 만약 그것이 길가가 아니라 금강산 깊은 골짜기에 있었다면 반드시 석응암(石鷹巖), 사자암(獅子巖) 등과 세상에 나란히 일컬어졌을 것이다.

통천군 읍치를 지나다가 청허당(淸虛堂)에 올라 들판을 바라보니 제법 상쾌하였다. 통천 군수가 벌써 총석(叢石)에 나와서 기다린다는 소식을 듣고서는 말을 달려 도착하였다. 바위가 쌓여 산이 되었는데 그 높이가 각각 100여 길이고 6면이거나 4면이었다. 그 밖에 꺾여서 물에 누워 있는 것과 길에 넘어져 있는 것도 깎여서 표면이 평평하게 되지 않은 것이 없었다. 귀신이 쪼고 깎아서 그렇게 만든 것인가. 아니면 바람과 달이 도끼질하여 이룬 것인가. 여와씨(女媧氏)의 신묘한 솜씨[58]와 반수(般輸)의 빼어난 기술[59]로도 반드시 이처럼 교묘하게 만들지는 못할 것이다. 보는 사람들이 다 괴이하게 여기고 감탄하였다.

내가 나뭇잎 하나를 가져다 두 사위에게 보여 주며 말했다.

"이 잎에 새겨진 것은 추호(秋毫)와 같이 세밀하니, 누가 만든 것인가? 자네들은 그 유래를 아는가? 이 잎뿐만이 아니네. 천지 사이를 채운 형형색색의 기이하고 괴이한 것들이 어찌 한정이 있겠는가. 그것들은 조물주의 공용(功用)이 아닌 것이 없네. 볼 수 있는 형색

58 여와씨(女媧氏)의 신묘한 솜씨 : 여와씨는 중국 고대 전설상의 임금 중 하나로, 복희씨(伏羲氏)의 여동생이다. 여와씨가 오색의 돌을 갈아 터진 하늘을 메우고, 자라의 발을 살라서 사극(四極)을 세우니 땅이 평정되고 하늘이 완전하게 되었다고 한다. 《淮南子 覽冥訓》

59 반수(般輸)의 빼어난 기술 : 반수는 춘추 시대 노(魯)나라의 공장(工匠)으로 이름은 반(般)이다. 도끼 솜씨가 매우 정교했다고 한다. 《文選 卷45 答賓戲》

(形色)은 기(氣)이고 볼 수도 없고 들을 수도 없는 그 소이연(所以然)은 이(理)이네. 무릇 물건이 어찌 이 두 가지를 벗어나겠는가. 다만 항상 눈에 보이는 것은 그저 보기만 하며 자세히 살피지 않고, 가끔 보는 것은 놀라고 의아해하면서 의문을 가지니, 인지상정이네. 그러나 기로써 말하면 무엇이 예사로운 것이며, 무엇이 괴이한 것이겠는가. 총석이 곧 나뭇잎이고, 나뭇잎이 곧 총석이네."

사위들이 이 말을 듣고 의혹을 풀었다.

금란굴(金蘭窟)과 천도(穿島)가 총석대(叢石臺)의 좌우에 있는데, 바람이 불고 파도가 일어서 가지 못하였으니 아쉬운 일이었다. 점심을 먹은 뒤에 군수가 먼저 돌아가고 나 역시 객사로 돌아왔다. 군수가 다시 술상을 차렸는데, 내가 몹시 피곤하여 술을 마실 수 없어 몇 잔 돌리고는 파하였다. 군수의 아우 김극감(金克鑑)과 그의 손님 이흥복(李興復)도 총석의 모임에 참여하였다. 군수는 김효원(金孝元)의 아들이니, 명망 있는 아버지의 자식이다. 그도 아들 김세렴(金世濂)을 두었는데, 김세렴은 폐모론(廢母論)이 일어났을 때 간관(諫官)으로 있으면서 다른 일로 인피(引避)한 것 때문에 곽산(郭山)에 유배되었다. 군수가 이 때문에 상심하고 있었다.

11일. 신계사(新溪寺)로 향하려 하였는데, 매우 멀어서 일찍 출발하지 않으면 제때에 도착할 수 없었다. 그래서 새벽에 일어나 출발하려 하였는데, 군수가 만류하여 잠시 머무르지 않을 수 없었다. 늦은 아침에 두백촌에 이르러 밥을 먹었다. 왕래할 적에 객사에서 사신(使臣)을 대우하듯이 대접하였고 술과 식사가 동행한 자제들에게까지 이르니, 한가한 유람으로 고을과 역참에 폐를 끼쳐서 부끄러웠다.

다시 쇄랑령의 시내를 건너자 산과 물의 모습이 오랫동안 알고 지낸 사이처럼 느껴져 반가운 마음이 들었지만, 여정이 바빠서 거듭 둘러보지 못하였다. 한편으로는 무릉도원으로 들어가는 길을 뱃사공이 다시 찾지 못할까 염려되기도 하였다.[60]

조진역을 지나 작은 고개를 넘어서 깊은 골짜기로 내려가 바닷가로 나왔다. 촌가에 들어가 잠시 쉬었는데, 그곳은 남아진(南阿津)의 어점(漁店)이었다. 오른쪽은 하늘과 닿은 망망대해이고 왼쪽은 금강산의 바깥 자락이었다. 그 사이에 바닷물이 고여 호수가 된 곳이 있었으니, 그 이름은 장전호(長箭湖)와 장기호(長鬐湖)이다. 몇몇 곳에 위태로운 잔교(棧橋)가 벼랑을 휘감고서 아득히 바다를 내려다보는 것이 또한 몇 리나 되었다.

운암현(雲巖峴)에는 돌로 쌓은 오래된 성이 있었다. 이 지역 사람들이 "이것은 이른바 만리성(萬里城)이니, 구불구불하게 이어져 함경도까지 이른다."라고 한다. 분명 옛날에 포악한 무리를 막던 것이었을 테지만, 연대가 멀어 자세히 알 수 없다.

신계(新溪)가 가까워지자 바위 봉우리가 더욱 기괴하였다. 사람, 새, 기물을 닮은 바위들이 매우 많았는데, 그중에 응자암(鷹子巖)이 특히 매의 모습과 흡사하였다. 골짜기 북쪽에 온정(溫井)이 있는데, 돌을 깎아서 우물 벽을 만들어 위아래를 구분 짓고 석천(石川)에 흘러

60 무릉도원으로……하였다 : 쇄랑령을 다시 방문하고 싶어도 찾아가지 못할까 두렵다는 말이다. 동진(東晉) 때 무릉(武陵)의 한 어부가 시내를 따라 한없이 올라가다가 문득 복사꽃이 만발한 선경(仙境)을 만났다. 어부가 복사꽃을 따라 들어가서 진(秦)나라 때 난리를 피해 들어와 대대로 살고 있던 사람들을 만나 대접을 받고 수일 후에 배를 얻어 타고 되돌아왔는데, 그 후로는 다시 그 도화림(桃花林)을 찾을 수 없었다고 한다.《陶淵明集 卷5 桃花源記》

들게 하였다. 석천의 근원은 구룡연(九龍淵)이고, 구룡연은 비로봉과 구정봉의 사이에 있다.

운암현을 따라 거의 5리를 더 가서 다시 옷을 걷고 얕은 내를 건너 신계사 앞에 이르렀다. 이 절은 새로 지었는데 지키는 사람이 승려 한 명뿐이었다. 원우가 장안사에서부터 혼자 유점사를 지나 먼저 이곳에 도착하여 우리 일행을 기다리고 있었으므로 매우 위로되었다. 이곳은 통천군과 거리가 110여 리이다. 종일 거센 바람이 불어 모래가 얼굴을 때려서 견딜 수 없었다. 밤이 되자 더욱 심해져서 집이 흔들렸다.

12일. 아침 해가 뜨자마자 먹구름이 끼어 비가 오려 하였는데, 강행하여 동석(洞石)에 들어갔다. 바위틈에 있는 푸른 소나무와 하얀 잔설이 흡사 한겨울 같고, 흩어졌다 모였다 하는 안개에 드러났다 숨었다 하는 산의 모습도 장관이었다. 양 비탈 사이에 바위가 쭉 이어져 바닥을 이루고 맑은 냇물이 흩어져 곳곳으로 흘렀는데, 그 소리가 거문고를 타는 것 같았다. 어찌 백천동과 만폭동만이 아름다운 명성을 차지하겠는가.

양 사문 사언이 이곳을 너무나 좋아한 나머지 그 옆에 초가 몇 칸을 지어 놓고 가끔 왕래하면서 유람하고 감상하였다. 선옹(仙翁)이 세상을 떠나자 발자취를 잇는 이가 아무도 없었는데, 다행히 황근중(黃謹中)[61] 영공이 강원도 관찰사가 되어 승려를 모으고 경비를 대어 정사(精舍)를 다시 지으니 지세가 예전 터보다 조금 높았다. 원래 있었던 터에서 위쪽으로 돌계단을 밟아 이곳에 오르니, 기이한 봉우리가 빽빽하게

61 황근중(黃謹中) : 1560~1633. 본관은 창원(昌原), 자는 일지(一之), 호는 월담(月潭)이다. 1614년 강원도 관찰사에 제수되었다.《東州集 卷7 全羅道觀察使黃公神道碑銘》

담처럼 둘러 있어 마치 나를 정양사의 누각에 앉혀 놓은 듯하였다. 그러나 수석(水石)이 바로 앞에 있고 동북으로 트여 있는 것은 정양사가 미칠 수 있는 바가 아니었다. 다만 이 정사는 이미 돌보는 이가 없으니, 얼마 안 있어 비바람에 쓰러지고 초목에 덮여 쑥대밭으로 변해서 황폐해진 양 사문의 초가처럼 되고 말 것이다. 이 또한 여느 건물처럼 허물어지기도 하고 지어지기도 해서 항상 그 상태로 유지될 수 없는 것이 아니겠는가.

또 동쪽으로 20리 가서 깊은 골짜기로 들어가니, 물이 꼭대기에서부터 층층이 흘러내렸고, 아래에는 반석이 있는데 그 모양이 마치 승려의 바리때 같았다. 물이 그 가운데로 떨어져 못을 이루었는데, 검푸르게 고인 물이 깊어서 속을 엿볼 수 없었다. 반드시 신령스러운 용이 숨어 있을 것인데, 이렇게 가뭄이 든 때에 어찌하여 일어나 신묘한 변화를 부려서 우레와 번개를 일으키고 구름을 만들어 비를 내려 동방 수천 리에 은택을 내리지 않는 것인가.

간신히 걸어서 반산령(半山嶺)에 오르자 자리처럼 평평한 바위, 계단처럼 층진 바위, 도랑처럼 깊게 파인 바위 들이 있었다. 급한 여울과 떨어지는 폭포가 앉아서 보는 위치에 따라 좁아지기도 하고 넓어지기도 하였다. 고성(高城)의 나팔수가 윗옷과 모자를 벗고서 바람을 타고 내려가는데, 마치 엎어지듯 춤추듯 하면서 순식간에 100자의 바위 밑으로 뛰어내렸는데도 상처를 입은 곳이 없었다. 이것이 또한 하나의 재미난 구경거리였다.

또 수십 보를 올라가니 양 사문 사언의 필적이 있었다. '봉래도(蓬萊島)'라는 세 대자(大字)는 자획이 이지러지지 않았는데, 나머지 몇 줄의 글씨는 이끼가 끼어 희미해졌다. 어찌하여 이 노인은 가는 곳마다 흔적을 남기지 않은 곳이 없어 후대 사람의 아득한 상상을 일으키는가.

다시 계곡에서 나와 30리를 가서 삼일포에 들어가니, 아스라한 붉은 누각이 보일 듯 말 듯 기이한 암석과 푸른 소나무 사이에 자리 잡고 있었다. 말을 두고서 배를 타고 간 다음 배에서 내려 정자에 올랐다. 정자는 사선(四仙)이 3일간 노닐었다고 한 곳이다. 아름답고 꼿꼿한 서른여섯 봉우리가 푸른 하늘과 하나가 되어 각각 그 자태를 드러내었다. 벼랑과 떨어져 있는 것은 구릉과 숲이고, 그 가운데 교차해 있는 것은 작은 섬과 모래톱이었다. 만 리나 되는 푸른 바다가 바깥에서 에워싸고, 물결 속 하얀 바위가 숲 사이로 드러났다. 못이 된 호수가 굽이굽이 빙 둘러싸서 사방이 아득한데 정자가 물 한 가운데 있었다. 푸른 소나무와 아름다운 바위가 또 종횡으로 펼쳐져 곳곳마다 모두 앉을 만하였다. 거기에 앉으니 마치 난새와 학을 타고 날아올라 은하수에서 긴 바람을 맞고 창공에서 생황과 퉁소 소리를 듣는 듯하였다. 천하에 신선이 없다면 그만이지만, 있다면 이곳을 버리고 어디로 가겠는가. 이른바 사선이 정말 신선이라면 죽지 않고 영원히 살아 천년이 지난 지금까지도 이곳에서 머물렀을 것인데, 당초에 누가 3일만 유람했다고 말했는가. 사선의 웃음거리가 되지 않겠는가. 나는 떠날 것을 잊은 채 한참 동안 앉아 있었고, 떠나면서도 한 걸음 내디딜 때마다 뒤를 돌아보았다.

계속 그곳을 응시하며 배를 타고 내려가서 남쪽 기슭에 정박하니 그 위에 매향비(埋香碑)가 있었다. 단향목은 물속에 천년 동안 잠겨 있으면 침향(沈香)이 된다. 그러므로 옛날 사람들이 호수 곳곳에 나누어 묻고서 비석을 세워 그 이름을 기록하였으니, 또한 옛 유적이다. 묻은 지 지금 몇백 년이 되었는가. 물속 깊이 잠겨 있는 향목을 찾아 꺼내어 오늘날에 향기를 퍼뜨려서 세상의 많은 악취를 제거할 수는 없을까.

암석에 또 단서(丹書)라는 것이 있으니, '술랑도남석행(述郎徒南石行)' 여섯 자였다. 반은 색깔이 희미해져서 구별할 수 없고 '술(述)', '남(南)', '석(石)' 세 글자만 약간 더 분명한 듯했다. 영랑(永郎), 술랑(述郎), 안상(安常), 남석행(南石行) 사선이 관동을 두루 유람하였는데, 총석대와 이 정자는 그들이 다녀간 곳이므로 모두 '사선'으로 이름을 지었다고 세상에 전해진다. 다만 사선이 어떤 사람인지는 모르겠다. 이들은 단약(丹藥)을 복용하고 기(氣)를 단련하여 대낮에 하늘 높이 오른 자들인가. 아니면 세속을 피해 몸을 깨끗이 하여 세상 밖에서 노닌 자들인가. 단사(丹砂)를 갈아 붓이 닳도록 글씨를 남기면서도 오히려 후대 사람들이 그 이름을 알지 못할까 걱정하였으니, 인생을 하루살이로 여겨 한 가지 일도 마음에 두지 않은 자들이 과연 이와 같을까. 이름을 숨기고 종적을 감추고서 음풍농월하며 스스로 즐거워할 뿐인 우리와 비교했을 때 어느 쪽이 더 신선에 가깝다고 하겠는가.

더구나 나 같은 사람은 세속 사람들과 어울려 살면서도 세속에 빠져들지 않고, 외물에 대응하면서도 거기에 얽매이지 않고, 먹고 마시면서도 그 맛에 대해 욕심을 절제하고, 벼슬자리에 있으면서도 그 귀함을 잊어서 얼굴은 늘 봄빛이며 수염은 세지 않았다. 장차 천근(天根)을 더듬고 월굴(月窟)을 밟으며 36궁(宮)을 왕래하여[62] 복희씨와 같은 무리가 되려고 하니, 영랑의 무리가 이와 같았는지 모르겠다.

배를 저어 이리저리 돌아다니고 사자 바위를 어루만지면서 서성이

62 천근(天根)을……왕래하여 : 음양의 이치를 탐구하면서 온 세상을 유람한다는 뜻으로, 천근은 양(陽), 월굴은 음(陰), 36궁은 천지 만물을 상징한다.

다가 날이 저물어서야 읍치에 이르렀다. 신임 군수 유일(柳艄)이 아직 직무를 인계받지 않은 상황이라 텅 빈 객관에서 두 사위와 서로 마주하고 있자니 매우 무료하였다. 그리하여 해산정(海山亭)에 올랐는데, 가까이 남강(南江)이 내려다보이고 멀리 큰 바다가 보이니 근처 고을의 객관 중에는 이곳에 비견될 만한 곳이 없었다. 흰 바위 몇 개가 바닷속에 나란히 서 있었는데, 멀리서 바라보니 옥빛을 띤 채로 우뚝하였다. 그 바위는 삼일포에서 얼핏 보였던 것인데 해산정에서는 매우 잘 보였다. 이것이 이른바 '황하 물결 속의 지주(砥柱)'[63]인가 하는 생각이 들었다. 거친 파도와 드센 물결 가운데 우뚝 서서 생사와 영욕에 의해 꺾이지 않아서 이 바위에 부끄럽지 않을 자가 지금 세상에 몇 명이나 되겠는가. 그런 생각에 마음이 개탄스러웠다.

13일. 일찍 출발하여 남강에 도착했다. 20리쯤 되는 곳에 현종암(懸鍾巖)이 있었다. 법희(法喜)의 기문[64]에 "종이 바다에 떠다니다가 안창(安昌)에 이르러 바위에 걸렸다."라고 한 것이 바로 이 바위이다. 그 아래 큰 바위가 포구에 엎어져 있는데, 전하는 이들이 이것을 가리켜 종을 싣고 온 배라고 하였다. 심하구나, 사람들이 괴이한 것을 말하기 좋아함이여. 그 말을 듣고 그저 빙긋 웃고 말았다. 길 오른쪽에 풀로 엮은 정자가 있었는데, 대강역 어귀였다. 이곳에서 쉬다가 아침밥을 먹고 20리를 달리니 명파(明波)였다. 또 20리를 달리니 열산(烈山)이었다.

63 황하……지주(砥柱) : 지주는 중국 하남성 삼문협(三門峽)에 있는 산이다. 황하의 중류에 위치하여 거센 물살 속에서도 무너지지 않고 기둥처럼 꿋꿋하게 서 있다 하여 지주라는 이름이 붙었다.

64 법희(法喜)의 기문 : 민지(閔漬)의 〈금강산유점사사적기(金剛山楡岾寺事蹟記)〉를 말한다. 266쪽 주36 참조.

열산 객사에서 쉬다가 피곤하여 잠이 들었는데, 참새가 빙빙 돌면서 슬피 우는 것이 마치 원한을 하소연하는 듯하였다. 일어나서 보니, 뱀이 지붕의 기와 사이에서 참새 새끼를 잡아먹고 있었다. 내가 측은히 여겨 사람들을 시켜 급히 잡아오게 하였는데, 몇 자나 되는 늙은 뱀이었다. 내가 혀를 차며 혼잣말로 "너 역시 동물인데 어찌 다른 동물을 이처럼 해치느냐. 으슥한 곳에 올라가 보이지도 들리지도 않는 곳에 형체를 숨기고서 멋대로 흉악한 짓을 하여 새끼를 한 마리도 남기지 않고 다 잡아먹으려 하는구나. 저 기미를 보고 재빠르게 움직여 멀리 피하지 못한 작은 새들은 둥지가 뒤집히는 것이 마땅하다. 그러나 저 뱀으로 말하자면 구멍을 뚫고 기와를 훼손하여 백 년 된 옛집을 엉망진창으로 만들어 비가 새고 바람이 들어오게 하여 반드시 집이 전복되게 하고야 말 것이다. 그렇다면 저 까마귀가 누구의 집에 내려앉을 것인지 모르겠다.[65] 아, 애통하다."라고 하고는 재빨리 뱀을 수풀 속으로 멀리 쫓아 버리게 하였다.

옆 사람이 말했다.

"참으로 우활하십니다. 죽이지 않으면 다시 올 것입니다."

내가 대답했다.

"만약 우거진 잡초를 베어 버리고 집 주변을 깨끗이 청소하여 안팎이 탁 트여 숨을 곳이 없도록 만들면 저것이 어찌 높은 곳에 올라가서

65 저……모르겠다 : 《시경》 〈소아(小雅) 정월(正月)〉에 "슬프다, 우리 사람들은 누구를 따라 복을 받을까. 저 까마귀가 누구의 집에 내려앉을 것인가.〔哀我人斯, 于何從祿? 瞻烏爰止, 于誰之屋?〕"라고 하였다. 이 구절은 나라를 잃어 의지할 곳 없는 백성을 갈 곳 없는 까마귀에 비유한 것인데, 여기서는 객사가 무너지면 그곳에 있던 사람이 머물 곳이 없다는 뜻이다.

독을 뽑을 수 있겠는가. 그렇지 않으면 비록 이 한 마리 뱀을 죽이더라도 머리 둘에 날름거리는 혀를 가진 뱀이 무리를 끌어모아 떼 지어 이를 테니, 그 형세가 미물을 해치는 데서 그치지 않고 흉한 기염과 독한 기운이 끝내 반드시 주인의 방 안까지 미칠 것이다. 이는 주인이 번뜩 깨달아 미리 도모하는 데에 달려 있을 뿐이다. 숨은 뱀들이 수없이 많은데 어찌 다 잡아서 죽일 수 있겠는가. 더구나 저것이 비록 미물이지만 또한 우리와 함께 살아가는 생명체이니 해만 제거하면 그만이지 죽이는 것은 심하지 않은가."

듣는 사람들이 모두 수긍하였고 뱀도 멀리 달아나 숨었다.

날이 저물어 간성(杆城)에 들어갔다. 달빛 아래 영월루(詠月樓)에 올랐다. 늙은 살구나무는 뜰에 그늘을 드리우고 새로 난 연잎은 벌써 엽전 모양으로 돋아나기 시작했다.

14일. 길을 떠나 청간정(淸澗亭)에 도착하니, 아직 아침나절이었다. 밥을 먹고서 말을 달려 저물녘에 낙산사(洛山寺)에 들어갔다. 만호(萬戶) 이준(李濬), 상사(上舍) 최기백(崔基鉑), 우태승(禹泰承), 박종문(朴宗文)이 함께 와서 기다리고 있었다. 원우가 청간정에서부터 말을 달려 돌아와 있다가 연포탕을 만들어 우리 일행을 대접하였다. 그러고 나서 차분하게 밤을 보내고 이튿날 저물어서 관아로 돌아왔다.

지나온 곳을 모두 따져 보니 깊고 넓은 골짜기가 내산(內山)에 네 군데가 있는데,[66] 수점(水岾) 아래와 비로봉 아래는 만폭동이고 천덕암

66 깊고……있는데 : 금강산의 주요 봉우리인 옥녀봉(玉女峯)에서 비로봉(毘盧峯)과 월출봉(月出峯) 줄기를 경계로 서쪽이 금강내산(金剛內山)인데, 이곳의 대표적인 골짜기로는 만폭동(萬瀑洞), 백천동(百川洞), 백탑동(百塔洞), 수렴동(水簾洞)이 있다.

(天德菴)과 시왕동(十王洞)[67]이 또 그 옆이다. 내원암(內院菴)에서 축수굴(逐水窟)로 갈라졌던 길이 합쳐진 곳[68]이 유점동(楡岾洞)이고, 불정대(佛頂臺)의 남쪽은 송림동(松林洞)이고, 구정봉의 동쪽은 신계동(新溪洞)이니, 모두 금강산의 바깥 자락이다. 걸출하게 우뚝 솟아 내산과 외산의 종주가 되는 것은 비로봉이다. 이곳에 오르면 사방 천 리의 뭇 산이 모두 자리 아래에 있게 되어 삼각산(三角山)과 구월산(九月山) 같은 산도 그 형상을 숨길 수 없다고 한다. 그 서쪽은 안쪽으로 망고대(望高臺)가 있고, 바깥쪽은 구정봉과 만경대가 있다.

금강산의 내를 살펴보면, 만폭천(萬瀑川)은 장안사를 거쳐 회양(淮陽)으로 내려갔다가 양구를 거쳐 춘성에 이르니 이것이 소양강(昭陽江)이다. 이 강은 모여서 한강이 되어 바다로 들어간다. 유점동에 흐르는 내는 90리를 흘러서, 송림동에서 흘러온 백천(百川)의 물과 합쳐져 수고촌을 지나 고성으로 흐르다가, 또 신계(新溪)와 발연(鉢淵) 두 내가 하나로 합쳐진 물줄기와 함께 남강이 되어 바다로 흘러 들어간다. 아, 산은 근본이 하나인데 나뉘어 천만 봉우리가 되고 물은 줄기가 다른데 함께 하나의 근본으로 돌아가니, 하나의 근본이 만 가지가 되는 것과 만 가지가 하나로 합쳐지는 것을 여기서 볼 수 있다.

나는 외산에서부터 내산에 이르렀고 아래에서부터 위로 올랐으며 얕은 곳에서부터 깊은 곳에 도달하였다. 깊은 곳이라 해도 모두 찾아갔

67 시왕동(十王洞) : 대본에는 '十三'으로 되어 있다. 문맥에 근거하여 '三'을 '王'으로 바로잡아 번역하였다.

68 합쳐진 곳 : 대본에는 '舍'로 되어 있다. 장서각본에 근거하여 '合'으로 바로잡아 번역하였다.

으며 먼 곳이라 해도 모두 가 보았는데, 마음에 부족한 점이 있는 듯하여 또 동쪽으로 가서 해안을 따라 총석에 오르고 동석으로 들어가며 발연을 다 보고 삼일포에 배를 띄웠다. 원숭이가 사는 곳과 물고기와 용이 지내는 곳과 자장(子長)[69]도 두루 보지 못한 곳과 강락(康樂)[70]도 이르지 못한 곳을 마음껏 다 보고 유유자적하게 천지자연의 기운[71]과 함께하면서 끝이 어딘지를 알지 못하였다. 옛사람 중에 이러한 것을 즐긴 자가 있었는지, 후대 사람 중에 나의 자취를 좇을 수 있는 자가 있을지 모르겠다.

비록 그렇지만 우뚝 솟은 것은 내가 그것이 산인 줄 알고 흐르는 것은 내가 그것이 물인 줄 알되, 그저 산이라는 것과 물이라는 것만 알고 그 소이연(所以然)을 알지 못해서야 되겠는가. 만일 소이연을 알아서 마음에 터득함이 있다면 자신도 모르게[72] 손과 발이 덩실덩실 춤추게 되리라. 사천 필의 말과 만 종(鍾)의 녹을 준다고 해도 그 즐거움을 바꾸지 않을 것이고 대소쿠리의 밥을 먹고 허름한 옷을 입을지라도 그 즐거움을 바꾸지 않을 것이다. 저 푸른 산과 흰 바위는 외물일

69 자장(子長) : 한(漢)나라 사마천(司馬遷)의 자이다. 그는 20세 때부터 남쪽의 회계(會稽)와 우혈(禹穴)과 구의(九疑)로부터 북쪽의 문수(汶水)와 사수(泗水)에 이르기까지 중국 각지를 두루 유람하였다고 한다. 《史記 太史公自序》

70 강락(康樂) : 남조(南朝) 송(宋)나라 시인 사영운(謝靈運)의 봉호이다. 산수 유람을 좋아하여 영가 태수(永嘉太守)로 있을 적에 이름난 산을 빠짐없이 돌아다닌 것으로 유명하다. 《宋書 謝靈運列傳》

71 천지자연의 기운 : 대본에는 '澎氣'로 되어 있다. 문맥에 근거하여 '澎'을 '灝'로 바로잡아 번역하였다.

72 자신도 모르게 : 대본에는 '自知'로 되어 있다. 문맥에 근거하여 앞에 '不'를 보충하여 번역하였다.

뿐이니, 즐기는 바는 과연 이 소이연을 깨닫는 데 있는 것인가. 아마도 여기에 있으리라.

나로 말하자면 험한 곳을 다니면서도 가는 것을 싫증 내지 않으며, 높은 곳을 오를 적에는 한 삼태기의 흙이 부족해서 쌓아 놓은 공이 무너질 수 있음을 경계하였고,[73] 흐르는 물을 내려다볼 적에는 도(道)가 흘러가는 것이 이 물과 같음을 깨달아서 우뚝한 산과 넓은 바다를 모두 그 근원까지 거슬러 올라가고 끝까지 다 가 보았다. 부지런히 옛사람의 뛰어난 자취를 좇는다면 저절로 높고 밝으며 광대한 경지에 이르러서 결국에는 태산(太山)이 뭇 산 가운데 가장 높고 하해(河海)가 세상의 물 가운데 가장 넓은 것처럼 무리 중에서 현격히 빼어나게 되고 말 것이다. 이 유람이 계기가 되지 않겠는가.

73 한……경계하였고 : 산을 오를 적에 중도에 포기하는 것을 경계했다는 말이다. 《서경》 〈여오(旅獒)〉에 "작은 행실을 조심하지 않으면 마침내 큰 덕에 누를 끼쳐 산을 만드는데 아홉 길을 쌓아 올리고도 쌓아 놓은 공이 한 삼태기의 흙이 부족해서 무너질 것입니다."라고 하였다.

책제
策題

묻노라. 역(曆)은 일월성신(日月星辰)의 운행을 기록하는 것인데, 어느 해, 어느 달, 어느 날, 어느 시(時)를 역의 시원(始元)으로 삼아야 하는가? 역기(曆紀)의 수는 〈하도(河圖)〉에서 비롯되었는데, 〈하도〉에서 비롯된 까닭에 대해 상세히 들을 수 있겠는가? 〈하도〉와 〈낙서(洛書)〉는 서로 경(經)과 위(緯)가 된다. 그렇다면 역기의 수는 유독 〈낙서〉에서 법을 취해서는 안 되는 것인가?

30과 12[74]가 서로 이어져 쌓인 것[75]은 인위(人爲)에서 나온 것인가? 1원(元)의 수는 천지가 생성되고 소멸하는 주기인데, 과연 어떻게 미루어 알 수 있겠는가?

역을 만드는 것은 언제부터 시작되었는가? 역을 맡은 봉조씨(鳳鳥氏)의 지위가 어째서 구호(九扈)보다 위에 있는가?[76] 요(堯) 임금께서

74 12 : 대본에는 '二十'으로 되어 있다. 《황극경세서(皇極經世書)》에 근거하여 '十二'로 바로잡아 번역하였다.

75 30과……것 : 30과 12는 시간의 단위가 되는 수이다. 1일(日)은 12신(辰), 1월(月)은 30일, 1년(年)은 12월, 1세(世)는 30년, 1운(運)은 12세, 1회(會)는 30운, 1원(元)은 12회니, 12만 9600년이 1원이다. 이 세계는 1원 동안 역(易)의 원리에 따라 생성되고 발전하며 유지되다가 소멸하여 다시 다른 세계가 이루어진다고 한다. 《皇極經世書》

76 역을 맡은……있는가 : 봉조씨와 구호는 황제(黃帝)의 아들 소호지(少皞摯)가 즉위했을 당시 만든 관직이다. 봉조씨는 역정(曆正)이라고도 하며 천문(天文)과 역수(曆數)를 주관하였고, 구호는 농사를 주관하였다. 《성호사설(星湖僿說)》 권23 〈경사문(經史門)〉에 "추측건대 역정은 음양을 다스리고 사시(四時)에 순응하여 온갖 관원을

는 희씨(羲氏)와 화씨(和氏)에게 명하여 백성들에게 농사철을 알려 주게 하고[77] 순(舜) 임금께서는 선기(璿璣)와 옥형(玉衡)을 살펴 칠정(七政)을 고르게 하였는데,[78] 요 임금과 순 임금이 반드시 이것을 우선시하신 것은 어째서인가?

윤달을 두지 않으면 해를 이루지 못하는데, 재윤(再閏)이 몇 번 들어야 1장(章)이 되는가?[79]

역을 다스려 사시(四時)를 밝힐 적에 유독 〈혁괘(革卦)〉에서 상(象)을 취하였는데,[80] 《춘추(春秋)》의 "춘왕정월(春王正月)"은 역사를 필삭할 적에 하(夏)나라의 역법을 썼다.[81] 이는 어째서인가?

통솔하는 총재(冢宰)로서 마치 봉황이 우충(羽蟲)의 장(長)이 되는 것과 같다."라고 하였다.

77 요(堯)……하고 : 《서경》 〈요전(堯典)〉에 "희씨와 화씨에게 명하여 하늘을 공경하고 일월성신을 역상(曆象)하여 삼가 백성들에게 농사철을 알려 주게 하셨다."라고 하였다.

78 순(舜)……하였는데 : 선기와 옥형은 고대에 천문을 관찰하던 기구이고, 칠정은 일월과 오성(五星)이다. 순 임금이 섭위하여 선기와 옥형을 살펴서 일월과 오성의 운행을 고르게 하였다고 한다. 《書經 舜典》

79 재윤(再閏)이……되는가 : 재윤은 5년 동안에 두 번 드는 윤달이고, 1장(章)은 19년이다. 참고로 19년 동안 7개의 윤달을 두면 태음력과 태양력이 맞아떨어지게 된다. 《書經集傳 堯典》

80 역을……취하였는데 : 《주역》 〈혁괘 상(象)〉에 "못 가운데 불이 있음이 혁(革)이다. 군자가 보고서 역을 다스려 사시를 밝힌다."라고 하였는데, 이에 대해 정이(程頤)가 "군자가 변혁(變革)의 상(象)을 관찰하여 일월성신의 변화를 추산하여 역수를 다스려서 사시의 차례를 밝힌다."라고 주석하였다.

81 춘추(春秋)의……썼다 : 《춘추》에서 매년 첫머리를 "춘왕정월"이라고 썼는데, '춘'과 '왕정월'에 대해서 각각 하력(夏曆)으로 볼 것인지, 주력(周曆)으로 볼 것인지에 대한 학설이 분분하다. 정엽은 '춘'과 '왕정월' 모두 하력을 썼다고 본 듯하다.

대사도(大司徒)가 토지를 측량하고 풍상씨(馮相氏)[82]가 천문을 관측할 적에 추산(推算)하고 점을 쳐 징험했던 법이 어찌 후세에 전해지지 않아서, 이단(履端)과 귀여(歸餘)가 상도(常道)를 잃어 예(禮)가 아니라는 비판을 불러왔는가?[83]

진(秦)나라가 여섯 나라를 멸망시키고서 스스로 수덕(水德)의 상서로움을 얻었다고 하여 10월을 정월로 삼았고, 한(漢)나라가 흥기하여 전대에 써 왔던 전욱력(顓頊曆)[84]을 쓰다가 또 태초력(太初曆)[85]을 썼다. 과연 어떻게 삼통(三統)[86]의 바름에 비견할 수 있겠는가. 역상(曆

82 풍상씨(馮相氏) : 주나라 관직명으로, 천문을 관장하였다. 《周禮 春官宗伯》

83 이단(履端)과……불러왔는가 : 이단은 역(曆)의 추산을 정월 삭일(朔日)로부터 시작하는 일이고, 귀여는 매달 남은 날을 한 해의 마지막으로 돌려보내는 것이다. 《춘추좌씨전(春秋左氏傳)》 문공(文公) 1년 기사에 "이해에 윤3월을 넣었으니, 예가 아니다." 라고 비판하였다. 이에 대해 두예(杜預)가 "역법에 의거하면 윤달이 희공(僖公) 말년에 들었어야 하는데 잘못하여 이해 3월에 윤달을 넣은 것이다. 이는 당시에 역법에 통달한 자가 비판한 것인 듯하다."라고 주석하였다.

84 전욱력(顓頊曆) : 진(秦)나라 때 시행된 역법이다. 진 소왕(秦昭王) 때부터 사용하였다고 하며, 기원전 222년 진 시황(秦始皇)이 진나라의 공식 역법으로 지정하였다. 19년마다 윤달을 일곱 번 두고, 윤달을 한 해의 마지막에 두었으며, 동지의 전 달인 건해월(建亥月) 즉 지금의 음력 10월을 세수(歲首)로 하였다.

85 태초력(太初曆) : 한나라 때 시행한 역법이다. 기원전 104년 한 무제(漢武帝)가 명하여 사마천, 등평, 낙하굉 등이 만들었다. 1월을 세수로 하고 동지를 11월로 고정하였으며, 중기(中氣)가 없는 달을 윤달로 하는 무중치윤법(無中置閏法)을 채택하였고, 천문의 수치를 율려(律呂)에 근거하였다.

86 삼통(三統) : 삼대(三代)의 역법을 이른다. 하나라는 인월(寅月)인 1월을 정월로 삼고, 상나라는 축월(丑月)인 12월을 정월로 삼으며, 주나라는 자월(子月)인 11월을 정월로 삼았다. 이를 각각 인통(人統), 지통(地統), 천통(天統)이라고 일컬으며, 합쳐서 삼통이라고 한다.

象)이 남긴 뜻과 어긋나지 않겠는가. 당(唐)나라의 대연력(大衍曆)[87]은 가장 정밀한 것인데도 선유(先儒)가 "1, 2년 뒤에 오차가 생겼다."라고 말한 것[88]은 어째서인가? 송(宋)나라의 사천대(司天臺)[89]에서 여러 번 옛 제도를 바꾸었고 원(元)나라 초엽에 명신(名臣)들이 새로운 역법을 세웠다. 옛날의 역서(曆書)는 필시 일정한 법이 있었을 텐데, 삼대(三代) 이후로 역을 만든 것이 어찌 그리도 분분하여 정밀하게 하려 할수록 더욱 어긋난 것인가?

추연(鄒衍),[90] 장창(張倉),[91] 낙하굉(洛下閎), 선우망인(鮮于妄人),[92] 태사공(太史公),[93] 사마천(司馬遷),[94] 경수창(耿壽昌),[95] 유흠(劉歆),[96]

87 대연력(大衍曆) : 당나라 개원(開元) 17년(729)부터 지덕(至德) 2년(757)까지 시행한 역법이다. 728년 당 현종(唐玄宗)의 명으로 승려 일행(一行)이 편찬하였는데, 《주역》의 '대연수(大衍數)'에 근거를 두고 만들었다 하여 이렇게 이름하였다.

88 선유(先儒)가……것 : 선유는 주희(朱熹)를 가리킨다. 《주자어류(朱子語類)》 권86 〈예(禮) 3 주례(周禮) 지관(地官)〉에 나오는 내용이다.

89 사천대(司天臺) : 천문을 관측하고 역수를 관장하는 관서이다.

90 추연(鄒衍) : 전국 시대 제(齊)나라 사람으로, 음양가의 대표적인 인물이다. 천지 만물의 흥망성쇠를 오행(五行)의 순환에 맞추어 풀이하였다.

91 장창(張倉) : '장창(張蒼)'이라고도 한다. 전한(前漢) 사람으로, 음률과 역서에 정통하고 도서(圖書) 및 계수(計數)에 통달하여 군국의 계수를 관장하였다. 한 문제(漢文帝) 때에 10여 년간 승상(丞相)에 있으면서 음률과 역서를 개정하였다.

92 선우망인(鮮于妄人) : 전한 사람으로, 낙하굉이 내놓은 혼천설(渾天說)을 검증하였다.

93 태사공(太史公) : 한 무제 때 태사령(太史令)이 되어 천문과 역법을 관장했던 사마담(司馬談)이다.

94 사마천(司馬遷) : 사마담의 아들로, 사마담의 뒤를 이어 태사령이 되어 태초력을 제정하는 데에 참여하였다.

등평(鄧平),[97] 왕박(王朴),[98] 일행(一行),[99] 곽수경(郭守敬),[100] 허형(許衡)[101]의 무리 중에 혹 용성(容成)[102]과 희씨와 화씨의 오묘함에 견줄 만한 자가 있는가? 그 연대(年代)의 거리와 입언(立言)의 차이와 만들어 낸 역법의 정밀도에 대해 또한 상세히 말할 수 있겠는가?

역과 율려(律呂)는 서로 관련이 없는 듯한데, 율려로 역을 기산(起算)한 것은 어째서인가? 시초점을 칠 때 남은 수를 손가락 사이에 끼워 윤달을 형상하니[103] 또한 무엇을 취하여 그렇게 한 것인가? 《태현경(太

95 경수창(耿壽昌) : 전한 사람으로, 혼천설을 검증하기 위해 황도(黃道)를 새긴 혼천의(渾天儀)를 만들었다.

96 유흠(劉歆) : 전한 사람으로, 태초력을 개선하고 보완하여 삼통력(三統曆)을 만들었다.

97 등평(鄧平) : 대본에는 '劉平'으로 되어 있다. 표기상의 오류로 판단되어 '劉'을 '鄧'으로 바로잡아 번역하였다. 전한 사람으로, 태초력을 제정하는 데에 참여하여 태사승(太史丞)에 임명되었다.

98 왕박(王朴) : 후주(後周) 사람으로, 역산(曆算)에 정통하여 《현덕흠천력(顯德欽天曆)》, 《대주흠천력(大周欽天曆)》, 《율준(律準)》을 지었다.

99 일행(一行) : 당나라 사람으로, 각종 천문 의기(天文儀器)를 만들었으며, 대연력을 만들었다.

100 곽수경(郭守敬) : 원(元)나라 사람으로, 세조(世祖)의 명을 받아 수시력(授時曆)을 만들어 태사령에 임명되었다.

101 허형(許衡) : 원나라 사람으로, 곽수경 등과 함께 수시력을 만들었다.

102 용성(容成) : 황제(黃帝) 때의 사관(史官)으로, 최초로 역법을 만들었다고 전해지는 전설상의 인물이다.

103 시초점을……형상하니 : 《주역》 〈계사전 상(繫辭傳上)〉에 "대연의 수가 50이요, 사용하는 것은 49이다. 이를 나누어 둘로 만들어서 천지(天地)를 형상하고, 하나를 손가락 사이에 걸어서 삼재(三才)를 형상하고, 이것을 넷으로 셈하여 사시를 형상하고, 남은 수를 손가락 사이에 끼워서 윤달을 형상한다."라고 하였다.

玄經)》의 법과 《잠허(潛虛)》[104]의 수와 단약을 굽는 방법[105]은 또한 역상과 서로 비슷한 점이 있는가?

〈선천방원도(先天方圓圖)〉[106]는 소자(邵子)[107]가 태극이라는 구슬을 가지고 놀던[108] 여가에 수시로 왕래하면서 보았던 것인데, 8절(節) 16기(氣)[109]에 각각 몇 괘씩 나누어 배속(配屬)시켜야 1년 주기에 남거나 모자람이 없게 되겠는가? 주자가 "〈곤괘(坤卦)〉와 〈복괘(復卦)〉 사이가 아마 무극(無極)일 것이다."라고 하였는데,[110] 역서(曆書)로 말하면 무엇이 〈곤괘〉와 〈복괘〉의 사이가 되는가?

열두 달에 때맞추어 시행해야 하는 월령(月令)이 여씨(呂氏)의 유편

104 잠허(潛虛) : 북송(北宋)의 학자인 사마광(司馬光)의 저서이다. 일종의 음양서(陰陽書)로, 《태현경》을 모방하고 오행을 위주로 하였다.

105 단약을 굽는 방법 : 후한(後漢)의 학자 위백양(魏伯陽)이 지은 《주역참동계(周易參同契)》를 두고 말한 듯하다. 이는 《주역》의 원리를 따라 연단(鍊丹)하여 연명, 장수하는 방법을 논한 책이다.

106 선천방원도(先天方圓圖) : 북송의 학자 진단(陳摶)의 저작으로, 천원지방설(天圓地方說)에 근거를 두어 64괘를 원형으로 배열해 천체를 형상하고 다시 그 안에 64괘를 방형(方形)으로 배열하였다.

107 소자(邵子) : 북송의 학자 소옹(邵雍)으로, 《주역》에 정통하였다.

108 태극이라는……놀던 : 역리(易理)를 탐구하는 것을 의미한다. 대본에는 '弄環'으로 되어 있다. 《격양집》 권12 〈자작진찬(自作眞贊)〉에 근거하여 '環'을 '丸'으로 바로잡아 번역하였다.

109 8절(節) 16기(氣) : 24절기 가운데 입춘, 입하, 입추, 입동, 춘분, 하지, 추분, 동지를 8절이라 하고, 나머지를 16기라고 한다.

110 주자가……하였는데 : 주희가 소옹의 '무극지전(無極之前)'에 대해서 설명한 말로 "〈복괘〉와 〈곤괘〉 사이가 무극이고, 〈곤괘〉로부터 거꾸로 〈구괘(姤卦)〉까지가 무극지전이다."라고 하였다. 《朱子語類 卷65 易1 綱領上之上》

(遺篇)[111]에 자세하게 실려 있는데, 때맞추어 시행하지 않으면 재해가 그에 상응하여 내리는 것은 모두 필연적인 이치인가? 천지를 편안하게 하고 만물을 잘 길러 주는 근본이 과연 여기서 나오지 않겠는가. 10월 초하루에 일식이 있었고, 천둥과 번개가 번쩍번쩍 친 적이 있고, 봄에 얼음이 얼지 않은 적이 있고, 서리가 내렸으나 풀[112]을 죽이지 못한 적이 있고, 봄에 비가 내리고 나뭇가지[113]에 빗물이 얼어붙은 적이 있고, 가을에 큰물이 진 적이 있고, 오랫동안 비가 내리지 않은 적이 있고, 겨울에 도리(桃李)가 개화한 적도 있고, 6월에 서리가 날린 적도 있었다.[114] 이를 야기한 까닭과 상응하여 나타난 징험을 역수(曆數)로 말할 수 있겠는가? 어떻게 하면 사시가 절서(節序)를 따라서 때맞추어 비가 내리고 날이 개어서 온 세상을 태화(太和)의 안에 있게 하여 역수의 무궁함을 이룰 수 있겠는가?

여러 유생은 학문이 천(天)과 인(人)의 이치에 대해 통달하여 천 년 뒤의 일지(日至)를 앉아서도 알 것이니, 그 내용을 듣고자 한다.

111 여씨(呂氏)의 유편(遺篇) : 진(秦)나라의 재상 여불위(呂不韋)가 주도하여 편찬한 《여씨춘추(呂氏春秋)》를 가리킨다.

112 풀 : 대본에는 '菽'으로 되어 있다. 《춘추공양전(春秋公羊傳)》 및 《춘추곡량전(春秋穀梁傳)》에 근거하여 '草'로 바로잡아 번역하였다.

113 나뭇가지 : 대본에는 '水'로 되어 있다. 《춘추공양전》 및 《춘추곡량전》에 근거하여 '木'으로 바로잡아 번역하였다.

114 6월에……있었다 : 《문선(文選)》 〈예건평왕상서(詣建平王上書)〉에 이선(李善)이 "추연(鄒衍)이 연 혜왕(燕惠王)에게 충성을 다하였는데, 혜왕이 참소를 믿고서 그를 잡아들였다. 추연이 하늘을 우러러 통곡하니, 한여름에 하늘에서 서리가 내렸다."라고 주석하였다. 여기에서 "6월에 서리가 날린다."라는 말이 유래하였다.

수몽집

제4권

봉사 封事

봉사 封事

수찬을 사직하는 상소

辭修撰疏

갑오년(1594, 선조27) 1월 9일에 수찬에 제수되었는데 이날은 바로 조모를 위해 입었던 승중복(承重服)을 벗고 난 다음 날이었다. 보령(保寧)에서 명을 듣고 도성으로 들어가 사은하고, 이어 상소를 올렸다.

삼가 아룁니다. 신은 죄악이 몸에 쌓여 신명(神明)이 벌을 내렸는데, 외로이 의지할 데 없는 몸으로 즉시 죽지 못한 채 종묘와 사직이 폐허가 되고 군부(君父)가 파천(播遷)하며 백성이 도륙되는 것을 목도하였습니다. 그런데도 적들의 칼날 아래에 한번 죽기를 결단하지 못하고 노모를 모시고서 달아나 초야에서 구차하게 살며 오늘날에 이르렀으니, 군주를 잊고 나라를 등진 죄가 만번 죽는 형벌을 받더라도 오히려 부족하였습니다. 그러다가 상을 당한 뒤로는 묵은 병이 온몸을 얽어서 늘 쇠잔한 육신과 남은 넋이 도랑에 버려져 더 이상 한강 북쪽의 옛 땅에 들어가지 못할까 염려하였습니다. 멀리서 대궐만 바라보면서 이 때문에 스스로 더욱 슬퍼하였습니다.

이달 20일 이후에 마을 사람을 통해서 신을 수찬의 직임에 제수하셨다는 소식을 처음 듣고는 슬프고도 황공하여 수찬의 책임이 막중하다는 것과 어리석고 졸렬한 신이 감당하기 어렵다는 것과 공론이 받아들이지 않으리라는 것을 미처 생각할 겨를도 없이 급히 행장을 꾸려 길을 나서서 은명(恩命)에 사례하려 했습니다. 그러나 진창길에 엎어지고 넘어져 조금씩 힘겹게 나아가느라고 이달 25일에야 예산(禮山) 촌막(村幕)에 이르러 공경히 유지(有旨)를 받드니 더욱더 감격스럽고도 두려웠습니다.

게다가 듣자니 역적이 막 일어나 신자(臣子)가 차마 듣지 못할 말이 나도는데, 이산겸(李山謙)[1] 또한 그 무리에 속하여 이미 전주(全州)에서 체포되었다고 하니, 신은 경악을 금치 못하겠습니다. 외적(外賊)이 국경을 침략한 지 지금 2년 되었는데 이때에 내부에서 근심거리가 생겨 다시 성상께 염려를 끼치고 있으니 신은 너무나도 애통한 마음을 더욱 가누지 못하겠습니다.

더구나 신은 급박한 심정과 용서받을 수 없는 죄가 있으니 감히 자세히 진달하지 않을 수 없습니다. 신은 난리 초부터 병화를 피해 이리저리 떠돌면서, 온 나라가 전쟁에 휩싸여 양궁(兩宮)께서 멀리 떨어져 계신 것을 생각할 때마다 서쪽을 향해 슬피 부르짖으며 음식도 삼키지 못하였습니다. 사우(士友)를 만나면 의로써 떨쳐 일어나 나라에 보답하자고 서로 권면하였지만 적이 사방에서 밀어닥쳐 발붙일 곳도 없었기에 말만 하고 통곡만 할 따름이었습니다.

지난 임진년(1592) 9월 초에 신이 노모를 업고서 죽음을 각오하고

1 이산겸(李山謙) : 토정(土亭) 이지함의 서자로, 임진왜란 때 충청도에서 의병을 일으켜 조헌의 휘하에서 활동하다가 조헌이 전사한 뒤 잔여 병력을 이끌고 충청도와 전라도 일대에서 의병 활동을 하였다. 1594년(선조27) 송유진(宋儒眞)의 난에 연루되어 처형되었다.

한밤에 적의 소굴을 지나 보령으로 흘러 들어갔는데, 이때 이산겸이 조헌(趙憲)의 막부에서 종사하다가 조헌이 죽자 남은 병사들을 대신 거느리고 있다고 들었습니다. 이산겸은 이지함(李之菡)[2]의 서자(庶子)로, 신의 장인 이산보(李山甫)의 종제(從弟)입니다. 신이 일찍부터 이지함의 매우 뛰어난 재주와 행실을 흠모하였고, 또 그의 자식이 전사한 조헌의 뒤를 이어 의병을 거느리는 것을 가상히 여겨서 이산겸이 신분은 천하지만 마음은 나라를 위한다고 멋대로 생각하였습니다. 그리하여 마을에 알고 지내는 두세 사람에게 권면하여 얼마 안 되는 군량과 병기를 얻어 그에게 보태 주었으니, 이것이 임진년 10월의 일입니다.

당시 이산겸이 이미 평택(平澤)에 나아가 진을 치고 있던 터라, 신은 이산겸과 만나지 못하고 단지 편지를 써서 정성을 다해 적을 토벌하는 의리에 대해 권면하였을 뿐이고 이후로 군대와 관련된 일은 더 이상 상관하지 않았습니다. 당초에 그가 의병이라는 이름을 내세웠으니, 어찌 오늘날 같은 일이 있을 줄 생각이나 했겠습니까. 신은 나라를 위하여 분발하는 마음을 억누르지 못하고 조헌을 이어 의병을 거느린다는 명분을 가상히 여겨서, 그 사람 됨됨이가 어떠한지를 헤아리지 못하고 끝내 악을 조장하는 죄에 빠졌으니, 죽더라도 부끄러움을 씻을 수 없을 것입니다. 삼가 바라건대 서둘러 형조에 명하여 형법을 엄히 보이도록 하십시오.

신은 지극히 두렵고 황공한 마음을 이기지 못하겠습니다. 삼가 죽음을 무릅쓰고 아룁니다.

2 이지함(李之菡) : 1517~1578. 본관은 한산(韓山), 자는 형백(馨伯)·형중(馨仲), 호는 토정, 시호는 문강(文康)이다. 정엽의 장인 이산보의 숙부이다.

근친을 위해 사정을 진달하는 상소 만력 갑오년(1594, 선조27)

觀親陳情疏 萬曆甲午

삼가 아룁니다. 신은 거상(居喪) 중에 만번 죽을 고비를 넘긴 뒤 도성으로 돌아와 운 좋게 근신의 반열에서 우러러 천광(天光)을 뵙게 되었습니다. 미천한 신의 마음이 또한 절로 위로가 되니, 죽더라도 더 이상 한이 없을 것입니다.

지금 국사가 금방이라도 어떻게 될지 모르는 근심이 있고 성상께서는 와신상담하는 통렬한 각오를 마음에 품고 계시니, 신하의 도리상 실로 사사로운 형편을 돌아볼 겨를이 없습니다. 다만 신에게 매우 안타깝고 절박한 사정이 있어서 감히 상세히 아뢰지 않을 수 없습니다.

어제저녁에 신의 가노(家奴)가 아산(牙山)에서 와서 모친이 병석에서 한 말을 신에게 전하기를 "내 슬하에는 오직 너밖에 없기에 네 부친이 세상을 뜬 뒤로 10년 동안 너를 의지하여 살며 하루도 떨어진 적이 없었다. 네가 서울로 떠난 후로 굶주려도 쌀을 지고 오는 자가 없고 병들어도 약시중을 드는 이가 없으므로 외로이 타향에서 지내면서 너를 기다리는 마음을 가누지 못하였다. 그리하여 서울로 가서 너와 함께 지내다 죽으려고 어렵사리 길에 올랐다가, 아산에 이르러 말에서 떨어져 병을 얻어 촌막에서 머물고 있는데 병세가 나날이 깊어지고 있다. 내가 이미 가지 못하고 너도 오지 못하니 죽기 전에 너를 다시 볼 수 없겠구나."라고 하였습니다. 신이 이 말을 듣고는 마음을 진정할 수 없었습니다.

아, 어느 자식이 부모가 없겠으며 어느 부모가 자식이 없겠습니까마는 신의 모자는 정상이 실로 슬퍼할 만합니다. 신은 스무 살에 부친을 잃은 데다 안으로는 형제가 없고 밖으로는 가까운 친척이 없어 모자만이 서로 따르며 의지하였습니다. 그런데 신의 모친이 일찍이 큰 병을 앓아 간신히 육신만 남아 있었는데 지금 또 말에서 떨어져 다치는 바람에 묵은 병이 다시 도졌습니다. 그런데도 신이 또한 여기에 있어서 병간호를 하지 못합니다. 약을 지어다 줄 사람도 없고 미음과 죽을 쑤어 줄 자도 없으며 의지할 만한 친척도 없으니, 신의 안타깝고 절박한 마음을 억누를 길이 없을 뿐만 아니라, 병든 모친이 신을 생각하는 마음을 가누지 못해 더욱 병이 깊어질까 두렵습니다.

지난 1월에 신이 제수하는 명을 듣고서 서둘러 길을 떠나올 적에 모친이 신에게 "지금은 군신의 의리가 중하니 너는 나를 생각해서는 안 된다. 나도 다시 소소한 우환을 너에게 말하지 않겠다."라고 하였습니다. 그런데 지금 전해 온 말이 이와 같으니 틀림없이 병세가 매우 위중한 상태일 것입니다. 신은 더욱더 안타깝고 절박한 마음을 이기지 못하겠습니다. 조정에 그대로 있자니 정의(情誼)상 차마 못 하겠고, 떠나자니 공의(公議)가 매우 엄격합니다.

삼가 바라건대 신에게 은혜로이 휴가를 내려 주십시오. 그러면 달려가 병든 모친을 살필 수 있어 조금이나마 피차의 마음에 위로가 될 것입니다. 신이 또 생각건대 갔다 돌아오는 기간 동안 직임을 오래 수행하지 못하는 죄를 짓게 될 테니, 아울러 바라건대 신의 본직을 체차하여 공적으로나 사적으로나 편안하게 해 주십시오. 그러면 매우 다행일 것입니다.

신은 지극히 두렵고 황공한 마음을 이기지 못하겠습니다. 삼가 죽음을 무릅쓰고 아룁니다.

수찬을 사직하는 상소 만력 갑오년(1594, 선조27)

辭修撰疏 萬曆甲午

삼가 아룁니다. 미천한 신이 매번 성상을 번독하게 하여 매우 황공하지만, 정상이 안타깝고 절박하여 그만둘 수가 없습니다.

신은 상복을 벗은 지 오래되지 않아 원기가 소진된 상태이니, 형체는 비록 보존하였지만 병의 뿌리는 이미 깊어졌습니다. 그러다 3월 이래로는 학질을 줄곧 앓아 증세가 심해지다 덜해지다 하면서 지금까지 낫지 않고 있습니다. 그럼에도 부지런히 힘써 직임을 수행하며 감히 휴가를 청하지 못하였는데, 입시할 때에 이르러서는 정신이 흐리고 기운이 빠져서 거의 스스로 몸을 지탱할 수 없을 지경이었습니다.

이달 4일부터는 다리에 종기가 나 심한 염증이 온몸에 퍼져서 마음대로 굽히고 펴며 앉고 눕지도 못하고, 머리가 아프고 가슴이 답답하여 음식을 먹지 못한 지 오래되었습니다. 그렇지만 지극히 미천한 신이 상하가 경황이 없는 날을 만나 심해지는 병과 사사로운 근심으로 성상의 귀를 번거롭게 할 수 없다고 생각했습니다. 이 때문에 아픔과 고통을 누르고 참으며 감히 직소(直所)를 나가지 못하고 열흘간 조섭했으나 병세가 처음에 비해 더욱 심해졌습니다. 논사(論思)하는 중요한 자리가 도리어 병으로 누워 있는 곳이 되었으니, 더욱 근심스럽고 두려워서 어찌해야 할지 모르겠습니다.

어제 겨우 단자(單子)를 올리고 물러나 사가(私家)로 왔는데 갑자기 한질에 걸려 몸이 얼음 같았다가 잠깐 사이에 열이 올라 불처럼 뜨거워져서 하룻밤 사이에도 증세가 종잡을 수 없었습니다. 그리하여 정신이 혼미해져 마치 꿈속처럼 몽롱하고 기력이 쇠약해져서 목숨이 끊어질 듯한 상태입니다.

신이 스스로 생각하기에는 몸이 많이 상한 상황에서 독종(毒腫)이 밖으로 드러나고 한기와 열기가 안으로 공격하여 날마다 더욱 병이 깊어져만 가고 나을 기약이 없는 듯합니다. 그런데 본관(本館)에는 부제학 이정형(李廷馨)만 있고 더 이상 교대하여 입직할 인원이 없으니 더욱 답답하고 염려됩니다.

근래 승정원에서 하위 관원에게는 소장(疏章)을 대신 제출하는 것을 허락하지 않으므로 신이 감히 병든 몸을 끌고 와서 대궐에서 슬피 아룁니다. 삼가 바라건대 성상께서는 신의 본직을 체직하여 공적으로나 사적으로나 편안하게 해 주소서. 그러면 매우 다행일 것입니다.

신은 지극히 두렵고 황공한 마음을 이기지 못하겠습니다. 죽음을 무릅쓰고 아룁니다.

이상은 선묘조(宣廟朝)에 올린 봉사(封事)이다.

근친을 위해 사정을 진달하는 상소 경신년(1620, 광해군12)
乞覲陳情疏 庚申

삼가 아룁니다. 신이 가진 터럭 하나하나가 성은이 아닌 것이 없는데도 내직과 외직을 외람되이 맡아서 조금도 은혜에 보답하지 못하였습니다. 그런데 지난번 초야에 있으면서 엄한 하교를 내리시게 했으니 왕명을 받드는 것을 태만히 한 죄를 면하기가 어렵습니다. 게다가 석고대죄(席藁待罪)하는 도중에 노모가 일가(一家)의 절박한 초상으로 인해 놀라고 비통해하다 병을 얻었다는 소식을 듣고는 죽음을 무릅쓰고 노모를 만나러 가겠다고 청하여 특별히 휴가를 받았으니 신의 죄가 여기에 이르러 더욱 큽니다. 전후로 저지른 죄가 한둘이 아니라서 두렵고 초조한 마음으로 삼가 벌을 기다리기에도 겨를이 없어야 마땅하지만, 급박한 사정이 혹 병으로 인한 고통보다 심할 때면 부득이하게 부모에게 슬피 고하게 되는 것입니다.

어제저녁에 신의 가노(家奴)가 고향 집에서 와서는, 신의 모친이 오랫동안 병을 앓던 차에 감기까지 얻어 점점 병세가 나빠지고 있다고 하였습니다. 신이 이 말을 듣고 놀란 가슴이 절로 진정되지 않았습니다. 80세 노부모의 아들 중 하나는 정사에 종사하지 않는 것이 옛 제도입니다.[3] 신의 모친이 지금 또한 80세이니 질병이 없더라도 오히려

3 80세……제도입니다 : 《예기(禮記)》 〈왕제(王制)〉에 "나이 80이 된 자에게는 아들 한 사람을 정사에 종사하지 않도록 하고, 나이 90이 된 자에게는 그 가족 모두를 정사에 종사하지 않도록 한다."라고 하였다.

그 곁을 떠나서는 안 됩니다. 더구나 또 모친의 병세가 이와 같은데 신이 독자(獨子)로서 며칠이나 걸리는 곳에 멀리 떨어져 있고 궁벽한 고을의 가난한 집에 간호해 줄 사람이 없습니다. 생각이 여기에 미치니 눈물이 절로 흐릅니다.

대례(大禮)가 임박해 옴에 따라 신료들이 일이 많으니 정사(呈辭)를 받아들이지 말라고 새로이 성교(聖敎)를 내리셨습니다. 떠나자니 공론이 매우 엄하고 남아 있자니 인정상 차마 못 할 바라, 공적으로도 사적으로도 낭패인 이 상황에서 어찌해야 할지 모르겠습니다.

삼가 바라건대 성상께서는 신에게 돌아가 모친을 돌볼 수 있도록 허락해 주십시오. 그러면 죽음에 다다른 노모의 목숨을 구원할 희망이 있을 것입니다. 매번 간절하게 아뢰어 성상의 귀를 어지럽히며 끊임없이 왔다 갔다 하면서도 오히려 그칠 줄 모르니 신의 죄가 죽어 마땅합니다.

신은 지극히 두렵고 황공한 마음을 이기지 못하겠습니다. 삼가 죽음을 무릅쓰고 아룁니다.

사정을 아뢰고 대죄하는 상소

陳情待罪疏

광해군이 모후를 유폐한 뒤로, 선생이 교외로 물러나 지내면서 제수하는 명이 있으면 그때마다 사직하였다. 그러다 임술년(1622, 광해군14)에 광해군이 "재신(宰臣)이 일절 출사하지 않는데 그 뜻이 무엇인지 모르겠다."라고 전교하였기 때문에 선생이 이 진정소(陳情疏)를 올렸다.

삼가 아룁니다. 신은 외로운 몸으로서 특별한 은혜를 입어 초야에 버려진 처지에서 발탁되어 계속 승진하여 여기에 이르렀습니다. 그런데 밖으로는 온 힘을 쏟아 백성들의 근심을 풀어 주려 하지 못하고, 안으로는 정성을 다해 극언하여 성덕을 돕고자 하지 못하였습니다. 시위소찬하며 세월만 보낼 뿐 좋은 모습을 한 가지도 보이지 못했으니, 성상의 은혜를 저버린 죄를 피하기 어려운 줄 스스로 알고 있습니다. 게다가 노모가 죽음이 임박해서 그 곁을 차마 떠나지 못하고 오랫동안 초야에서 지내며 여전히 머뭇대고 있으니, 마음과 행적이 서로 어긋나고 나아가기도 물러나기도 모두 난감한 상황이었습니다. 신의 사정을 성상께 스스로 아뢸 길이 없어 곧장 하늘에 호소하려 해도 할 수가 없었습니다.

신이 삼가 지난 2월 23일에 내린 비망기를 읽어 보니 관질이 높은 재신이 일절 출사하지 않는데 그 뜻이 무엇인지 모르겠다고 전교하셨습니다. 이에 신이 황공하고 두려워서 어찌할지 모르겠습니다. 청컨대 낭패스럽고 절박한 상황에 대해 죽음을 무릅쓰고 진달하겠습니다.

신은 2대 독자로서 친족마저 적어 혈혈단신으로 모친과 함께 살아왔습니다. 조정에 있는 신하 중에 간혹 부모가 연로한 자가 있을 테지만, 쓸쓸하고 외로운 처지로 말하자면 누가 신만큼 애처롭겠습니까. 모친의 나이가 지금 이미 81세인지라, 모습은 나날이 더욱 노쇠해져 가고 정신은 나날이 더욱 혼미해지며 먹고 마시는 것도 나날이 더욱 줄어들고 있습니다. 게다가 병석에 누운 지도 이미 오래되어 쇠잔한 몸과 남은 넋이 금방이라도 어떻게 될지 장담하지 못합니다. 신이 한걸음이라도 문밖을 나가면 질병은 누가 돌보며 약은 누가 올리며 앉고 누울 때 누가 부축하겠습니까. 숨이 끊어질 듯한 모친에게 간호하는 사람이 없으니, 신이 무슨 마음으로 갓끈을 휘날리고 인끈을 매고서 벼슬자리에 올라 반열에서 호명되는 것을 편안히 여기겠습니까. 이것이 신의 실제 사정이니 어찌 다른 뜻이 있겠습니까.

아, 임금에 대한 충성과 부모를 향한 효성은 타고난 떳떳한 성품에서 똑같이 나온 것이니 본래 경중의 차이가 없습니다. 더구나 신이 유달리 융숭한 은혜를 받아 오랫동안 성상을 가까이에서 모셨으므로 지금까지도 꿈속의 혼은 여전히 대궐에 있습니다. 그러니 성상을 멀리 떠나는 것이 어찌 신의 본심이겠습니까. 다만 모친의 나이가 많아질수록 신의 사정이 더욱 절박해집니다. 군주를 섬길 수 있는 날짜와 모친을 모실 수 있는 날짜를 따져 보면, 벼슬하기 어려운 형세가 갈수록 심해져서 올해는 지난해보다 더하고 오늘은 어제보다 더합니다. 그러니 신은 벼슬을 하지 않는 것이 아니라, 하려 해도 형세상 할 수 없는 것입니다.

하물며 80세 노부모의 아들 중 하나는 정사에 종사하지 않는 것이 옛 성인의 엄격한 제도이니, 신이 형세상 벼슬을 할 수 없을 뿐만 아니라 제도상으로도 할 수가 없습니다. 신이 만약 영화를 탐내고 녹봉을 넘보아 모친에 대한 정을 누르고 옛 제도를 어기면서 일수(日修)의 나이[4]인 모친과 떨어져 지낸다면 이미 효를 옮겨 충성할 수 없을 것입니다. 그리되면 신이 달려가 힘을 바치고자 해도 성상께서 장차 어떻게 이러한 신을 쓰시겠습니까. 그렇다면 신의 한 몸이 집에 있으면 훗날 전하에게 충성을 바칠 근본이 될 테지만, 조정에 있으면 성상께서 응당 버려야 할 신하가 될 테니, 신의 뜻이 진실로 여기에 있습니다. 이것이 신의 마음은 대궐로 달려가지만, 신의 몸은 감히 나아가지 못하는 이유입니다.

북쪽을 바라보면서 눈물을 흘리며 땅에 엎드려 대죄합니다. 지극히 두렵고 황공한 마음으로 죽음을 무릅쓰고 아뢰옵니다.

4 일수(日修)의 나이 : 일수는 상구(喪具)를 날마다 손보는 것이다. 《예기(禮記)》〈왕제(王制)〉에 "60세가 되면 상반하는 데에 1년 정도 걸리는 상구를 준비하고, 70세가 되면 한 계절 정도 걸리는 상구를 준비하고, 80세가 되면 한 달 안에 만들 수 있는 상구를 준비하고, 90세에는 준비해 놓은 물건을 날마다 손보아야 한다."라고 하였다. 여기서는 정엽의 모친이 80세를 넘겨 90세가 되어 가기 때문에 이와 같이 말한 것이다.

대사간 겸 대사성을 사직하는 상소

辭大司諫兼大司成疏

인조께서 즉위 초년에 사표(師表)로 삼을 만한 조정 신하를 가려서 대사성으로 삼고자 하였는데, 중론이 모두 선생에게로 쏠려서 먼저 대사성에 제수하였다. 한참 뒤에 성상께서 대신에게 옛날에 실직을 가지고 대사성을 겸한 자가 있었는지 묻자, 대신이 정인지(鄭麟趾), 서거정(徐居正)이 겸하였다고 대답하였다. 이에 선생을 대사간 겸 대사성에 제수하였다. 그러므로 선생이 이 상소를 진달하였다.

삼가 아뢰옵니다. 어리석고 졸렬한 신이 성명(聖明)을 만나 그저 융숭한 은혜에 감격할 줄만 알고 자신의 국량에 맞는지 생각하지 않은 채 오랫동안 차지해서는 안 될 자리를 함부로 차지하면서 조금도 공헌한 바가 없었습니다. 그런데도 엄한 견책을 가하지 않으시고 총애하는 명을 거듭 내려서, 대사간의 직책이 또 형편없는 신에게 미치고 겸직하라는 명이 규례를 벗어난 데서 특별히 나왔습니다. 그리하여 정목(政目)이 한번 내려지자 이목이 놀라고 의아해하니, 신이 염치가 없다 하더라도 마음이 어찌 편안하겠습니까.

아, 군주를 바로잡는 일과 유생을 가르치는 일은 너무나도 책임이 막중하니, 그중 하나도 감당하지 못하는데 둘을 겸할 수 있겠습니까. 비록 바른 도리와 깊이 있는 학문으로 세상에서 추앙을 받는 자라도 감히 받들어 감당하지 못할 것인데, 하물며 쓸 만한 장점이 한 가지도 없는 신에 있어서이겠습니까. 작록을 탐하여 자리를 차지해서 이미 비웃음과 비방만 사고 있는 신이야 말할 것도 못 되지만, 성상의 인재를 알아보는 밝은 감식안과 바른 이를 들어 쓰는 정사에는 적지 않은 흠이 될 것입니다. 이것이 신이 크게 두려워하는 바입니다.

삼가 바라건대 성상께서는 신의 간절한 마음을 살피시어 속히 신의 직임을 모두 체차하여 정사의 체모를 중히 하고 어리석은 신의 분수를 편안하게 해 주십시오. 그러면 공적으로도 사적으로도 매우 다행일 것입니다.

신은 지극히 두렵고 황공한 마음을 이기지 못하겠습니다. 삼가 죽음을 무릅쓰고 아룁니다.

만언소

萬言疏

삼가 아룁니다. 신은 재야에 있다가 성상께서 보위에 등극하신 때를 만나 크나큰 성은을 입어 거듭 제수하는 전지(傳旨)를 받들었습니다. 그리하여 대사성의 직임과 대사간의 직책이 보잘것없는 신에게 함께 이르렀으니, 힘은 미약한데 짐은 무겁고 몸은 영화로운데 마음은 부끄러웠습니다. 사양했지만 뜻대로 되지 않아 재주 없이 오래도록 자리를 차지하고서 심력을 다하고자 했지만 조그마한 성과도 거두지 못했습니다. 신의 얕은 학문은 늙어서도 터득한 것이 없어 선비들을 인도할 수 없고, 정성이 부족한 신의 말은 신뢰받지 못하여 윗사람을 바로잡고 아랫사람을 규찰하지 못하니, 특별한 성은에 우러러 보답할 방법이 없습니다.

그렇지만 직무와 간언의 책임을 다하지 못하면서 자리를 떠나지 않고, 시위소찬하며 유유히 세월만 보내어 비웃음과 비방만 사는 것은 다만 성명(聖明)께서 직임을 맡기신 뜻을 저버리는 것일 뿐 아니라, 또한 스스로 평소에 기약했던 바가 아닙니다. 그러므로 감히 마음속으로 가만히 헤아린 것을 전하께 모두 아뢰어, 헤아려 채택하시는 데 도움이 되고자 합니다.

대저 우(虞)나라에서 선비를 교육한 법과 삼대(三代) 학교의 제도가 경전에 상세하고 세밀하게 기록되어 있으니, 명철하고 옛일에 정통한 전하께서는 실로 이미 환히 살펴서 묵묵히 다 알고 계실 것입니다. 우리 왕조의 인재를 교육하는 제도는 옛날보다 더욱 잘 갖추어져서,

중앙부터 지방까지 두루 미치지 않는 곳이 없습니다. 성묘조(成廟朝)에 이르러서는 유학을 높이는 도를 극진히 하고 선비를 교육하는 법을 넓혀, 성균관에 친히 나아가서 경서를 논하고 기예를 시험하기도 하며 성균관 유생들을 불러들여 읽은 글을 외게 하고 문기도 하여, 재주 있는 자를 선발하고 뛰어난 이를 장려함으로써 한 시대를 고무하였습니다. 그러므로 문풍(文風)이 크게 진작되어 많은 인재가 성대히 일어나, 지금에 이르기까지 유림(儒林)의 미담이 되고 있습니다.

우리 선조대왕께서는 학문을 좋아하고 도를 중시하여 유신(儒臣)을 맞이하여 예우하셨으므로 문치(文治)의 성대함이 옛날의 전성기에 가까웠습니다. 그 당시 이이(李珥), 성혼(成渾)과 같은 명유(名儒)가 이황(李滉)이 별세한 뒤를 이어 일어나 의리의 학문을 강론하여 밝혀서 한 시대 유학자들의 종주(宗主)가 되었습니다. 그러므로 원근의 선비들이 풍도를 듣고 흥기하여 선비들은 정자(程子), 주자(朱子)를 사모하고 풍속은 염치를 숭상하였습니다. 그런데 불행히도 조정의 논의가 한번 갈라지매 자기 당만 옳다고 여기고 다른 당은 배척하였습니다. 그러자 법도를 싫어하고 제멋대로 행동하는 자들이 이때를 틈타 손뼉을 치며 어지러이 붙좇아, 덕 있는 자를 모독하고 어진 이를 욕보이는 데에 조금도 거리낌이 없어, 세도가 무너지고 화란이 일어나는 사태를 초래하게 되었습니다.

게다가 폐조(廢朝) 10여 년 동안 적신(賊臣) 이이첨(李爾瞻)이 국정을 담당하여 삿된 모의와 흉한 의론이 끝이 없어, 명륜당(明倫堂)에서 유생들이 폐모론(廢母論)에 번갈아 호응하여 성균관이 도리어 도적의 소굴이 되기에 이르렀습니다.[5] 인간의 도리가 어두워지고 천지가 폐색하였으나 정기(正氣)와 진맥(眞脈)이 그래도 다 끊어지지는 않았는지라, 충신(忠臣)과 의사(義士)가 주먹을 불끈 쥐고 소매를 떨쳐 서로 잇달아 일어나 극형의 위험을 무릅쓰고 강상(綱常)을 부지하여, 마침내 성상을 도와 천지를 맑고 깨끗하게 하여 인륜을 다시 밝혔습니다. 이로 보면 우리 역대의 선왕들이 인재를 교육한 은택과 이이, 성혼이 의리를 밝힌 공로가 어찌 얕겠습니까.

성상께서 처음 즉위하셨을 때 오래된 나라를 새롭게 만들려고 생각하여, 먼저 학교에 마음을 써서 선비들의 습속을 되돌려 성대했던 시절을 회복할 것을 기약하였으니, 다스림의 요체를 알고 먼저 힘쓸 일을 급히 하신 뜻이 실로 매우 뛰어났습니다. 다만 유생들을 계도할 책임을 전혀 걸맞지 않은 신에게 맡기셨으니, 이는 모기와 등에에게 산을 짊어지게 하고, 장님과 귀머거리에게 시력과 청력을 빌리는 격입니다. 이 일로 인해 신의 한 몸에 재앙을 불러들일 뿐 아니라 위로 성상의 덕에 누가 될까 두려우며, 한때에 기롱당할 뿐 아니라 후세에까지 비웃음을 당할까 두렵습니다. 신과 같은 자는 실로 말할 것도 없거니와, 사림의 중망을 받고 있는 원로 학자에게 이 임무를 담당하게 하더라도, 곤(坤)은 공을 홀로 이룰 수 없고, 신하는 일을 독단할 수 없습니다.[6] 곧으면

5 명륜당(明倫堂)에서……이르렀습니다 : 1613년(광해군5) 5월 진사 이위경(李偉卿)이 성균관 유생들의 공론을 주도하여 인목대비를 폐위할 것을 상소한 일을 말한다. 《光海君日記 5年 5月 22日》

6 곤(坤)은……없습니다 : 임금의 의지가 없으면 신하가 홀로 일을 주도해 나갈 수 없다는 뜻이다. 《주역》 〈곤괘(坤卦)〉에 "먼저 하면 잘못되고 뒤에 하면 얻는다.〔先迷後得.〕"라고 하였는데, 이에 대하여 정이(程頤)가 "음(陰)은 양(陽)을 따르는 것으로 양이 선창하기를 기다려 화답하니, 음이 양보다 먼저 하면 잘못되고 어그러지고, 뒤에 처하여야 떳떳함을 얻는다."라고 하고, 또 "신하의 도리 또한 그러하니, 군주는 명령하고 신하는 이행하여 일에 수고로운 것은 신하의 직분이다."라고 주석하였다.

서도 온화하며 관대하면서도 엄격하게 가르친 효험[7]과 목(睦), 인(姻), 임(任), 휼(恤)의 행실[8]은 실로 요순(堯舜)의 정일(精一)한 학문[9]과 문왕(文王)과 무왕(武王)의 계속 밝혀 가는 공부[10]에 근본을 둔 것이니, 어찌 사도(司徒) 한 명이 인재를 교육하고 추천해 올리는 힘으로 이룰 수 있겠습니까. 그렇다면 오늘날 국가를 새롭게 하는 기틀이 성상의 심신에 달려 있지 않겠습니까.

하물며 지금 습속의 폐단은 그 유래가 이미 오래되었습니다. 이욕을 좇는 과거(科擧)와 편파적인 당론(黨論)이 점점 고질화되어 그 마음을 무너뜨렸습니다. 또 지난날 조금이나마 지혜와 식견이 있던 자도 이러한 세태에 상심하여 스스로 학문을 폐하여 옛날에 배웠던 것을 익히지 않습니다. 만일 다시 그대로 미적거리며 나태하게 지내다가 늙어 버리고 만다면 국가의 좋은 인재가 되지 못할 것이 분명합니다. 전하께서는

7 곧으면서도……효험 : 《서경》 〈순전(舜典)〉에 "기(夔)야, 너를 전악(典樂)으로 삼으니, 주자(胄子)를 가르치되 곧으면서도 온화하며, 너그러우면서도 엄하며, 강하되 사나움이 없으며, 간략하되 오만함이 없게 할 것이다."라고 하였다.

8 목(睦)……행실 : 《주례(周禮)》 〈지관(地官) 대사도(大司徒)〉에 나오는 말이다. 이에 대하여 가공언(賈公彦)이 "목은 동성(同姓)의 친족 간에 화목한 것이고, 인은 모족(母族)과 처족(妻族)을 포함한 외친 간에 친한 것이고, 임은 붕우간에 미덥게 하는 것이고, 휼은 우환과 가난을 구제하는 것이다."라고 주석하였다.

9 요순(堯舜)의 정일(精一)한 학문 : 《서경》 〈대우모(大禹謨)〉에 순 임금이 우(禹)에게 선위하면서 "인심은 위태롭고 도심은 은미하니, 정일하게 하여야 진실로 그 중도(中道)를 잡을 것이다."라고 하였다.

10 문왕(文王)과……공부 : 임금의 학문이 성현의 경지에 접근해 가는 것을 가리킨다. 《시경》 〈대아(大雅) 문왕〉에 문왕의 덕을 찬양하여 "거룩하신 문왕이여, 계속하여 밝히고 공경하였다."라고 하였다.

군사(君師)의 지위에서 교화의 책임을 맡고 계시는데, 어찌 급급하게 학문을 돈독히 하고 자신에게 돌이키는 공부를 미루어 선비들의 기상을 고취하고 선비들의 지향을 바르게 하지 않으십니까.

선비를 권면하는 규례로 말씀드리자면 순제 윤차(旬製輪次)와 절일과시(節日課試)와 같은 제술 시험은 모두 말단인 문예를 권면할 뿐 실질에 힘쓰고 근본을 두텁게 하는 방도가 아닙니다. 그러나 근래에 조정에 일이 많아서 이 규례들마저 버려두고 시행하지 않는데, 더구나 고무되어 진작하기를 바라고 경서를 익히고 행실을 닦는 실질을 요구할 수 있겠습니까. 이 때문에 선비들이 모두 과거 급제만 이익으로 알고 예의가 중한 줄은 알지 못합니다. 원점(圓點)의 수를 채워 원점유생(圓點儒生)으로서 시험을 치른 뒤에는 물고기가 흩어지고 새들이 날아가듯 사라져 그림자도 보이지 않아, 대성전(大成殿) 뜰이 적막하여 마치 저물녘의 시장 문처럼 고요하며, 초하루와 보름의 분향과 봄과 가을의 석전(釋奠)에 천만번 불러도 올 뜻이 없습니다. 신이 비록 성균관에 자주 왕래하지만 자리에 기대어 있는 일개 박사(博士)[11]와 같을 뿐입니다. 성균관이 이와 같으니 사학(四學)을 알 만하고, 서울이 이와 같으니 지방을 알 만합니다.

게다가 지난번에 전쟁으로 인하여 각 읍의 훈도(訓導)를 임시로 폐지하여, 문묘(文廟)가 황폐해지는데도 돌볼 사람이 없고 교생(校生)의

11 자리에……박사(博士) : 《후한서(後漢書)》 〈유림열전(儒林列傳) 서(序)〉에 안제(安帝)가 예문(藝文)을 경시하자 박사들이 자리에 기대어 강학하지 않았다고 하였다. 후에 이는 박사가 강좌(講座)를 열지 않고 학술을 폐기한 것을 의미하게 되었다. 여기서는 성균관에 유생이 없어 강좌를 열 수 없는 사정을 빗대어 말한 것이다.

명부에 이름을 올린 자들은 모두 군역을 피하려는 무식한 무리입니다. 이와 같은데 인재가 양성되고 선비들의 습속이 변화되기를 바란들 이루어지기 어렵지 않겠습니까.

어리석은 신은 따로 규정을 만들어 형세에 따라 인도하는 것이 가장 좋은 방법이라고 생각합니다. 한 달에 2, 3점, 한 해에 2, 3십 점을 원점의 수로 정하여, 절일 과시(節日課試)와 정시(庭試)와 전강(殿講)은 모두 원점이 몇 점 이상인 자에게 응시를 허락하고, 식년시 외에는 세상에 드문 경사나 종묘사직에 관계된 사안이 아니면 절대로 과거를 설행하지 마십시오. 오직 때로 근신(近臣)을 성균관에 보내거나 대궐 뜰에 많은 선비를 불러 모아 제술을 명하기도 하고 경서를 강하기도 하여, 그중 뛰어난 이 한두 명을 뽑아 한 해에 서너 차례 특별히 전시(殿試)에 곧바로 응시할 자격을 주고, 이와 같이 해서 3년이 되면 그동안 합격한 사람들을 모두 식년시에 합격시키는 은혜를 내리십시오. 그렇게 하면 아마도 원근의 선비가 모두 모여들고 재주 있는 이와 학식 있는 이가 모두 모여들 것이고, 조정의 인재 선발도 반드시 정밀해질 것입니다. 원점을 계산해서 응시를 허락하는 제도는 신이 처음 만들고자 하는 것이 아니라, 실로 선대의 조정에서 이미 시행했던 규례입니다.

또 문관(文官)이거나 음관(蔭官)이거나, 현재 직임을 가지고 있거나 파직되어 품계만 가지고 있거나를 막론하고 학행이 있는 자를 가려서 제독(提督)에 차임하여 팔도의 대부(大府)에 나누어 보내고, 또 제독으로 하여금 감사와 의논하여 각기 소속 읍의 생원, 진사 및 학생 중 학문과 덕행이 있어 온 고을에서 존경받는 자를 찾아 해당 조(曹)에 보고하게 하십시오. 그러면 해당 조는 각 도의 보고를 취합하고 공의(公議)를 널리 수집하여 다시 정밀하게 가려서 그가 사는 인근 읍의 훈도(訓導)에 제수하고, 혹 열악한 작은 읍의 경우는 두세 읍을 합하여 훈도 1원(員)을 두되, 임기에 구애되지 말고 인재를 양성하는 것을 임무로 삼게 하십시오.

제독은 달마다 반드시 한 번 소속 구역을 순행하여, 그 지역 훈도가 부지런한지 태만한지를 살펴서 연말에 성균관에 보고하게 하십시오. 그런 뒤 성균관에서는 간혹 각 도 가운데 훈도가 부지런하다고 평가된 고을의 유생 몇 명을 뽑아서 농한기에 성균관에 모이게 하여 재주를 시험하고 학문을 강하게 하여, 과연 그중에 뛰어난 자가 있으면 사유를 갖추어 계달(啓達)하여 훈도를 논상(論賞)하여 실직에 제수하도록 하십시오. 제독 또한 반드시 3년을 기한으로 삼되, 태만히 하여 직임을 제대로 수행하지 않는 자가 있으면 감사가 장계(狀啓)를 올리거나 대간이 논계하도록 하여 엄히 처벌을 가하십시오. 그렇게 하면 아마도 무너진 선비들의 습속을 일으키고 의지가 약한 선비들을 분발시킬 만하여, 큰 효과를 거둘 수 있을 것입니다.

또 3년마다 경관(京官)을 나누어 파견하되 시관(試官)을 차임하여 보내는 예와 같이 임시로 대간의 직함을 주어, 각 도(道)의 목(牧)이나 부(府)의 관아에 일제히 모아 《가례(家禮)》와 《소학(小學)》 등의 책으로 도내의 선비들을 고강(考講)하여 그중 대의(大義)에 능통한 자를 뽑아서 향교 유생으로 이름을 올리고, 교적(校籍)을 성균관과 예조에 나누어 보내게 하십시오. 이름이 교적에 들어 있지 않은 자는 과거에 응시하는 것을 허락하지 말고, 강(講)에 떨어진 자는 무학(武學)으로 옮겨 소속시켜 활쏘기와 말타기를 익히게 하고, 그중 혹 다시 학업에 힘쓰는 자가 있으면 그다음 해에 고강에 응시하는 것을 허락하십시오. 그렇게 하면 선비들이 통솔되어 각자 힘쓸 줄을 알게 될 것입니다.

그 나머지 절목들은 예조 관원으로 하여금 신과 더불어 상의하고 헤아리게 한 뒤 위로 예람(睿覽)을 거쳐서 영구히 학교의 정식 규례로 삼아, 팔도에 반포하여 내외와 원근에 똑같이 시행하십시오. 그렇게 하면 문교(文敎)를 세우는 데 작게나마 보탬이 없지 않을 것입니다.

그러나 이는 모두 말단적인 절목일 따름이고, 형식만 갖춘 것일 따름입니다. 그 진작하고 바르게 만드는 근본은 전하께서 몸소 행하고 마음으로 얻은 실제에서 벗어나지 않으니, 윗사람이 좋아하는 것을 아랫사람은 더 좋아하는 법입니다. 삼가 바라건대 전하께서는 이를 체찰하여 유념하고 더욱 힘쓰십시오.

신이 외람되이 언관(言官)의 자리를 차지한 지가 오래되었는데, 자잘한 잘못이나 찾아내어 책임을 때웠다고 여기며 나라의 근심과 군주의 허물에 대해서는 묵묵히 한마디도 하지 않았고, 또 질병으로 직무를 행하지 못하였으니 은혜를 저버린 점이 많아 신의 죄가 큽니다. 몸은 비록 직무를 행하지 못하지만 말이라도 혹 성상께 보탬이 될 수 있다면 죽어도 여한이 없을 것입니다.

국가의 일이 천만 가지이지만, 그 핵심을 추린다면 진퇴를 엄격히 하여 조정을 엄숙히 하는 것과 부세(賦稅)를 균등히 하여 백성들의 힘을 펴 주는 것과 군무(軍務)를 정돈하여 안팎을 견고하게 하는 것에 불과합니다. 이 세 가지 중에 혹 빠뜨리는 것이 있으면, 멸망의 화가 반드시 닥쳐올 것입니다.

아, 붕당의 병폐가 50년간 조정의 고질병이 되어 왔습니다. 당초에 조제(調濟)의 논의가 이이에게서 나왔으나[12] 그 자신도 거의 화를 면치

12 당초에……나왔으나 : 선조 대에 심의겸과 김효원이 반목하여 사림이 서인(西人)

못하였으니, 하물며 다른 사람이야 어떻겠습니까. 각자 사적인 뜻으로 갈라지고 어그러져서 끝내 사분오열(四分五裂)되는 데 이르렀습니다. 자기 당인 경우에는 임금의 사돈이나 외척으로서 교만하고 탐욕스러워 합당하지 않은 자라도 의지하여 종주(宗主)로 삼아서 지시하고 부리는 대로 분주히 따르면서도 부끄러운 줄 몰랐고, 심지어 모후(母后)를 폐위해야 한다는 의론에도 영합하고 부화뇌동하여 한 패거리를 이루어 그 견고함을 깨뜨릴 수 없었습니다. 그리하여 인륜과 기강이 무너지고 끊어져 종사(宗社)가 거의 망하게 되었습니다. 교훈 삼을 역사가 멀리 있지 않으니, 두려워하지 않을 수 있겠습니까.

선조대왕 당시에 당파가 나뉘었는데 실로 심의겸(沈義謙)과 김효원(金孝元)이 서로 반목한 데에서 비롯되었습니다. 이는 이이의 전후 봉사(封事)에 상세히 나와 있습니다. 전하께서 한번 가져다 보신다면 그 대략을 알 수 있으니, 명철한 전하께서는 필시 신의 말을 기다리지 않고도 분명히 판단하실 것입니다.

예로부터 군주는 신하가 어진 이인지 아닌지를 판단하기 어렵다는 점을 근심하였는데, 지금은 그렇지 않아서 거짓말하고 겉을 꾸미는 자가 속이 훤히 드러났습니다. 주자(朱子)가 당금(黨禁)을 겪은 뒤에 "거짓된 자들이 다 분별되었다."라고 하였는데,[13] 신 역시 지금 조정에 있는 신하들이 다 분별되었다고 여깁니다. 인륜을 망가뜨리고 상도(常

과 동인(東人)으로 갈라지자, 이이가 이를 중재하여 사림의 분열을 막으려고 했던 것을 말한다. 《燃藜室記述 卷13 東西黨論之分》

13 주자(朱子)가……하였는데 : 주희(朱熹)가 당금을 겪은 후 황간(黃榦)에게 답한 편지에서 한 말이다. 《晦庵集 續集 卷1 答黃直卿》 당금은 주희와 그의 학파를 위학(僞學)이라 하여 금지한 이른바 '경원 당금(慶元黨禁)'을 말한다.

道)를 없애던 때에 처신을 잘못하지 않고 외척과 권세가와는 가까이하지 않으며 환관과 궁첩에게 이름이 알려지지 않은 사람이면, 식견의 깊이와 재지(才智)의 정도가 다르더라도 모두 군자의 경지에 이른 사람입니다. 언론을 강직하게 하여 생사의 갈림길에서 굳게 지조를 지켰거나 깊이 숨고 멀리 달아나 위태롭고 어지러운 조정을 벗어난 사람의 경우는 거의 위엄과 무력으로 굴복시킬 수 있는 사람이 아닙니다. 전하께서 신용하고 의심하지 않을 자는 이런 사람이 아니겠습니까. 비록 흉악한 자들의 기세를 두려워하여 뭇사람을 따라 구차히 함께했던 자라도 따로 스스로 지은 죄가 없고 혹 쓸 만한 재주가 있다면 장점을 취하고 단점은 버려서 그 그릇에 알맞게 써야 합니다. 이는 성인이 사람을 쓰는 도요, 성상께서 매번 연석에서 자상하게 하교하시던 것입니다.

삼가 바라건대 전하께서는 전관(銓官)을 신칙하여 공도(公道)를 크게 넓혀, 어진 이를 임용하고 능한 이를 부려서 함께 국사를 운용해 나가십시오. 그렇게 하면 붕당이 소멸하여 왕도가 넓고 원대해져 한 가지 훌륭한 점이나 재주를 가진 이들도 모두 조정의 반열에 포진하게 되고, 산에 숨고 들로 도망한 이들도 모두 전하의 조정에 서기를 원할 것입니다. 혹 아직도 이전의 습속을 따라 사사로운 당을 세워 공의(公義)를 업신여기고 말을 지어내 화란을 만들어 그 사이에서 농간을 부리는 사람이 있으면, 드러나는 족족 호오(好惡)를 엄히 보이고 먼 변방으로 내쫓아서 조정에 함께 있지 못하게 하십시오. 그렇게 하면 조정이 절로 엄숙해져서 사사로움과 부정을 범하지 않을 것입니다.

백성과 가까운 관리로는 수령만 한 이가 없습니다. 그러므로 서한(西漢) 소강(小康)의 다스림이 실로 어진 수령과 함께 다스리는 데에서 비롯되었습니다.[14] 예전 선조조(宣祖朝)에 고을을 잘 다스려 발탁된고(故) 영의정 최흥원(崔興源)과 지금 영의정 이원익(李元翼)이 바로 이런 사람입니다. 이들이 나라에 보탬이 되었던 것이 어떠합니까. 앞으로는 바른 도와 학술을 지녀 하루라도 성상의 곁에서 떠나서는 안 되는 사람이 아니면, 문관·무관·음관을 막론하고 6품에 오르자마자 바로 수령직을 제수하되, 백성을 잘 다스리고 공무를 잘 수행하여 실제로 성과가 있는 자는 대간으로 소환하거나 다른 관직으로 승진시키십시오. 때때로 특별히 명을 내려 근신(近臣)의 반열에 있는 신하를 큰 읍에 보임하되 연한에 얽매이지 말게 하고, 돌아가면서 외직을 맡게 하십시오. 그렇게 하면 한 경내의 백성들이 그 은택을 입게 될 뿐만 아니라 인근의 수령들까지 모두 두려워하여, 암행 어사를 파견하지 않아도 수령들의 탐학(貪虐)이 절로 그칠 것입니다. 중앙과 지방의 관리 임용을 이와 같이 할 수 있다면, 어떤 원망이 진달되지 않겠으며 어떤 폐단이 제거되지 않겠으며 어떤 정사가 거행되지 않겠습니까.

우리 조선의 조세 제도는 지극히 상세하면서도 간략했는데, 연산군이 유흥과 쾌락에 빠져 지내면서 과도해졌고, 중종반정(中宗反正) 이후에 당시 대신들이 또 이를 미처 바로잡지 못했습니다. 선조조에 이르러 이이가 공안(貢案)을 개정하는 일을 곡진하게 소차로 아뢰었으나,[15]

14 서한(西漢)……비롯되었습니다 : 소강은 유가의 이상적 다스림의 상태인 대동(大同)에는 못 미치지만 나름 잘 다스려진 상태를 말한다.《禮記 禮運》 서한 선제(西漢宣帝)가 "나와 더불어 같이 다스릴 자는 오직 어진 수령이다."라고 하였다.《漢書 循吏傳》

15 이이가……아뢰었으나 : 공안은 각 지역에서 공납으로 바치도록 책정된 액수이다. 이이가 누차 소차를 올려 연산군 대에 늘려서 책정해 둔 공납의 액수를 줄여야 하며, 각 지역의 생산 상황에 맞게 공납의 품목을 조정해야 한다고 하였다.《宣祖實錄 16年 2月 15日, 4月 1日·14日》

그를 시기하는 무리가 옛 제도를 어지럽힌다는 것으로 이이를 공격하는 죄안(罪案)을 삼아, 나랏일을 깊이 근심하고 훗날을 염려하는 신하로 하여금 뜻을 품은 채로 죽게 하였으니, 실로 애통합니다.

임진년(1592, 선조25) 이후에 팔도가 모두 병란의 피해를 입어 전결(田結)과 민호(民戶)가 줄어들어 평상시에 비해 겨우 열에 한둘밖에 되지 않았습니다. 게다가 몇 해 전에는 토목 공사와 겉치레에 쓰는 비용이 나날이 더욱 많아져 세금을 독촉하고 함부로 징수하여, 끝내 공사(公私) 간에 물자가 고갈되고 백성들이 거의 다 흩어져, 온 나라 안의 전답이 황폐해지고 민가가 무너져 내렸습니다. 그런데도 궁궐을 짓는 신하는 근사하고 아름다운 것을 숭상하고 호조의 관원은 별도의 명목으로 세금을 부과하는 것을 능사로 여기면서, 민생이 이미 무너졌음을 생각하지 않고 오히려 아첨하는 것이 혹 남보다 뒤질까 염려하였습니다. 이는 맹자가 말한, 전쟁을 잘하는 자는 가장 큰 형벌을 받아야 한다[16]는 데 가깝지 않겠습니까.

안에서는 권세가가 방납(防納)을 가산(家産)을 불리는 수단으로 삼아, 각 관사에 청탁하여 납부하는 세금은 줄이려고 도모하면서 민간에서는 본래 정해진 세액의 백배로 거두고, 밖에서는 조도사(調度使)가 갈수록 기발하게 명목을 만들어 내어 세액을 부풀려 허수(虛數)를 만들어 백성들을 갖가지로 수탈하였습니다. 이렇게 안팎으로 부정을 함께 자행하여 원성을 사기를 게을리하지 않았습니다. 게다가 김순(金純)과 지응곤(池應鵾)과 같은 무리[17]가 팔도에 두루 퍼져 있으면서 형

16 맹자가……한다 : 《맹자》 〈이루 상(離婁上)〉에 나오는 말로, 전쟁을 일으켜서 윗사람의 욕망을 채워 주기 위해 백성들을 희생시키는 이는 사형에 처해야 한다는 의미이다.

벌을 잔혹하게 하고 명령을 다급하게 하여 다투어 백성들을 수탈하였습니다. 성상께서 백성들의 기대에 부응하여 보위에 오르지 않으셨다면 종묘사직을 보전하지 못했을 것입니다.

다만 생각건대 즉위하신 뒤에 조세를 감면하라는 명을 내리기는 하였지만 징수를 독촉하는 것은 이전 그대로이고, 조도(調度)하라는 명을 거두어들이기는 하였지만 사들여 마련하는 것은 예전 그대로입니다. 옛 장부에서 아직 거두지 못한 액수를 한 치 한 푼까지 헤아려 구렁에서 거의 죽어 가는 백성들의 고혈을 다 짜내니, 얻는 것은 적고 잃는 것은 많으며, 모이는 것은 작고 흩어지는 것은 큽니다. 대간의 논의와 어사의 장계가 해당 조에 내려져도 끝내 시행되지 않으니, 죽은 자가 의식이 있다면 김순의 무리가 비웃고 있지 않겠습니까.

민심은 한번 떠나면 다시 모을 수 없습니다. 민심이 떠나면 비록 군졸이 많고 군량이 쌓여 있고 병기가 예리하다 하더라도 모두 가죽 없는 털이요 밀가루 없는 수제비일 뿐입니다. 전하께서는 어찌 묘당의 신하들에게 자문해서 호조의 관원에게 책임을 묻고 관향사(管餉使)의 직임을 폐지하고서 가렴주구하는 관리들이 관장하는 문서를 가져다가 물건의 귀하고 천함, 액수의 많고 적음, 이미 거둔 것과 거두지 못한 것을 막론하고 각 도의 어사에게 맡겨서 부로(父老)를 소집하여 관청 뜰에서 장부를 소각하게 함으로써 깨끗이 탕감하는 뜻을 보이고 고통스러워하는 백성들의 바람을 위로해 주지 않으십니까.

17 김순(金純)과……무리 : 김순과 지응곤은 광해군 대에 조도사에 임명되었던 사람들로, 각 도에서 강제로 공명첩을 파는 등의 수단으로 재물을 거두어들여 조정에 바쳤다. 《燃藜室記述 卷21 光海亂政》

비단 이뿐만이 아니라, 폐조(廢朝) 때 갖가지 폐단이 되었던 일들을 하나하나 다 조사하여 남김없이 없애서 조금이라도 다시 새로운 정치에 흠이 되지 않도록 해야 합니다. 군수(軍需)와 국용(國用)이 부족하면 제향에 쓰는 물품을 줄여도 되고 임금께 올리는 물품을 줄여도 되고 백관의 녹봉을 줄여도 되고 크고 작은 급하지 않은 일들을 정지해도 됩니다. 성상께서 백성 보기를 자식처럼 하는 이때에 어찌 도탄에서 겨우 살아남은 백성들에게 다시 큰 고통을 당하게 할 수 있겠습니까.

재생청(裁省廳)과 선혜청(宣惠廳)을 설치한 것은 모두 한때의 폐단을 구제하기 위한 임시방편일 뿐 만세토록 시행할 방법이 아닙니다. 양전(量田)하기 전에는 우선 시험 삼아 시행하다가, 전답의 경계가 바르게 되고 결수(結數)가 정해진 뒤에는 팔도의 장부를 살펴 인구와 결수와 물산을 모두 낱낱이 따져서, 국초의 간략한 제도를 따르고 후대에 과도하게 징수한 폐단을 혁파하여, 급하지 않은 세금을 덜어 주고 방납을 엄히 금지하여 후대에 영구히 이어 갈 법으로 삼으십시오. 백성을 보전하는 방법으로는 이보다 나은 것이 없을 것입니다.

우리나라가 문교(文敎)는 규모가 갖추어진 듯하나 군정(軍政)은 전혀 정비되지 않았습니다. 오래도록 안일하게 지내다 오랑캐의 침략을 초래하여 거의 나라가 망할 뻔하였으니, 임진년의 변란을 거울삼을 만합니다. 그런데 그 뒤에 설치한 수도의 포수(砲手), 살수(殺手)와 지방 읍의 속오군(束伍軍)은 앉고 일어서는 절도를 조금 아는 정도이고 그 밖에는 믿을 만한 군대가 없으며, 이른바 속오군도 늙고 병든 자들과 도망하거나 죽은 자들이라 한갓 빈 장부만 남아 있을 뿐입니다. 혹 변방에 변고라도 생기면 전투하고 수비할 계책이 없으니, 매번 생각이 여기에 미칠 때마다 자신도 모르게 간담이 서늘해집니다.

우리나라에 오랫동안 제대로 된 군대가 없었습니다. 사족(士族)의 자제와 군역을 피하는 교생(校生)과 내외의 사천(私賤)과 품관(品官)의 협호(挾戶)[18]와 의사(醫司)의 생도와 서리(胥吏)의 봉족(奉足) 등 각처에 투속한 자가 매우 많은데, 적병이 들이닥쳐 종묘사직이 위태로워지더라도 편안히 앉은 채로 움직이지 않으면서 남의 나라 일을 보듯 합니다. 그러고는 양민 출신만 뽑아 군액(軍額)을 채우니, 아이가 강보(襁褓)를 벗어나기만 하면 곧바로 군역에 배정되어 어려서부터 늙을 때까지 서울과 지방의 병리(兵吏)에게 재물을 불리는 수단으로 이용됩니다. 그러므로 부자간의 천륜을 끊고 삭발하고서 산에 들어가기도 하고 대대로 경작하던 전답을 버리고 온 가족이 도망하기도 하여, 가까운 이웃집과 촌수가 먼 친척까지 모두 침탈당하게 됩니다. 그 해가 만연하여 이 지경에 이르렀으니, 아, 또한 참혹합니다. 이와 같은데 군사들의 사기가 충만하고 전답이 황폐해지지 않기를 바란다면 또한 이치에 어긋나지 않겠습니까.

신의 생각으로는 무비(武備)를 갖추는 방법은 모두 학교의 제도처럼 해야 합니다. 이미 이루어진 훈련도감의 군대에다 도성 안의 젊고 용감하고 건장한 백성을 더 모집하고, 또 중앙과 지방의 무과에 급제한 젊고 날래며 강한 자를 뽑아서 합하여 1만 명을 채워, 피차를 서로 묶어 오로지 도성만 호위하게 하고 멀리 변방을 수비하도록 보내지 마십시오. 관원에게 명하여 기예를 연마시키게 하거나 성상께서 친히

18 품관(品官)의 협호(挾戶) : 협호가 대본에는 '俠戶'로 되어 있다. 문맥에 근거하여 '俠'을 '挾'으로 바로잡아 번역하였다. 향촌의 유력자인 유향품관(留鄕品官)의 집에 빌붙어 사천(私賤)으로 신분을 위장하여 부당하게 군역을 면제받는 호(戶)를 가리킨다.

임하여 사열하여 상을 자주 내려서 군사들의 마음을 격려하십시오.

또 주(州)와 읍(邑)에 무학(武學)을 다시 일으켜 사족으로서 무예를 익히는 자와 학문하지 않는 자, 향교 유생 중 강(講)에 떨어진 자들을 모두 여기에 모으고, 일찍이 6품에 오른 무신으로 하여금 통솔하여 훈련하게 하여 속오군과 표리(表裏)를 이루게 하십시오. 그리고 관찰사와 병마절도사가 그들의 재주를 시험하여 상과 벌을 행하되, 실제 성과를 보이는 자가 있으면 그를 통솔한 관원을 적어 보고하여 실직(實職)을 상으로 주기를 모두 학교의 훈도의 예와 같게 하십시오.

또 지방에서 상번(上番)한 군사는 병조에서 먼저 그 재주를 시험하여 그중 용맹하고 건장하며 활을 잘 쏘는 자들을 별대(別隊)로 만들어 훈련도감에 소속시켜 항상 훈련시키고, 그 나머지 노약자와 활쏘기를 잘 못하는 자들은 각처의 천역(賤役)에 충당하십시오. 그러면 우수한 자와 열등한 자가 나뉘고 수고롭고 편안한 것이 현격하여, 병거(兵車)에 뛰어올라 탈 수 있고[19] 끌채를 끼고 달아날 수 있는[20] 용사(勇士)가 일반 병졸과 천한 무리 사이에서 나올 수도 있을 것입니다. 그렇게 하고서 1, 2년을 기다려 나라의 근본이 조금 견고해진 뒤에 호패법(號

19 병거(兵車)에……있고 : 용맹하고 민첩하다는 말이다. 춘추 시대에 진(秦)나라 군사들이 주(周)나라 서울의 북문(北門)을 지날 때에, 병거의 좌우에 탔던 전사들이 투구를 벗고서 달리는 병거에서 내려 천자에게 경의(敬意)를 표하고는 다시 뛰어올라 탔는데, 병거의 수가 무려 300승이나 되었다. 《春秋左氏傳 僖公33年》

20 끌채를……있는 : 무용(武勇)이 뛰어나다는 말이다. 춘추 시대 정(鄭)나라가 허(許)나라를 치려고 군사들에게 무기를 나누어 줄 적에 병거를 서로 먼저 차지하려고 다투었는데, 영고숙(穎考叔)이 먼저 병거의 끌채를 옆에 끼고 달아났다가 후에 제일 먼저 성에 올랐다. 《春秋左氏傳 隱公11年》

牌法)을 실시하면 팔방의 군액이 적을까 염려하지 않게 될 것입니다.

다만 군대는 군량 확보가 급선무인데, 앞으로 어떻게 군량을 계속 공급할지 모르겠습니다. 군사들이 각종 자질구레한 물건들을 판매하는 일은 비록 통렬히 혁파해야 하지만, 둔전(屯田)을 설치하고 소금을 굽는 일은 모두 군량을 보충하기 위해 꼭 해야 하는 것입니다. 황해도의 갈대밭과 각 도 세력가의 제방, 여러 섬 중에 말은 적고 땅은 넓은 곳, 경작하지 않은 채 버려진 비옥한 땅과 같은 곳 들을 각 도 관찰사로 하여금 하나하나 보고하게 하여 널리 둔전을 설치하고, 백성들에게 병작을 허락하여 수확물의 반을 나누어 관(官)에 납부하게 하고 그 전세(田稅)를 면제해 주면, 백성들이 모두 즐겁게 달려와 이로운 점이 많을 것입니다. 궁가(宮家)에 투탁하여 면세 대상이 된 연해 지역의 소금가마는 다시 공부(公府)에 소속시키고, 염부(鹽夫)를 모집하여 평분하는 것을 허락하고 소금으로 쌀을 싸게 사들이면, 군량을 마련하는 급무를 해결하는 데 적지 않은 보탬이 될 것입니다.

이 두 가지 일은 또한 부득이한 데에서 나온 것이긴 하지만, 조도사와 관향사가 적은 대가를 주고 많은 물자를 거두고 거짓 세액으로 백성들을 죄에 빠뜨리는 것과는 차이가 있을 것입니다. 그러나 이것 때문에 정원 외의 관원을 차출할 필요는 없고, 도사(都事)를 뽑아 파견하거나 도내의 수령 중 청렴하고 부지런하며 사려 깊은 자를 뽑아서 시종일관 담당하여 관찰사와 협력하여 마음을 다하게 하면 일은 번거롭지 않으면서 공은 필시 배가 될 것입니다.

아, 조정을 엄숙하게 하고 백성들의 힘을 펴게 하고 군무(軍務)를 정돈하는 일은 각기 조리가 있으면서도 맥락이 서로 통합니다. 그리하여 나누어 말하면 세 가지 일이지만 그 실제는 한 가지입니다. 예로부터 백성들이 살 곳을 잃었는데 군무가 정돈된 적이 없고, 조정이 어지러운데 백성들이 살 곳을 얻은 적이 없습니다. 조정이 엄숙해지면 훌륭한 인재를 통해 정사가 제대로 거행되는 가운데 백성들이 편안하고 군대가 강해지게 됩니다. 그렇다면 조정은 실로 이 두 가지 일의 근본이 됩니다. 그러나 조정을 엄숙하게 하여 기강을 진작하는 것은 또 전하께 달려 있지 않겠습니까. 그러므로 신은 백성들이 살 곳을 잃은 원인이 조정이 아닌 전하에게 있다고 생각하며, 국가의 환난에 대비를 소홀히 한 책임이 조정이 아닌 전하에게 있다고 생각합니다.

전하께서는 명철하고 슬기로운 자질과 관대하고 공정한 덕과 화란을 평정할 만한 재주와 신무(神武)하여 죽이지 않고도 복종시키는 위엄[21]으로 용처럼 도약하고 범처럼 변화하여[22] 하늘의 뜻에 따라 즉위하셨습니다. 이에 파리하고 병들었던 자들이 손뼉 치고, 근심하고 고통스러워하던 자들이 노래하고 춤추고, 유랑하여 흩어졌던 자들이 돌아와 모여서, 모두 목을 빼고 발꿈치를 들고서 성상의 덕을 보고 기풍을 듣고는 기뻐서 서로 축하하며 말하기를 "성스러운 군주께서 일어나셨으니, 우리가 소생할 수 있겠다."라고 하였습니다. 이러한 인심과 이러

21 신무(神武)하여……위엄 : 《주역》 〈계사전 상(繫辭傳上)〉에 "성인(聖人)이 이로써 마음을 깨끗이 씻어 은밀함에 물러가 감추며, 길흉 간에 백성과 더불어 근심을 함께하여 신령함으로 미래를 알고 지혜로써 지나간 일을 간직하니, 그 누가 이에 참여하겠는가. 옛날의 총명하고 지혜로우며 신무하여 죽이지 않는 자일 것이다."라고 하였다.

22 용처럼……변화하여 : 인조가 등극하여 새로운 정사를 시작했다는 뜻이다. 《주역》 〈건괘(乾卦) 구사(九四)〉에 "용이 혹 도약하거나 못에 있으니 허물이 없으리라."라고 하였는데, 왕위에 오르는 것을 비유하는 말로 쓰인다. 〈혁괘(革卦) 구오(九五)〉에 "대인이 범처럼 변함이니 점치지 않고도 믿음이 있다."라고 하였는데, 제도 문물을 개혁하는 것을 비유하는 말로 쓰인다.

한 명성과 이러한 덕망이라면 견고한 갑옷과 예리한 병기를 지닌 남북의 오랑캐라도 몽둥이만으로 제압할 수 있을 것입니다.

그런데 어찌 몇 달이 지난 지금도 이전과 같이 기강이 해이하고 이전과 같이 사사로운 뜻이 난무하고 이전과 같이 백관들이 게으르고 느슨하고 이전과 같이 세금 거두는 것이 번다하고 과중해서, 기뻐하던 자가 근심하며 고통스러워하고 정착했던 자들이 다시 유랑하여 흩어지게 되어서, 온 나라의 정상(情狀)이 모두 쓸쓸하게 된 것입니까. 즉위한 첫해가 이와 같으니 훗날은 어떠하겠습니까. 지극한 정치는 그만두고라도 장차 위란이 닥쳐올 것이니, 우러러 생각건대 전하께서는 어떻게 계책을 세우시겠습니까.

신이 보기에 전하께서는 독서할 적에는 의리의 정밀한 곳에 소홀하여 깊이 강론하지 않고, 아랫사람을 대할 적에는 말단인 위의(威儀)만 신중히 하여 정의(情意)가 혹 막히며, 너무 너그럽고 느슨하게 하여 일이 제때에 미치지 못하고, 지나치게 인후하여 사랑이 혹 위엄을 이깁니다. 그리고 처음의 견해를 고집하여 남의 의견을 수용하는 도량이 넓지 못하고 전에 해 오던 것을 편히 따라서 큰일을 해 보려는 뜻이 독실하지 못하며, 자잘한 사무에만 구애되고 본령은 빠뜨리는 것이 많으며 자문만 부지런히 하고 시행하고 조처하는 것은 부실합니다. 그러니 요순(堯舜)의 정책을 날마다 경연에서 아뢰어도 끝내 빈말로 귀결되고, 군대와 백성에 관한 계책을 날마다 묘당에서 논의해도 정해진 정책은 없어서, 오늘도 이와 같고 내일도 이와 같습니다. 성상의 덕이 진보하지 않아 나라의 기강이 날로 무너지니, 군주의 명이 조정에 행해지지 않고 조정의 명이 지방에 행해지지 않습니다. 그래서 백성들을 구휼하려 하지만 백성들의 고통이 날로 심해지고, 재정을 다스리려

하지만 재용이 날로 고갈되며, 군정(軍政)을 다스리려 하지만 군정이 날로 문란해집니다. 이런 일들을 가지고 본다면 태평한 시대의 정치를 이어받아 이미 이루어진 왕업을 지킨다고 하더라도 필시 재앙을 부르고 화란을 초래하게 될 것입니다.

하물며 지금이 어떠한 때입니까. 마치 기절했다가 막 깨어난 사람이 모든 맥이 아직 불안정하고 원기가 아직 회복되지 않아 오장육부에서 사지에 이르기까지 머리카락 하나, 털 하나도 그 병의 해를 입지 않은 곳이 없는 상태와 같습니다. 게다가 밖에서는 노회한 도적이 음모를 꾸미고 안에서는 흉한 역도(逆徒)가 틈을 노리며 농사마저 또 흉년이 들어 길에 굶어 죽은 시체가 서로 이어져서 백성들이 반란을 일으키는 환난이 반드시 없으리라고 보장하기 어려우니, 실로 위급한 때입니다. 그런데도 헛되이 일 년을 보내면서 방안을 강구하지 않다가 세밑에 이미 강이 얼고 나자 속수무책으로 하늘만 바라보면서 구차히 요행으로 화를 면하기를 바라고 있습니다. 아, 백년 종묘사직의 존망과 억만 창생의 생사를 아득하여 믿을 수 없는 하늘에만 맡겨 둔 채 자신이 해야 할 도리를 다하지 않아서야 되겠습니까.

삼가 바라건대 전하께서는 금일부터 뭇 신하들을 엄히 경계하고 마음과 생각을 깨끗이 하며 옛 습관을 남김없이 제거하여 위 문공(衛文公)이 거친 삼베옷을 입고 거친 명주 관을 쓴 것[23]과 광무제(光武帝)가 콩죽과 보리밥을 먹은 것[24]처럼 검소하게 처신하고, 문왕(文王)이 밥

23 위……것 : 춘추 시대 적(狄)의 침입으로 위나라가 멸망했는데, 당시 문공이 거친 삼베옷을 입고 거친 명주 관을 쓰고서 백성들과 고락(苦樂)을 함께하여 위나라를 다시 부흥시켰다. 《春秋左氏傳 閔公2年》

먹을 겨를도 없이 정사에 힘쓴 것[25]과 우(禹) 임금이 촌음을 아낀 것[26]을 마음에 두십시오. 조정에서 유신(儒臣)을 만나서 경전을 토론하고 심신으로 체험하여 마음을 후하게 기르며, 다시 또 편전(便殿)에 앉아 부지런히 정사에 힘을 쓰십시오. 승지들로 하여금 각기 관장하는 서무(庶務)를 가지고 결재를 받아 출납하게 하되, 한결같이 백성들의 힘을 펴게 하고 군무를 정돈하는 것을 급선무로 삼으십시오. 전투하고 방어하는 일, 보장(保障) 지역에 관한 일, 군량을 공급하는 일 등은 모두 대신을 불러서 반복해 토론하여 반드시 지당한 결론을 구하십시오. 때로 상참(常參)의 예를 행하여 삼공(三公)과 육경(六卿)으로 하여금 각자 직무에 대해 아뢰게 하여, 근면한 자에게 상을 주고 태만한 자에게 벌을 주어 유능한 사람들이 등용되고 무능한 사람들이 물러나게 하십시오. 호령을 위엄 있게 내어 온 나라의 백성들이 원하는데도 시행되지 않는 것과 걱정하는데도 제거되지 않는 것을 차례대로 시행하고 혁파하여 유감이 없게 하십시오.

그렇게 한다면 인심이 자신을 다 바칠 것을 생각하고 여러 현인이 힘써 도와, 대신들이 앞에 나서 담당하여 몸과 마음을 다 바치고 뭇

24 광무제(光武帝)가……것 : 후한 광무제가 황제로 등극하기 전에 패권을 다투던 세력들에게 견제당하여 지방을 떠돌며 어려움을 겪었는데, 당시의 위급한 상황에서 콩죽과 보리밥을 먹으며 위기를 넘겼다. 《後漢書 光武帝紀》

25 문왕(文王)이……것 : 《서경》 〈무일(無逸)〉에 주공(周公)이 문왕을 두고 "아침부터 해가 중천에 뜨고 해가 기울도록 한가히 밥 먹을 겨를도 없이 부지런히 하여 만민들을 모두 화합하게 하셨습니다."라고 한 말이 나온다.

26 우(禹)……것 : 《소학(小學)》 〈선행(善行)〉에 "대우(大禹)는 성인인데도 촌음의 시간을 아꼈으니 일반 사람들은 마땅히 분음(分陰)의 시간을 아껴야 한다."라고 하였다.

관원은 분주히 명령을 받들어 각자 그 직임을 다하며, 부월(斧鉞)을 잡고 부절(符節)을 찬 지방관들도 모두 자기 몸을 잊고 나라를 위해 목숨을 바치게 될 것입니다. 이렇게 높고 낮은 관원이 마음을 모으고 중앙과 지방이 힘을 합치게 되면 적을 공격할 경우에는 완강하게 버티는 상대가 없고 성을 지킬 경우에는 반드시 온전히 보존될 것입니다. 안으로 나라를 잘 다스리고 밖으로 외적을 물리치는 위대한 공적이 전대(前代)를 빛내고 후세에 드리워질 뿐만 아니라, 만세토록 무너지지 않을 업적이 또한 여기에서 다져질 것입니다. 삼가 바라건대 전하께서는 체찰하여 유념하고 더욱 힘쓰십시오.

신은 젊을 적에 출사(出仕)하여 위태로운 벼슬길에서 누차 좌절을 겪었습니다. 그런데 지금은 늙어서 죽을 날이 임박하였으니 전야(田野)에서 생을 마치는 것이 신의 초심이지만, 거듭 도성에 들어와 성상을 우러러보니 하찮은 신의 충성을 다하고자 하는 마음이 일어나서 절로 떠나갈 수가 없습니다. 오직 이때에 미쳐서 힘을 다하여 성상의 은혜에 만에 하나라도 보답하기를 바라지만, 감당하기 어려운 직책과 당치도 않은 직명을 부끄러움을 무릅쓰고 외람되이 차지하여 오래도록 현인의 벼슬길을 막고 있으니, 마음이 불안하여 마치 죄를 지은 듯합니다.

삼가 바라건대 밝은 성상께서는 신의 실정(實情)을 살펴 주십시오. 신이 맡은 두 직책을 모두 체차해 주신다면 실로 큰 다행이고, 만일 이렇게 할 수 없으면 하나의 직임만 제수하여 어리석은 신의 분수를 편안하게 해 주십시오. 땅에 엎드려 간절히 바랍니다.

지극히 두렵고 황공한 마음을 이기지 못하겠습니다. 삼가 죽음을 무릅쓰고 아룁니다.

죽은 스승 송구봉의 억울함을 씻어 주기를 청하는 상소[27]

爲亡師宋龜峯伸冤疏

삼가 아룁니다. 사람은 임금, 스승, 아버지 세 분의 은혜로 살아가므로 똑같이 섬겨야 합니다. 스승이 혹 예기치 못한 화를 부당하게 입어 원통함을 품고 죽었다면, 그에게 수업받은 사람이 한마디 말도 하지 않은 채 똑같이 섬겨야 하는 의를 저버려서야 되겠습니까.

신들은 젊었을 때 송익필(宋翼弼)에게 수학하였습니다. 송익필은 문장과 학식이 당대에 으뜸가는 사람으로, 이이(李珥), 성혼(成渾)과 강학하고 연마하는 교제를 맺었습니다. 그런데 이이가 죽고 난 후에 이발(李潑), 백유양(白惟讓)의 무리가 이이, 성혼을 원수처럼 여기던 마음을 송익필에게까지 옮겨 반드시 그를 사지로 내몰고야 말려고 하였으니, 갑에게 노하였는데 을에게 화풀이하는 것 중에서도 심한 경우라 할 만합니다.

송익필의 아버지 송사련(宋祀連)은 고(故) 상신 안당(安瑭)의 서얼

27 죽은……상소 : 1625년(인조3) 당시 부호군(副護軍)이었던 정엽이 병조 판서 서성(徐渻) 등과 함께 송익필의 면천을 청하기 위해 올린 상소이다. 《仁祖實錄 3年 2月 20日》 송구봉(宋龜峯)은 송익필로, 구봉은 그의 호이다. 송익필의 조모(祖母) 감정(甘丁)은 안돈후(安敦厚)의 천첩 소생으로, 안당의 서얼 누이이다. 송익필의 아버지 송사련이 1521년(중종16) 안당의 아들 안처겸(安處謙)의 역모를 고발하여 이른바 신사무옥(辛巳誣獄)이 일어났는데, 이 일로 송사련은 공신에 책봉되고 당상관에 올랐다. 그 후 1586년(선조19) 안처겸의 역모가 조작된 것으로 판결이 나자, 송익필 형제를 포함한 감정의 후손들이 안씨 집의 노비로 환속되었고, 이후 송익필은 곤궁하게 떠돌다 죽었다.

누이의 아들입니다. 송사련의 모친은 이미 양인이 되었고 송사련은 또 잡과에 합격하기까지 했으니, 2대가 연이어 양역(良役)을 진 것이고 또 60년이라는 대한(大限)이 지난 자는 천인으로 되돌릴 수 없다는 내용이 법전에 분명히 실려 있습니다.[28] 그런데 이발 등이 송사련이 역모를 고변한 일도 안씨 가문 자손들의 불공대천할 원수라고 하여, 기회를 틈타 사주하여 국법을 무시하고 송사련 일족을 천인으로 되돌렸습니다. 그런데 그 당시에 송사(訟事)를 담당한 관원 중 더러 법을 지키려는 자가 있자 이발 등은 논핵하여 두세 번이나 체직시키고서야 비로소 자기 뜻을 이룰 수 있었습니다.

무릇 국법은 조종(祖宗)의 금석(金石)과 같은 전장(典章)입니다. 송사련이 비록 선류(善類)에게 죄를 지었고, 송익필이 비록 당시 세력가들의 노여움을 범하였지만 어찌 한때의 사사로운 분노 때문에 조종의 금석과 같은 전장을 굽혀서 자기 마음을 통쾌하게 할 수 있겠습니까. 우리 선조대왕께서 옛날 의주로 파천하셨을 때 송익필이 소원(訴冤)한 것에 의거하여 비로소 억울함을 풀어 주는 단서를 열었는데, 형조 관원이 창황 중에 겨를이 없어 환도한 뒤에 판결하는 것으로 회계(回啓)하였습니다. 그 후에 스승 송익필도 사망하여 다시 호소하지 못하여, 이 일이 덮여 끝내 지금에 이르렀습니다.

해와 달이 다시 밝게 빛나서 억울한 이들이 모두 신원되었는데, 유독 죽은 스승은 원통하여 아직도 황천에서 눈을 감지 못하고 있습니다. 아, 죽은 스승은 옛일에 박식하고 지금 일에 통달한 학문을 지니고도 살아서는 임금의 지우(知遇)를 입지 못하고 죽어서는 노예라는 천한

28 2대가……있습니다 : 《속대전(續大典)》 〈형전(刑典) 청리(聽理)〉에 나온다.

이름을 면치 못하니, 어찌 신들만 마음으로 애통해하겠습니까. 국법이 한번 무너지면 불어나는 폐단을 막기 어려우니, 식자(識者)들도 깊이 우려하여 길이 탄식합니다.

신들이 매번 이 일을 하늘의 해와 같은 성상께 하소연하고자 하였으나, 국사에 근심거리가 많아 미처 하지 못하였습니다. 또 생각건대 신들이 모두 노쇠한 사람이라 조만간 죽으면 끝내 스승을 저버린 귀신이 될 것입니다. 그리하여 감히 죽음을 무릅쓰고 진달하니, 신들이 어찌 감히 자신이 좋아하는 사람에게 아첨하려고 위로 군주를 속이겠습니까.

삼가 바라건대 명철한 성상께서는 속히 이 사안을 담당 관리에게 내려 법에 따라 원통함을 풀어 주십시오. 그렇게 되면 매우 다행일 것입니다.

신들은 지극히 황공한 마음을 이기지 못하겠습니다. 삼가 죽음을 무릅쓰고 아룁니다.

수몽집

제5권

차자 箚

차자 箚

옥당에서 올리는 차자[1]

玉堂箚

이 이하는 모두 만력(萬曆) 갑오년(1594, 선조27) 이후 선묘조(宣廟朝)에 올린 차자이다.

삼가 아룁니다. 신들이 오늘날의 일을 보건대 천심(天心)이 아직 바뀌지 않고 민력(民力)이 이미 다했는데 밖으로는 흉적이 변경에 진을 치고 있고 안으로는 도적들이 산에 두루 퍼져서 멸망의 화가 조석에 임박했으니, 차마 말하지 못할 상황입니다. 어찌할 수 없다고 여겨 우두커니 앉아 망하기를 기다릴 생각이라면 그만이겠지만, 만약 사지(死地)에서 회생할 방법을 찾으려 한다면 군신 상하가 천하태평으로 느긋하게 세월만 보내면서 일이 해결되기를 바라서야 되겠습니까.

옛날에 소강(少康)이 1성(成)의 땅을 가지고서 능히 대우(大禹)의 왕업을 회복하였고[2] 구천(句踐)이 1000명의 병사[3]를 이끌고서 마침내

1 옥당에서 올리는 차자 : 1594년 5월 27일 당시 홍문관 수찬이었던 정엽이 홍문관 부제학 이정형(李廷馨)과 함께 올린 차자이다.

2 소강(少康)이……회복하였고 : 소강은 하(夏)나라 우왕(禹王)의 6세손으로 상

회계산(會稽山)의 치욕을 씻었습니다.[4] 우리나라는 국토가 비록 작지만 소강의 1성보다는 크지 않겠으며, 병사가 비록 적지만 구천의 5000명 병사보다는 많지 않겠습니까. 전하께서 유례없이 영명한 자질을 가지고 천하의 형세를 바꾸어 국가를 다시 안정시키는 일이 단지 한번 진작하는 데에 달려 있을 뿐인데, 구차히 시간만 끌면서 나약하게 떨쳐 일어나지 않아 나라의 형세가 위태로워져 끝내 바로잡지 못할 지경에 이르렀으니 신들은 매우 걱정이 됩니다.

종묘사직이 터만 남고 병화(兵禍)가 원릉(園陵)에 미쳤으니 이는 천하의 지극한 통한(痛恨)이요, 전쟁이 이어져 민심이 원망하고 있으니 이는 천하의 지극한 두려움입니다. 지극히 아픈 마음으로 지극히 두려운 날을 만났는데 은밀한 궁궐에 깊숙이 지내면서 보필하는 신하들을 자주 접견하지 않으시니, 조정에서 계책을 담당하는 자일지라도 날마다 용안을 뵙고서 소회를 다 말하지 못합니다. 막중한 군무(軍務)는 국가의 존망이 달려 있는 것이니, 터럭만큼이라도 차이가 나면 천리가 어긋날 뿐만이 아닙니다. 왕의 면전에서 중요 사안에 대해 직언하더라도 오히려 빠뜨리는 것이 있을까 두려운데, 하물며 명령의 출납을

(相)의 아들이다. 하나라 태강(太康)이 사냥을 즐기고 정사를 돌보지 않다가 예(羿)에게 축출되었으며, 아들인 상 역시 한착(寒浞) 등에게 피살되었는데, 소강이 10리의 토지인 1성과 군사 500명으로 한착을 멸망시키고 하나라를 중흥하였다. 《史記 夏本紀》

3 1000명의 병사 : 대본에는 '千楯'으로 되어 있다. 《사기(史記)》 〈월왕구천세가(越王句踐世家)〉에는 앞에 '五'가 더 있다

4 구천(句踐)이……씻었습니다 : 월왕(越王) 구천이 오왕(吳王) 부차(夫差)에게 회계산에서 패배하여 항복하였다. 그 후 병사 5000명을 거느리고 회계산에 주둔하고 와신상담(臥薪嘗膽)하여 마침내 오나라를 멸망시켰다. 《史記 吳太伯世家, 越王句踐世家》

일개 환관(宦官)에게만 맡겨서 상하 사이에 말을 다 하지 못하고 뜻을 다 펴지 못하도록 하신단 말입니까.

아, 옛날의 뛰어난 군주는 위태롭고 혼란한 날을 만났을 때 밥을 먹다 수저를 내려놓고 입 안의 음식을 뱉기도 하였으며,[5] 바람으로 빗질하고 빗물로 머리를 감기도 하면서[6] 수고로움을 마다하지 않고 국가의 어려움을 해결하고자 도모하였습니다. 그런데 오늘날이 어떤 때입니까. 조종(祖宗)의 기대가 어떠하며 신민(臣民)의 바람이 어떠한데, 전하께서는 정신을 가다듬어 국사를 염려하고 애쓰는 것이 도리어 평소 아무 일도 없을 때보다 못하단 말입니까. 이런 까닭에 조정의 신하들과 외방의 장수들이 위태로움에 익숙해져 안일하게 지내며 태만함이 날로 심해져서, 조의(朝衣)를 입고 눈물을 닦는 이[7]가 이미 보이지 않는 것은 물론이고, 몸소 판삽(版鍤)을 지고 군사들을 독려하는 이[8]가 있다는 말도 전혀 들리지 않습니다. 더구나 사졸들이 칼날을

5 밥을……하였으며 : 국사를 돌보느라 편히 밥을 먹을 겨를도 없다는 뜻이다. 주공(周公)이 천하의 국사를 위해 현사(賢士)들을 급히 구하려고 머리를 감는 동안에도 세 번이나 젖은 머리를 움켜쥐고서 나갔고, 밥을 먹는 동안에도 입 안의 음식을 세 번이나 뱉어 냈다는 고사에서 온 말이다. 《史記 魯周公世家》

6 바람으로……하면서 : 국가와 백성을 위하여 온갖 고생을 마다하지 않는다는 뜻이다. 《장자(莊子)》 〈천하(天下)〉에 "우(禹) 임금은 몸소 삼태기와 보습을 가지고 구주(九州)의 강들을 바다로 흘러가게 하느라 장딴지의 살은 빠지고 종아리의 털이 다 닳아 없어졌다. 빗물에 머리를 감고 거센 바람으로 빗질하였다."라고 하였다.

7 조의(朝衣)를……이 : 송(宋)나라 육수부(陸秀夫)를 가리킨다. 효공제(孝恭帝) 덕우(德佑) 1년(1275) 원(元)나라 군대가 대규모로 침입하여 송나라가 위기에 처하였다. 당시 육수부는 조정 회의 때마다 의연한 모습을 보였는데, 어느 날 회의 중에 슬프게 울며 눈물을 닦자 주변 사람들이 그로 인해 다들 비통해하였다. 《宋史 忠義列傳 陸秀夫》

무릅쓰고 적군을 향해 달려가 죽음을 각오하고 싸우기를 바랄 수 있겠습니까.

삼가 바라건대 전하께서는 생각을 확 바꾸고 크게 분발하여, 거친 베옷을 입고 거친 음식을 드시면서 항상 지극히 애통한 마음을 품고 눈물을 흘리며 조정에 임하여, 신하들을 신칙하고 통렬히 지난 잘못을 씻어 날마다 세 차례 신하들을 접견하여 그들로 하여금 품고 있는 바를 다 말하게 하십시오. 그렇게 한다면 초야 백성들의 뜻이 전달되고 뭇 계책들이 모두 실행될 것입니다. 성상의 뜻을 엄히 가다듬어 갈수록 새롭게 하여 호령을 내리는 즉시 행해지게 하고 일하는 자에게 상을 주며 법도를 어기는 자에게 벌을 주십시오. 그렇게 한다면 성상의 풍모를 우러러 사모하여 완악한 자가 흥기하고 나약한 자가 뜻을 세우게 될 것입니다. 그러면 거의 구습을 바꾸어 큰일을 해낼 수 있을 것입니다.

아, 군신의 관계는 대의(大義)가 비록 엄격하지만 정은 실로 부자(父子)와 같습니다. 효자는 부모의 잘못을 보고 부모가 고을과 마을 사람들에게 죄를 얻을까 염려하여 세 번 간하고도 들어주지 않으면 울부짖으며 뒤따르니, 그 정이 또한 슬퍼할 만합니다. 신하가 군주를 섬기는 것이 이와 무엇이 다르겠습니까. 군주를 사랑하는 마음이 떳떳한 본성에서 저절로 우러나와 군주의 잘못을 잊지 않고 덕으로써 간하니, 이것이 어찌 신하 자신을 위해서이겠습니까. 군주를 위하는 것이자 국가를

8 몸소 [illegible] 이 : 전국 시대 제(齊)나라의 전단(田單)을 가리킨다. 연(燕)나라 장군 악의(樂毅)가 제나라를 쳐서 국토의 대부분을 장악하였을 때, 전단이 즉묵(卽墨)에서 몸소 판삽을 잡고 사졸들과 함께 일을 하며 처첩까지 군대에 편입시키면서 연나라에 항전하여 끝내 대승을 거두었다. 《史記 田單列傳》

위하는 것입니다.

이 때문에 옛날의 현명한 왕은 표창하고 상을 내려 주면서도 오히려 신하의 말을 듣지 못할까 염려하며, 북돋우고 길러 주고도 오히려 신하의 기가 꺾일까 걱정하였습니다. 간혹 그 마음의 은미한 부분을 곧바로 가리키는 자나 그 궁궐 안의 은밀한 사안을 지적하는 자가 있더라도 모두 그 과도한 말을 용서하고 그 강직한 마음을 인정하여 마음을 비워 기꺼이 듣고 허물을 고치는 데에 인색하지 않았습니다. 그러므로 덕이 높아지고 정치가 아름다워져 후대에 모범을 남겼던 것입니다.

전하께서 즉위하신 초기에는 지기(志氣)가 청명(淸明)하여 매양 선대의 철인(哲人)을 흠모하였습니다. 그래서 현사(賢士)들이 조정을 가득 채워 정론(正論)이 넓게 펼쳐져 모든 사람들이 기뻐하면서 태평성대를 기대하였습니다. 그런데 근래에는 올곧은 선비가 미움을 받고 언로가 막혀서 위에서 하늘이 노여워하는데도 전하께서는 살피지 못하고 아래에서 백성이 원망하는데도 전하께서는 듣지 못하였습니다. 그러다가 병화가 한번 일어나자 국사가 이 지경에 이르고 말았는데, 지난날의 잘못된 습속들이 지금도 다 없어지지 않아서 높고 낮은 신료들이 그저 아첨만을 일삼고 있습니다. 묘당의 계획과 대간의 의론이 세세하고 지엽적인 것들뿐이고, 성상의 잘못이나 중요한 이해와 조금이라도 관계되면 앞뒤로 돌아보며 고개를 움츠리고 뒤로 물러나서, 명을 따르는 것이 군주를 공경하는 도리라고 여기고 어물쩍 얼버무리는 것이 몸을 보전하는 계책이라고 여깁니다. 자신을 위한 계책으로는 괜찮지만, 국가에는 어떠하며 군주에게는 어떠하겠습니까. 이는 모두 국가를 걱정하는 것이 자신의 집안을 걱정하는 것만 못하고 군주를 사랑하는 것이 자신의 몸을 사랑하는 것만 못한 것입니다.

아, 신하들에게 진실로 죄가 있지만, 신들은 전하께서 넓은 마음으로 허심탄회하게 받아들이는 도량이 또한 미진한 점이 있어서 이렇게 된 것이라고 생각합니다. 원앙(袁盎)이 신 부인(愼夫人)의 자리를 물린 일[9]을 지금에 와서 보면 지나친 것에 가깝지 않겠으며, 이항(李沆)이 진종(眞宗)의 조서를 불태운 것[10]을 지금에 와서 보면 오만한 것에 가깝지 않겠습니까. 그러나 당시 군주가 받아들였고 후세 사람들이 옳다고 여겨 지금까지 그 군신에 대한 칭송이 그치지 않습니다. 또 방탕한 행동은 결코 우순(虞舜)이 할 리가 없는데 오히려 백익(伯益)의 경계하는 말이 정성스러웠고,[11] 재화와 여색은 결코 성탕(成湯)이 가까이할 리가 없는데 그래도 이윤(伊尹)의 아뢰는 말이 간절하였습니다.[12] 그러자 순(舜)과 탕(湯)이 그 말을 기쁜 마음으로 듣고 마치 자기

9 원앙(袁盎)이……일 : 원앙은 한 문제(漢文帝) 때의 명신(名臣)이고, 신 부인은 한 문제의 후궁이다. 신 부인이 한 문제의 총애를 받아 항상 황후와 자리를 나란히 앉았는데, 한 문제가 상림(上林)에 행차할 때에 당시 낭중령(郎中令)으로 있던 원앙이 좌석을 배치하면서 신 부인의 자리를 황후의 뒤쪽으로 물리도록 하였다. 《漢書 袁盎傳》

10 이항(李沆)이……것 : 이항은 북송(北宋)의 태종(太宗)과 진종 때의 명신이다. 진종이 유씨(劉氏)라는 여자를 총애하여 귀비(貴妃)로 삼으려고 조서를 내리자, 재상인 이항이 촛불을 당겨 조서를 불태우기까지 하며 강력히 반대하였다. 《宋史 李沆列傳》

11 백익(伯益)의……정성스러웠고 : 백익은 순 임금 때의 재상이다. 백익이 순 임금에게 경계하기를 "단주(丹朱)와 같이 오만하게 행동하지 마십시오. 그는 오로지 태만하게 놀이하는 것만 좋아하였으며, 오만하고 포악한 짓을 저지르기만 하였습니다."라고 하였다. 《書經 益稷》

12 이윤(伊尹)의……간절하였습니다 : 이윤은 은(殷)나라 탕왕(湯王) 때의 재상이다. 탕왕이 죽은 후에 이윤이 탕왕의 아들 태갑(太甲)에게 재화와 여색 및 유람과 사냥에 빠지는 것을 음풍(淫風)이라고 하며 경계하였다. 《書經 伊訓》 이윤이 탕왕에게 아뢰었다고 한 것은 정엽이 착각한 듯하다.

에게 진실로 그러한 잘못이 있는 것처럼 하여 더욱 수신하고 성찰하는 데에 힘써 지극한 정치를 이루었습니다. 그런데 지금 성상께서는 한마디 말이라도 마음에 맞지 않으면 말과 얼굴에 감정을 드러내기도 하고 사람을 쓰고 버리는 데에 반영하기도 하십니다. 이 때문에 식견이 있는 자는 마음속으로 근심하고 뜻이 있는 선비는 조정에 서는 것을 즐거워하지 않아서, 장차 직언이 사라지고 아첨이 풍속을 이루는 지경에 이르려 합니다. 말이 여기까지 미치니 진실로 통곡할 만합니다.

선유(先儒)인 장식(張栻)이 "절의에 죽을 신하는 마땅히 임금의 면전에서 거침없이 간하는 사람들 가운데에서 찾아야 한다."라고 하였으니[13] 이 말이 어찌 우리를 속인 것이겠습니까.[14] 삼가 바라건대 전하께서는 더욱 도량을 넓혀 성심껏 허물을 지적하는 말을 수용하여, 어리석은 자가 한 말이라도 그 좋은 점은 받아들이고 과격한 자가 한 말이라도 그 곧은 점은 받아들여서, 진실로 그들의 말을 쓰되 잘못이 있으면 고치고 잘못이 없으면 더욱 힘쓰십시오. 그렇게 하면 상하가 서로 믿고 군신이 서로 통해서 훌륭한 말이 가려지지 않고 바른 선비들이 포진하게 되어서, 거의 세도를 회복하여 혼란함을 바로잡고 쇠퇴함을 흥기시킬 수 있을 것입니다.

아, 하늘이 한 시대의 인재를 내는 것은 반드시 한 시대에 쓰기 위해서이니, 인재를 부지런히 구하지 않아서이지 어찌 인재가 없겠습니까.

13 장식(張栻)이……하였으니 : 장식은 남송(南宋)의 도학자로, 장식이 윤대한 자리에서 이종(理宗)에게 아뢴 말이다.《宋史 張忠恕列傳》

14 우리를 속인 것이겠습니까 : 대본에는 '斯我哉'로 되어 있다. 장서각본에 근거하여 '斯'를 '欺'로 바로잡아 번역하였다.

소열제(昭烈帝)가 없었다면 제갈량(諸葛亮)은 초가에 사는 한 명의 수척한 선비에 불과했을 것이고,[15] 부견(苻堅)[16]이 없었다면 왕맹(王猛)은 이나 잡는 한 명의 천한 사내에 불과했을 것입니다.[17] 또 왕도(王導)는 진 원제(晉元帝)가 신용하지 않았다면 힘을 펴지 못했을 것이고,[18] 육지(陸贄)는 당 덕종(唐德宗)이 위임하지 않았다면 충성을 다 바치지 못했을 것입니다.[19] 그리고 광무제(光武帝)는 마음을 열어 대뜸 노장(老將)의 환심을 얻었고[20] 당 숙종(唐肅宗)은 자기를 낮추어 마침

15 소열제(昭烈帝)가……것이고 : 삼국 시대 때 제갈량은 포의(布衣)로서 신야(新野)의 초가에서 지내다가 삼고초려한 유비(劉備)에 의해 등용되어 훗날 촉한(蜀漢)을 창건하는 데에 크게 이바지하였다. 《三國志 蜀書 諸葛亮傳》

16 부견(苻堅) : 대본에는 '符堅'으로 되어 있다. 《진서(晉書)》 〈부견재기(符堅載記) 상〉에 근거하여 '符'를 '苻'로 바로잡아 번역하였다.

17 부견(苻堅)이……것입니다 : 오호십육국(五胡十六國) 때 인물인 왕맹은 젊은 시절 화산(華山)에 은거하여 빈한하게 지냈는데, 동진(東晉)의 대장 환온(桓溫)이 관중(關中)으로 왔을 때 그를 찾아가 유창하게 천하의 일을 담론하였다. 뒤에 전진(前秦)의 임금인 부견에 의해 등용되어 대장군에 올라 전진의 세력을 확장하는 데에 큰 공을 세웠다. 《晉書 苻堅載記上, 苻堅載記下 王猛》

18 왕도(王導)는……것이고 : 동진의 왕도는 진 원제(晉元帝)의 총애를 받아 승상에 오른 인물이다. 그의 종형(從兄) 왕돈(王敦)이 반역을 꾀하여 거병하자, 매일 아침 종형제와 자질 20여 명을 거느리고 예대(詣臺)하여 대죄하였다. 그러자 원제가 "대의(大義)를 위해서 골육의 정을 뒤로하였다."라고 칭찬하고 대도독(大都督)으로 삼았다. 그 후 왕도는 원제의 신임을 얻고 공훈을 많이 세워서 관중(管仲)과 같다는 칭찬을 받기까지 하였다. 《晉書 王導列傳》

19 육지(陸贄)는…것입니다 : 육지는 당 덕종 때의 명신(名臣)으로, 충간(忠諫)을 잘 올렸던 인물이다. 한번은 덕종이 그의 권유에 따라 자신의 과오를 깊이 뉘우치는 내용으로 조서를 내리자, 무부(武夫)와 사나운 군졸 들도 감동하여 눈물을 흘렸다. 《新唐書 陸贄列傳》

내 백의(白衣)와 교유를 맺었습니다.[21] 만약 정성으로 구하고 돈독히 믿어 진심으로 허여하신다면 어찌 일을 함께 할 인재가 없겠습니까.

아, 국사가 오늘날보다 혼란한 적이 없었는데 누구 하나 자신을 잊은 채 나라를 위해 큰일을 해내는 사람이 없습니다. 우리 조종께서 200년간 인재를 교육하고 우리 전하께서 30년간 인재를 배양하셨는데 어떻게 이 정도로 사람이 없단 말입니까. 아마도 있을 텐데 알지 못하는 것이 아니겠습니까. 관중(管仲)과 제갈량 같은 인재는 진실로 얻기 쉽지 않겠지만, 충성을 다 바치고 지모(智謀)를 모두 내어서 한 시대의 공적을 이룰 자로 말하자면 그러한 사람이 어찌 없겠습니까. 그러나 말을 해도 그 마음을 다 드러내지 못하고 일을 해도 그 힘을 다 쓰지 못하기에 그들이 수수방관하며 일을 담당하려는 뜻이 없으니, 신들은 전하께서 사람들의 마음을 감동시키고 인재들을 진작하는 방도에 미진한 점이 있어서 이렇게 된 것이라고 생각합니다.

20 광무제(光武帝)는……얻었고 : 노장은 복파장군(伏波將軍)으로 알려진 후한(後漢)의 마원(馬援)이다. 그는 어렸을 때 공손술(公孫述)과 친했는데, 공손술이 촉 땅에서 황제라고 칭하며 사신으로 간 자신을 신하로 대하자 그를 우물 안의 개구리라고 평가하였고, 광무제에게 가서 이야기를 나누고는 "마음이 드넓고 도량이 크신 것이 고조(高祖)와 부합합니다."라고 하고 광무제를 섬겼다. 훗날 마원이 무릉(武陵)의 만족(蠻族)들을 토벌하려고 할 때 광무제가 마원의 나이가 많은 것을 염려하였는데, 마원이 무용을 과시하자 광무제가 "용맹하도다. 이 노인이여."라고 하고는, 마침내 마원을 보내어 평정하도록 하였다. 《後漢書 馬援列傳》

21 당……맺었습니다 : 백의재상(白衣宰相), 백의산인(白衣山人)으로 불리는 당나라의 명신 이필(李泌)은 어릴 때부터 재주 있고 민첩하기로 이름났는데, 당 숙종이 태자 시절부터 부왕(父王) 현종(玄宗)의 뜻을 받들어 그와 포의교(布衣交)를 맺고 그를 선생이라 부르며 따랐다. 숙종이 즉위한 후 이필은 빈우(賓友)로서 모든 국사에 참여하였고, 후에 업후(鄴侯)에 봉해졌다. 《資治通鑑 卷218 唐紀34》

삼가 바라건대 전하께서는 인재를 초빙하는 데에 정성을 다하여 겸허한 마음으로 의견을 받아들여서, 자기만 신뢰하고 남을 의심하지 말며 자기만 옳다고 하고 남을 함부로 대하지 마십시오. 노성한 자에게 맡기고 새로이 발탁된 민첩한 사람을 좋아하지 말며, 충후한 자를 신뢰하고 능숙한 말로 아첨하는 사람을 총애하지 말며, 정직한 자를 친애하고 아부하여 순응하는 사람을 좋아하지 말며, 소원한 자라 하여 소홀히 대하지 말고, 비천한 자라 하여 업신여기지 마십시오. 그렇게 하신다면 도를 품고 재주를 지닌 자가 모두 그 뜻을 펴고자 하고 조정에서 계책을 운용하는 대신이 그 마음을 다하며 변방에서 군대를 통솔하는 장수가 그 힘을 다할 것입니다. 심지어는 남의 바짓가랑이 밑을 기는 겁 많은 사내도 반드시 용기를 내어 올 것이고, 젊은 무뢰배도 모두 마음을 고쳐먹고 돌아올 것이며, 병거(兵車)에 뛰어오를 수 있는 군사[22]와 끌채를 끼고 달아날 만한 무리[23]도 모두 구름과 안개처럼 모여들어 작은 공이라도 세우려고 할 것입니다. 그러면 흉적을 몰아내어 위태로운 형세를 전환시켜 나라를 안정시키는 일도 가까운 시일 내에 이루어지기를 기약할 수 있을 것입니다.

22 병거(兵車)에……군사 : 용맹하고 민첩한 군사를 말한다. 춘추 시대에 진(秦)나라 군사들이 주(周)나라 서울의 북문(北門)을 지날 때에, 병거의 좌우에 탔던 전사들이 투구를 벗고서 달리는 병거에서 내려 천자에게 경의(敬意)를 표하고는 다시 뛰어올라 탔는데, 병거의 수가 무려 300승이나 되었다. 《春秋左氏傳 僖公33年》

23 끌채를……무리 : 무용(武勇)이 뛰어난 자를 말한다. 춘추 시대 정(鄭)나라가 허(許)나라를 치려고 군사들에게 무기를 나누어 줄 적에 병거를 서로 먼저 차지하려고 다투었는데, 영고숙(潁考叔)이 먼저 병거의 끌채를 옆에 끼고 달아났다가 후에 제일 먼저 성에 올랐다. 《春秋左氏傳 隱公11年》

아, 백성이란 군주의 적자(赤子)요 우리의 동포(同胞)입니다. 옛날의 군신은 스스로 편안히 지낼 겨를이 없었는데도 오히려 한 명의 필부라도 제자리를 얻지 못할까 염려하여[24] 곤궁함을 구휼하고 병통을 제거하여 그들로 하여금 편안히 살 수 있도록 하였습니다. 그러므로 은택이 두루 퍼져 나라의 근본이 두텁고 견고해졌습니다. 골짜기가 험하더라도 백성이 아니면 지키지 못하고, 병기가 날카롭더라도 백성이 아니면 쓰지 못하며, 성과 해자가 완고하더라도 백성이 아니면 보존하지 못하니, 이는 오늘날의 일을 통해 명백하게 증명된 사실입니다. 이런 까닭에 비록 전란으로 어지러운 날이라도 백성을 보호하는 계책은 진실로 늦춰서는 안 됩니다.

아, 백성의 고통이 지금보다 참혹한 적이 없었습니다. 전란이 온 나라를 휩쓸어 백성들이 죽어 그 시신이 땅에 나뒹굴고 3년간 군량을 대느라 재정이 고갈되었으며 살아남은 과부마저도 거의 죽어 그 시신이 골짜기를 메우니, 마을에 정적만 감돌 뿐 사람의 기척조차 없습니다. 생각이 여기에 미치니 참혹함을 차마 말할 수가 없습니다.

전하께서 몸소 곤경을 겪으면서 더욱 민생을 염려하여 도성으로 돌아오신 뒤로 새로운 정사를 크게 펴서, 효성스러운 생각을 억제하여 태묘(太廟)의 제사를 간소하게 하고 검소함을 달갑게 여겨 지방에서 올리는 공납을 면제하셨습니다. 나아가 어선(御膳)에 쓰일 공물을 나누어서 굶주린 이들을 진휼하고 응방(鷹坊)을 혁파하여 농사일에 종사하게 하셨습니다. 그러니 백성을 구휼하는 전하의 정성이 지극하고도

24 한……염려하여 : 《서경》 〈열명 하(說命下)〉에 "한 명의 필부가 살 곳을 얻지 못하면 이는 내 죄라 할 것이다."라고 한 이윤의 말을 인용한 것이다.

극진하시니, 위로 하늘을 감동시켜 아름다운 명을 계속 이을 만합니다. 그런데도 뜻을 받들어 수행하는 사람이 없어 은택이 오히려 막히고 지방을 다스리는 수령이 태만하고 탐혹(貪酷)하여 두려워하거나 꺼리는 바가 없어서, 비록 관대한 하교와 애달피 여기는 사령이 있더라도 폐기하여 행하지 않고 태평하게 지내면서 살피려 들지 않습니다. 그러다 보니 조정에서 이미 견감하라 하였는데도 예전처럼 징수하고 전하께서 간절하게 염려하고 슬퍼하시는데도 원망은 더욱 깊어져 갑니다.

아, 불쌍한 이 백성들이 무슨 잘못이며 무슨 죄이기에 칼날 아래에 어육이 되고 굶주림 속에서 쓰러져 간단 말입니까. 게다가 수령의 탐혹한 정치에 시달려 울부짖으며 살 곳을 잃어버려서, 아버지는 그 자식을 보호하지 못하고 남편은 그 아내를 보호하지 못합니다. 그리하여 약한 자는 골짜기에 나뒹굴고 강한 자는 흩어져 도적이 되어서 멋대로 사람을 죽이고 물건을 약탈하면서 사납게 굴며 죽음을 두려워하지 않으니, 인심이 무너지고 윤리가 사라졌습니다. 더구나 반역의 변란이 잇따라 일어나는데 엄중한 형벌과 법이 그 마음을 막지도 못하고 복종시키지도 못하니, 신은 진(晉)나라 왕실의 우환이 오(吳)나라가 존속되는 데에 있지 않고[25] 계씨(季氏)의 화가 담장 안에서 일어날까[26] 염려됩니다.

25 진(晉)나라……않고 : 진 무제(晉武帝) 사마염(司馬炎)은 위 원제(魏元帝)의 선양을 받아 진나라를 세워 3국을 통일하였는데, 그가 건국한 이후 15년 동안 오나라가 망하지 않고 존속되었다. 국가의 우환이 외부적 요인으로 인해 발생하는 것이 아니라, 내부의 문제로 인해 발생한다는 뜻이다.

26 계씨(季氏)의……일어날까 : 《논어》 〈계씨〉에 "계손(季孫)의 걱정거리가 전유(顓臾)에 있지 않고 담장 안에 있을 것 같다."라고 한 공자의 말에서 연유한 것으로, 자기 담장 안에서 일어나는 변란, 즉 자중지란(自中之亂)을 말한다.

삼가 바라건대 전하께서는 더욱더 백성을 다친 사람 보듯이 하여 백성의 아픔을 자신이 직접 아픔을 겪는 것처럼 생각하여 옛 상례(常例)를 따르지 말고 시의를 밝게 살펴 군수(軍需)를 제외한 급하지 않은 비용을 일체 줄여서, 백성들로 하여금 아끼고 긍휼하는 성상의 뜻이 지극한 성의와 측은한 마음에서 나온 것임을 알게 하십시오. 또 수령을 선택하는 법을 엄격히 세워 자애롭고 철저하며 청렴하고 삼가면서도 총명함이 쇠하지 않은 자를 뽑아 수령의 직임을 맡기되, 직임을 잘 수행하여 두드러지는 실효를 거두는 자에게는 작질(爵秩)을 더해 주고 표창하여 보고 듣는 자들을 고무하십시오. 반면 평소 명성과 덕망을 지녔다고 자부하는 자일지라도 태만하여 직임을 수행하지 못하고 탐욕을 부려 그 백성들에게 해를 끼친다면, 그를 파직하고 치죄하여 조금이라도 용서하지 마십시오. 그리하여 아 대부(阿大夫)와 즉묵 대부(卽墨大夫)[27]를 엄격하게 구분하여 명성과 실질이 뒤섞이지 않도록 하십시오. 그러면 성상의 은택이 아래로 끝까지 미쳐서 아마도 남아 있는 백성들을 보존할 수 있을 것입니다.

아, 오랫동안 안일하게 지내다가 예측하지 못한 변란이 발생하자 한 번도 제대로 싸우지 못하고 삼도(三都)가 함락되었는데, 다행히 황제께서 진노하여 병력을 파견해 주신 덕택에 흉적들이 남쪽으로 달

27 아 대부(阿大夫)와 즉묵 대부(卽墨大夫) : 실제 치적이 있는 자와 헛된 명성을 가진 자를 말한다. 제 위왕(齊威王) 때 즉묵 대부를 헐뜯는 말과 아 대부를 칭찬하는 말이 날마다 올라오자 위왕이 사람을 시켜서 두 고을을 살펴보니, 즉묵은 잘 다스려지고 있었지만 아는 정사가 피폐하여 백성들이 고통받고 있었다. 이에 위왕은 아 대부가 자신의 측근에게 뇌물을 주어 칭찬해 달라고 청탁하였다는 것을 알고 그를 팽형(烹刑)에 처하고 즉묵 대부에게는 1만 가(家)를 봉해 주었다. 《史記 田敬仲完世家》

아났으니, 오늘날이 있게 된 것은 실로 황제 덕입니다. 그러나 지금 재빨리 자강(自强)하는 형세를 도모하여 싸우고 지키는 계책을 미처 실현하지 못한 채 오로지 종묘사직의 존망을 중국 장수의 거류(去留)에 맡기고 있는데, 저들 역시 병사들이 지치고 장수가 나태해져 이미 믿을 수가 없습니다. 더구나 철군한다는 논의까지 있는 현실이니 오죽하겠습니까. 불행히 하늘이 우리를 돕지 않아서 다시 왜적이 갑자기 쳐들어오는 화가 일어난다면, 상하가 문드러져 다시는 한 가닥의 여맥(餘脈)을 스스로 유지할 수 없을 것입니다. 우리나라가 비록 작지만 강하다고 일컬어진 지가 오래되었습니다. 삼국(三國)이 정립(鼎立)했을 때에 중국의 백만 군사를 물리쳤으니, 지금 비록 전쟁으로 손상을 입은 뒤라 하더라도 어찌 스스로 떨쳐 일어날 형세가 없겠습니까.

아, 당초 흉적들이 침략해 올 때 천 리 길을 달려오기를 마치 아무도 없는 지역을 밟는 듯이 하였습니다. 험한 요새와 견고한 성곽도 하루를 채 버티지 못하고, 멀리서 적의 위세만 보고 무너져 적들로 하여금 화살 하나도 쓰지 않고서 곧장 경도(京都)를 함락하고 평양까지 이르게 하였습니다. 이는 진실로 무기가 정밀하지 못하거나 군사의 수가 대적하지 못할 정도로 차이가 나서 그렇게 된 것이 아니라, 사실 민심이 이반하여 윗사람을 질시해서 그들의 죽음을 보고도 구제하지 않았기 때문입니다.

지금 정예병을 선발하여 치고 찌르는 기술을 훈련시키는 일은 진실로 조금도 늦출 수 없습니다. 그러나 그들로 하여금 사랑하고 공경하는 마음을 일으켜 윗사람을 친히 하고 상관을 위해 죽고자 하는 마음을 굳게 가지도록 하지 못하면, 훗날 적을 만났을 때 또다시 이전과 같아져서 견고한 갑옷과 날카로운 병기가 결국 적을 돕는 도구가 될 것이니, 기왕의 일을 거울로 삼을 만합니다. 그렇다면 인애(仁愛)로 어루만져 주고 지성(至誠)으로 감동시켜서 목숨 바쳐 싸울 마음을 가지도록 하는 것이 바로 오늘날의 급선무요, 무예를 훈련시키는 것은 절목 가운데 한 가지 일일 뿐입니다.

또 사람들의 마음을 진정시킬 수 있는 계책과 사려, 지위와 명망을 가진 자를 가려 뽑아 원수(元帥)의 직임을 맡겨서 국경을 수비하는 일을 전담하여 기미와 형세를 살피고 뭇 장수들을 호령하게 한다면, 지금 장수의 임무를 맡고 있는 신하와 의병을 일으켰던 인사 중에 뛰어난 지혜와 용기로 나라를 위해 힘을 다할 자가 어찌 없겠습니까. 그들에게 사졸을 분속(分屬)하여 저마다 체계를 두어 고락(苦樂)을 함께하고 정의(情意)를 미덥게 하며, 평상시 늘 교련하고 간첩을 반드시 살피는 한편, 요새를 점거하여 우리의 형세를 보다 확장해서, 적이 오지 않으리라고 믿는 것이 아니라 우리가 잘 대비하고 있다는 것을 믿게 하십시오. 이를 가지고 공격하고 수비한다면 어디를 간들 성공하지 못하겠습니까.

장수를 거느리는 방도는 더욱 전하에게 달려 있습니다. 장수를 복심(腹心)과 같이 친근하게 대하고 은혜와 믿음으로 관계를 맺어서, 그들이 전투할 때 임금의 명을 받지 않더라도 의심하지 말고 군중에 있을 때 임금에게 배례하지 않더라도 교만하다고 하지 마십시오. 조정에서 멀리 변방의 일을 제재하려다 중요한 기회를 놓치지 말고 그들이 계략을 펼쳐 마음과 힘을 다하게 하십시오. 그렇게 하면 장수는 죽을힘을 다해 싸울 뜻을 가지고 사졸은 적의 진지를 쳐부술 용맹을 떨쳐서 한 명이 백 명을 대적할 수 있게 되어 우리 군의 병세가 점점 확장될 것입니다.

아, 천하의 일에는 근본과 지엽이 있는 법입니다. 근본을 다스리는 것은 우활하고 더딘 듯해도 사실 힘이 되기가 쉽고, 지엽을 다스리는 것은 절실하고 합당한 듯해도 사실 효과를 보기가 어렵습니다. 오늘날의 급선무로는 분발하여 뜻을 가다듬어서 아랫사람들을 독책하여, 언로를 활짝 열고 인재를 거두어 모으며, 폐단을 고쳐 백성을 보호하고 장수를 가려 뽑아 사졸을 훈련하는 것보다 더 급한 것이 없습니다. 그렇지만 이 몇 가지의 근본을 따져 보면 실로 임금의 한 마음에 달려 있을 뿐입니다.

신들이 생각건대 전하의 고명한 학문은 전고에 유례가 없을 정도로 뛰어납니다. 그러나 밖으로 드러난 것을 가지고 내면을 엿보자면, 사욕에 이끌리는 마음이 다 없어지지 않아 청명한 덕이 처음과 같지 못하고, 지기(志氣)가 확고하지 않아 성실한 마음이 사람을 감동시키지 못합니다. 또 쉽게 기뻐하거나 노여워하여 말씀하시는 사이에 감정이 드러나니 함양하는 공부가 깊지 않은 듯하고, 일을 하시는 데에 순서가 없어 본령이 되는 부분에 빠트린 점이 있으니 사리를 강구하는 공부가 정밀하지 않은 듯합니다. 게다가 변란을 만난 이후로는 경연을 철폐하셨습니다. 와신상담하는 아픔으로 강학할 겨를이 없으며 삼가고 염려하는 마음은 남들이 보지 않는 데에서도 다르지 않으시겠지만, 삼가 생각건대 사람의 마음은 놓아 버리면 달아나고 성인(聖人)도 생각하지 않으면 광자(狂者)가 됩니다.

삼가 바라건대 전하께서는 다시 경연을 열어 날마다 신하들을 접견해서 고금의 치란과 당세의 득실과 민생의 휴척과 군무의 완급을 모두 토론하고 지엽적인 장구(章句)에 연연하지 마십시오. 아울러 휴식을 취하며 고요히 계시는 시간에는 말없이 앉아 마음을 맑게 하여 본원(本

源)을 함양하고, 사물에 응수할 적에는 희노(喜怒)와 호오(好惡)를 각각 절도에 맞게 하십시오. 그러면 드는 공력이 적더라도 효력은 실로 클 것이니, 군무(軍務)가 한창 급박하여 여기에 신경을 쓸 겨를이 없다고 생각하지 마십시오. 일 처리에 골몰하고 명령을 내리는 데에 얽매여 내실은 버리고서 외면에만 힘쓰고 근본은 잊고서 지엽만을 일삼다가 끝내 성취한 것이 없는 데에 비하면 그 득실이 어떠하겠습니까.

아, 신들은 성상을 만난 지금이 천 년에 한 번 있을 법한 때라고 생각합니다. 자질이 밝고 뛰어나며 학문이 넓고 깊은 전하께서 어찌 평소 스스로 옛 성왕보다 못하기를 기약하셨겠으며, 신들이 어찌 전하께서 요순(堯舜)보다 못한 임금이 되기를 기대했겠습니까. 그런데 국운이 불행하고 시사(時事)가 망극하여 오늘날에 와서는 도리어 어리석고 용렬한 임금 및 쇠퇴하고 혼란한 세상과 마찬가지가 되어 버렸습니다. 이는 신들이 마음속으로 애통하게 여길 뿐만 아니라, 아마 전하께서도 밤중에 돌이켜 생각하면서 또한 속으로 안타까워하실 것입니다.

대저 하늘이 큰 임무를 성현에게 내리려 하면 반드시 먼저 그 몸을 곤궁하게 만들고 그 생각을 거슬러서 그로 하여금 마음을 분발하고 성질을 참게 하여 잘하지 못하는 점을 보다 잘하게 만드는 법입니다. 전하께서 이러한 때에 두려워하여 스스로 반성하고 분발하여 큰일을 해 나가 나라의 운명을 새롭게 하신다면, 오늘의 화란은 하늘이 전하를 보다 훌륭하게 만들기 위한 기제(機制)가 될 것입니다.

옛날 송(宋)나라 왕실이 강남(江南)으로 밀려가고 금(金)나라 오랑캐가 사납게 날뛰었으니, 그 당시 형세를 생각해 보면 또한 급박했다고 할 수 있습니다. 그런데도 주희(朱熹)가 끊임없이 간절하게 진달했던 것은 격물(格物), 치지(致知), 성의(誠意), 정심(正心)의 설(說)이었습니다. 심지어 육수부(陸秀夫)와 같은 사람들은 한 척의 배에 황제를 태우고 달아날 적에 나라의 멸망과 자신의 죽음이 눈앞에 닥쳤는데도 강학하는 공부를 폐하지 않았습니다.[28] 이 한둘의 충신과 현신이 어찌 시무(時務)의 완급을 알지 못했겠습니까. 진실로 근본이 되는 일은 나라의 운명이 경각에 달린 순간에도 소홀히 할 수 없기 때문이었습니다.

만약 대본(大本)이 확립되어 만사에 기강이 잡히면 크게 한번 노하매 인심이 다투어 분발하고, 사방으로 귀를 기울이매 훌륭한 말이 절로 이르며, 도를 즐거워하고 선을 좋아하매 현명한 인재가 무리 지어 조정에 나오고, 인애를 깊게 하고 은택을 두텁게 하매 나라 사람들이 자신의 목숨을 아끼지 않을 것입니다. 그리되면 은혜와 위엄이 함께 시행되고 장수와 사졸 들이 서로 면려하여 우리의 강역을 안정시켜서 왕업이 다시 창성할 수 있을 것입니다.

삼가 바라건대 전하께서는 유념하소서. 재결해 주십시오.

비답(批答)에 "차자를 살펴보았다. 경들이 나를 버리지 않고 이러한 차자를 올렸으니, 신하 된 자의 외로운 충성이 안쓰러워 나도 모르게 감격하며 눈물을 흘렸다. 그렇지만 이는 내가 감당할 수 있는 것이 아니다. 새 임금을 보필할 것이요, 내게는 다시 말하지 말라."라고 하였다.

28 육수부(陸秀夫)와……않았습니다 : 남송(南宋)이 멸망하기 직전에 육수부 등 신하 몇 명이 어린 황제를 모시고 원(元)나라 군대를 피해 배를 타고 달아났다. 이때 육수부가 《대학(大學)》을 강학하기를 권장하였는데, 옆에 있던 사람이 나라가 망하는 마당에 강경(講經)이 무슨 소용이냐고 하자, 이 도가 없어지면 나라를 찾은들 무슨 소용이냐고 반문하고 강학을 끝낸 다음 바다에 빠져 죽었다고 한다. 《宋史 忠義列傳 陸秀夫》

이정암의 화친하자는 논의를 공박하는 차자[29]

攻李廷馣和議箚

삼가 아뢰옵니다. 신은 전라도 관찰사 이정암(李廷馣)의 장계(狀啓) 내용을 보고 경악을 금치 못했습니다. 이 어찌 우리나라의 신하가 차마 입 밖에 낼 수 있는 말이겠습니까. 신은 종사(宗社)가 터만 남고, 화(禍)가 원릉(園陵)에 미친 것을 생각할 때마다 간담이 모두 찢어지는 듯하니, 이는 바로 온 나라의 신민(臣民)이 피눈물을 삼키며 만세가 지나더라도 반드시 갚아야 할 원수입니다. 그런데 이정암은 그 역시 신하이면서 어찌 차마 이런 말을 한단 말입니까. 이정암이 또 아무것도 모르는 무식한 사람이 아닌데, 또한 어찌 감히 이렇게 글로 적어 군부(君父)께 아뢴단 말입니까. 신은 놀랍고 비통한 마음을 가눌 수 없습니다. 화친하자는 논의가 중국에서 나오는 것은 참으로 어찌할 수 없는 노릇이지만 그래도 매우 수치스러운 일인데, 하물며 우리나라 신하의 입에서 이런 말이 나온단 말입니까. 더욱이 나라의 중책을 맡아 왜적 토벌을 도모하고 있는 신하가 이런 말을 한단 말입니까.

국사(國事)가 비록 극도로 타격을 입었으나 성상께서 의지를 다잡고 계시니 하늘의 뜻을 돌릴 수 있을 것이고, 백성들이 모두 분발하고 있으니 병력을 진작할 수 있을 것입니다. 진실로 급급하게 새로운 정사

29 이정암(李廷馣)의……차자 : 1594년(선조27) 5월 22일 전라도 관찰사 이정암이 일본과 화친하자는 내용으로 치계(馳啓)하였는데, 다음 날 당시 홍문관 부수찬이었던 정엽이 그를 공박하는 내용으로 이 차자를 올렸다. 《宣祖實錄 27年 5月 23日》

를 크게 펼치고 인재를 가려 뽑아 대중의 마음을 수습하고 장졸을 독려하신다면 어찌 자강할 형세가 없겠으며, 어찌 사세(事勢)를 전환할 방법이 없겠습니까. 그런데도 이정암은 다만 눈앞의 염려스러운 형세만 보고 감히 의리에 어긋나는 말을 꺼내어 장황히 늘어놓았습니다.

심지어 "저 왜적이 왕자와 사로잡았던 신하들을 돌려보낸 것[30]은 중국을 두려워해서가 아니라 우리 조종(祖宗)께서 교린(交隣)하셨던 뜻을 생각하매 선한 마음이 다시 싹텄기 때문입니다."라고까지 했으니, 이 무슨 말이란 말입니까. 삼도(三都)를 소굴로 삼고서 흉악한 짓을 마음껏 하다 하루아침에 남쪽으로 물러갔으니 이는 진실로 황제를 두려워한 것일 뿐입니다. 또 여태 바닷가에 주둔하고서 본토로 돌아갈 생각은 하지 않고 속으로 흉측한 계략을 품은 채 겉으로만 화친하자고 하니 선한 마음이 싹튼 것이라고 할 수 있겠습니까.

심지어 "삼포(三浦)에 허접(許接)하고 세공선(歲貢船)에 급료(給料)하는 일을 조종조(祖宗朝)의 옛일처럼 해야 할 것입니다."라고까지 했는데, 아, 쌀겨를 핥다가 쌀까지 먹는 것이 오랑캐의 습성이니 우선 삼포에 허접하게 하여 구차히 그 요구를 들어준다고 하더라도 저 왜적의 만족할 줄 모르는 마음이 거기에 그칠지 모르겠습니다. 이를 차지하고 난 뒤에 다시 다른 것을 요구하면 또 허락할 수 있겠습니까. 하물며 내 침상 곁에 다른 사람이 코를 골며 자는 것을 내버려 두고[31] 편안히

30 저……것 : 1592년 7월 23일 함경도 회령진(會寧鎭)에 피난 가 있던 임해군(臨海君) 이진(李珒)과 순화군(順和君) 이보(李玶)가 그 수행원들과 함께 가등청정(加藤淸正)에게 사로잡혔다가 이듬해 6월 1일에 풀려나 돌아온 일을 말한다. 《宣祖實錄 25年 4月 29日, 26年 6月 1日》

31 내……두고 : 송 태조(宋太祖)가 남당(南唐)을 합병하려 하면서 "천하가 일가인

아무 일 없는 듯 시일을 보낼 수 있겠습니까. 더욱이 열성조(列聖朝)께서 이어 온 땅을 한 자 한 치라도 내버려 저 불공대천의 원수에게 줄 수 있겠습니까.

폐백(幣帛)을 계속 늘려 주다가 땅을 떼어 주기에 이르고 땅을 계속 떼어 주다가 칭신(稱臣)하기에 이르며 계속 칭신하다가 나라를 잃기에 이르는 법이니, 이는 송(宋)나라 조정에 이미 있었던 일입니다. 그런데도 이정암은 전하로 하여금 직접 수레를 몰고서 앞서간 사람이 엎어졌던 길을 따라가게 하려고 하니 신은 이를 애통하게 여깁니다.

심지어 태왕(太王)이 곤이(昆夷)를 섬기고 구천(句踐)이 오(吳)나라를 섬겼다[32]느니 수모를 참으시라느니 견디시라느니 하는 등의 말로 옛일을 왜곡해 인용하여 자기의 견해를 꾸미기까지 했으니, 이정암의 말은 논쟁할 거리도 못 되지만 신은 이에 대해 매우 애통한 심정입니다.

화친의 이해(利害)는 전사(前史)에 명백하게 수록되어 있어 전하께서 이미 환히 알고 계시니, 신이 다시 번거롭게 말씀드리지 않겠습니다. 그러나 만약 전하께서 지극히 애통해하는 마음을 품고 엄격히 대의(大義)를 지키지 않으신다면, 이정암의 주장이 한번 나옴에 따라 해이

데, 내가 잠을 자는 침상 옆에 다른 사람이 코를 골며 자는 것을 내버려 둘 수 있겠는가." 라고 하였다. 《續通鑑長編 卷16》 여기서는 일본을 삼포에 머무르게 하는 것을 빗대서 한 말이다.

32 태왕(太王)이……섬겼다 : 《맹자》 〈양혜왕 하(梁惠王下)〉에 "오직 인자(仁者)만이 큰 나라를 소유하고도 작은 나라를 섬길 수 있다. 그러므로 탕왕(湯王)이 갈(葛)나라를 섬기고, 문왕(文王)이 곤이를 섬긴 것이다. 오직 지자(知者)만이 작은 나라를 소유하고서 큰 나라를 섬길 수 있다. 그러므로 태왕이 훈육(獯鬻)을 섬기고, 구천이 오나라를 섬긴 것이다."라고 하였다. 《맹자》 원문에는 문왕이 곤이를 섬기고 태왕은 훈육을 섬겼다고 되어 있는데, 이정암이 착각한 듯하다.

하고 나태하여 편안한 것만 좋아하고 의리를 잊고 이익만 따지는 자들이 혹 거기에 부화뇌동하게 될 것입니다. 그로 인해 초래되는 폐단이, 송나라의 신하들이 금(金)나라와 화친하기를 주장하여 임금을 미혹시키고 나라를 그르쳤던 지경에 이르게 될 것이니 어찌 두렵지 않겠습니까.

삼가 바라건대 전하께서는 공론(公論)을 따라 대의를 바르게 하며 물의(物議)를 막고 인심을 안정시키십시오. 그렇게 하신다면 국가의 큰 다행이겠습니다. 재결해 주십시오.

비답에 "이는 나랏일을 극진히 염려하다 보니 저도 모르게 이렇게 그릇된 의견을 냈을 뿐 다른 뜻이 있었던 것은 아닌 듯하다. 그 말은 놀라우나 지금처럼 국방(國防)이 긴요한 시국에 관찰사를 가볍게 파직할 수는 없다." 라고 하였다.

주문에 대해 논하는 차자[33]

論奏文箚

신들은 삼가 아룁니다. 하늘이 이런 재앙을 내리시어 병화(兵禍)가 발생한 지 3년이 지난 지금까지도 평정되지 않았는데, 군신(君臣)이 모두 허둥대며 구제할 바를 몰라 고식적인 계책과 구차한 주장이 이르지 않는 바가 없습니다. 지금 보니 진주(陳奏)하자는 한 가지 일은 입론(立論)이 바르지 않고 조어(措語)가 분명하지 않아 머리를 감추고 얼굴을 가렸지만, 그 뜻은 가릴 수 없는 점이 있습니다. 신들은 이 일이 대의(大義)에 어긋날 뿐만 아니라, 목전의 이해에 관한 계책으로도 마땅하지 않을 것이라 생각합니다.

이 왜적이 우리나라를 위태롭게 하고 상국(上國)에 맞선 것이 하루이틀 일이 아닌데 그 욕심이 과연 봉공(封貢)에 그치겠습니까. 봉공을 허락한 뒤에도 계속 다시 주둔하여 쌀겨를 핥다가 쌀까지 먹고 마는 욕심을 마음대로 거리낌 없이 부릴 것이니, 그렇게 되면 중국 조정에서 화친을 주장하던 자들이 책임을 지게 되는 것은 물론이고, 우리나라 또한 분명 때늦은 후회를 하게 될 것입니다.

33 주문(奏文)에……차자 : 1594년(선조27) 5월 명(明)나라 경략(經略) 고양겸이 참장(參將) 호택을 파견하여, 선조에게 '일본 관백(關伯)을 일본 국왕으로 책봉하고 일본이 명나라 황제에게 조공할 수 있도록 해 달라'는 내용으로 명나라에 요청할 것을 요구하였다. 이후 조선 조정에서는 고양겸의 요구대로 봉공을 요청하는 주문을 보내는 문제로 논란이 이어졌는데, 당시 홍문관 부수찬이었던 정엽이 부제학 이정형(李廷馨)과 함께 주문을 보내지 말자는 내용으로 이 차자를 올렸다.《宣祖實錄 27年 5月 11日, 6月 12日》

더욱이 송응창(宋應昌), 이여송(李如松) 두 사람 이외에 언책(言責)을 맡은 이로서 의리를 아는 자들은 모두 소매를 걷어붙이고 성을 내며 정론(正論)을 펼치고 있습니다. 그들이 진달한 글들을 살펴보면 대체로 우리나라 군신이 죽기를 각오하고 뜻을 바꾸지 않은 것을 의롭게 여기고 가상하게 여기며 이를 인용하여 근거로 삼았습니다. 그런데 지금 왜를 책봉해 주시라고 은근히 청하는 내용이 갑자기 우리나라의 주문(奏文)에 나온다면, 들은 자들이 반드시 괴이하게 여기고 보는 자들이 반드시 놀라 더 이상 우리나라를 애석하게 여기지 않을 것입니다.

지난해 김수(金睟) 등이 가져간 주문과 본부(本部)에 올린 정문(呈文)에서는 적의 기세가 맹렬하다는 것과 화의(和議)는 잘못된 일이라는 것을 극언했는데, 지금 주문의 내용이 전날과 다르다면 일관되지 않은 뜻과 모순된 언사가 다만 식자들의 웃음거리가 될 뿐, 그 말이 중요하게 여겨지지 못하리라는 것 또한 분명합니다.

또 호택(胡澤)은 천자의 명(命)이 아니라 총독(摠督) 고양겸(顧養謙)의 영(令)을 받고 와서 우리나라를 다그치는 것일 뿐입니다. 그런데 묘당의 논의는 대의를 생각하지 않고 전후 사정을 살피지 않은 채 오직 그 말만을 따라 주문을 작성하여 요행을 바라려고 하니, 신들은 난처한 일이 혹 생각하지도 못한 곳에서 나와 성심껏 지켜 오던 의리를 일거에 모두 잃어서 끝마무리를 잘하지 못하게 될까 더욱더 걱정됩니다.

주문을 보내지 않을 수 없다면 봄 이후의 적의 정세만 추려서 총독의 말에 응하는 것이 좋겠고, 또한 중국이 병력과 군량을 보태 주기를 더 바랄 수 없는 상황에서 백성이 곤궁하고 재물이 고갈되어 이제 거의 망하게 된 우리나라의 다급하고 절박한 사정만을 진달하는 것이 좋겠습니다. 중국 조정에서도 의견이 갈려 서로 다투고 있는 때에 영합하여 붙좇는 내용을 상주(上奏)하여 불확실한 상황에서 이해를 따지려 한다면 잘못된 계책이 아니겠습니까.

바라건대 전하께서는 밝은 견해를 굳게 지켜 서둘러 대의를 따르시어 상국의 사람들로 하여금 정론이 사라지지 않은 것이 이와 같고 성상께서 의리를 지키는 것이 이와 같음을 알게 하십시오. 그렇게 되면 매우 다행일 것입니다.

신들이 이에 대하여 깊이 한스럽게 여기는 바가 있습니다. 우리나라가 왜적에게 강역(疆域)을 침탈당하고 백성을 도륙당한 것은 말할 필요도 없고, 위로 원릉(園陵)에 차마 말할 수도 없는 일이 있었던 것을 생각하면 이는 온 천지가 지극히 원통해할 일입니다. 군신 상하가 피눈물을 삼키면서 창을 베고 쓸개를 맛보며 죽음도 마다하지 않는 뜻을 가다듬어 그나마 뒤늦게라도 만회하는 효과를 거두어야 하는데, 한결같이 조종(祖宗)의 존망을 다만 중국 장수의 거취에 내맡기고서 구차하게 이해의 말단에 얽매이다 국가 형세가 날이 갈수록 더욱 위급해져 끝내 구원할 수 없는 곳에 이르렀으니 이는 참으로 통곡할 만한 일입니다.

우리나라가 지금 전쟁의 피해를 입은 상황이지만, 남은 병사들을 수습해 장수를 뽑고 병졸을 훈련해 서둘러 자강(自强)할 형세를 도모하고, 전하께서 또한 혁연히 분발하여 신하들을 고무하신다면, 그래도 앉아서 죽음을 기다리는 것과는 차이가 있지 않겠습니까.

바라건대 전하께서는 유념해 주십시오. 재결해 주십시오.

비답에 "차자를 살펴보았다. 언론이 이와 같으니, 내가 무엇을 염려하겠는가. 침체된 분위기를 전환하고 사기를 북돋울 만하다. 나라가 망하고 내가 죽더라도 남은 영광은 있을 것이다. 너무도 감격하여 흐르는 눈물을 주체할 수 없다. 응당 다시 묘당과 의논해 처리하겠다."라고 하였다.

이요를 공박하는 차자[34]

攻李[35]瑤箚

삼가 아룁니다. 성상께서는 도량이 넓어 허물을 덮어 두고 남의 말을 수용하므로, 이요(李瑤)처럼 괴상하고 터무니없는 사람이라도 소장(疏狀)을 올려 호소하자 그 죄는 내버려 두고 그 마음을 인정하여 즉시 불러 보고 말씀을 주고받으며 메아리처럼 호응하셨습니다. 좋은 말이 남김없이 진달되고 뭇 방책이 모두 거행되는 것은 곽외(郭隗)를 등용하는 일[36]에서부터 시작되는 것이지만, 다만 이요가 왕수인(王守仁)[37]

34 이요(李瑤)를 공박하는 차자 : 1594년(선조27) 7월 17일 경안령(慶安令) 이요가 청대(請對)하자 선조가 그를 인견하였는데, 이요는 이 자리에서 일본과 화친하지 말 것, 왕세자를 중국 조정에 보낼 것을 청하고, 이어 왕수인과 육구연에 대해 긍정적으로 평가하였다. 이후 왕수인과 육구연을 긍정적으로 평가한 것과 관련하여 물의가 일어나 조정의 신료들이 이요를 비판했는데, 당시 홍문관 부수찬이었던 정엽 역시 같은 맥락에서 홍문관 응교 유공신(柳拱辰)과 함께 이 차자를 올렸다. 《宣祖實錄 27年 7月 22日》

35 李 : 대본에는 '柳'로 되어 있다. 《선조실록》 27년 7월 17일 기사에 근거하여 수정하였다.

36 곽외(郭隗)를 등용하는 일 : 아주 뛰어난 인재가 아니더라도 재능이 있는 사람이면 기꺼이 등용하는 모습을 대외적으로 보여 주어, 더 훌륭한 인재들이 스스로 조정에 나오게 만드는 것이다. 전국 시대 연(燕)나라 소왕(昭王)이 즉위하여 곽외에게 어진 인재를 천거하도록 하자, 곽외가 "임금께서 현사(賢士)를 초빙하려고 하신다면 먼저 저부터 등용하십시오. 그러면 저보다 현명한 사람들이 어찌 천 리 길을 멀다 하겠습니까."라고 하였다. 소왕이 이 말을 따라 그를 스승으로 모셨는데, 실제로 훌륭한 인재들이 이 소문을 듣고 연나라로 몰려들었다고 한다. 《史記 燕召公世家》

37 왕수인(王守仁) : 1472~1528. 명나라의 관료이자 사상가로, 자는 백안(伯安), 호

의 학문을 성대히 칭송하는 내용으로 성상의 귀를 혼란하게 하였다고 하니, 신들은 놀라워하며 해괴하게 여기는 마음을 금치 못하겠습니다.

왕수인의 학문은 도가(道家)와 불가(佛家)를 합쳐 하나로 만들고서 우리 유가(儒家)의 이름을 빌린 것인데, 그 마음은 고집스레 자기만 옳게 여기고 그 주장은 장황하고 요란합니다. 심지어 "'선(善)을 생각하지 않고 악(惡)을 생각하지 않을 때 본래 진면목을 인식할 수 있다.' 라고 한 것은 불씨(佛氏)가 본래 진면목을 인식하지 못한 사람을 위해 이러한 방편(方便)을 가설(假設)한 것이다."라고 하고 "신(神)이 안정되며 기(氣)가 안정되며 정(精)[38]이 안정되어 선가(仙家)에서 '장수(長壽)하는 방술'이라고 하는 것이 또한 그 속에 있게 된다."라고 하고 "우리 유가에 또한 신선의 도가 있으니, 안자(顔子)가 32세에 죽었으나 지금까지 사라지지 않았다."라고 하기까지 하였으니 그 해괴하고 터무니없어 사리에 어긋난 주장에 못 하는 말이 없었습니다. 그의 법은 글을 읽고 이치를 궁구하는 것을 큰 금기로 삼아 알 수 없는 것에 마음을 쏟았고, 요행히 하루아침에 돌연 홀로 깨닫는 것을 옳게 여겨 정주(程朱)의 '먼저 알고 난 후 행동하라.'는 말씀을 비판하였으며, 심지어 경서의 뜻을 고쳐 삿된 견해를 꾸미기까지 했으니 인심을 혼란시키고 유가의 학술에 해악을 끼친 죄가 큽니다. 그러므로 명(明)나라 무종황제(武宗皇帝)가 그 관작을 삭탈하고 그것이 거짓된 학문임을 방을

는 양명(陽明)이다. 주자학을 비판하고 육구연의 심성론(心性論)을 계승하여 지행합일(知行合一), 치양지(致良知) 같은 독자적인 유학 사상을 내세웠다.

38 정(精) : 대본에는 '情'으로 되어 있다. 《왕문성전서》 권5 〈여육원정(與陸元靜)〉에 근거하여 바로잡아 번역하였다.

붙여 보였으니 그에 대한 염려가 깊었던 것입니다.

저 이요는 한낱 미쳐서 제정신이 아닌 사람일 뿐이니 무슨 견식이 있겠습니까. 비부(鄙夫)에게 미혹되어 그를 스승으로 삼고서도 아직도 깨닫지 못하고 있으니 어찌 양명(陽明)의 학술이 삿된지 바른지 알겠습니까. 이는 진실로 논쟁할 거리도 못 됩니다. 신들이 매우 이상하게 여기는 것은 전하께서 넓은 학식과 고명한 식견으로 엄격히 변별하고 통렬히 끊어서 거짓이 진실을 어지럽히고 그른 것이 옳은 것을 해치지 못하도록 하셔야 할 터인데, 도리어 그를 허여하여 그 견해를 묻고 말을 주고받아 이요의 말을 옳게 여기는 것처럼 하신 점입니다. 이는 비록 겸허하게 남의 말을 듣는 훌륭한 마음에서 비롯된 것이기는 하지만, 신들은 이러한 말이 한번 퍼지게 되면 선비들의 지향이 흔들려 그로 인해 초래된 화가 이루 말할 수 없을 지경이 될까 염려스럽습니다.

무릇 우리 유가의 학문은 앎과 실천일 뿐이니, 앎이 지극하지 않으면 소경이 더듬더듬 길을 찾는 것과 같아서 어디로 가게 될지 모르게 되는 폐단이 생깁니다. 나의 지식이 폭넓고 정밀하면 눈에 온전한 소가 보이지 않는 경지[39]에 이르러 실행할 때에 확신이 있게 됩니다. 그러므로 성의(誠意)와 정심(正心)은 격치(格致)의 뒤에 있게 되고,[40] 심문(審

39 눈에……경지 : 어떠한 일에 통달한 경지를 일컫는다. 《장자(莊子)》 〈양생주(養生主)〉에 옛날에 어떤 백정이 자신의 솜씨를 자랑하며 "처음 소를 잡을 때는 소 몸뚱이만 보이더니 3년쯤 지난 뒤에는 소의 각 부위만 보일 뿐 소 몸뚱이 전체는 보이지도 않았다."라고 말했다는 이야기가 전한다.

40 성의(誠意)와……되고 : 《대학장구》 경(經) 1장에 "사물의 이치가 이른 뒤에 지식이 지극해지고, 지식이 지극해진 뒤에 뜻이 성실해지고, 뜻이 성실해진 뒤에 마음이 바르게 된다.〔物格而后知至, 知至而后意誠, 意誠而后心正.〕"라고 하였다.

問)과 신사(愼思)는 독행(篤行)보다 앞에 있게 되며,[41] 유정(惟精)이 아니고서는 집중(執中)할 수 없고,[42] 박문(博文)이 아니고서는 약례(約禮)할 수 없습니다.[43] 이것이 먼 옛날부터 성현이 전수했던 위대한 법이며 지극한 요결입니다.

송(宋)나라의 육구연(陸九淵)[44]은 유가의 학문을 가탁하였으나 실제로는 불가의 여맥(餘脈)일 뿐이었습니다. 강학(講學)을 일체 그만두고서 오로지 각성하고 성찰하여 이 마음을 깨닫고자 하였으니, 그 식견이 이미 어긋나 이학(異學)에 빠지고서도 스스로 깨닫지 못하였습니다. 주자(朱子)가 그 폐부(肺腑)를 환히 꿰뚫어 보아 엄정히 비판하지 않았다면 공자의 뜻이 세상에서 사라져 버렸을 것입니다. 왕수인의 학문은 실로 육구연을 계승한 것인데, 거짓되고 방자하여 경서를 위반하고 성인을 비판한 것은 그보다 더욱더 심하였으니, 선신(先臣) 이황

41 심문(審問)과……되며 : 《중용장구》 제12장에 "널리 배우고, 상세히 따져 묻고, 신중히 사색하고, 명백히 가리고, 독실히 행해야 한다.〔博學之, 審問之, 愼思之, 明辨之, 篤行之.〕"라고 하였다.

42 유정(惟精)이……없고 : 《서경》 〈대우모(大禹謨)〉에 "인심은 위태롭고 도심은 은미하니 정하고 한결같아야 진실로 그 중을 잡을 수 있다.〔人心惟危, 道心惟微, 惟精惟一, 允執厥中.〕"라고 하였다.

43 박문(博文)이……없습니다 : 《논어》 〈옹야(雍也)〉에 "군자가 글을 널리 배우고 예로써 자신을 단속한다면 도에 위배되지 않을 것이다.〔君子博學於文, 約之以禮, 亦可以弗畔矣夫.〕"라고 하였다.

44 육구연(陸九淵) : 1139~1192. 남송(南宋)의 유학자로, 자는 자정(子靜), 호는 존재(存齋)·상산(象山)이다. 마음을 우주 만물의 근본으로 보는 '심즉리설(心卽理說)'을 주장하며 심(心)을 성(性)과 정(情), 도심(道心)과 인심(人心), 천리(天理)와 인욕(人慾)으로 구별한 주희(朱熹)의 학설에 반대하였다.

(李滉)은 "만약 이러한 사람이 임금의 마음을 얻어 그 뜻을 실행했다면 그 화가 진(秦)나라 때보다 더 극심했을 것이다."라고 말했습니다. 아, 앞서 명 무종이 그를 죄주고 뒤에 와서 현유(賢儒)들이 그를 배척하였는데, 전하께서 이요의 삿된 견해를 배척하여 호오(好惡)를 밝히지 못하시니 신들은 전하께서 이치를 궁구하는 공부에 또한 미진한 점이 있는 것은 아닌지 염려스럽습니다.

아, 세도(世道)가 쇠하고 인물이 사라져 유가의 학술이 밝지 않게 되었습니다. 오늘에 이르러 시사(時事)가 망극하여 윗사람이 나라를 다스리는 방법과 아랫사람이 임금을 섬기는 방법이 오직 사사로운 지략과 이해(利害)일 뿐이고, 의리(義理)에 관한 설은 들리지 않은 지 오래입니다. 그러므로 큰 근본이 확립되지 않아 모든 일에 기강이 없게 되어, 몸을 수고롭게 하고 마음을 태우면서 시국의 어려움을 구제하려 하더라도 본말이 순서를 잃어 효과를 볼 기약이 없습니다. 사지(四肢)의 병과 복심(腹心)의 병이 한꺼번에 발생하여, 흉적이 변방에 주둔해 병화가 여전히 남아 있고 백성들이 도탄에 빠져 온 산에 도적이 가득합니다. 위태로운 상황이 날이 갈수록 심해져 점차 구제하기 어려운 지경이 되어 가니 지혜로운 자가 있더라도 계책을 잘 낼 수 없습니다. 우러러 생각건대 전하께서는 어떻게 하실 계획입니까?

아, 왜적을 토벌할 계책과 백성을 지킬 방도는 진실로 한 가지가 아니지만 그 실제는 전하의 한 마음을 정성스럽게 하여 태만히 하지 않는 데에 지나지 않을 뿐입니다. 성상의 뜻을 더욱 분발해 오래될수록 더욱더 새로워지도록 하여 사람들의 마음을 감동시키고 장수와 군졸을 책려(策勵)하며, 인재를 모아 적재적소에 써서 비록 갑자기 일어난 소원하고 천한 사람이라 하더라도 지략이 뛰어난 자라면 장수로 임명하는 데에 인색하게 하지 말고 정성과 신의로 대우해 그 재주를 펼칠 수 있게 하십시오. 지친 명나라 군사들이 남쪽을 지키고 있다고 하여 마음 놓지 말고, 얼마간 구차히 보존하고 있다고 하여 요행으로 여기지 말아서 급히 중국 조정에 병사와 군량을 요청하기도 하고, 각 도에서 정예병을 뽑고 부유한 집을 대상으로 모곡(募穀)하기도 하면서 시기와 정세를 살펴 육군과 수군이 협공할 계획을 세우십시오. 그리고 무기를 정비하고 군졸을 훈련하는 일도 중앙과 지방에 신칙하여 태만하거나 소홀함이 없도록 해야 합니다.

그러나 민심이 무너져 백성들이 윗사람을 미워하여 그들이 죽는 것을 보고만 있다면 견고한 갑옷과 예리한 병기가 있다 하더라도 다시 예전처럼 도적의 차지가 되고 말 것입니다. 그러므로 비록 이렇게 혼란한 날을 만났더라도 근본을 견고하게 할 방도는 조금도 느슨히 할 수 없는데, 이는 또한 실로 전하께서 백성을 애달파하기를 자기 몸에 병이 있는 것처럼 하시는 데에 달려 있습니다.

뭇 군수 물자와 크고 작은 비용은 마땅한 바를 헤아려 규정을 정하고, 관찰사를 엄히 신칙하여 멋대로 침탈하는 폐단이 없도록 하고, 자품(資品)을 따지지 말고 어진 이를 발탁하여 부절(符節)을 주고, 자주 근신(近臣)을 파견하여 민정(民情)을 살펴 아 대부(阿大夫)를 죄주고 즉묵 대부(卽墨大夫)를 포상하여[45] 명실(名實)이 분명해지도록 하신다면 은택이 아래로 다 미쳐 남은 백성을 보전할 수 있을 것입니다.

아, 백성이 어찌 도적이 되고 싶어서 된 것이겠습니까. 실로 굶주림과 추위에 내몰렸기 때문입니다. 그러므로 난민(亂民)을 다스릴 때는

45 아……포상하여 : 361쪽 주27 참조.

헝클어진 실을 풀듯이 해야지 급하게 해서는 안 됩니다. 지금 양식만 축내면서 일방(一方)에 폐단을 끼치고 있는 군대는 서둘러 철수하여 돌아가도록 명하고, 특별히 조정 신하 중 명망과 계책이 있는 자를 파견하여 침명법(沈命法)[46]과 같은 엄준한 법령을 쓰지 말고 다만 유홍(劉弘)의 한 장 편지[47]와 같은 글로 덕음(德音)을 선포하여 화복(禍福)으로써 타이르게 하신다면 반란을 일으켰던 백성들이 반드시 기꺼이 무기를 버리고 농사를 지으려 할 것입니다. 그렇게 되면 어찌 고영(顧榮)이 의(義)를 생각하여 진(晉)나라에 귀부하고[48] 이적(李勣)이 용맹을 떨쳐 당(唐)나라에 귀부하고[49]과 양진(楊進)이 마음을 고쳐먹고서 송나라를 위해 홍기했던 것[50]과 같은 일이 없으리라 단정할 수 있겠습

46 침명법(沈命法) : 한 무제(漢武帝) 때 제정했던 법으로, 도적이 발생했는데 적발하지 못하거나 적발했더라도 모두 다 체포하지 못하면 고을 수령으로부터 소리(小吏)에 이르기까지 모두 사형에 처한 법이다. 《漢書 酷吏傳 咸宣》

47 유홍(劉弘)의……편지 : 진(晉)나라 유홍이 형주 자사(荊州刺史)가 되었을 때 매번 친필로 군국(郡國)에 글을 내렸는데, 그 글이 은근하고 간곡하여 감격하지 않는 사람이 없었다. 이 때문에 사람들이 "유공의 한 장 글월을 얻는 것이 부종사(部從事) 열 명보다도 낫다."라고 하였다. 《晉書 劉弘列傳》

48 고영(顧榮)이……귀부하고 : 고영은 본래 오(吳)나라의 명사(名士)였는데, 동진(東晉)의 원제(元帝) 사마예(司馬睿)가 강동(江東)의 건업(建業) 땅에 도읍을 정하였을 때에 그를 예우하여 벼슬을 내리자, 진나라에 귀부하였다. 《晉書 顧榮列傳》

49 이적(李勣)이……귀부하고 : 이적은 본래 수(隋)나라 말기 반란군의 우두머리 이밀(李密)의 수하였는데, 이밀이 당왕(唐王) 이연(李淵)에게 귀의할 때에 그를 따라 귀의하여 당나라 건국에 공을 세웠다. 《舊唐書 李勣列傳》

50 양진(楊進)이……것 : 양진은 송나라 사람으로, 본래 '몰각우(沒角牛)'라고 하는 도적 떼의 우두머리였는데, 고종(高宗) 연간에 동경 유수(東京留守) 종택(宗澤)이 그를 회유하자 송나라의 의병(義兵)이 되어 금(金)나라에 대항하였다. 《宋史 宗澤列傳》

니까. 만약 끝끝내 고집을 부리면서 사납게 죽음을 두려워하지 않는 자가 있다면, 열읍(列邑)을 단속하여 장수를 정하고 계책을 내어 괴수를 죽이고 추종했던 자들은 용서해 주어 민심을 진무해야 합니다.

아, 이는 모두 전하께서 밤낮으로 정사에 힘쓰며 근심하시는 바이며 낭묘(廊廟)에서 밤낮으로 계획을 강구하는 바입니다. 그릇된 학설을 배척하고 정도(正道)를 지키자는 주장의 경우 오늘날의 시급한 사안이 아닌 것처럼 보이는데 신들이 이를 간곡하게 말씀드리는 것은 또한 이에 대한 견해가 있기 때문입니다. 이단(異端)이 성행하느냐 쇠퇴하느냐 하는 문제는 다만 우리 유가의 도가 밝아지느냐 어두워지느냐 하는 문제와 관계될 뿐만 아니라 실로 국가가 잘 다스려지느냐 혼란하게 되느냐 하는 문제와도 관계됩니다. 청담(淸談)이 세상을 그르치자 오호(五胡)가 중화(中華)를 어지럽혔고, 선설(禪說)이 세상에 유행하자 금(金)나라 오랑캐가 중하(中夏)에 활개 쳤으니 중국의 두 왕대에 발생한 화가 똑같은 양상이었습니다. 그렇다면 군사(君師)의 지위에서 교화의 책임을 맡은 자가 이를 거울삼지 않을 수 있겠습니까.

삼가 바라건대 전하께서는 정도(正道)를 엄격히 지키고 성학(聖學)에 더욱 힘써 거짓된 설과 이단의 방술 때문에 생각을 어지럽히지 말며, 새로운 말과 괴상한 논설 때문에 좋아하는 것을 바꾸지 마십시오. 내 덕이 이미 지극하다 여겨 혹 태만해지지 말며, 내 견해가 이미 밝다 여겨 스스로 자부하지 마십시오. 그리하여 다시 강연(講筵)을 열어 날마다 신료들을 만나 고금의 치란과 당세의 득실과 민생의 희비와 군무의 완급에 대해서 토론하지 않는 것이 없게 하십시오.

남이 모르는 생각과 말하고 침묵하는 절도에 있어서, 또 호령하고 정사를 펴는 때와 사람을 좋아하거나 미워하고 등용하거나 내칠 때는 공사를 엄격히 구별하여 지극히 온당한 도를 구해 그 마음을 바르게 하며 그 몸을 수양하십시오. 그렇게 하여 안으로 궁위(宮闈)가 엄숙해지고 밖으로 조정이 청명해져 세도(世道)를 만회하고 위태로운 국면을 안정시키신다면 제왕의 학문에 이보다 훌륭한 것이 없을 것입니다.

다만 전하께서 자임하셔야 할 바가 이러할 뿐 아니라, 세자를 인도하여 보양(補養)하는 것도 오늘날 급하게 해야 할 바입니다. 생각건대 세자가 오래도록 호외(湖外)에 머물고 있어 가을이 벌써 깊어 가는데도 오래도록 문안을 드리지 못하였으니, 대신(大臣)에게 물어 서둘러 소환하게 하여 하루 세 차례 문안을 드리고 난 여가에 노성(老成)하고 숙덕(夙德)이 있는 학자, 정직하고 학문을 좋아하는 선비 들과 함께 경서를 강론해 의리에 무젖게 하여 그 총명을 계발하고 덕성을 함양하게 하십시오. 그러면 선현의 학문을 계승하고 후학을 계도하는 전하의 공이 옛사람을 초월하게 될 것입니다. 또 선비들의 습속이 이를 말미암아 바르게 되고 세도가 이를 말미암아 융성해져서 성학이 크게 밝아지고 사설(邪說)이 저절로 사라지게 될 것이니, 상공(想空)과 돈오(頓悟)를 추구하는 불가의 기미(氣味)가 어찌 입에 올릴 만한 것이 되겠습니까. 삼가 바라건대 전하께서는 유념해 주십시오.

비답에 "차자를 살펴보았다. 학술이 이토록 고명하니 참으로 가상하다. 나 같은 사람은 쉽게 엿볼 수 있는 수준이 아니다. 논하는 바를 듣는데 마치 다른 나라의 언어를 듣는 듯하니 어찌 감히 알 수 있겠는가. 그러나 유념하겠다. 국사에 대해서 논한 바는 묘당에서 논의하도록 하겠다."라고 하였다.

경연관을 사직하는 차자

辭經筵官箚

이 이하는 천계(天啓) 계해년(1623, 인조1) 이후 인조조(仁祖朝)에 올린 차자이다.

삼가 아룁니다. 경연관의 책무는 성덕(聖德)을 돕는 데에 관계되니 어리석고 부족한 신이 이 직임을 감당할 수 있겠습니까. 진정으로 면직되고자 성심껏 말씀을 드렸는데, 아직 체직되지 못하여 여전히 경연관의 직함을 갖고 있습니다. 성상께서 마음을 다하고 힘을 쏟아 아침저녁으로 부지런히 강학하시는데, 직임을 차지하고서 제대로 임무를 수행하지 못한 지 이미 오래되어 죄가 날마다 쌓여 가니 황공하고 낭패스러워 어찌할 바를 모르겠습니다.

신이 두 임금을 차례로 섬기며 그간 외람되이 차지했던 직책들이 어찌 모두 신이 감당할 수 있는 것이겠습니까. 그런데 예전에는 사직하지 않았으면서 이제 유독 사직하는 것은 진실로 지금은 바로 해와 달이 처음 솟아오르는 때이며 봄기운이 갓 돌아오는 때이기 때문입니다. 멀리 유배되고 깊이 도망가 숨었던 자들이 모두 조정으로 나오고 온갖 제도가 새로워지려는 것을 만백성이 다투어 바라보고 있으므로 미관(微官)이나 서사(庶士)를 제수하더라도 신중하게 가려 뽑아서 사람들의 기대에 부응해야 합니다. 그런데 더욱이 경연관처럼 막중한 직임이 부족한 신에게 먼저 이르러 위로는 바른 사람을 임용하는 다스림에 흠이 되고 아래로는 합당하지 않다는 비판을 초래하였으니, 이것이 신이 머뭇대고 주저하며 나아가려다 도로 멈추는 까닭입니다.

아, 성상께서 보위에 오르시자 만물이 모두 우러러보니, 한번 용안을 뵙고 물러나는 것이 신의 지극한 바람이었습니다. 그런데 도성에 들어온 이래로 죄명이 몸을 얽어 결국 끝도 없이 난데없는 욕을 당하기에 이르렀으니, 정상을 성상께 아뢰지 않고 어찌 감히 청명한 조정에 편안히 발붙일 수 있겠겠습니까. 두 번 세 번 죽음을 무릅쓰고 글을 올려 아뢰면서도 멈추지 못하는 것은, 신의 위태롭고 간절한 심정이 어리석고 모자라 이 직임을 감당할 수 없다는 이유에서만 비롯된 것이 아니기 때문입니다.

삼가 바라건대 성명께서는 신의 사정을 살펴서 곧바로 신이 겸대한 동지경연사를 체직하여 명기(名器)에 흠이 없게 하고 어리석은 신이 분수를 지킬 수 있게 해 주십시오. 그렇게 되면 공적으로나 사적으로나 매우 다행이겠습니다. 재결해 주십시오.

경연관과 원자사부를 사직하는 차자[51]

辭經筵官元子師傅箚

신이 다행히 은혜로운 말미를 받아 노모를 뵈러 왔으니 신의 모자는 마주 보고 그저 간절히 성상을 위해 축원하였을 뿐입니다. 다만 생각건대 신의 모친은 지금 나이가 82세이니 모친을 모실 날과 임금을 섬길 날을 비교해 보면 신의 사정이 또한 애처롭습니다. 게다가 신의 노모가 근래에 한질(寒疾)이 나서 병석에 앓아누워 음식도 제대로 들지 못하니 신이 독자(獨子)로서 어찌 차마 곁을 떠날 수 있겠습니까.

형편이 이러할 뿐 아니라 마음이 몹시 위축되어 감히 편안할 수 없는 점이 있으니 말씀드리지 않을 수 없습니다. 신이 과거에 응시해 관직을 구하여 세 임금을 섬기며 벼슬을 하였는데, 하는 일 없이 녹만 받아먹으며 세월을 보내 잘한 일이 하나도 없었으니, 밝은 시대에 내쫓기지 않은 것만 해도 이미 다행입니다. 얼마 전에 외람되이 맡았던 경연관의 직임은 결코 신과 같은 사람이 감당할 수 없으므로 연석(筵席)에서 죽음을 무릅쓰고 체직을 청했던 것입니다. 그런데 어찌 원자(元子)를 보도(輔導)하고 많은 선비를 계도할 책무가 못난 신에게 동시에 이를 줄 생각이나 했겠습니까. 신이 거듭 비웃음을 사고 욕을 먹게 되는 것은 이미 말할 것도 못 되지만, 성상의 사람을 알아보시는 밝은 식견과 바른 이를 들어 쓰시는 정치에 작지 않은 흠이 될 것이니 이것이

51 경연관과……차자 : 1623년(인조1) 5월 7일 정엽이 원자보양관(元子輔養官)으로 임명되었을 때 쓴 글로 보인다. 《仁祖實錄 1年 5月 7日》

신이 크게 두려워하는 바입니다.

무릇 신하가 임금께 충성을 바칠 방도는 심지(心智)와 근력을 다하는 것일 뿐인데, 신은 학문의 방도를 몰라 식견이 어둡고 나이가 60세를 넘어 정력이 쇠하였으니, 지혜를 다하고 힘을 다하여 터럭만큼이나마 보답하고자 하더라도 이미 할 수 없습니다.

오직 소원은 궁벽한 고을의 수령이 되어 위로는 국가의 일을 받들어 수행하고 아래로는 죽을 날이 가까운 노모를 봉양하는 것인데 황공하여 감히 청하지 못합니다. 걸맞지 않은 명칭과 감당하지 못할 직책에 이르러서는 사람들의 이목을 놀라게 하여 근심으로 애를 태우고 있습니다. 물러나려니 지금은 초야에 은둔할 때가 아니고, 나아가려니 작은 모기가 무거운 산을 짊어지는 격입니다. 이것이 신이 나아가기도 곤란하고 물러나기도 곤란하여 초야에서 배회하고 있는 까닭이요, 다만 병든 노모의 곁을 차마 떠나지 못하기 때문만은 아닙니다.

삼가 바라건대 성명께서는 신의 간절한 심정을 살펴서 신의 본직과 겸대한 지경연사와 원자사부를 체직하도록 명하여 명기(名器)를 무겁게 하고 어리석은 신의 분수를 편안하게 해 주십시오. 그렇게 된다면 매우 다행이겠습니다. 재결해 주십시오.

대사간 겸 대사성을 사직하는 차자[52]

辭大司諫兼大司成箚

삼가 아룁니다. 신은 어리석고 용렬한 자질로 걸맞지 않은 자리를 오랫동안 외람되이 차지하였기에 복록(福祿)이 분수를 넘어서 갑작스레 병에 걸리고 말았습니다. 이에 세 차례나 체직을 청하였는데 휴가를 내려 주신 것이 상례(常例)를 넘어섰으니, 놀라 두렵고 낭패스러워 몸 둘 바를 모르겠습니다.

신은 본래 중책을 감당할 만한 재주와 능력이 없는 데다 경솔하고 어리석어 걸핏하면 허물을 얻곤 하니, 스스로 구제하기에도 부족한데 어느 겨를에 남까지 바로잡겠습니까. 대사성이 되어 우뚝하게 강석(講席)에 앉아 의리를 창도(倡導)하고 선비의 지취(志趣)를 밝혀서 이미 거꾸로 흐르는 거센 물결을 되돌리는 일[53]을 과연 신이 할 수 있겠습니까.

만약 힘은 미약한데 짐은 무거워서 길에 고꾸라진 자가 있다면 장차 그 짐을 내려놓도록 하시겠습니까, 아니면 장차 천근(千斤)의 짐을 더 지고서 가도록 요구하시겠습니까? 신이 오랫동안 걸맞지 않은 자리

52 대사간……차자 : 1623년(인조1) 5월 19일 정엽이 대사성에 제수되었고, 윤10월 11일 대사간에 제수되었는데, 인조의 특별한 명으로 대사성을 겸직하게 되었다. 《承政院日記 仁祖 1年 5月 19日》《仁祖實錄 1年 閏10月 11日》 이후 정엽이 몇 차례 사직 상소를 올렸는데, 이 글은 그중 하나로 보인다.

53 이미……일 : 잘못된 학풍을 올바른 방향으로 돌린다는 뜻이다. 한유(韓愈)의 〈진학해(進學解)〉에 "온갖 냇물을 막아 동쪽으로 흐르게 하고, 이미 거꾸로 흐르는 거센 물결을 되돌렸다."라고 하였다. 《古文眞寶 後集 卷3》

를 차지하고 있었는데 새로이 직임을 더해 주신 것은 실로 이와 다를 바 없습니다.

자기 몸에 허물이 없고 난 뒤에 남을 비판할 수 있으니, 이는 나보다 못한 사람에게도 오히려 그러한데 더구나 존귀한 군부(君父)께는 어떻겠습니까. 신이 속으로 돌이켜 보건대 잘못이 많아 말에 설득력이 없으니, 덕으로써 간언하여 성상을 감동하게 하는 것을 또한 신이 할 수 있겠습니까.

아, 못난 소신(小臣)이 밝은 성상을 만나서 남다른 은혜를 입은 일이 세상에 보기 드문 것이었는데 중책을 겸하고 있으면서 털끝만큼도 보탬이 된 것은 없고 영화를 탐하며 스스로 즐거워하는 것이 헌(軒)을 탄 학[54]과 같은 점이 있으니, 마치 죄를 지은 것처럼 마음이 부끄럽습니다. 연일 성상을 번거롭게 하면서 체직을 청하는 것은 다만 몸에 질병이 있기 때문만은 아닙니다.

삼가 바라건대 자애로운 성상께서는 신의 실정을 살펴 본직과 겸직을 체차하도록 속히 명하여 무거운 짐을 메고 가다가 쓰러져 죽는 것을 면하게 해 주십시오. 그렇게 되면 공적으로나 사적으로나 매우 다행일 것입니다. 재결해 주십시오.

54 헌(軒)을 탄 학 : 분수에 걸맞지 않은 직책을 맡아서 제 역할을 못 하고 자리만 차지하고 있는 사람을 말한다. 춘추 시대 위(衛)나라 의공(懿公)이 학을 좋아하여 대부가 타는 수레인 헌에 학을 태우곤 하였다. 위나라가 적(狄)과 전쟁하게 되었을 때, 위나라 백성이 모두 "학으로 하여금 싸우게 하라. 학은 실로 대부의 녹과 지위를 가졌는데, 우리 같은 사람이 어찌 싸울 수 있겠는가."라고 하였다. 《春秋左氏傳 閔公2年》

대사헌 겸 대사성을 사직하는 차자[55]

辭大司憲兼大司成箚

삼가 아룁니다. 신이 대사성을 겸직할 수 없다는 뜻으로 그동안 여러 번 진달하였는데 조리 있게 말씀드리지 못하여 성상의 생각을 돌리지 못했습니다. 이에 직책을 받아들여 오랫동안 지위를 차지하고서 다만 줄곧 비웃음을 당하고 욕을 먹어 아래로 자신은 염치를 잃고 위로 성상께 누를 끼쳤으니, 비록 번거롭게 하는 죄를 짓더라도 부모와 같은 성상께 다시 호소하지 않을 수 없습니다.

대사헌과 대사성은 얼마나 책임이 막중한 자리입니까. 신하는 임금이 가장 잘 아는 법입니다. 어리석고 용렬한 신이 과연 이 직책을 감당할 수 있겠습니까. 하나도 감당할 수 없는데 둘을 겸할 수 있겠습니까.

조종조(祖宗朝)에 정인지(鄭麟趾), 서거정(徐居正), 이석형(李石亨)과 같은 사람들이 간혹 실직(實職)을 가지고서 대사성을 겸직하였으나, 이들은 모두 문장과 명망으로 당대에 추앙을 받던 자들입니다. 이 몇몇 신하들이 겸직했던 바를 가지고 신에게 요구하시니 난쟁이에게 천균(千勻)의 짐을 끌도록 하는 것과 무엇이 다르겠습니까. 신이 고꾸라지는 것은 참으로 걱정할 것이 못 되지만, 성상께서 사람을 알아보고 알맞게 임명하시는 도에 큰 누가 되지 않겠습니까.

55 대사헌……차자 : 1624년(인조2) 3월 7일 정엽이 대사헌에 제수되었는데 겸 대사성의 직임을 그대로 맡게 되었다. 이에 정엽이 겸 대사성을 사직하는 차자를 올렸다. 《仁祖實錄 2年 3月 7日, 9日》

그러나 이는 신이 감당할 수 없는 것으로 아뢰었을 뿐이고 마음에 이보다 더 두렵고 근심스러운 것이 있으니, 청컨대 다 아뢰겠습니다. 적신(賊臣)이 국정을 장악하고 있을 때 선비들의 기개가 꺾여 버렸습니다. 그런데 다행히 천지가 깨끗해지고 윤리가 다시 밝아진 것에 힘입어서 약간이나마 지식이 있어 흉악한 의논[56]에 자취를 더럽히지 않은 선비들이 성상의 새로운 교화를 크게 기대하며 다시 재사(齋舍)로 모여들어 암송하고 강독하는 소리가 거의 평소에 가까워졌습니다.

그런데 1년도 채 되지 않아서 반란군이 들이닥치자 물고기가 흩어지고 새가 숨듯이 달아나서, 향곡(鄕曲)으로 내려갔다가 도성으로 돌아온 이가 극히 적기에 문묘(文廟)가 적막하여 돌보는 이가 없습니다. 신이 비록 태학을 왕래하지만 밀가루 없는 수제비와 같으니, 비록 유학을 높이고 도를 중시하시는 성상의 교화에 힘입어 그 사이에서 조금이나마 보탬이 되고자 하여도 또한 바람을 움켜쥐고 그림자를 붙드는 것 같아서 끝내 실효가 없습니다.

이와 같이 직임을 제대로 수행하지 못하였는데도, 성상의 은총을 입는 영광을 탐내어 오랫동안 자리만 차지하여 성명께서 일을 맡겨 책무를 완성하기를 바라신 뜻을 저버렸습니다. 조정에서 만약 관직의 명칭에 맞게 직무를 제대로 수행하고 있는지 조사한다면, 성상을 기만하고 뜻을 저버린 죄에 대한 벌을 신이 응당 먼저 받게 될 것입니다. 매번 생각이 여기에 미칠 때마다 마음 편하게 먹고 자지 못하였는데,

56 흉악한 의논 : 선조의 계비(繼妃)이자 영창대군(永昌大君)의 어머니인 인목대비(仁穆大妃)를 폐서인(廢庶人)하자고 주장한 폐모론(廢母論)을 가리킨다. 1613년(광해군5) 정인홍(鄭仁弘), 이이첨(李爾瞻) 등 강경 대북파가 주도하여 제기하였다.

지금 새로 내리신 이 명을 어찌 신이 받들 수 있겠습니까. 죄와 허물이 이미 맡고 있는 대사성의 직임에 더욱 쌓이게 될 것입니다.

삼가 바라건대 성상께서는 신의 간절한 심정을 살펴 우선 겸대한 대사성을 삭직하여 주십시오. 땅에 엎드려 지극히 간절하게 청합니다. 재결해 주십시오.

인성군을 논죄하는 차자[57]

論仁城君箚

삼가 아룁니다. 불행하게도 역신(逆臣)이 군사를 일으켜 성상께서 도성을 떠난 일이 있었는데, 다행스럽게도 며칠 만에 역적을 토벌하여 도성이 수복되고 종묘가 온전하게 보존되었습니다. 이것이 사람의 힘으로 할 수 있는 것이겠습니까. 하늘이 도왔음을 알 수 있습니다. 몸소 고난을 겪으면서 성상께서 뜻을 더욱 가다듬어 종묘 제사에는 제수(祭需)를 두 가지만 올리는 절약[58]을 실천하고 의관(衣冠)에는 베와 명주를 쓰는 검소함[59]을 숭상하여 위로는 하늘의 뜻을 받들고 아래로는 백성의 바람에 부응하셨습니다.

57 인성군(仁城君)을 논죄하는 차자 : 인성군(1588~1628)은 선조의 일곱째 아들 이공이다. 이괄(李适)의 난을 진압하는 과정에서 인성군이 반란군에 의해 왕으로 추대되었다는 혐의가 제기되어 그의 처리 문제로 조정에 논란이 발생하였다. 정엽은 이 문제에 대해 인성군이 직접 가담한 정상이 밝혀지지 않았고, 그 처분에 대해 경솔히 결정하기 어렵다고 여겨 적극적으로 발론하지 않고 있었다. 《守夢集 卷6 因仁城君事引避啓辭》 1624년(인조2) 4월 이귀가 인성군을 궐내에 안치해야 한다고 주장하고, 대신(大臣)과 재신(宰臣) 들도 같은 내용을 주장하자 그에 동의하는 내용으로 사헌부 관원들과 함께 이 글을 올렸다. 《仁祖實錄 2年 4月 1日, 8日》

58 종묘……절약 : 《주역》〈손괘(損卦)〉에 "제수 두 가지로도 신에게 제사 지낼 수 있다."라고 하였다.

59 의관(衣冠)에는……검소함 : 춘추 시대 적(狄)의 침입으로 위(衛)나라가 패망하였는데, 당시 위 문공(衛文公)이 베와 명주로 만든 의관을 착용하고서 백성들과 고락(苦樂)을 함께하여 나라를 재건하였다. 《春秋左氏傳 閔公2年》

그런데 인자하고 자애로운 하늘이 또 어찌하여 환도한 직후에 경계를 보인 것입니까. 흰 무지개가 해를 꿰어 해가 흔들리는 이변이 거듭해서 나타나고 또 이어서 거짓된 말이 파다하여 인심이 흉흉해져 사람들이 사방으로 달아나 도성이 텅 비게 되었습니다. 천상(天象)의 괴변(怪變)과 백성의 동요가 이러한 지경에 이르렀기에 헤아리지 못할 화가 반드시 없으리라 보장하기 어려우니, 나라에 대한 염려가 지극한 것이 당연합니다.

연평부원군(延平府院君) 이귀(李貴)의 차자[60]와 대신(大臣)과 재신(宰臣) 들이 탑전(榻前)에서 아뢴 말씀은 실로 충심으로 나라를 걱정하고 지친(至親)을 보호하려는 깊은 계책에서 나온 것입니다. 지난번에 역옥(逆獄)이 잇달아 일어나 흉악한 정상이 드러났을 적에 인성군(仁城君) 이공(李珙)이 누차 역적의 입에 올랐습니다. 인성군 스스로 행한 실제 자취는 비록 밝게 드러나지 않았지만 사람들의 말이 자자하여 원근의 사람들이 의심하여 두려워하고 있습니다. 더구나 지금 큰 난리를 막 겪어서 국세가 미약한 데다가 큰 우두머리는 제거되었지만 남은 잔당들이 숨어 있어 위태롭고 의심스러운 일이 매우 많고 인심이 견고하지 못합니다. 이런 상황에서 산동(山東)의 수졸(戍卒)이 부소(扶蘇)를 가탁한 계책을 일으키고 묘부(苗傅)의 흉당(凶黨)이 부(旉)를 옹립한 것[61]과 같은 일이 생긴다면, 인성군이 스스로 진심을 드러낼

60 연평부원군(延平府院君) 이귀(李貴)의 차자 : 1624년 4월 1일 이귀가 차자를 올려 인성군의 처리 문제에 대해 함구하는 삼사(三司)의 관원들을 비판하고, 인성군을 대궐 안에 두어 외부 사람과 소통하지 못하게 해야 한다고 주장하였다. 《仁祖實錄 2年 4月 1日》 참고로, 당시 이귀가 삼사를 비판한 일로 인해, 당시 대사헌이었던 정엽이 인피(引避)하는 계사를 올린 일이 있다. 《守夢集 卷6 因仁城君事引避啓辭》

길이 없고 비록 전하의 인애와 은덕으로도 의(義)를 덮어 버리기에 어려울 것입니다. 신들의 깊은 우려는 실로 여기에 있습니다.

아, 대신과 재신은 전하의 고굉(股肱)과 심려(心膂)이고, 대간(臺諫)은 전하의 이목(耳目)입니다. 이들의 진심과 충언이 간절하기 이를 데 없는데, 전하께서는 근심을 옥안에 드러내며 더욱 들어주지 않으려 하십니다. 전하께서 인성군을 보호하고자 하시는 뜻은 지극하지만 신들의 견해로 말씀드리자면 인성군을 위한 전하의 계책이 허술하다고 생각됩니다. 지금 어느 인가(人家)에 도적과 범에게 해를 당할 근심이 있다면, 장차 아끼는 가족을 무너진 담과 쓰러진 울타리 밖에 두어서 범이 낚아채고 도적이 붙잡아 가도록 내버려 두시겠습니까, 아니면 깊숙한 밀실에 두어서 해를 입을 근심이 사라진 뒤에 나가도록 하시겠습니까? 이는 지혜로운 자가 아니라도 결단할 수 있는 일입니다. 그런데 명철하고 밝은 전하께서 어찌하여 깊이 생각하지 않고 속히 처리하지 않으십니까.

혹 이 일을 지나치게 걱정하는 이가 있으니 밝은 성상께서 위에 계시는데 어찌 감히 숨기겠습니까. 어떤 사람은 말하기를 "지금 인성군을 조처하는 것은 좋다. 그렇지만 훗날의 사변(事變)은 헤아릴 수 없으니, 남은 왕손들에게 화가 차례로 미치게 된다면 그 행적이 지난날의 자취[62]와 같아질 것이다. 이는 성덕(聖德)에 흠이 될 듯하다."라고 하고,

61 산동(山東)의……것 : 왕자를 가탁하거나 인질로 사로잡아 난을 일으킨 사건이다. 진(秦)나라 이세(二世) 때 진승(陳勝)과 오광(吳廣)이 공자 무소의 명성을 내세워 난을 일으켰다. 《史記 陳涉世家》 금(金)나라가 송(宋)나라 회남(淮南)을 침략하여 고종(高宗)이 임안(臨安)으로 피난해 있을 때 묘부와 유정언(劉正彦)이 난을 일으켜 고종을 협박해 황태자 부에게 선위하도록 하였다. 《宋史 張浚列傳》

또 어떤 사람은 말하기를 "시종 선처하는 것은 좋다. 그렇지만 혹 간사한 이가 이러한 틈을 타서 불확실한 일을 기정사실화하고, 작은 잘못을 큰 죄로 만들어 끝내 구제하기 어려운 지경에 이르면 성덕에 흠이 될 듯하다."라고 합니다.

신들의 생각은 그렇지 않습니다. 역적 이제(李瑅)[63]는 몰래 모의하고 비밀리에 결탁하여 왕명을 어기고 역적의 무리에 붙어서 역도들에게 후하게 밥을 먹이고 대호(大號)를 참람되이 훔쳤습니다. 그리하여 하늘에 닿는 죄악을 사람들이 모두 주벌할 만하였는데도 성상께서 오히려 그의 죽음을 가엾게 여기시어 왕명을 받지 않고 그를 죽인 원수(元帥)를 국문하기까지 하셨습니다.[64] 성상께서 역모를 저지른 이제를 이와 같이 대하셨으니, 어찌 훗날 다른 왕손들에게 화가 미칠까 걱정하겠으며 또 어찌 인성군을 끝까지 보호하지 못할까 걱정하겠습니까. 그러므로 원로 이원익(李元翼)이 아뢰기를 "인성군을 조처하는 문제는 폐조(廢朝) 때라면 단서를 열어서는 안 되었겠지만, 오늘날에는 할 수 있습니다."라고 하였으니, 이는 또한 밝은 성상을 믿고서 발언한

62 지난날의 자취 : 광해군 때 임해군(臨海君), 능창군(綾昌君), 영창대군(永昌大君)이 각각 역모에 연루되어 죽음을 당했던 일을 말한다.

63 이제(李瑅) : 선조의 열째 아들인 흥안군(興安君)이다. 이괄과 역모를 꾀하여 왕으로 추대되었으나 관군에 패하고는 도망하여 숨어 있다가 잡혀 죽음을 당하였다. 《仁祖實錄 2年 2月 16日》

64 왕명을……하셨습니다 : 한남 도원수(漢南都元帥) 심기원(沈器遠)과 훈련대장 신경진(申景禛)이 도원수(都元帥) 장만(張晩)과 상의하여 왕명을 받지 않고 이제를 죽이자, 인조는 장만을 추고하고 심기원과 신경진을 나추할 것을 명하였다. 이후 심기원과 신경진을 의금부에 내려 심문하고 각각 한 자급씩 삭탈하였다. 《仁祖實錄 2年 2月 16日, 24日》

것입니다.

삼가 바라건대 성상께서는 속히 묘당의 신하에게 물어서 선처할 방도를 충분히 강구하여 한편으로는 종사(宗社)의 화를 없애고 다른 한편으로는 인성군을 보호하십시오. 그렇게 하시면 공의(公義)와 사은(私恩)이 모두 합당하게 될 것이고, 혹자가 망녕되게 염려하여 한 말도 또한 시종 경계하여 유념할 수 있을 것입니다. 재결해 주십시오.

대사헌 겸 대사성을 사직하는 차자
辭大司憲兼大司成箚

삼가 아룁니다. 신이 재차 외람되이 본직을 맡은 지 벌써 한 달이 넘었는데 털끝만큼도 공효가 없이 중한 병에 거듭 걸렸으니, 죽음을 무릅쓰고 소장(疏章)을 올린 것은 실로 근심스럽고 급박한 마음에서 나온 것이었습니다. 어제 성지(聖旨)를 받들어 보니 체면(遞免)을 허락하지 않고 심지어 말을 실천하지 못한다고 엄하게 경계하셨으니, 황공하고 송구스러워 몸 둘 바를 모르겠습니다.

신은 스스로 살펴보건대 평소 말과 행실이 서로 일치하지 않고 앵무새처럼 그저 말만 잘하니, 머리가 하얗게 센 오늘에 이르러서도 잘하는 것 하나 없이 우두커니 못난 사람이 되고 만 것은 참으로 이 때문입니다. 그렇지만 지금의 정고(呈告)가 어찌 감히 아침에 제수되었다 저녁에 사직하고 잠깐 나갔다가 곧장 들어오는 한 부류의 젊은이들의 행위를 모방한 것이겠습니까.

신이 초여름에 갑작스레 중병이 들어 말이 어눌해지고 정신이 어지러웠으니, 이는 우연히 감염된 병이 아니고 실로 장기가 상한 결과입니다. 지금은 비록 약간 나았지만 병의 뿌리가 아직 남아 있어 움직이면 재발하여 심해졌다 덜해졌다 하며 증세가 일정하지 않아서 목소리와 걸음걸이가 예전 같지 못하니 이 또한 일월 같은 성상께서 알고 계신 바입니다. 게다가 며칠 전부터 더위를 무릅쓰고 분주하게 움직이느라 찬 음식을 많이 먹어서 끝내 설사병에 걸려 원기가 더욱 쇠하였으니, 비록 애써 직임을 수행하고자 하더라도 엎어지고 자빠지게 될 것이 분명합니다. 염치를 손상하고 관사(官事)에 무익하니, 이것이 신이 남을 질책했던 말을 생각하지 않고 감히 체직을 바라는 소장을 올린 까닭입니다. 비록 신은 나이도 많고 병도 깊긴 하지만 옛사람이 "자기를 용서하는 데에는 너그럽다."라고 한 말[65]이 바로 신과 같은 자를 가리킨 것이니, 말을 실천하지 못한 죄는 신이 실로 피할 길이 없습니다.

아, 신자(臣子)가 군부(君父)께 충성하는 수단은 심지(心智)와 근력(筋力) 두 가지일 뿐입니다. 그런데 신은 심지가 어두워 이미 원대한 책략에 보탬이 되지 못하기에 보잘것없는 신의 마음은 오로지 근력을 다 바쳐 성은에 만에 하나라도 보답하기를 바랐습니다. 그러나 나이를 많이 먹고 위태로운 병이 날로 심해져서 부지런히 힘을 바치려 했던 초심과 어긋나게 되어 버렸습니다. 매번 병으로 성상을 번거롭게 하면서 법을 관장하는 직임과 선비를 양성하는 자리를 여러 날 동안 비워 두었으니, 공사(公私)가 낭패를 당하게 되었습니다.

삼가 바라건대 밝은 성상께서는 신의 실정을 살펴 본직과 겸직을 속히 아울러 체직하도록 명해 주십시오. 그렇게 되면 매우 다행일 것입니다.

65 옛사람이……말 : 송(宋)나라 범순인(范純仁)이 자제들을 경계하면서 "사람이 아무리 어리석어도 남을 꾸짖는 데에는 엄격하고, 사람이 아무리 총명하더라도 자기를 용서하는 데에는 너그럽다."라고 하였다. 《宋史 范純仁列傳》

옥당을 공박하는 차자

攻玉堂箚

정언(正言) 홍호(洪鎬)가 박승종(朴承宗)[66]이 죄가 없음을 밝혀 구원하려 하고 적몰했던 가산을 환급하고 목숨 바친 절개를 포숭(褒崇)하기를 청하기까지 하자, 선생이 대사헌[67]으로서 홍호를 탄핵하여 파직하게 하였다. 그러자 옥당에서 과중하다고 논하였으므로 선생이 차자를 올려 공박하였다.

삼가 아룁니다. 신은 스스로 돌아보니 평소 말과 행실이 서로 일치하지 않았는데, 이러한 습관이 이미 익숙해져서 임금을 섬기는 때에도 오히려 이와 같았습니다. 삼가 성상의 하교를 받드니, 말씀의 뜻이 매우 엄중하여 마치 자애로운 아버지가 아들을 가르치는 듯하였습니다. 이에 황공하고 감격스러워 장차 몸을 끌고 나와 사은(謝恩)하고서 직책을 수행하려고 하였습니다.

그런데 지금 옥당에서 올린 차자를 보니 홍호를 파직하라는 명을 거두시도록 청하는 내용이었습니다. 대간(臺諫)을 너그러이 포용하여 할 말을 다 하게 하려는 뜻이 매우 좋으니 진실로 신처럼 생각이 얕은 이가 미칠 수 있는 바가 아닙니다. 신도 처음 논계할 때 홍호의 직임을 체차하실 것만을 청하고자 했습니다. 다만 홍호가 조정을 경시하고

66 박승종(朴承宗) : 1562~1623. 본관은 밀양(密陽), 자는 효백(孝伯), 호는 퇴우당(退憂堂)이다. 광해군 때 세자빈의 조부이자 영의정으로서 광해군의 신임을 받았는데, 1623년(인조1) 인조반정이 일어나자 도망하였다가 발각될 위기에 처하자 자결하였다.

67 대사헌 : 대본에는 '大司諫'으로 되어 있다. 《인조실록》 2년 6월 11일 기사에 근거하여 '諫'을 '憲'으로 바로잡아 번역하였다.

국론을 업신여긴 정상은 단지 말이 비할 데 없을 정도로 괴이하고 망녕될 뿐만이 아니어서 홍서봉(洪瑞鳳) 등과 똑같이 체차를 청할 수 없기 때문에 파직으로 논한 것입니다.[68] 언관의 말에 진실로 죄악을 비호하고 시비를 어지럽히는 것이 있다면 어찌 언관이라 하여 완전히 용서할 수 있겠습니까.

박승종은 이이첨(李爾瞻)과 그다지 차이가 나지 않습니다. 만약 홍호와 같은 이가 다시 언관의 자리를 차지하여 괴이한 말을 멋대로 하고 요상한 논의를 제기하여 이이첨을 구원하기를 도모한다면 또한 대간이라는 이유로 그 죄를 용서할 수 있겠습니까. 옥당의 논의는 뜻은 비록 좋지만 그 말은 또한 폐단이 없을 수 없습니다.

게다가 계축년(1613, 광해군5) 이후로 큰 옥사를 만들어 화가 자전(慈殿)께 미치게 하고 또 원릉(園陵)에 이르게 한 이는 박승종이 아닙니까.[69] 궐 안에 들어가서는 폐주(廢主)의 악행을 유도하여 아첨한 것이 극도로 교활하였고, 나가서는 팔뚝을 걷어붙이고 수염을 떨치며 이이첨에게 죄를 돌렸습니다. 이이첨이 무고(誣告)한 사람을 박승종이 반드시 구원하여 풀어 주고 이이첨이 구원하여 풀어 준 사람을 박승

68 홍호가……것입니다 : 1624년 7월 9일 사간원에서 홍호가 박승종에 대해 논한 말이 지나친 점이 있지만 피혐할 혐의가 없으니 출사하도록 해야 한다고 아뢰었다. 이에 사헌부가 사간원의 논의를 비판하면서 대사간 홍서봉 등 사간원 관원들을 체차하고 홍호를 파직할 것을 청하였다. 《仁祖實錄 2年 7月 9日》

69 계축년……아닙니까 : 계축년에 판의금부사(判義禁府事) 박승종이 국옥(鞫獄) 과정에서 유릉(裕陵) 저주 사건을 인목대비(仁穆大妃)와 연관시켰던 사실을 가리킨다. 《守夢集 卷6 劾罷洪鎬啓辭》 참고로 유릉 저주 사건이란, 인목대비가 의인왕후(懿仁王后)의 능인 유릉에 저주를 행하였다는 혐의가 제기되었던 사건이다. 이 사건으로 인목대비에 대한 폐모론(廢母論)이 제기되었다. 《燃藜室記述 卷20 廢母妃處西宮》

종이 반드시 무고해서 번갈아 엎치락뒤치락하여 자취가 비록 다른 듯했지만, 이이첨이 형세가 위태로워져 공격하는 이들이 사방에서 일어나자 박승종이 달려가 이이첨을 구원하면서 오히려 미치지 못할까 걱정하였으니 합하여 일체가 된 것이 견고하여 깨트릴 수 없었습니다. 이이첨과 상반된 자가 과연 이와 같겠습니까.

옥당이 박승종을 위하여 변명하는 것이 또한 수고롭습니다. 옥당은 공론이 있는 곳인데 그 말이 이와 같으니, 식견이 밝지 않다는 것으로 어찌 홍호를 나무랄 수 있겠습니까. 신은 이미 옥당에 배척당했으니 혹 병을 무릅쓰고 다시 조정으로 나가더라도 번거로이 피혐하여 성상의 귀를 번독하게 할 뿐이고, 부질없이 병만 더해져서 여러 날 직임을 수행하지 못하는 죄를 갚기 어려울 것입니다.

삼가 바라건대 밝은 성상께서는 신의 낭패스러운 정상을 살피고 신의 위태롭고 급박한 사정을 헤아려 본직과 겸직을 속히 개차(改差)하도록 명하여 공적으로나 사적으로나 편안하게 해 주십시오. 그렇게 해 주시면 더없이 다행이겠습니다. 재결해 주십시오.

대사헌을 사직하는 차자[70]

辭大司憲箚

신은 타고난 성품이 경솔하고 거칠며 말과 행동이 사리에 어긋나고 망녕되니 종전에 세로(世路)에서 좌절한 것은 참으로 이 때문이었습니다. 다행히 천지와 같은 성상께서 넓은 도량으로 남달리 총애하여 발탁해 주는 은혜를 입어서 외람되이 언관의 지위를 차지한 지 시종 1년이 되었는데도, 사람을 논한 것은 반드시 실제와 어긋나고 일을 처리한 것은 반드시 온당치 못한 데 이르니 이는 밝은 성상께서도 이미 알고 계십니다.

신이 얼마 전에 초정(椒井)에서 목욕하고 돌아와서 삼가 궁노(宮奴)의 일을 듣고 여러 날 동안 논집(論執)하여 상하가 서로 견해차를 좁히지 못하였습니다. 신이 다시 계속해서 아뢰자니 성심(聖心)이 바야흐로 자전(慈殿)의 뜻을 잘 받들어 봉양하는 데 독실하시기에 궁노의 처벌을 허락하는 답을 내려 줄 기약이 없을 듯하고, 정론(停論)하자니

70 대사헌을 사직하는 차자 : 1624년(인조2) 8월 13일 사헌부가 인문(印文)을 위조한 신본궁(新本宮)의 숙노(稤奴) 이유점(李有點)을 수금하여 엄중하게 다스릴 것을 논했는데, 인조가 한 달이 넘도록 들어주지 않았다. 이에 대사헌 정엽과 사헌부의 관원들이 책임을 다하지 못했다는 이유로 인피(引避)하고 나가 즉시 이유점을 잡아 가두었다. 인조가 풀어 줄 것을 명하였지만, 정엽이 빈대하며 사신을 비롯한 사헌부 관원들을 파직해 달라고 청하자 인조가 모두 체차하였다. 이후 우의정 신흠(申欽)이 차자를 올려 설득하여 인조가 체차하라는 명을 거두었지만 정엽이 이 차자를 올려 사직을 청하였다. 《仁祖實錄 2年 8月 13日, 9月 1日・8日》

여우와 쥐같이 사특한 무리가 더욱 기세등등하게 간악한 짓을 하여 폐단이 반드시 하소연할 데 없는 백성들에게 미칠 것이 분명했습니다. 더군다나 이 천한 노비를 잡아 가두어 죄를 다스리는 것은 본디 본부(本府)가 해야 할 일인데, 이를 계청(啓請)하였으니 체모를 잃은 것이 더욱 심합니다. 삼가 이러한 뜻을 피혐하는 계사에 간략히 언급하고서 궁노를 급히 잡아들여 개좌(開坐)하는 날에 엄하게 따져 물었습니다. 그런데 액정(掖庭)의 사람을 이미 심문하였으니 성상께 아뢰지 않을 수 없었습니다. 그러므로 수단자(囚單子)를 올렸으나 실제로 감금하지는 않았습니다. 일의 전말이 이와 같은 데 지나지 않습니다.

처음에 신은 오직 분란을 종식시키고 간사함을 그치게 하려고 했을 따름입니다. 그런데 신이 본래 의도를 잘 드러내지 못하여 엄한 하교를 내리시게 하여 끝내 과거 시험을 보러 온 많은 선비가 밤중에 흩어지기에 이르러[71] 길거리에 풍문이 자자하였고 전파되는 말이 실제보다 과장되어 원근의 사람들이 두려워하고 의아해하였습니다. 그 근본을 가만히 따져 보면 신의 죄가 실로 큽니다.

뇌정(雷霆) 같은 성상의 노여움이 금세 그치고 천심(天心)이 이미 돌아왔으니, 작은 허물이 흠이 될 것이 없는데 오히려 절실히 뉘우치셨습니다. 이에 성상의 하교가 한번 내리자 봄기운과 같은 뜻이 온화하여 백성들이 감동하여 기뻐하고 경색(景色)이 다시 아름답게 되었습니다.

71 과거……이르러 : 1624년 9월 1일 신본궁의 숙노 이유점을 처벌한 문제로 사헌부의 관원이 모두 체차되었다. 과거 시험을 치를 때 사헌부에서 감독관을 뽑는데, 사헌부 관원들이 모두 체차되었으므로 과거를 정상적으로 실시할 수 없었다. 이에 인조는 9월 7일로 예정되었던 과거를 미루어 시행하도록 하였다. 《仁祖實錄 2年 9月 1日, 6日, 8日, 29日》

사람들이 모두 일식이나 월식이 제 상태로 돌아간 것 같은 성상의 모습을 우러러보니,[72] 어찌 다만 미천한 신이 감동하여 눈물을 흘리면서 성상을 위해 목숨을 바치고자 할 뿐이겠습니까. 병을 고하여 체직을 허락받았는데 석고대죄하는 신에게 새로운 명이 또 미치니, 감격스럽고 두려워 몸 둘 바를 모르겠습니다.

다만 소회가 있으니 진달하지 않을 수 없습니다. 신이 삼가 보건대 요즈음 성상의 마음이 맑은 물과 같아 사욕(私慾)이 행해지지 않고, 유신(儒臣)들이 무리 지어 조정에 나와 더욱 부지런히 이치를 강론하고 있습니다. 그렇지만 가인(家人)에는 법도가 있고[73] 나라를 다스리는 데는 근본이 있기에 우리 열성조께서는 가법(家法)을 지극히 엄격하게 하셨습니다. 옛날 선조(先朝) 대에 공의대비(恭懿大妃)와 인순대비(仁順大妃) 두 성모(聖母)께서 궐내에 계셨는데도 정령(政令)이 한 곳에서 나오고 내언(內言)이 행해지지 않아 인지(印旨)[74]의 설이 일찍이 들리지 않았습니다. 그런데 궁금(宮禁)이 엄숙하지 못하게 된 뒤에 조짐이 처음 생겨나고 천지(天地)가 닫히는 날에 불어나 뻗어 가서 독이 백성들에게 두루 퍼지고 나라가 거의 전복될 뻔하였습니다. 이는

72 사람들이……우러러보니 : 《논어》 〈자장(子張)〉에 "군자의 잘못은 마치 일식이나 월식과 같다. 잘못이 있으면 사람들이 모두 다 볼 수 있고, 잘못을 고치면 사람들이 다 우러러본다."라고 한 데서 유래한 말이다.

73 가인(家人)에는 법도가 있고 : 집안에 존비와 내외의 법도가 있다는 말이다. 《주역》 〈가인괘(家人卦) 단(彖)〉에 "가인은 여자가 안에서 위치를 바르게 하고 남자가 밖에서 위치를 바르게 하니, 남녀가 바름이 천지의 대의이다."라고 하였다.

74 인지(印旨) : 인장(印章)이 찍힌 내지(內旨)로, 여기서는 대비의 명령을 의미하는 듯하다.

성상께서 목도하신 바가 아닙니까.

오늘날에도 예전의 악습이 아직 남아 있습니다. 남의 세력에 기대어 이익을 독점하는 무리가 연줄에 달라붙어 부정하게 나아가 내지(內旨)를 얻기를 도모하여 전민(田民)을 침탈하면서 꺼리는 바가 없으니 송사가 자주 일어나고 백성들이 이 때문에 고통스러워하고 있습니다. 국가의 기강이 진작되지 않는 것은 이 때문이고 성상의 덕에 욕을 끼치는 것도 이 때문입니다.

법관이 반드시 엄히 다스리고자 한 것은 군주를 사랑해서가 아니겠으며, 직임을 다하지 못할까 근심해서가 아니겠습니까. 일이 혹 지나치더라도 마음에 실로 다른 의도는 없으니, 이는 밝은 성상께서 마땅히 살피셔야 할 바입니다. 이미 지난 일이야 어찌 말할 것이 있겠습니까마는 앞으로 다가올 일은 반드시 삼가야 합니다.

전하께서 어리석은 신을 발탁하여 다시 풍헌(風憲)의 지위에 두신 것은 반드시 신의 몸을 영화롭게 만들고자 해서가 아닐 것입니다. 그런데 장차 간특하고 교활한 자들이 방자하게 행동하는데도 따지지 않고, 백성들이 원망하면서 울부짖는데도 묻지 않고, 성상의 덕에 흠결이 있는데도 말하지 않고, 기강이 날로 무너지는데도 말하지 않고서 팔짱을 낀 채 입을 꾹 다물고 우두커니 있으면서 무사하기를 구차히 바라는 일개 비루한 사람이 된다면, 위로 명철한 성상께서 맡기신 뜻을 저버릴 것이니 신은 실로 두렵습니다. 신이 경솔하고 망녕된 성품을 스스로 제어하지 못하여 일을 만날 때마다 이런 성품이 다시 예전처럼 드러난다면, 국사에 무익하고 일신에 죄를 얻을 것이 분명하기에 신은 실로 근심스럽습니다.

아, 경솔하고 망녕된 것과 명을 받들어 순종하기만 하는 것은 형세상

아울러 행할 수 없으니, 신은 차라리 경솔하고 망녕되어 전하를 저버리지 않을지언정 명을 받들고 순종하기만 하여 전하를 저버리기를 원하지 않습니다. 더구나 지금 천재(天災)와 인변(人變)으로 근심거리가 한둘이 아닌데, 말을 받아들이는 도량이 점점 처음만 못해지고 궁위(宮闈)의 엄숙함이 점차 처음만 못해지고 있습니다. 눈앞의 일에 수고롭게 힘쓰시지만 원대한 규범이 확립되지 않고, 강설(講說)에 부지런히 힘쓰시지만 시행하고 조처하는 실질적인 효과가 없고, 인재를 거두어 모았지만 충성스럽고 어진 신하 가운데 신뢰하시는 이가 없고, 백 군데 구멍 나고 천 군데 흠집이 났는데도 기강이 진작되어 엄숙해질 가망이 없습니다. 국사가 순식간에 이미 구제할 수 없는 지경에 이르렀는데, 이러한 때에 윗사람을 바로잡고 아랫사람을 규찰하는 직임을 이미 누차 시험했으나 쓸모없음이 밝혀진 신에게 맡겨서 그대로 따르면서 받들고 순종하기만을 요구하시니 구제되기를 바란들 또한 어긋나지 않겠습니까.

삼가 바라건대 명철한 성상께서는 신을 체직하도록 명하고 어질고 재주 있는 이를 가려 직임을 맡겨서, 한 가지 장점도 없는 신과 같은 자가 한가한 직책을 스스로 편안히 여기며 힘이 닿는 만큼 직임을 수행하면서 여생을 마치도록 해 주십시오. 그렇게 해 주시면 공의(公義)와 신의 분수가 모두 마땅하게 될 것입니다. 땅에 엎드려 간절히 바라는 지극한 심정을 금할 길이 없습니다. 재결해 주십시오.

사헌부에서 올리는 차자
憲府箚

하늘이 전하께 경고하는 것이 근실하다고 이를 만합니다. 지난달에 천둥이 쳤는데 이번 달에도 천둥이 크게 쳤습니다. 비록 천둥이 소리를 거둔 뒤[75]에 치더라도 변고가 될 것인데, 더구나 순음(純陰)의 달[76]과 폐장(閉藏)의 때[77]인 지금은 어떠하겠습니까.

무릇 사람은 천지의 이(理)를 받아 성(性)으로 삼고, 천지의 기(氣)를 받아 체(體)로 삼으니, 성정(性情)과 형모(形貌)가 하늘과 서로 통합니다. 그러므로 나갈 때나 노닐 적에 하늘이 반드시 내려다보는데, 더구나 천자의 지위에서 하늘이 주신 직책을 다스리는 군주에 있어서겠습니까. 이 때문에 옛날 성제(聖帝)와 명왕(明王)이 비록 은미한 마음과 혼자 있을 때의 몸가짐이라도 항상 천신(天神)을 대하듯이 하여 동정(動靜)과 언행이 천심(天心)에 부합하였습니다. 그리하여 상서가 모이고 재앙이 사라져 지극한 다스림이 향기로웠던 것입니다. 지금 전하께서는 지기(志氣)가 청명하여 사욕(私慾)이 행해지지 않고 밤낮으로 걱정하면서 애써서 조금도 방종함이 없으시어 천심에 부합한 옛

75 천둥이 소리를……뒤 : 음력 8월 이후를 말한다. 《예기(禮記)》 〈월령(月令)〉에 "중추(仲秋)의 달에 천둥이 비로소 소리를 거둔다."라고 하였다.

76 순음(純陰)의 달 : 음력 10월이다. 열두 달을 괘에 배치한 십이벽괘(十二辟卦)에 따르면, 10월은 모든 효(爻)가 음(陰)인 〈곤괘(坤卦)〉에 해당하는 순음의 달이다.

77 폐장(閉藏)의 때 : 겨울 석 달을 말한다. 《관자(管子)》 〈탁지(度地)〉에서 "겨울 석 달 동안은 천지가 닫히고 감춘다.〔當冬三月, 天地閉藏.〕"라고 하였다.

제왕과 거의 같은데, 어찌 그리도 괴이하고 놀랄 만한 변고가 그치지 않고 거듭 나타나며 갈수록 심해지는 것입니까.

하늘은 우리 백성으로부터 보고 들어서 하늘과 사람 사이에 간격이 없으니, 지금 이렇게 재변을 초래한 것이 어찌 이유가 없겠습니까. 궁궐 안에 계실 적에 전하의 마음가짐은 신들이 헤아릴 수 있는 바가 아닙니다. 그러나 겉으로 드러난 것을 가지고 말씀드리자면, 궁액(宮掖)의 노비가 남의 노비를 빼앗고 가까운 친족이 산택에서 이익을 독점하는데도 사적인 은혜로 의(義)를 덮어 버리는 데 치우쳐 제멋대로 방자하게 굴도록 내버려 두고서 명부(命婦)가 원통함을 호소하고 많은 선비가 연이어 상소해도 분별하여 처리하지 않으십니다. 그렇다면 전하께서 백성을 돌보시는 정성이 과연 천심을 거스른 것이 없겠습니까. 말이 비록 이치에 부합하더라도 대신(臺臣)에게서 나오면 실제와 어긋난다고 의심하여 매번 물 흐르듯 순히 말을 수용하는 데 인색하고, 세세한 일에 엄한 말씀과 준엄한 질책을 내리기도 하고, 경연에서 온화한 안색으로 허심탄회하게 받아들이는 모습을 보이지 않으십니다. 그리하여 대간(臺諫)이 장차 폐기되려 하고 언로도 점차 막히려 하니 전하께서 말을 받아들이시는 성의가 과연 천심을 거스른 것이 없겠습니까.

작은 잘못과 미미한 실수에 대해서 오랫동안 용서하지 않고 마음과 행적, 명칭과 실제를 깊이 살피지 않으시니, 충성스럽고 어진 신하 가운데 신뢰하는 이가 없고 조정에 해이하고 태만한 풍조가 성행합니다. 그렇다면 전하께서 인재를 취사(取捨)하신 것이 천심을 거스르지 않았다고 할 수 없을 듯합니다. 덕망 있는 이에게는 관직과 자품(資品)을 오히려 아끼면서 공이 없는 이에게 벼슬을 연이어 내리시고, 죄를 지은 자는 청탁하여 죄를 면하기도 하는데 억울하게 벌을 받아 원통함을 품은 자는 오래도록 가시덤불을 둘러친 유배지에서 지내고 있습니다. 그렇다면 전하께서 벌을 내리고 상을 주시는 것이 천심을 거스르지 않았다고 할 수 없을 듯합니다.

이 몇 가지만 보아도 재앙을 부르고 난리를 초래하기에 충분합니다. 더구나 쇠퇴한 지 오래인 운수를 만나고 큰 난리를 겪은 뒤인데, 구습을 그대로 따르며 구차하게 편안함을 취하는 것이 날이 갈수록 심해져서 기강이 크게 무너지고 명령이 시행되지 않아 사사로운 뜻이 멋대로 행해지고 온갖 폐단이 한꺼번에 불어나고 있습니다. 거기다가 밖에서는 노적(虜賊)이 화란(禍亂)을 꾸미고 안에서는 흉악한 무리가 틈을 엿보고 있으니 나라의 위급한 형세를 생각하면 지자(智者)가 아니어도 오싹해집니다. 비록 삼가 앞선 일을 교훈 삼아 과감하게 고쳐 나가서 뇌성이 울리고 바람이 일어나듯이 맹렬하고 거침없는 기세로 온 세상을 격동하게 해도 오히려 구제하기에 부족할까 두려운데 더욱이 군신상하가 그저 형식과 말단만 일삼고 있으니, 어려움을 구제하고 난리를 다스리고자 한들 또한 어렵지 않겠습니까.

이와 같은데도 대신(大臣)은 감히 생각한 바를 다 아뢰지 못하고 대간은 감히 할 말을 다 하지 못하는데, 오직 하늘만이 전하를 아껴서 거듭 재이(災異)를 내려 경계시키되 자상하게 타일러 고하여 주듯이 하고 있습니다. 전하께서는 어찌 천심을 체찰(體察)하여 스스로 반성하지 않으십니까. 한 생각이 선한지 악한지에 따라 상서로운 별이 나타나기도 하고 뇌우가 쏟아지기도 하니, 하늘과 사람이 서로 감응하는 것이 그림자와 메아리보다 빠릅니다.

오늘날 하늘에 순응하는 실제는 또한 전하의 마음에서 벗어나지 않을 따름입니다. 생각이 싹트고 정령을 낼 적에 사사로운 것을 다스려 제거하고 천심에 합하기를 구하여 덕은 반드시 성인을 기준으로 삼고 다스림은 반드시 융성했던 옛 시대를 목표로 삼아야 합니다. 이 뜻이 확립되면 무슨 일이든 이루어지지 않겠습니까. 궁중과 조정이 일체가 되어 은혜가 막히지 않고, 어질고 유능한 이들이 직임을 다하여 충언과 직언이 다투어 권면되고, 상벌이 합당해서 여정(輿情)이 모두 복종하여, 근심하는 백성들이 다시 기뻐하고 군정(軍政)이 또한 거행되어 내부가 탈이 없고 외부가 안정되어서 무성하게 자란 뽕나무에 매어 놓은 듯[78]이 근본이 굳건해진다면, 황천(皇天)이 전하를 총애하는 바가 여기에 있고, 조종(祖宗)이 전하에게 기약하는 바가 여기에 있고, 신민(臣民)이 전하께 바라는 바가 여기에 있게 될 것입니다. 재조(再造)하는 큰 업적이 나라를 세운 공에 못지않을 것이고 화기(和氣)가 부르는 곳에 상서로운 징조가 절로 이를 것이니, 이전의 재앙은 요(堯) 임금 때의 홍수와 탕(湯) 임금 때의 가뭄[79]에 불과하게 될 것입니다.

삼가 바라건대 성상께서는 두려운 마음으로 생각해 보십시오. 재결해 주십시오.

78 무성하게……듯 : 근본이 튼튼함을 비유한 말이다. 《주역》 〈비괘(否卦) 구오(九五)〉에 "비색함을 그치게 하는지라 대인의 길함이니, 망할까 봐 두려워하여야 무성하게 자란 뽕나무에 매어 놓은 듯이 편안하리라."라고 하였다.

79 요(堯)……가뭄 : 요 임금 재위 기간 중 우(禹)가 치수(治水)할 당시 10년 동안 아홉 번이나 홍수가 졌지만 바닷물은 더 불어나지 않았고, 상(商)나라 탕 임금 때는 8년 동안 일곱 번이나 가뭄이 들었지만 바닷물은 더 줄어들지 않았다고 한다. 《莊子 秋水》

유차[80] 을축년(1625, 인조3) 4월

遺箚 乙丑四月

신이 겸대한 직책이 모두 중요한 자리이지만 특히 경연관의 경우에는 군주의 덕을 보필할 책임이 있습니다. 그래서 옛날에는 군주가 혹 이유 없이 경연에 임석(臨席)하지 않으면 경연관이 반드시 직임을 수행하지 못하고 시위소찬했다 하여 자신에게 허물을 돌려 군주께 경계를 진달하였습니다. 하물며 군부(君父)께서 배우기를 미치지 못할 듯이 하여 새벽부터 저녁까지 부지런히 하시는 이때에 경연관이 된 자가 자기 편할 대로 병이 있다고 고하고는 시일을 넘기도록 전혀 직임을 수행하지 않아서 성상을 계도하고 보좌하는 막중한 직임을 가지고 몸을 영화롭게 하며 요양하는 자리로 삼았으니 그 죄가 어떠하겠습니까. 이것이

80 유차(遺箚) : 1624년 10월 27일 인조가 어릴 적 자신을 길러 준 인빈(仁嬪) 김씨의 동기(同氣)라는 이유로 김공량의 자급을 회복시켜 주라고 전교하였다. 김공량은 선조의 후궁인 인빈의 오빠인데, 정철이 세자 책봉 문제를 제기했을 때 정철을 유배하도록 유도하여 서인(西人)이 큰 타격을 입게 하였다. 이후 임진왜란이 일어나자 그간 김공량이 국정을 농단했다 하여 효시(梟示)를 청하는 주장이 일어나기도 했다. 그러므로 인조의 이러한 전교가 내려지자 당시 승지였던 김덕함과 대사간 김상헌이 반대하였는데, 인조는 이들이 정철을 편드는 것이라고 비난하였다. 한편 이듬해 3월, 대사헌 최명길이 능원군(綾原君) 이보(李俌)가 사람을 죽인 일을 조사할 것을 청하자 인조는 그가 왕손을 모함한다고 꾸짖었고, 이 일에 대하여 차자를 올린 옥당에 대해서도 최명길을 구호(救護)하려고 한다고 꾸짖었다. 이 글은 정엽이 이러한 상황에서 쓴 것인데, 미처 올리지 못하고 운명하였다.《仁祖實錄 2年 10月 26日·27日·28日, 3年 3月 27日·4月 2日》《燃藜室記述 卷18 東西南北論分》

신이 병중에 용납되지 못할 듯이 두려워하며 감히 은혜로이 체직해 주시기를 바라 거듭 말씀드리기를 그치지 않는 까닭입니다. 또 신은 연달아서 큰 병을 앓아 병상에서 이토록 여러 날을 끌고 있으니 다시 대궐에 들어가 성상의 용안을 뵙기를 기약하기 쉽지 않습니다. 그렇지만 군주의 잘못과 국가의 근심에 대하여 걱정스러운 마음을 견디기 어려우니, 어찌 감히 마음속의 생각을 다 말하지 않아서 성상의 크나큰 은혜를 저버릴 수 있겠습니까.

법령이 정해지지 않아 쓸모없는 관직이 많이 설치되고 백성들에게 세금을 거두는 것이 절도가 없어 날로 더욱 독촉해서 백성들이 살길이 없으므로 원근이 모두 고통스러워하니, 이는 국사 가운데 매우 근심할 만한 일입니다. 그러나 신이 근심하는 것은 여기에 있지 않습니다. 군적(軍籍)은 빈 장부만 남아 있고 양식은 비축한 것이 없어서 내외가 텅 비어 믿을 만한 곳이 없어서, 위급한 일이 닥쳐도 전투하고 수비할 방책이 없으니, 이는 국사 가운데 매우 근심할 만한 일입니다. 그러나 신이 근심하는 것은 여기에 있지 않습니다. 대소 신료들이 눈치만 보면서 미적거리다 보니 기강은 해이해지고 뭇 직책은 잘 수행되지 않아 형식만 따르며 고식적으로 처리하여 나쁜 습속이 쌓여 고질이 되었으니, 이는 국사 가운데 매우 근심할 만한 일입니다. 그러나 신이 근심하는 것은 여기에 있지 않습니다. 아, 이 세 가지는 오늘날의 고질병인데 신은 오히려 이것을 근심할 겨를이 없으니, 크게 근심할 만한 것은 오직 전하의 한 마음일 뿐입니다.

전하께서 부지런히 강론하지 않은 것은 아니지만 이치를 살피는 데 혹 정밀하지 못한 점이 있고, 엄격히 사욕을 다스리지 않은 것은 아니지만 사욕을 제거하는 데 혹 미진한 점이 있습니다. 이 때문에 명령을 펴고 조처를 내릴 때 공사가 뒤섞이고 허물이 마구 생겨나, 심지어는 일시의 노여움으로 인하여 헌부의 관원을 모두 체차하기까지 하였으니, 이는 이미 성상께서 평소에 공론을 공경하고 대신(臺臣)을 중시하시던 성의(盛意)가 아니었습니다. 게다가 옥당에 내린 비답의 경우에는 다시 반성하는 단서가 없어 옥당의 논의를 사사로이 벗을 구호하려는 것으로 간주하시는 듯하였으니, 신은 내심 의아해하고 개탄스러워하며 성상의 뜻을 알지 못하였습니다.

전하께서는 과연 최명길(崔鳴吉) 등의 논의가 법을 받드는 자의 뜻에서 나온 것이 아니라 왕손을 모함하려는 계책에서 나온 것이라 여기며, 옥당의 차자가 허물을 바로잡으려는 뜻에서 나온 것이 아니라 사사로이 벗을 구호하려는 마음에서 나온 것이라고 여기십니까. 정말로 모함한다 여기고 사사로이 구호한다 여기신다면 명철한 전하께서 어찌 이토록 아랫사람의 마음을 헤아려 주지 않는단 말입니까. 이미 그 마음을 잘 알면서도 짐짓 이렇게 사실과 다른 말을 하여 아랫사람을 엄히 꾸짖은 것이라면 이는 너무도 진실하지 못한 것입니다. 전하께서는 필시 이 중 하나에 해당할 것입니다.

마음에 얽매인 바가 있으면 이와 같이 조처가 잘못되고 말이 성실하지 못하게 되니, 이것이 이른바 "그 마음에서 나와 그 정사에 해를 끼친다."라는 것입니다. 신이 지난번에 조보(朝報)를 접했는데, 김덕함(金德諴), 김상헌(金尙憲) 등이 모두 한마디 말 때문에 엄한 질책을 받았고, 그들로 하여금 마치 죄지은 사람처럼 문을 닫고 들어앉아 지내게 하였다는 내용이 있었습니다. 전하께서는 또한 이 두 사람이 정말로 버릴 만한 자들이라고 여기십니까. 신이 자세히 말씀드려 보겠습니다. 외숙에 대한 정이 비록 간절하더라도 관작을 사사로이 친한 이에게 주면 장차 성상의 덕에 누가 될 것입니다. 하물며 김공량(金公諒)은 온 나라 사람들의 공분을 산 지 오래이니, 김덕함의 진계(陳啓)가 옳지 않겠습니까. 말하는 사이에 혹 분명하지 못한 부분이 있었더라도 이는 문자 간의 사소한 실수에 불과하니, 그 마음이 과연 정철(鄭澈)을 편드는 데에서 나왔겠습니까. 왕의 위대한 말씀은 이와 같아서는 안 될 것입니다.

같은 소리가 서로 호응하고 같은 기운이 서로 구하며 물이 습한 곳으로 흐르고 불이 건조한 곳으로 번져 가는 것은 이치상 당연한 일입니다. 이 때문에 군자는 군자와 붕당이 되고 소인은 소인과 붕당이 되니, 천지가 생겨난 이래로 군자가 소인과 붕당이 되고 소인이 군자와 붕당이 되었다는 말은 들어 보지 못했습니다. 그러므로 성제(聖帝)와 명왕(明王)은 그 동기(動機)를 관찰하고 그 행위를 살펴서 그가 군자인지 소인인지를 잘 판별하고서 그를 나아가게 하고 물러나게 하였을 따름인데, 후세에 와 간혹 붕당을 싫어하여 제거하고자 하는 경우가 있었습니다. 그런데 소인은 그 족적을 숨겨 교묘하게 속여서 마치 붕당이 없는 것처럼 하고, 군자는 엄정하고 정직하여 조금도 회피하지 않아 도리어 붕당을 좋아한다는 오명을 쓰고 당시의 군주에게 의심을 받아 매우 심한 벌을 받고 나라가 이에 따라 망하였습니다. 이에 대해서는 거울삼을 본보기가 역사 기록에 있고, 선현들도 경계를 남겼습니다. 김상헌은 실제로 이런 점을 알고서 말하였는데, 다만 글이 자세하지 않아 뜻이 밝게 드러나지 못했을 뿐입니다. 전하께서는 어찌 이를 노여워하여 그를 너무도 엄하게 배척하십니까. 만일 김상헌의 도량이 좁다 하신다면 괜찮지만, 그의 말을 죄목으로 삼으신다면 식자들의 웃음거리가 되지 않겠습니까.

아, 성상께서 즉위하신 뒤로 많은 인재가 모두 모였지만, 김덕함처럼 몸가짐이 깨끗하여 위기에 임해서도 절개를 지키는 자와 김상헌처럼 고결하게 스스로를 단속하여 얼음이나 옥처럼 흠이 없는 자는 조정 관료들 중에 찾아보더라도 실로 짝할 만한 자가 드물 것입니다. 그들이 바야흐로 군주에게 등용되어 정성을 다 바쳐 그 뜻을 펴기를 원하는데, 한마디 말을 하자마자 대번에 배척하고서 여전히 그릇된 견해를 완강히 고집하시니, 이와 같이 인재를 취사하는데 인심이 어찌 복종하겠습니까.

삼가 들으니 전하께서 경연에 나와 곧은 신하를 보지 못했다고 개연히 탄식하셨다고 하는데, 그런 일이 있었다면 신하들을 독려하는 뜻이 지극하다 할 만합니다. 그러나 옛날의 군주 가운데 그 당시 현인들이 부족하지 않은데도 혹 인재를 얻지 못할까 염려하여 심지어는 옛날의 현신과 같은 시대에 살지 못한 것을 한스럽게 여기는 경우가 있었는데, 신은 역사를 읽을 때마다 가까이 있는 이를 두고 멀리 있는 이를 구하며 전해 들은 인재는 귀하게 여기고 눈앞에서 직접 보는 인재는 경시하는 것을 탄식하였습니다. 신은 전하께서 배척한 자가 옛사람과 비교하면 어떠한지는 모르겠습니다만, 그가 바른 사람인 것은 분명합니다. 이 두 사람이 있는데도 쓰지 못한다면, 설사 옷소매를 당기는 자[81]와 어탑(御榻)의 난간을 부러뜨리는 자[82]가 나오더라도 오늘날 배척받지 않으

81 옷소매를 당기는 자 : 임금이 결단한 사안에 대해 강경하게 간언하는 신하를 말한다. 위 문제(魏文帝)가 기주(冀州)의 사가(士家) 10만 호를 하남(河南)으로 옮기려 하였는데, 당시 황충(蝗蟲)의 피해로 흉년이 든 터라 신하들이 불가하다고 말렸으나 문제는 듣지 않고 내전(內殿)으로 들어가려 하였다. 그러자 신비(辛毗)가 문제의 옷소매를 당기며 들어가지 못하게 하여 절반만 옮기게 하였다. 《三國志 魏書 辛毗傳》

리라 장담할 수 없습니다.

아, 신민들이 어찌 전하께서 요순(堯舜)보다 못한 임금이 되기를 바라겠습니까. 조야(朝野)가 기뻐하고 모든 이가 눈을 씻고 바라보았는데, 어찌 몇 년이 안 되어 성상의 덕이 점차 처음만 못해져서 국사가 물이 아래로 떨어지듯 침체되고 충성스러운 말이 받아들여지지 않아 바른 선비가 배척당하여, 보고 듣는 이들이 놀라고 분위기가 가라앉아 새로운 정사를 기대하던 자들이 점차 실망하고 기뻐하던 자들이 근심하고 탄식하게 될 줄 생각이나 했겠습니까.

신이 보건대 전하의 전후 병통은 모두 사욕이 앞서고 뜻이 치우친 데에서 나온 것이니, 은미한 데에서 시작되어 드러나는 데 이르고 작은 것이 쌓여 큰 것을 이루어 점차 뻗어 나가 이 지경에 이른 것입니다. 친애하는 정이 앞서니 헌부와 옥당의 차자가 귀에 거슬리는 말이 되고, 붕당을 타파하려는 뜻을 주장하시니 김상헌의 말이 또 귀에 거슬리는 말이 된 것입니다. 붕당을 타파하고자 하는 뜻이라면 공정하지만, 향기 나는 풀과 악취 나는 풀이 한 그릇에 담기고 그릇된 이와 바른 이가 벼슬길에 함께 있게 되면 끝내 좋은 사람을 가리고 바른 사람을 해쳐서 난리를 부르고 멸망을 초래하는 데 이르지 않는 경우가 드뭅니다. 이것이 조정설(調停說)이 대현(大賢)의 논의에서 배척을 받았던 까닭이

82 어탑(御榻)의……자 : 자신의 견해를 굽히지 않고 임금에게 직간하는 신하를 말한다. 서한 성제(西漢成帝) 때 직신(直臣)인 주운(朱雲)이 성제에게 간신 안창후(安昌侯) 장우(張禹)의 머리를 베겠다고 하며 상방참마검(尙方斬馬劍)을 청하였다. 이에 성제가 크게 성내며 말하기를 "면전에서 나의 스승에게 욕을 하니 죽어 마땅하다."라고 하면서 어사(御史)에게 그를 끌어내리도록 하였는데, 주운이 난간을 붙잡고 버티며 계속 간하여 난간이 부러졌다고 한다. 《漢書 朱雲傳》

니,[83] 이러한 점은 세도(世道)를 담당한 자가 살피지 않아서는 안 됩니다. 신이 이치를 정밀하게 강구하고 사욕을 철저히 제거하는 것으로써 전하를 위하여 누누이 말씀드리는 것은 이 때문입니다.

삼가 바라건대 전하께서는 정일(精一)의 공부[84]에 더욱 힘써 기미가 일어나는 순간에 혹 한 점이라도 치우침이나 얽매임이 있다면 오동잎을 나누듯이[85] 엄격히 잘라 내고 통렬히 끊어 내어 마음이 발하는 바가 순수하게 모두 바른 데서 나오게 하십시오. 그렇게 된 뒤라야 본받을 만한 말과 충성스러운 말이 귀에 받아들여지고 마음에 계합되며 바른 사람과 곧은 선비 들 또한 모두 마음에 맞아, 언로가 크게 열리고 뭇 현인이 힘을 다하여 군주의 덕을 바르게 보좌하고 세도를 회복시켜서 기풍이 일신되어 조야가 고무될 것입니다. 이렇게 되면 무슨 일인들 이루지 못하겠으며, 무슨 어려움인들 헤쳐 나가지 못하겠습니까.

83 조정설(調停說)이……까닭이니 : 북송(北宋) 원우(元祐) 연간 초에 왕안석(王安石)을 주축으로 한 신법파(新法派)가 실각하고 구법파(舊法派)가 권력을 잡았을 때, 여대방(呂大防), 유지(劉摯) 등 구법파 당국자들이 신법파도 아울러 등용하여 신구(新舊) 간의 당쟁을 해소해야 한다는 조정설을 주장하였다. 뒤에 남송(南宋)의 주희(朱熹)는 조정의 방법은 화를 자초하는 것이라고 비판하였다. 《朱子全書 卷30 易5 咸》

84 정일(精一)의 공부 : 정밀하고 한결같이 마음을 수양하는 공부를 가리킨다. 《서경》 〈대우모(大禹謨)〉에 순(舜) 임금이 우(禹) 임금에게 "오직 정밀하고 한결같이 하여 진실로 그 중도(中道)를 잡아야 한다.〔惟精惟一, 允執厥中.〕"라고 하였다는 내용이 나온다.

85 오동잎을 나누듯이 : 당 덕종(唐德宗) 때에 이회광(李懷光)이 반란을 일으켰다가 얼마 후 항복을 청하자 덕종이 이를 받아들이려 하였는데, 이필(李泌)이 오동잎을 잘라 올리면서 말하기를 "폐하와 이회광은 군신의 명분이 다시 합쳐질 수 없음이 이 잎과 같습니다."라고 하였다. 《新唐書 李泌列傳》

아, 때는 얻기 어렵고 기회는 잃기 쉽습니다. 전하께서 하늘의 뜻에 부응하고 사람들의 뜻에 따라 용처럼 도약하고 범처럼 변화하여[86] 혼란을 안정시키고 정도(正道)를 회복하여 다시 인륜을 밝혔으니, 바로 크게 훌륭한 일을 해 볼 기회였는데 전하께서는 이미 이를 놓치셨습니다. 종묘사직의 도움으로 역적 이괄(李适)을 참수하고 대가(大駕)가 환도하여 종묘가 거듭 새로워졌으니, 또한 전날의 일을 거울삼아 훗날을 도모하여 크게 훌륭한 일을 해 볼 기회였는데 전하께서 다시 이를 놓치셨습니다. 아, 하늘이 내신 성인께서 이미 크게 훌륭한 일을 할 만한 지위를 얻고 또 크게 훌륭한 일을 할 만한 기회를 얻었는데도 그대로 전철을 답습하며 분발하지 못하여 장차 범상한 군주와 쇠란한 시대와 똑같이 되려고 하니, 어찌 어리석은 신만이 마음속으로 애통해하겠습니까. 우러러 생각건대 전하께서도 한밤중에 조용히 돌이켜 보며 또한 필시 개연히 탄식하며 진작할 방도를 생각하실 것입니다.

청컨대 전하께서는 지금부터 맹렬히 분발하여 허물을 자신의 탓으로 돌리고, 중외에 널리 고하여 성덕(聖德)의 흠결과 군민(軍民)의 고통에 대하여 있는 대로 다 말하게 하고, 미친 자가 말하더라도 곧은 말은 취하고 어리석은 자가 말하더라도 맞는 말은 채택하십시오. 자기 자신을 경계하는 문제가 언급되면 스스로 마음을 돌아보아 고칠 것이 있으면 힘써 고치고, 폐단을 혁파하는 문제가 언급되면 낭묘에서 논의

86 용처럼……변화하여 : 인조가 반정(反正)으로 등극하여 새로운 정사를 시작했다는 뜻이나. 《주역》 〈건괘(乾卦)〉에 "용이 혹 도약하거나 못에 있으니 허물이 없으리라."라고 하였는데, 이는 왕위에 오르는 것을 비유하는 말로 쓰인다. 〈혁괘(革卦)〉에 "대인이 범처럼 변함이니 점치지 않고도 믿음이 있다."라고 하였는데, 이는 제도 문물을 개혁하는 것을 비유하는 말로 쓰인다.

하도록 하여 안 좋은 계책은 버리고 좋은 계책은 쓰십시오. 그러는 한편 전하께서도 강학하는 경연에서나 한가로이 거처하는 중에 대신과 대간 및 사리를 잘 아는 신하 들을 소대하여 백성들을 보전하고 군무(軍務)를 정비할 방도를 강론하고 반복해서 토론하여 빠짐없이 계책을 세우도록 하고, 그중 좋은 계책을 기록하여 차례로 시행하십시오. 세금을 고르게 하고 군적을 충실히 하는 일에 대해서는 모두 원대한 법을 세워 후세에 물려줄 계책으로 삼으십시오. 그리고 삼공을 엄히 신칙하고 백공(百工)을 독려하여 직명에 따라 제 역할을 잘 수행하기를 요구하고 부지런한 자를 권면하고 게으른 자를 벌주십시오. 그렇게 하신다면 신이 앞서 말했던 국사 가운데 우려할 만한 일들을 또한 다시 어찌 근심하겠습니까.

신이 오랫동안 병을 앓는 중에 호흡이 약해져서 말이 뜻을 다 표현하지 못하고 정신이 흐려져서 글이 또 조리가 없으나 군주를 사랑하는 충정만은 단사(丹砂)처럼 밝습니다. 신의 말이 참람하고 망녕됨을 용서하고 혹 채택해 주신다면 신은 죽어도 편히 눈을 감을 것이니, 매우 다행일 것입니다. 재결해 주십시오.

선생이 졸한 다음 날 선생의 손자 정원(鄭援)이 승정원에 나아가 올렸다. 상이 답하기를 "선경(先卿)의 유차를 보니 죽음에 임박해서도 군주를 잊지 않았도다. 충직하고 절실함이 각별하기에 반복해서 펼쳐 보며 내 매우 슬피 탄식하였다. 내가 비록 덕이 부족하고 명철하지 못하나, 감히 마음에 새겨서 선경이 지하에서 바라는 바에 부응하지 않을 수 있겠는가."라고 하였다.

수몽집

제6권

계사 啓辭

계사 啓辭

승정원에서 올리는 계사[1]
政院啓辭

신들[2]이 며칠 전 연이어 경상 감사의 장계를 보았는데, 큰 별이 바다에 떨어지고 지진이 발생하여 우레가 치는 것 같았다고 하니 극히 놀라웠습니다. 어제 황해 감사의 장계를 보았는데, 우박이 내리는 변고가 또 4월에 발생하고 폭풍까지 거세게 불어 지붕의 기와가 모두 날아가고 벼와 곡식이 서리를 맞은 것처럼 손상을 입어 들판에 가득한 통곡 소리를 차마 들을 수 없을 지경이라고 합니다. 어찌 성스럽고 밝은 전하의 치세에 천재지변이 거듭 일어나 우리 전하를 이토록 놀라게 한단 말입니까.

1 승정원에서 올리는 계사 : 1612년(광해군4) 2월 황해도 봉산 군수(鳳山郡守) 신률(申慄)이 어보(御寶)를 위조한 혐의로 김제세를 신문하였는데, 김제세가 김백함(金百緘)이 반역을 꾀하였다고 고변하였다. 이로 말미암아 김백함과 그 아버지 김직재(金直哉), 김직재의 사위 황보신(皇甫信)이 처형되었다. 이후에도 김제세는 많은 이를 반란 가담자로 고변하였다. 《燃藜室記述 卷19 金直哉之獄》 이 계사는 당시 도승지였던 정엽이 승지들과 함께 올린 것이다. 《光海君日記 4年 5月 6日》

2 신들 : 대본에는 앞에 '啓曰'이 있다. 문맥에 근거하여 빼고 번역하였다.

더구나 이 황해도 전 지역에서 반역의 변란이 일어나서 전후로 체포된 자가 360여 명에 이르렀습니다. 비록 성상의 살려 주기 좋아하는 덕에 힘입어 풀려난 자가 태반이지만 그 공초에 연루된 자를 체포할 적에 또한 어찌 억울한 자가 혹시라도 섞여 들어가 화기(和氣)를 상하게 한 경우가 없겠습니까. 삼가 바라건대 전하께서는 더욱 잘 살피고 유념하여 역모 사건에 연루된 자들을 국문할 때 항상 무고한 이가 잘못 화를 입게 될 것을 염려하십시오. 그리하여 죄를 다스릴 때에는 떳떳한 법을 넘지 말고 의심스러운 옥사를 판결할 때에는 무고한 이를 죽이기보다는 차라리 법대로 집행하지 않는 쪽을 택하여, 위로 하늘의 꾸짖음에 답하고 아래로 민심을 안정시키십시오. 그렇게 하시면 매우 다행일 것입니다.

신들이 이로 인하여 생각건대 그 수괴를 죽이고 도당(徒黨)을 치죄하여 큰 옥사가 거의 마무리되어 가고 있지만, 이미 죄를 자백한 김제세(金濟世)가 여전히 천지간에 숨 쉬고 살면서 하늘이 혁연히 노여움을 보인 아래에서 더욱 흉악한 속임수를 자행하고 있습니다. 잠깐 사이에도 말을 이리저리 바꿔 가면서 오늘 한 사람을 끌어들이고 내일 또 한 사람을 끌어들이는데, 따져 심문해 보면 말한 것이 대부분 사실이 아니어서 앞뒤가 모순되고 진위가 잘 판별되지 않습니다. 날마다 많은 사람을 죄에 끌어들여 스스로 목숨을 연장하는 수단으로 삼는 것이 마치 조정을 농락하는 듯한데, 대신(大臣)과 대간(臺諫) 들이 분통스러워하면서도 그 말을 다 하지 못하고 있습니다. 일월(日月)과 같이 밝은 성상께서 그 정상을 훤히 꿰뚫고 계시지만 그래도 적도(賊徒)가 빠져나갈까 염려하여 일단 그 공초에 거론되고 나면 어쩔 수 없이 체포하고 있습니다. 그러다 보니 한 도의 민심이 저마다 의심하고 두려워하여 전혀 진정될 날이 없을 뿐 아니라, 국가의 기맥이 점차 쇠약해지는 것을 이루 다 말할 수 없습니다.

삼가 바라건대 성스럽고 밝은 전하께서는 이 역적에게 속히 형벌을 내려서 여러 사람의 분한 마음을 통쾌하게 하고, 옥사를 속히 마무리 짓고 덕음(德音)을 널리 펴서 황해도의 백성들로 하여금 전하께서 위무해 주는 가운데 다시 편안히 살면서 즐겁게 생업에 종사하게 해 주십시오. 이는 비단 신들의 소망일 뿐 아니라, 실로 온 나라 인심이 전하께 함께 바라는 것입니다. 신들이 전하를 매우 가까이에서 모시는 직책을 맡고 있어서 우려하는 마음을 이기지 못하여 황공함을 무릅쓰고 감히 아뢰니다.

승정원에서 올리는 계사 임자년(1612, 광해군4)

政院啓辭 壬子

근래에 더욱 기강이 흐트러지고 백관이 태만하여 시사(時事)가 이미 어찌할 수 없는 지경에 이르렀으니, 식자가 아니더라도 두려워 가슴이 서늘해집니다. 신들이 어제 형조와 한성부 수도안(囚徒案)의 결등(決等)에 대한 탈계(頉啓)를 보았는데, 형조는 어떤 관원이 무슨 공고(公故)가 있는지도 말하지 않고 태연하게 좌기(坐起)하지 않는 것을 당연하게 여기고 한성부는 당상이 갖추어지지 않은 것을 이유로 들어 두 관사 모두 탈로 삼았으니 이미 매우 놀랍습니다. 그런데 사헌부까지도 역시 태연하게 좌기하지 못한다고 계사를 올렸습니다. 법사(法司)는 모든 관사를 규찰하는 곳인데 별다른 공고도 없으면서 좌기하지 않으니, 이와 같으면 모든 관사가 태만해지는 것은 형세상 당연합니다. 이뿐만 아니라 근래에 각 관사에서 좌아(坐衙)하는 것이 매우 드물어 적체된 일이 많은데도 태연하게 여기고 염려하지 않아 날이 갈수록 기강이 허물어지니, 이러한 습속을 통렬히 혁파하지 않는다면 국사는 다시 수습될 가망이 없습니다. 청컨대 법사에 명하여 관사들을 규검(糾檢)해서 그들로 하여금 날마다 좌아하여 각기 그 임무를 살피게 하십시오. 그러면 서무(庶務)가 적체되는 일이 없고 기풍이 일신될 것입니다.

신들이 이로 인하여 생각건대 쇠퇴하고 해이한 습속이 비록 이 지경에 이르렀지만 기강을 바로잡아 변화시킬 수 있는 기틀은 오로지 군주와 상신에게 있습니다. 근래에 상신의 자리가 모두 비어 있어서 백관을 통솔할 사람이 없고 경연이 오래도록 폐지되어 신하들을 인접하는 때가 없어서, 의정부의 재신들과 경연의 유신들도 전하를 뵙고 소회를 진달하지 못한 지 이미 오래되었습니다. 그리하여 군정(群情)이 막히고 상하가 소통되지 못하니, 이와 같이 하고서 쇠한 기풍을 진작하고 세도를 만회하기를 바라더라도 어렵지 않겠습니까.

가득 찬 음기가 물러나고 봄기운이 바야흐로 돌아오고 있으니, 삼가 바라건대 성상께서는 천시(天時)에 잘 맞추어 더욱 날로 새로워지려는 뜻을 더하여 이전의 습속을 따르는 것을 일삼지 마시고 정력과 총명을 떨쳐서, 강연을 열기도 하고 불시에 소대하기도 하여 신료들을 빈번히 접견하여 치도(治道)를 논하십시오. 그렇게 한다면 성덕이 맑고 밝아져서 모든 일이 절로 거행되어 백료의 안일한 습속이 기뻐서 용동하는 가운데 절로 변화할 것입니다. 신들이 전하를 매우 가까이에서 모시는 직책을 맡고 있어서, 우려하는 마음을 이기지 못하여 황공함을 무릅쓰고 감히 아룁니다.

승정원에서 올리는 계사 임자년(1612, 광해군4)[3]

政院啓辭 壬子

삼가 보건대 근래에 천재(天災)가 거듭 나타나 뇌우와 우박과 지진의 변고가 모두 12월에 발생하였으니 이미 심히 두려운데, 흰 무지개의 간특한 기운이 또 해를 가렸습니다. 옛 문헌을 살펴봐도 이보다 큰 변고는 없었으니, 인정이 두려워하고 중외가 허둥지둥하고 있습니다. 천도(天道)가 멀리 있지 않아서 변고가 이유 없이 생기지 않으니, 위아래로 살펴보매 신들은 매우 걱정스러운 마음을 이길 수 없습니다.

오늘날 국사가 이미 극한의 지경에 이르렀으니, 위망의 조짐을 지혜로운 자가 아니더라도 알 수 있습니다. 우선 근래의 일을 가지고 말해보면, 전하께서 대신(大臣)을 대우하시는 것이 공경스럽다고 할 만하지만 대신들의 뜻이 펴지지 못하고, 대간(臺諫)을 대우하시는 것이 예를 다하지 않는 것이 아니지만 대간이 말만 하면 배척당하고, 백성들을 구휼하라는 하교가 빈번하게 내려지지만 정식 공물(貢物) 외에 따로 바치도록 지정하는 물품이 계속 부과되고, 인재를 거두어 쓰려는 뜻이 비록 정성스럽지만 호오(好惡)의 치우침이 제수할 때에 자주 드러납니다. 그 때문에 묘당에는 상신의 자리가 모두 비어 있고 대각(臺閣)에서는 언로가 막혀, 장차 하늘이 노여워하고 백성이 원망하는 지경에 이르려 하는데도 전하께서는 아무것도 모르고 계십니다. 말과 생각이 여기에 미치자 춥지 않은데도 몸이 떨립니다.

3 임자년 : 《광해군일기》에는 신해년인 3년 12월 22일 기사에 수록되어 있다.

오늘날의 근심거리는 비록 남북의 오랑캐이지만, 신들의 생각에는 진(晉)나라 왕실의 우환이 강한 오(吳)나라에만 있는 것이 아닌 듯합니다.[4] 삼가 바라건대 전하께서는 두려워하는 마음으로 자기를 돌아보아 진실함으로 하늘의 뜻에 응하여 은미한 마음속의 생각과 은밀한 궐내의 일과 상벌을 주고 인재를 쓰는 데에 욕심을 누르고 이치를 따라서 천심에 부합하도록 하십시오. 그렇게 하신다면 재앙이 변하여 상서(祥瑞)가 되어 국사가 구제될 가망이 있을 것입니다. 신들이 전하를 매우 가까이에서 모시는 직책을 맡고 있어서, 깊이 염려되는 마음에 황공함을 무릅쓰고 감히 아룁니다.

4 진(晉)나라……듯합니다 : 진 무제(晉武帝) 사마염(司馬炎)은 위 원제(魏元帝)의 선양을 받아 진나라를 세워 3국을 통일하였는데, 그가 건국한 이후 15년 동안 오(吳)나라가 망하지 않고 존속되었다. 이 구절은 국가의 우환이 외부적 요인으로 인해 발생하는 것이 아니라 내부의 문제로 인해 발생한다는 뜻이다.

대사헌을 인피하는 계사[5]

大司憲引避啓辭

신은 어리석고 용렬한 자질로 외람되이 성상의 과분한 지우(知遇)를 입어 특별한 은택을 전후로 거듭 받았는데도, 유유히 시위소찬하면서 털끝만큼도 보답하지 못했습니다. 지금 대사헌에 제수하는 명이 또 허물이 쌓인 신에게 내려졌으니, 이 대사헌은 어떠한 직임이며 지금은 어떠한 때입니까. 이러한 때에 이러한 직임을 신과 같은 자에게 맡길 수 있겠습니까.

삼가 보건대 오늘날 국사가 점점 어려워지고 있으니, 민심이 불안하여 유언비어가 누차 퍼지고 하늘이 마음을 돌리지 않아 변이(變異)가 거듭 나타나고 있습니다. 기율(紀律)이 갈수록 해이해지고 세도(世道)가 갈수록 무너지며 인심이 갈수록 흩어지고 변경 방비가 갈수록 허술해집니다. 게다가 화란을 좋아하는 무리가 안에서 시끄럽게 하고 틈을 엿보는 오랑캐가 밖에서 으르렁대니, 위태롭고 급박한 상황이 불 보듯 뻔한데 앞으로의 상황을 개선할 계책은 바람을 잡는 듯이 막연합니다.

급급하게 조정에서 벼슬하고 있는 신하 중 현명한 이를 뽑거나 은거하고 있는 선비를 구하여 위아래를 바로잡고 기울어지는 것을 부지하고 폐단을 보완하려 하더라도 오히려 구제하지 못할까 두렵거늘, 신이

5 대사헌을 인피하는 계사 : 이괄(李适)의 난으로 공주로 피난했던 인조가 서울로 돌아온 뒤인 1624년(인조2) 4월경, 정엽이 대사헌의 직책에 제수되고서 사직의 목적으로 올린 계사로 보인다.

어떤 사람인데 감히 이 직임을 함부로 맡겠습니까. 스스로 헤아려 보건대 신은 평소 조금도 장점이 없는 데다 식견도 우매하고 일 처리도 가볍고 엉성하여 위태로운 길에서 넘어져 하는 일마다 허물을 얻었으니, 일찍이 대사간이 되었을 적에 큰 죄를 면한 것 또한 성상의 은혜 덕이었습니다. 이미 시험해 본 형편없는 신에게 더욱더 중요한 직임을 맡기시니 필시 전복되는 데에 이르고야 말 것입니다. 이는 또한 천지와 같고 부모와 같은 성상께서 응당 긍휼히 여기셔야 할 점입니다.

신이 또 이보다 더 근심스럽고 답답하게 여기는 것이 있습니다. 대사헌과 대사성을 한 몸에 겸임하여 마치 이 직책을 잘 수행할 수 있는 듯이 태연하게 맡고 있으니, 이전에 이런 경우가 있었습니까. 피눈물을 흘리며 면직해 주기를 바랐지만 정성이 하늘을 감동시키지 못했으니, 집에 있을 때는 편히 먹고 자지 못하고 남을 대할 때는 부끄러워 흐르는 땀이 옷을 적십니다. 신이 외람되이 직임을 받아들인 죄는 이미 말할 것도 못 되지만, 정사의 체모로 볼 때 어떠하겠으며 공의로 볼 때 어떠하겠습니까.

또 신이 공주(公州)에 있을 때[6] 백관에게 상례(常例)대로 가자(加資)하는 가운데 가자를 친수(親受)하라고 특별히 명하셨습니다. 신은 국가가 위태로운 상황에서 조금도 보답한 것이 없는데 성상의 은혜가 미천한 신에게 치우친 듯하여, 마침내 차자를 올려 명을 거두어 주시기를 바랐으나 윤허를 받지 못했습니다. 그래서 말없이 직책을 수행했지만 마음은 불안하고 두려웠는데, 어찌 한 달도 안 되어서 또 관질(官秩)을 더해 주는 명이 내릴 줄 생각이나 했겠습니까. 신이 여러 신하 가운

6 신이……때 : 1624년 이괄의 난으로 인하여 인조가 공주로 파천했을 당시를 가리킨다.

데 무슨 공로가 있기에 은혜로운 가자가 중복해서 내려져서 무턱대고 승진하는 것이 여기에 이르렀단 말입니까. 삼가 바라건대 자애로운 성상께서는 신의 애처로운 호소가 지극한 정에서 나오는 것임을 살펴서 신의 본직과 겸직 및 가자를 모두 거두도록 명하여 명기(名器)를 중히 하고 공론을 위로하며, 신 또한 이 어리석은 분수를 보전하여 여생을 보낼 수 있도록 해 주십시오. 그렇게 된다면 공사(公私) 간에 매우 큰 다행일 것입니다.

인성군의 일로 인하여 인피하는 계사[7]

因仁城君事引避啓辭

신은 위아래로 살펴보면서 깊이 우려할 따름입니다. 지금 연평부원군(延平府院君) 이귀(李貴)가 올린 전후 차자의 내용을 보니, 성심(誠心)으로 나라를 걱정하여 마음속 생각을 통렬히 진달한 것이 결단코 신과 같은 사람이 미칠 수 있는 바가 아닙니다. 그러나 언관이 일을 논하는 체모는 반드시 근거할 만한 정황을 바탕으로 합니다. 그러므로 말을 하면 인심이 복종하고 후세에도 다른 말이 없는 것입니다.

인성군(仁城君) 이공(李珙)이 누차 흉적의 공초에 언급되었으나 스스로 일을 벌인 실상이 드러나지 않았으니, 신이 감히 쉽게 논의를 내지 못한 것은 이 때문입니다. 인성군을 궐내에 안치해 두었다가 사건이 종결된 뒤에 예로 대우하자는 말[8]은 실로 그를 끝까지 잘 보전해 주려는 좋은 뜻에서 나온 것입니다. 그러나 이러한 변례(變例)로 대처하는 방도는 한두 명의 대간(臺諫)이 경솔한 뜻으로 가볍게 결단할

7 인성군(仁城君)의……계사 : 인성군은 선조의 일곱째 아들 이공이다. 이괄의 난을 진압하는 과정에서 인성군이 반란군에 의해 왕으로 추대되었다는 혐의가 제기되었다. 정엽은 당시 대사간으로서 인성군의 처리 문제에 대해 적극적으로 발론하지 않았다는 이유로 이귀에게 논핵당했는데, 이 글은 이로 인하여 피혐한 계사이다. 《仁祖實錄 2年 2月 2日, 4月 1日》

8 인성군을……말 : 이귀가 인성군이 역적들에게 이용되는 것을 막기 위해 그를 궐내에 안치하여 바깥사람들과 소통하지 못하게 했다가, 인심이 안정된 뒤에 그를 예우하자는 내용으로 차자를 올린 것을 말한다. 《仁祖實錄 2年 4月 1日》

수 있는 것이 아닌데, 이귀가 갑자기 "눈치를 살피며 관망한다."라는 등의 말로 신을 마구 욕하였으니, 이러한 죄명을 지고 무슨 낯으로 직책에 머물러 있겠습니까.

게다가 신은 전후로 욕을 먹은 것이 다른 사람보다 심하여 첫 번째 발론에서는 잡아다 추국하라는 청이 있었고, 두 번째 발론에서는 공초를 받아야 한다는 청이 있었습니다. 한창 혼란할 때인지라 묵묵히 직임을 수행하고만 있었는데 지금에 이르러 생각해 보면 자신도 모르게 부끄러워 땀이 나 옷을 적실 지경입니다. 지금은 또 폐조(廢朝) 때의 대간과 비교하며 갈수록 깊이 꾸짖고 준절히 배척하니, 이전의 부끄러움이 아직 진정되지 않았는데 새로운 두려움이 다시 더해집니다. 그러니 더욱 뻔뻔스럽게 그대로 관직을 차지하고 있으면서 명기(名器)를 욕되게 할 수 없습니다. 게다가 사적인 복제(服制)로 인하여 수일 동안 인피(引避)를 지체하였으니 잘못이 더욱 큽니다. 청컨대 신을 파직하도록 명하십시오.

비답으로 인하여 인피하는 계사

因批答引避啓辭

신이 병으로 정고(呈告)한 가운데 삼가 양사(兩司)의 피혐 계사와 옥당에서 출사하게 하기를 청한 논의를 보니 오늘날의 약석(藥石) 아닌 것이 없었습니다. 삼가 살펴보건대 성상께서는 마음을 비우고 남의 말을 수용하는 덕이 점점 처음만 못해져서, 연석(筵席)에서 신하들과 말씀을 주고받을 때 메아리같이 곧장 응답하시는 것을 들을 수 없고 소매 속의 탄핵 상소에 매양 비답을 내리기를 망설이십니다. 충성스럽고 강직한 말이 권면되지 못해 무조건 순종하는 풍속이 이루어졌으니, 이미 매우 두려워할 만합니다.

죄인을 관대하게 처결하여 풀어 줄 때 죄의 경중을 살펴 처리하는 것이 혹 마땅함을 잃었을 경우에는 대간(臺諫)이 의론을 내는 것이 실로 그만둘 수 없는 일입니다. 만일 대신(大臣)들이 여쭈어 정한 일을 대간들이 의론하지 못한다면 옛사람이 "한마디 말을 내놓으면 아랫사람들이 감히 그 잘못을 바로잡지 못한다."라고 한 말[9]에 불행히도 가까울 것이니, 국가에서 대간을 두어 군주의 눈과 귀가 되고 재상과 시비를 논쟁하여 함께 국사를 해결하도록 한 뜻이 과연 어디에 있겠습니까.

9 옛사람이……말 : 자사(子思)가 위(衛)나라 왕에게 "임금이 말하며 스스로 옳다고 여기는데 경대부가 감히 그 잘못을 바로잡지 못하고, 경대부가 말을 하며 스스로 옳다고 여기는데 사서인(士庶人)이 감히 그 잘못을 바로잡지 못하니, 이는 임금과 신하가 모두 혼자 잘났다고 하는 것이다."라고 한 것을 말한다. 《資治通鑑 卷1 周紀1 安王25年》

성상께서 비답을 한번 내리는 것은 관계되는 바가 적지 않으니, 대간이 기가 꺾여 식자들이 걱정하며 탄식하고, 공론이 행해지지 않아 간악한 이들이 두려워하는 것이 없습니다. 이는 모두 신처럼 형편없는 사람이 오래도록 언관의 자리를 차지한 결과입니다. 게다가 신은 중책을 겸하고 있으면서 날로 비웃음과 비난을 쌓아 가고 있으니, 스스로를 돌아보아도 매우 부끄러운데 어느 겨를에 남들을 단속하겠습니까. 청컨대 신의 직책을 체차하고 감당할 만한 풍도를 지닌 사람을 가려 뽑아서 조정을 엄숙히 하십시오.

홍호를 파직하도록 논핵하는 계사[10]

劾罷洪鎬啓辭

삼가 정언(正言) 홍호(洪鎬)가 전후로 피혐한 내용을 보건대 말을 구구절절 반복하고, 종이에 한가득 장황하게 말한 것이 모두 박승종(朴承宗)이 죄가 없다는 것을 주장하여 구원하려는 것입니다. 심지어 그 집안의 적몰했던 가산을 환급하고 그가 목숨을 바친 절개를 포숭(褒崇)하자고 청하기까지 하였습니다. 세상에서 조금이라도 시비를 판단할 줄 아는 자라면 모두 박승종이 간악과 탐욕으로 나라를 그르친 정상을 통탄스럽게 여기니, 그 죄를 열거하면 필시 이이첨(李爾瞻), 유희분(柳希奮)과 백중(伯仲)을 다툴 것입니다. 그러니 절개를 포상하자는 논의가 사대부의 입에서 나올 줄 어찌 생각이나 했겠습니까.

박승종이 국왕의 인척이라는 권세에 힘입어 국옥(鞫獄)의 책임을 맡아 열세 살의 어린아이를 압사(壓沙)할 것을 청하여 저주의 화[11]를 만들어 내고, 군사들을 서궁(西宮)에 둘러 세워 외인의 출입을 금하기

10 홍호(洪鎬)를……계사 : 홍호가 박승종에 대해 아뢴 일로 그를 탄핵한 계사이다. 박승종은 광해군 때 세자빈의 조부이자 영의정으로서 광해군의 신임을 받았는데, 인조반정이 일어나자 도망하였다가 발각될 위기에 처하자 자결하였다. 인조반정 이후 박승종의 가산은 적몰되었는데, 사간원 정언 홍호가 이것이 과한 처사라고 하며 박승종이 광해군을 위하여 죽은 의(義)를 참작하여 적몰된 가산을 그에게 돌려주기를 청하였다. 《仁祖實錄 2年 7月 8日》

11 저주의 화 : 인목대비(仁穆大妃)가 광해군을 아들로 삼은 의인왕후(懿仁王后)의 능인 유릉(裕陵)에 무당을 보내어 저주하게 했다고 알려진 사건을 가리킨다.

를 청하여 모후(母后)를 폐위하는 단서를 열었으니, 그 부추겨서 화란을 만들어 낸 죄가 이이첨과 별 차이가 없습니다.

게다가 이익을 그물질하고 재화를 부정하게 모으면서 조금이라도 빠트림이 없고, 공물(貢物)의 방납을 팔도에서 두루 행하고 노비를 침탈하는 것이 먼 지역까지 미쳤으며 뇌물이 사방에서 모여들고 부정한 재물이 낭자한 것이 오히려 이이첨보다 심하였습니다. 그 전후의 죄악이 화란을 초래할 만하였으니, 설사 화란에 임하여 목숨을 바쳐 조정에 우뚝 서서 군주를 지키다가 죽는다 해도 죽음으로도 죗값을 다 치를 수 없고 스스로 도랑에서 목매어 죽는 자[12]와 다름이 없어 《춘추(春秋)》에서 이름을 써 주지 않고 《자치통감강목(資治通鑑綱目)》에서 죽었다고 써 주지 않는 부류에 불과합니다. 하물며 몸을 빼내어 도망쳐 숨었다가 형세가 궁해지고 힘이 위축되어 형벌을 면할 수 없음을 알고 자결한 경우에 있어서이겠습니까.

또 그 집안에 넘친 재물은 모두 생민들의 고혈을 짜낸 것이어서 두참(竇參)의 필백(匹帛)[13]에 그치지 않고 원재(元載)의 후추 800곡[14]보다

12 스스로……자 : 작은 신의를 위하여 목숨을 버리는 것을 말한다. 《논어》〈헌문(憲問)〉에, 자공(子貢)이 "관중(管仲)은 인자(仁者)가 아닐 것입니다. 환공(桓公)이 공자(公子) 규(糾)를 죽였는데 죽지 않았고 또 환공을 도와주었습니다."라고 하자 공자가 "어찌 필부필부(匹夫匹婦)가 작은 신의를 위하여 스스로 도랑에서 목매어 죽으면서도 알아주는 이가 없는 것같이 하겠는가."라고 하였다.

13 두참(竇參)의 필백(匹帛) : 두참은 당 덕종(唐德宗) 때 재상을 지낸 인물인데, 재물에 대한 탐욕이 극심하여 집에 비단을 가득 쌓아 두었다고 한다. 《新唐書 竇參列傳》

14 원재(元載)의 후추 800곡 : 원재는 당 대종(唐代宗) 때 재상을 지냈다가 사사(賜死)된 인물인데, 그가 뇌물을 매우 많이 받아서 가산을 적몰할 적에 후추가 800곡이나 나왔다고 한다. 《舊唐書 元載列傳》

심하였으니, 이를 몰수하여 공가(公家)에 귀속시킨 조처는 실로 뇌물죄를 징계하고 백성들의 원한을 위로하는 뜻에서 나온 것이고, 또 금석(金石)과 같은 법에 의거해 보아도 조금도 의심할 만한 일이 없습니다. 그런데 이렇게 그를 위해 억울함을 호소하기를 오히려 미치지 못할 듯이 하면서 현인과 군자가 억울하게 죄명을 받은 것처럼 여겨 이것을 군주에게 고할 첫 번째 사안으로 삼았습니다. 그가 어떤 마음인지는 모르겠지만, 홍호는 필시 우매하고 미혹된 사람이 아니면 경솔하고 망녕된 사람일 것입니다.

반정(反正)으로 혼란을 바로잡아 천하가 깨끗해지자 권세에 기대어 악행을 일삼던 대신과 모후를 폐위하기를 논했던 시종신(侍從臣) 들이 하늘의 토벌에 저절로 복종하였으니, 죽지 않고자 해도 그럴 수 있었겠습니까. 그렇다면 박승종이 하늘의 토벌에 승복하여 형세에 몰려서 자결한 것만으로도 박승종에게는 다행이니, 무슨 포상할 만한 절개가 있겠습니까. 박승종이 죽기 직전에 한 말에서 스스로 자신의 악을 감추고 죄를 군주에게 돌렸으니, 교활하게 사람들을 속인 정상을 더욱 명백히 볼 수 있습니다. 이른바 "바르게 간하지 못하여 금일의 사태를 초래하였다."라는 것은 바로 장화(張華)[15]와 같은 사람을 두고 말하는 것이지, 이것이 어찌 박승종이 스스로 말할 만한 것이겠습니까. 만일 "군주에게 영합하여 그의 잘못을 부추기고 탐욕을 부려 원망을 사서 오늘날

15 장화(張華) : 진 혜제(晉惠帝) 때 재상을 지낸 인물로, 가후(賈后)가 태자 휼(遹)을 폐출시키려 할 적에 이를 반대하였으나 막지 못하였다. 그 뒤에 가후를 폐출한 장림(張林) 등이 장화에게 "간해도 들어주지 않았는데 어찌하여 재상을 그만두지 않았는가?"라고 하며 그를 참형(斬刑)에 처하였다. 《晉書 張華列傳》

의 사태를 초래한 것이 모두 신의 죄입니다."라고 했다면, 그래도 그나마 죽음에 임박하여 그 말이 선한 것[16]이라 할 만하고, 뉘우쳐 깨닫는 실제적인 단서라고 할 만할 것입니다.

홍호가 박승종이 교묘하게 꾸민 말을 가지고 뉘우쳐 깨달았다고 여겨 깊이 슬퍼하였으니, 홍호의 몽매함이 이 지경에 이른 것이 실로 슬퍼할 만합니다. 홍호가 논한 바는 황당하고 난잡하여 두서가 없어서 한 글자 한 구절이 놀랍고 괴이하지 않은 것이 없지만, 실제로는 의리를 알지 못한 데에서 나온 것이라 신들이 언급하기에도 피곤합니다. 다만 생각건대 홍호가 향촌의 신진(新進)으로 처음 간관(諫官)에 임명되었으니, 지난날 충직한 이를 배척하고 인척에게 정사를 맡겨 박승종 같은 자가 악을 자행하고 나라를 그르치게 만들었던 일을 가지고 정성을 다해 경계하는 말씀을 아뢰어 위로 성상의 은혜에 보답할 계책을 세워야 합니다. 그런데 홍호는 이러한 생각을 하지 않고 사사로이 박승종과 결탁한 사람들의 남은 논의를 주워 모아서 쉴 새 없이 지껄이면서 조금도 꺼리는 바 없이 용서하기 어려운 죄악을 범한 사람을 절개를 지키다 죽은 충신으로 만들어 그에게 포숭(褒崇)을 더하여 후세를 권면하는 표준으로 삼고자 하였습니다. 경전의 가르침을 저버리고 국법을 업신여기며 조정을 경시하고 공론을 무시한 죄가 크니, 지금 언관의 직책을 맡고 있다고 해서 그를 용서해서는 안 됩니다. 청컨대 그를 파직하소서.

16 죽음에……것 : 증자(曾子)가 병이 위독해졌을 때에 "새가 장차 죽으려 할 때에는 그 울음소리가 슬프고, 사람이 장차 죽으려 할 때에는 그 말이 선한 법이다."라고 하였다. 《論語 泰伯》

옥당의 차자로 인하여 인피하는 계사[17]

因玉堂箚引避啓辭

신은 홍호(洪鎬)를 논핵하여 그 벼슬을 파직할 것을 청하였는데 성상의 비답에 단지 체차만을 허락하셨으니, 대간(臺諫)을 너그러이 용납하여 할 말을 다 하게 하려는 그 뜻이 지극하다고 할 만합니다. 그런데 신이 받들어 따르지 못하는 것은 홍호가 탐욕스럽고 간사한 자를 신구(伸救)하여 국론을 어지럽힌 것을 매우 싫어해서만이 아니라, 또 홍서봉(洪瑞鳳) 등과 똑같은 예로 체차한다면[18] 경중의 차이를 두는 데에 잘못이 있는 듯하기 때문입니다. 그래서 신이 주장하여 고집하는 것입니다. 만약 홍호가 군주의 잘못을 바로잡고 관리의 사특함을 규찰하느라 말을 과도하게 하여 견책하는 벌을 받은 것이라면 옥당의 논의가 실로 옳습니다. 언관으로서 언관의 사론(邪論)을 공박하는 자는 혹 말이 과격하더라도 사론을 공박하는 데에 과격한 것이니 또한 언관의 체모가 손상되지 않습니다. 그런데 옥당이 사론을 주장하는 자의 죄를

17 옥당의……계사 : 1624년(인조2) 7월 홍호가 박승종을 신구하려고 하자 정엽이 홍호를 논핵하였고, 이에 따라 인조가 홍호를 파직하라는 명을 내렸다. 그런데 이후 홍호를 파직하라는 명을 도로 거둘 것을 청하는 옥당의 차자가 올라오자, 정엽이 인피하며 이 글을 올렸다. 《仁祖實錄 2年 7月 15日, 16日》

18 홍서봉(洪瑞鳳)……체차한다면 : 1624년 7월 9일 사간원이 홍호가 박승종에 대해 논한 말이 지나친 점이 있지만 피혐할 혐의가 없으니 출사하도록 해야 한다고 아뢰었다. 이에 사헌부가, 홍호를 출사하도록 청한 것은 논의가 구차하고 시비가 전도되었다는 이유로 대사간 홍서봉 등 간원들을 체차하도록 청하였고, 조정을 깔보고 공론을 업신여겼다는 이유로 홍호를 파직할 것을 청하였다. 《仁祖實錄 2年 7月 9日》

너그럽게 봐주고자 하여 사론을 공박하는 데에 과격하다고 하면서 이로써 언로를 넓히는 계책으로 삼았으니 그렇다면 이는 정론(正論)을 누르고 사론을 넓히는 방법에 가깝지 않겠습니까.

삼사(三司)는 일체라, 논의가 서로 통하고 가부가 서로 일치되어 함께 바른 데로 귀결되는 것이 바로 이어져 온 훌륭한 일입니다. 옥당에서 만약 파직을 청하는 것이 과중하다고 여긴다면, 일찌감치 이 점을 생각하여 글을 보내어 말하거나 차자를 올려 논의해서 윗사람은 선(善)을 잡아 지키는 아름다움을 지니고 아랫사람은 멀리 가기 전에 되돌아오는 뉘우침[19]이 있도록 해야 했습니다. 그럼에도 팔짱을 끼고 곁눈질만 하면서, 논의하여 죄를 청하는 날에는 한마디 말도 없다가 성상의 명이 내려지고 나서야 비로소 이론(異論)을 제기하며 홍호를 위해 계속 떠들어 댈 뿐만 아니라, 나아가 박승종(朴承宗)까지 언급하며 이이첨(李爾瞻)과 상반되는 정상을 밝히고자 하였으니, 아, 또한 괴이합니다. 신은 박승종과 이이첨이 서로 비슷하다고 생각합니다. 그래서 홍호를 논죄하여 파직한 것도 오히려 가벼운 벌이라고 생각하는데, 옥당에서는 박승종이 이이첨과 상반된다고 여깁니다. 그러므로 홍호의 죄상을 대수롭지 않게 여겨서 심지어 파직을 지나친 조처라고 보니 이것이 끝내 소견이 서로 합치될 수 없는 이유입니다.

박승종의 죄악에 대해서는 어리석은 백성들도 모두 분개하여 욕하는데, 시골에서 지내느라 조정의 일을 들을 길이 없었다는 말로 그의 허물을 덮어 주려 하였으니, 공론을 맡은 옥당이 솥과 냄비에 귀가

19 멀리……뉘우침 : 《주역》 〈복괘(復卦) 초구(初九) 상(象)〉에 "멀리 가기 전에 되돌아오는 것은 이로써 자신의 몸을 닦는 것이다."라고 하였다.

있는 것[20]만도 못하단 말입니까.

대개 신이 식견이 얕고 논의를 제대로 하지 못해 홍호를 논핵한 이 한 가지 일로 인해 도리어 일체인 삼사끼리 송사를 일으켜 여러 날 동안 분분하게 인피하고 번거롭게 아뢰고 있으니, 이는 모두 신과 같이 업신여김을 받는 자가 언관의 자리를 오랫동안 차지한 결과입니다. 게다가 신이 휴가 중이어서 동료들과 동시에 피혐하지 못하였으니, 잘못이 더욱 큽니다. 청컨대 속히 신을 파직하도록 명하여 물의(物議)를 진정시키십시오.

20 솥과……것 : 옥당이 여론을 제대로 듣지 못한 것을 비유하기 위해 쓴 표현이다. 송(宋)나라 소백온(邵伯溫)의 《문견전록(聞見前錄)》 권1에, 어사중승(御史中丞) 뇌덕양(雷德驤)이 남의 집을 강제로 차지하고 뇌물을 거두어들이는 조보(趙普)의 비행에 대해 탄핵하자, 태조(太祖)가 성내어 꾸짖기를 "솥과 냄비에도 귀가 있는데 너는 조보가 우리의 사직신(社稷臣)이란 것을 아직 못 들었는가."라고 하였다.

전관의 함사로 인하여 인피하는 계사[21]

因銓官[22]緘辭引避啓辭

대간(臺諫)이 된 자가 사사로운 마음을 품고서 어진 인재를 탄핵하여 그 지위를 불안하게 만든다면, 이는 질투하는 사람으로 조정에서 마땅히 배척해야 할 대상입니다. 그런데 만약 허물이 있는 변변찮은 사람을 논핵한다면, 이는 대간이 규핵하는 체모를 잃지 않은 것이자 그 말이 한때의 공론이 됩니다.

조찬한(趙纘韓)은 사람됨이 진실로 논란거리가 없는 어진 인재입니까, 아니면 허물이 있는 변변찮은 사람입니까. 지금 이조 참의 김상헌(金尙憲)이 올린 함사(緘辭)의 내용을 보건대 조찬한을 위하여 변명하고 대간을 비판하는 데에 온 힘을 쏟았으니, 신들이 놀랍고 괴이하게 여기는 마음을 금치 못하겠습니다. 이준(李埈)과 조익(趙翼) 같은 사람은 그 출처의 바름이 오늘날의 인사 중에 찾아보더라도 실로 견줄 만한 이가 드물 정도인데도 지난날 한마디 말이 어긋난 일로 청직(淸

21 전관(銓官)의……계사 : 여기서 전관은 이조 참의를 맡고 있던 김상헌을 말한다. 1624년(인조2) 1월, 이괄(李适)의 난이 일어났을 때 조찬한이 행재소에 늦게 당도했다가 사헌부의 탄핵을 받았다. 그 후 5월 이조에서 조찬한을 청직에 의망하자 다시 사헌부가 그를 탄핵하니 김상헌이 조찬한을 옹호하는 함사를 올렸다. 이에 정엽 등이 인혐(引嫌)하고 물러났다. 이 글은 이때 쓴 것이다. 《仁祖實錄 2年 2月 15日, 5月 26日》《大東野乘 凝川日錄3 甲子年 7月 30日》

22 銓官 : 대본에는 '詮官'으로 되어 있다. 문맥에 근거하여 '詮'을 '銓'으로 수정하였다. 이하의 '전관'도 동일하다.

職)에 의망되지 못한 것이 여러 번이었습니다. 이 사람들이 어찌 영원히 버려둘 자이겠습니까마는 대간의 의론을 두려워하여 우선 놔두었던 것입니다. 하물며 조찬한의 허물은 한마디 말이 어긋난 것에 그치지 않으니 오죽하겠습니까.

조찬한이 군부(君父)께서 파천(播遷)하는 날에 뒤늦게 당도하였다는 탄핵을 거듭 받았으니, 그것이 실제 병 때문이라고 한다면 전관(銓官)이 연석(筵席)에서 그 정상을 갖추어 진달하여 사람들이 그 억울함을 알게 한 후에 거두어 기용해야 합니다. 더구나 당시에 같이 논핵을 입은 자 중에 어찌 용서할 만한 사정이 있는 자가 없겠습니까. 그런데 여전히 한 사람도 거두어 서용(敍用)한 적이 없는데, 조찬한만 급하게 끌어와 기용하기를 서둘러 오히려 미치지 못할까 염려하여 성상을 가까이에서 모시는 청요직에 제수하기까지 하였으니, 박정(朴炡)의 논의[23]가 또한 마땅하지 않겠습니까.

박정이 관대하고 너그러운 말로 체차만을 청한 것은 준엄하고 비정한 조조(鼂錯)[24]와 또한 현격한 차이가 있습니다. 만약 조찬한의 글재주를 아껴서 끝내 버리고자 하지 않는다면 우선 한직(閑職)에 두어서

23 박정(朴炡)의 논의 : 1624년 5월 22일 조찬한이 우승지에 제수되자, 사헌부에서 이괄의 난 때 행재소에 뒤늦게 당도했다는 이유로 조찬한의 체직을 청하였다. 이때 박정이 사헌부 장령으로서 조찬한을 탄핵하는 논의에 참여하였다.《仁祖實錄 2年 5月 16日, 22日, 26日》

24 준엄하고 비정한 조조(鼂錯) : 조조는 한 문제(漢文帝) 때 어사대부(御史大夫)를 지낸 인물로, 사람됨이 준엄하고 강직하며 비정하고 각박하였다.《史記 鼂錯列傳》김상헌이 함사에서 "조조는 날카롭고 강직한 자질로 인해 혹 각박하게 하는 데 빠지기도 하였다."라고 하면서 박정의 논의를 부정적으로 표현하려 했기 때문에 이와 같이 말한 것이다.《淸陰集 卷39 推考緘辭》

공론이 조금 허락하기를 기다려야 마땅한데, 박정이 탄핵했던 글의 먹물이 채 마르기도 전에 이전과 같이 청직에 의망하니, 이는 신들이 의론하지 않을 수 없는 것이고 전조(銓曹)[25]에 공론이 있지 않다고 하는 것이 진실로 지나친 말이 아닙니다.

신이 일찍이 대사간을 맡고 있을 때, 정언(正言) 박정이 조희일(趙希逸)이 향리에 있으면서 행실을 삼가지 않은 것을 논핵하고자 하였는데,[26] 신은 '조희일은 적신(賊臣)에게 원한을 사서 죽을 뻔하다가 겨우 살아났으니 이자는 사류(士類)의 한 사람이고 또 그 자신에게 큰 죄가 없으니 자잘한 잘못으로 그 뛰어난 재주를 버려서는 안 된다.'라고 생각했습니다. 그러므로 신은 구차하게 동의하지 않았고 지난번 연석에서도 또 그러한 뜻을 진달하였습니다. 신이 인재를 아까워하는 것이 어찌 김상헌만 못하겠습니까.

그러나 조찬한은 천지가 꽉 막혔던 날에 흉적(兇賊)의 무리에게 기꺼이 발탁되었으니,[27] 시비를 속일 수 없고 공의(公議)가 지엄합니다. 비록 그를 아껴 보호하고자 하더라도 어찌 사사로운 정을 개입시킬 수 있겠습니까. 이미 사류에게 배척받을 허물이 있는 데다 또 대간의

25 전조(銓曹) : 대본에는 '詮曹'로 되어 있다. 문맥에 근거하여 '詮'을 '銓'으로 바로잡아 번역하였다.

26 신이……하였는데 : 1623년 12월 정언 박정이, 조희일이 향리에 있으면서 행실을 삼가지 않았고 우의정 신흠(申欽)을 침해하는 말을 했다고 하면서 논계하려 했는데, 대사간 정엽이 이 일로 소요가 일어날까 염려하여 만류하였다. 결국 박정이 이 일을 아뢰며 파직을 청하였고, 정엽 역시 파직을 청하였다. 《仁祖實錄 1年 12月 11日》

27 조찬한은……발탁되었으니 : 조찬한이 광해군 때 승지의 직임을 맡았던 것을 두고 말한 것이다.

탄핵을 받은 지 오래되지 않았는데, 박정이 조찬한을 체차하라 논의한 것을 도끼와 자귀로 베고 치는 것에 견주어 마치 인재를 해치는 사람처럼 여겨 배척하니, 병길(丙吉)의 관대한 논의[28]가 또한 이와 같단 말입니까.

대개 조찬한을 탄핵한 자는 박정이고 전조를 논핵한 자는 신들이니, "스스로 공론이라 생각하여 전조로 하여금 어기지 못하게 하였다."라는 것은 바로 신들을 가리켜서 한 말입니다. 거듭 모욕을 입은 것이 이 지경에 이르렀으니 어찌 감히 스스로 옳다고 하며 뻔뻔스럽게 그대로 직임을 차지하고서 그 죄를 조율(照律)하겠습니까. 청컨대 신들을 파직하십시오.

28 병길(丙吉)의 관대한 논의 : 병길은 한 무제(漢武帝) 때 재상을 지낸 인물로, 특히 인품이 관대하여 아전의 허물을 덮어 주고 좋은 점을 드러내었다. 《漢書 丙吉傳》 김상헌이 함사에서 "병길은 너그럽고 관대한 논의로 항상 충후하게 하는 것을 위주로 하였습니다."라고 하면서 이것이 보다 훌륭한 대간의 의론임을 넌지시 드러냈기 때문에 이와 같이 말한 것이다. 《淸陰集 卷39 推考緘辭》

궁노의 일로 인하여 인피하는 계사[29]

因宮奴事引避啓辭

직명이 없는 자가 간사한 일을 하여 죄과를 범하는 경우에, 본부(本府)에서 풍문(風聞)에 따라 죄수를 잡아 가두어 그 죄를 다스리는 것이 바로 이어져 온 오랜 규례입니다. 이는 법관이 스스로 마땅히 해야 할 바이니, 이와 같이 세세한 일을 모두 번거롭게 아뢴 후에야 실행할 수 있다면 스스로 법관의 체모를 잃는 것이고 또 훗날의 폐단을 여는 것입니다.

어전(御前)에 서서 군주의 안색을 개의치 않고 간쟁하면서 옷소매를 당기고[30] 어탑(御榻)의 난간을 부러뜨리기를[31] 마다하지 않는 것이 신

29 궁노(宮奴)의……계사 : 궁노는 인목대비(仁穆大妃)의 신본궁에 속한 숙노(稤奴) 이유점(李有點)이다. 당시 이유점이 인문(印文)을 위조한 혐의가 있었으므로 정엽 등 사헌부 간원들이 그를 엄히 다스릴 것을 청하였으나 인조가 들어주지 않자 그를 잡아 가두었다. 이 일로 임금의 명을 멸시했다는 하교를 받게 되었다. 이 글은 이때 쓴 것이다. 《仁祖實錄 2年 9月 1日》

30 옷소매를 당기고 : 임금이 결단한 사안에 대해 신하가 강경하게 간언하는 것을 말한다. 위 문제(魏文帝)가 기주(冀州)의 사가(士家) 10만 호를 하남(河南)으로 옮기려 하였는데 당시 황충(蝗蟲)의 피해로 흉년이 든 터라 신하들이 불가하다고 말렸으나 문제는 듣지 않고 내전(內殿)으로 들어가려 하였다. 그러자 신비(辛毗)가 문제의 옷소매를 당기면서까지 만류하였다. 《三國志 魏書 辛毗傳》

31 어탑(御榻)의 난간을 부러뜨리기를 : 자신의 견해를 굽히지 않고 임금에게 직간하는 것을 말한다. 서한 성제(西漢成帝) 때 직신(直臣)인 주운(朱雲)이 성제에게 간신 안창후(安昌侯) 장우(張禹)의 머리를 베겠다고 하며 상방참마검(尙方斬馬劍)을 청하였다. 이에 성제가 크게 성내며 말하기를 "면전에서 나의 스승에게 욕을 하니 죽어

들의 직임입니다. 하물며 신본궁(新本宮)이 비록 자전(慈殿)의 소속이지만, 어찌 교활한 노예들로 하여금 다시 지난 폐조(廢朝) 때 했던 것처럼 마음대로 방자하게 굴어 생민에게 해를 끼치고 대관(臺官)을 멸시하도록 할 수 있단 말입니까. 돈후한 덕을 갖춘 자전께서 잘못된 전철을 친히 보셨을 테니, 이러한 지금의 상황을 안다면 반드시 놀라 진노하여 오히려 엄하게 다스리지 못할까 염려하실 것입니다.

신들이 곧장 죄수를 가두어 그 죄를 다스리지 못하고 성상의 귀를 번독하게 하고는 오랫동안 버티면서 시일만 보냈으니, 바로 이른바 천근의 쇠뇌로 생쥐를 쏘는 격입니다. 신들이 나약하여 체모를 손상시킨 잘못이 크니, 청컨대 신을 파직하십시오.

마땅하다."라고 하면서 어사(御史)에게 그를 끌어내리도록 하였는데, 주운이 끌려 나가며 난간을 붙잡자 난간이 부러졌다고 한다. 《漢書 朱雲傳》

두 번째 인피하는 계사
再避啓辭

전하께서[32] 신을 언관의 자리에 두신 것은 신들로 하여금 흔들림 없이 법을 집행하게 하려 해서입니까, 아니면 성상의 뜻을 받들어 따르게만 하려 해서입니까. 밝은 성상께서는 받들어 따르기만 하고 순종하는 것이 군주를 공경하는 도리가 아닌 줄을 아실 텐데 엄한 하교를 내려 왕명을 멸시한다는 것을 신들의 죄목으로 삼으셨으니, 왕명을 멸시하는 것은 신하의 대죄인지라 신들이 서로 돌아보고 놀라며 어찌할 줄 몰랐습니다.

전하께서 즉위하신 초기에 인심이 숙연해져 간사한 폐단이 절로 그쳤으므로 중외가 기대하여 지극한 정치를 이룰 수 있으리라 여겼습니다. 그런데 일 년이 채 되지 않아 기강이 점점 무너져 심지어 궁액(宮掖)의 천례(賤隷)로서 인지(印紙)를 위조하여 생민에게 해를 끼친 자가 연이어 나와서 장차 지난 폐조(廢朝) 때의 상황과 다르지 않은 지경에 이르려 합니다. 신들이 이를 너무나 미워하여 반드시 끝까지 다스리고자 하는 것은 뜻이 오직 군주를 사랑하고 백성을 근심하는 것에만 있기 때문입니다.

이유점(李有點)의 무리가 간사한 소인들과 어울려 인연(夤緣)의 폐단을 초래하여, 위로 자전(慈殿)의 돈후한 덕에 누를 끼치고 또 성상의 청명한 나스림을 너렵혀서, 기뻐하면서 살고자 하는 백성들로 하여금

32 전하께서 : 대본에는 앞에 '啓曰'이 있다. 문맥에 근거하여 빼고 번역하였다.

다시 이마를 찌푸리면서 원망하도록 만들었습니다. 그러니 신들이 아뢰어 죄를 다스리기를 청한 것은 진실로 부득이한 데에서 나온 것입니다.

이미 체모를 손상한 잘못을 깨닫고 곧장 바로 죄인을 가두어 치죄하겠다는 뜻을 피혐하는 계사에서 간절하게 아뢰었으니 이것이 왕명을 멸시하는 것이라고 할 수 있겠습니까. 신들이 비록 보잘것없지만 맡은 직임이 법을 집행하는 자리입니다. 그러니 오직 뜻을 받들어 따르기만 할 뿐 일이 궁액과 관련된 경우에는 말하지 않고 일이 성상과 관계된 경우에는 말하지 않으면서 비위를 맞추며 날만 보낸다면, 국사가 어떻게 되겠습니까.

신본궁(新本宮)이 비록 자전의 소속이지만 전하께서 자전의 뜻을 잘 받들어 봉양하는 효에 있어서도 마땅히 넌지시 간하는 의리가 있어야 합니다. 그런데 매번 대관(臺官)을 꺾어 버리는 것을 자전의 뜻을 받드는 도리로 여기시니 이것이 어찌 전하에게 바라는 바이겠습니까. 대간(臺諫)이 저상되어 간사한 이가 멋대로 행동하고 왕실과 조정이 일체가 되지 못하여 남은 백성에게까지 해를 끼치게 될 것이니, 이미 잘못된 전철을 다시 따르는 것을 어찌 차마 보겠습니까. 신들이 이미 죄명을 입었으니 잠시라도 태연하게 직임을 계속 맡고 있을 수는 없습니다. 청컨대 속히 신들을 파직하도록 명하여 그 죄를 바로잡으십시오.

세 번째 인피하는 계사

三避啓辭

신들이 모두 보잘것없는 몸으로 법관의 직임을 맡아 말은 조리가 없고 일은 대부분 망녕되어서 위로 자전(慈殿)의 뜻을 잘 받들어 봉양하는 성상의 정성을 거슬러서 전에 없는 처분을 내리시게 하였으니, 인심이 두려워하며 의아해하고 원근의 사람들이 이를 전합니다. 신들의 죄가 만번 죽어도 마땅한데, 우레와 같은 위엄을 거두고 천지와 같은 넓은 도량으로 형벌을 가하지 않고 소명(召命)을 도리어 내리셨습니다. 그리하여 사람들이 모두 일식이나 월식이 제 상태로 돌아간 것 같은 성상의 모습을 우러러보니,[33] 이것이 어찌 신들만의 사사로운 감격일 따름이겠습니까.

마땅히 분주히 오가며 힘을 다해 직책을 수행하기에도 겨를이 없어야 합니다. 다만 신들이 맡은 직임은 사헌부의 자리이고 지키는 것은 조종(祖宗)의 법이니, 법에 마땅히 규찰해야 할 바라면 비록 군부(君父)의 근속(近屬)이라도 피하지 않아야 하는데, 더구나 궁액(宮掖)의 한 천례(賤隷)에 있어서이겠습니까.

천례 한 명을 치죄하는 것은 매우 작은 일인데 인신(人臣)의 지극한 죄로 질책하셨으니, 설령 신들이 직임을 다시 맡더라도 팔짱을 끼고

33 사람들이……우러러보니 : 《논어》 〈자장(子張)〉에 "군자의 잘못은 마치 일식이나 월식과 같다. 잘못이 있으면 사람들이 모두 다 볼 수 있고, 잘못을 고치면 사람들이 다 우러러본다."라고 한 데서 유래한 말이다.

입을 다물 뿐 다시 무엇을 도모하겠습니까. 게다가 인신이 중하게 여기는 바는 염치이고 대각(臺閣)이 견지해야 하는 것은 풍헌(風憲)이니, 천한 하인들처럼 배척을 받거든 따라 물러나고 부르거든 응하여 나아간다면 신들이 염치를 잃는 것은 실로 말할 것도 없거니와, 성상께서 대관(臺官)을 대우하는 도리상 마땅히 이와 같이 가볍게 보고 천시해서는 안 될 듯합니다.

신들이 비록 자리를 잃을까 걱정하는 비루한 자라도 결코 스스로 그 몸을 가볍게 하여 명기(名器)를 거듭 욕되게 할 수 없으니, 청컨대 신들의 직책을 체차하도록 명하여 대간의 체모를 중히 하십시오.

인성군을 유배 보낼 것을 청하는 합계[34]

請竄仁城君合啓

무릇 일을 일어나기 전에 방지하려 하면 보통 사람이 의심하지만, 일어난 후에 바로잡으려 하면 후회해도 소용없는 법입니다. 명철한 전하께서 어찌 그 보통 사람처럼 의심하는 것을 면치 못하여 장차 후회해도 소용없는 상태에 이르려 하십니까. 전하께서 오늘의 일을 굽어 살펴보시기에 국사가 안정된 상태입니까, 위태로운 상태입니까. 인심이 편안합니까, 편안하지 않습니까. 외환(外患)은 어떠하며, 내우(內憂)는 어떠합니까. 급작스러운 변고가 골육(骨肉)과 지친(至親) 사이에서 일어나 부(旉)[35]를 옹립하려 한 묘부(苗傅)와 같은 자[36]가 나온다면 이러한 상황에 이르러서는 비록 뒤늦게 후회해도 다시 어찌할 수 없는 것입니다.

전하께서는 진실로 이러한 변고가 반드시 없을 것이라고 여기십니까? 신들은 이러한 변고가 반드시 있을 것이라고 말할 수는 없지만

34 인성군(仁城君)을……합계 : 인성군은 선조의 일곱째 아들 이공이다. 이괄(李适)의 난을 진압하는 과정에서 인성군이 반란군에 의해 왕으로 추대되었다는 혐의가 제기되었다. 이에 따라 인성군에 대한 처분 문제가 논란이 되었는데, 처음에 정엽은 적극적으로 발론하지 않았다는 이유로 이귀(李貴)에게 논핵을 당했다가 이후 인성군을 궐내에 안치해야 한다고 차자를 올렸다. 《仁祖實錄 2年 2月 2日, 4月 1日·8日》 이 합계를 올린 시점은 정확히 알 수 없는데, 인성군을 외방으로 유배 보낼 것을 청하고 있다.

35 부(旉) : 대본에는 '甫'으로 되어 있다. 《송사》에 근거하여 바로잡아 번역하였다.

36 부(旉)를……자 : 금(金)나라가 송(宋)나라 회남(淮南)을 침략하여 고종(高宗)이 임안(臨安)으로 피난해 있을 때 송나라 장군 묘부가 난을 일으켜 고종을 협박해 황태자 부에게 선위하도록 하였다. 《宋史 張浚傳》

또한 이러한 변고가 절대로 없을 것이라고 말할 수도 없습니다. 이러한 변고가 절대로 없을 것이라고 말할 수 없다면, 신들이 깊이 우려하고 심히 염려하여 정성으로 아뢰기를 자연히 그만둘 수 없는 것입니다.

전하께서 골육을 사랑하고 아껴 끝까지 지켜 주시고자 하는 마음은 지극하다고 할 만합니다. 그러나 무릇 사랑하는 자가 있으면 그를 안전한 곳에 두시겠습니까, 아니면 위태로운 곳에 두시겠습니까. 인성군 이공(李珙)을 도성에 살게 하여 흉적들이 기회를 엿보게 하는 길을 열어 준다면, 어찌 안전한 곳에 살게 했다고 할 수 있겠습니까. 우선 먼 지방에 두어서 변란의 실마리를 끊는다면, 이것이 과연 위태로운 곳에 두는 것이겠습니까. 위태로운 곳에 두고서 보전하기를 바란다면, 그 계책이 또한 엉성한 것이 아니겠습니까.

환란을 미연에 방지하려는 충언을 망녕된 논의라고 하고 골육을 보전하려는 지극한 계책을 시기와 의심이라 여기어 논의가 간절할수록 더욱 듣지 않으시니, 또한 전하께서 사사로운 정이 지나쳐 도리어 미혹된 것이 아닌지 모르겠습니다. 멀리 생각하지 못하면 가까운 시일에 반드시 근심거리가 닥치는 법이고, 일찌감치 땔나무를 옮겨 두지 않으면 이마가 그을리고 말 것입니다.[37] 청컨대 성상께서는 깊이 생각하여 결단을 지체하지 마십시오.

37 일찌감치……것입니다 : 땔나무를 옮겨 두는 것은 화를 미연에 방지한다는 뜻이다. 전국 시대 제(齊)나라 순우곤(淳于髡)이 이웃에게, 화재가 날 위험이 있으니 굴뚝을 고치고 곁에 쌓여 있는 땔나무를 멀리 옮겨야 한다고 권하였으나, 이웃이 그 말을 듣지 않았다가 끝내 화재가 났다는 고사에서 온 말이다. 《漢書 霍光傳》

윤겸선의 일로 인하여 피혐하는 계사[38]

因尹兼善事引避啓辭

근래 조정에는 정론(定論)이 없고 국가에는 정계(定計)가 없어 나약하고 해이해져서 점점 바로잡을 수 없는 지경에 이르고 있습니다. 더구나 보잘것없는 신들이 언관의 자리를 함부로 차지하고 있는데, 스스로 돌아보건대 언행이 군부(君父)에게 신임을 받기에 부족합니다. 비록 위로 종사를 안정시키고 아래로 골육을 보전하고자 은혜와 의리를 절충하여 낸 충언과 지극한 계책을 아뢰었지만 해가 바뀌도록 아직도 들어주지 않으시니, 이는 진실로 신들의 정성이 얕고 말이 무게가 없어서입니다.

수령을 탄핵하는 일은 오늘날에 실로 시마복(緦麻服)과 소공복(小功服)만 살피는 격[39]이지만, 대간이 저마다 들은 바에 따라 백성을 위해 해를 제거하는 일은 진실로 그만둘 수 없는 것입니다. 그런데 엄한 비답을 내리며 없는 죄를 얽어 만들었다고 배척하셨습니다. 대저 얽어

38 윤겸선(尹兼善)의……계사 : 1625년(인조3) 1월 사헌부에서 석성 현감(石城縣監) 윤겸선이 가혹하게 수탈하여 고을의 관속이 모두 달아나 이웃 고을의 하례를 빌리기까지 했다면서 그를 탄핵하였는데, 인조가 그럴 리가 없을 것이라며 다시 자세하게 듣고 논하라고 명하였다. 그러자 대사헌 정엽 등이 대간의 말이 신임을 받지 못한다고 인피하면서 이 글을 올렸다. 《仁祖實錄 3年 1月 7日, 9日》

39 시마복(緦麻服)과……격 : 근본적인 대책을 강구하지 못하면서 지엽적인 것만 살핀다는 뜻이다. 《맹자》〈진심 상(盡心上)〉에 "부모의 삼년상은 제대로 행하지 못하면서 시마복과 소공복만 살핀다."라고 한 데서 온 말이다.

만든다고 하는 것은 아무 근거도 없는 일을 날조하여 사람의 죄안(罪案)을 꾸며 만드는 것을 말합니다.

윤겸선(尹兼善)은 가혹하게 수탈하여 원망을 사서 아래 관속들이 도망하여 흩어져서, 심지어 그 당시 감사가 이웃 고을의 이서(吏胥)와 하례(下隷) 들을 옮겨 보내 그 일을 하게 하였는데도 여전히 행동을 고치지 않아 호우(湖右)의 조금 넉넉한 고을을 거의 텅 비게 만들고 말았습니다. 이는 사람들이 듣고 보아서 오래도록 입에 오르내린 것인데, 이것이 과연 신들이 얽어 만든 일이겠습니까.

성상께서는 수령을 맞이하고 전송하는 폐단과 풍문이 실제와 어긋나는 문제를 염려하시지만, 신들은 성상께서 백성을 측은하게 여기는 뜻이 점점 처음보다 못해져 간다고 생각합니다. 백성의 병폐를 살피는 어사(御史)가 파견되지 않고 규핵하는 탄핵문이 받아들여지지 않아서 가혹한 정사와 탐오한 풍습이 징계되지 않고 상과 벌이 분명하지 못하여 아 대부(阿大夫)와 즉묵 대부(卽墨大夫)[40]가 구분되지 않고 있습니다. 그리하여 백성의 원망이 떼로 일어나고 나라의 근본이 날로 초췌해져 점점 지난날의 혼란한 정치와 같아지는 데에 이르렀으니, 이따금 수령을 맞이하고 전송하는 폐단과 소소하게 풍문이 실제와 어긋나는

40 아 대부(阿大夫)와 즉묵 대부(卽墨大夫) : 실제 치적이 있는 자와 헛된 명성을 가진 자를 말한다. 전국 시대 제 위왕(齊威王)에게 즉묵 대부를 헐뜯는 말과 아 대부를 칭찬하는 말이 날마다 올라와서 위왕이 사람을 시켜서 두 고을을 살펴보니, 즉묵은 잘 다스려지고 있었지만 아는 정사가 피폐하여 백성들이 고통을 당하고 있었다. 이에 위왕은 아 대부가 자신의 측근에게 뇌물을 주어 칭찬해 달라고 청탁하였다는 것을 알고 그를 팽형(烹刑)에 처하였고, 즉묵 대부에게는 1만 가(家)를 봉해 주었다. 《史記 田敬仲完世家》

문제는 진실로 돌아볼 겨를이 없습니다.

신들이 모두 이목(耳目)의 소임을 맡고 있으면서 크고 작은 일에 대해 논한 것이 다 신임을 받지 못하였습니다. 기강이 크게 무너지고 국사가 날로 잘못되어 가는 것을 목도하면서도 은총과 영예에 연연하며 그저 도로에서 호창(呼唱)만 한다면, 혼조(昏朝)의 대간(臺諫)과 무엇이 다르겠습니까. 청컨대 신들을 파직하도록 명하십시오.

수성의 새 대궐이 협소함으로 인하여 제시된 사직의 담장을 들여쌓는 방안 및 대원군 사당을 옮기는 방안에 대한 수의[41]

因壽星新闕狹隘進築社稷墻及撤移大院君祠宇收議

사직(社稷)은 한 치의 땅이라도 범해서는 안 되는 것이 명백하고, 대원군(大院君)의 사당은 사직과 경중이 현격하게 차이나지만 선조(先朝)께서 처음 지으시고 성상께서 중건하셔서, 신주를 모시고 정성껏 제사를 올린 지 수년이 되었습니다. 그러니 이제 궁궐을 짓는 일로 인하여 철거하여 옮기는 것은 성상께서 근본을 두터이 하고 먼 조상을 추모하시는 뜻이 아닐 듯합니다. 새로 짓는 궁궐의 지세가 비록 협소하다고 하나 사당을 옮기는 것은 또한 가볍게 논의할 수 없습니다. 시문용(施文用)[42] 등이 말한 바는 신이 풍수설을 밝게 알지 못하니 어찌 감히

41 수성(壽星)의……수의 : '수성의 새 대궐'은 광해군 때 새로 지은 궁궐인 인경궁(仁慶宮)을 지칭하는 것으로, 여기서 '수성'은 '수성(壽聖)' 또는 '수성(壽城)'의 오기인 듯하다. 참고로 안평대군(安平大君)의 잠저인 수성궁(壽聖宮)이 인왕산 아래에 있었다고 전해지고, 새로 짓고 있던 인경궁을 수성궁(壽聖宮)으로 지칭한 사례 역시 《속잡록(續雜錄)》에서 확인할 수 있다. 1617년(광해군9) 5월 인경궁 남쪽 담장이 사직의 담장과 맞닿아 순라군(巡邏軍)이 가는 길이 막혀서, 사직의 북쪽 담장 안쪽에다 겹으로 담장을 쌓도록 하였다. 그러자 사직의 땅을 침범해서는 안 되니 대궐의 남쪽에 있는 선조의 사친(私親)인 덕흥대원군(德興大院君)의 사당에 담장을 쌓아야 한다는 의견과 이를 반대하는 의견이 제기되었다. 이에 대한 논란이 계속 이어져 광해군이 신하들에게 자문을 하자, 정엽이 이 글을 쓴 것으로 보인다. 《光海君日記 9年 5月 29日, 6月 3日·7日·10日》

42 시문용(施文用) : 임진왜란 때 조선에 왔다가 도피하고 돌아가지 않은 명(明)나라 군사로 풍수설에 밝았던 사람이다. 정인홍(鄭仁弘)의 친척 누이를 아내로 맞이하였고,

그 사이에서 이런저런 의견을 낼 수 있겠습니까. 삼가 바라건대 성상께서는 헤아려 판단해 주십시오.

정인홍의 천거로 광해군에게 기용되어 궁궐 축조 사업에 참여하였다. 인조반정 후에 참형을 당하였다. 《象村集 卷52 春城錄》《光海君日記 15年 3月 14日》

수몽집

제7권

교서 教書

교서 教書

황해도 관찰사 강찬에게 내리는 교서[1]

敎黃海道觀察使姜燦書

왕은 이르노라. 예전에 내가 의주(義州)에서 환도하면서 황해도의 일에 대해 상세히 알게 되었다. 매번 생각건대 황해도의 백성들이 병란을 겪는 와중에 거의 다 죽었고, 거기에 더하여 동쪽으로 내려온 명나라의 군대가 대개 이 길을 경유하는 까닭으로 수송하는 수고로움과 요역의 번다함이 다른 곳보다 심하니 살아남은 자들도 약한 자는 엎어지고 강한 자는 도둑이 되어 그 삶을 보전하지 못한다. 내가 이에 너무도 마음이 아파 대소 신료에게 물어 백성을 보전할 방도를 생각하며 강구해 보지 않은 계책이 없다. 이번에 전 황해도 관찰사 이정신(李廷臣)이 병으로 직임을 수행하지 못하게 되었기에 내가 곰곰이 생각해 보니 그 직임을 이어서 맡을 자로 오직 경이 적임자였다. 내가 마음속으로 그렇게 생각하고 있었는데, 여러 사람이 과연 경을 천거하였다.

1 황해도……교서 : 1594년(선조27) 12월 25일 강찬을 황해도 관찰사로 임명하며 내린 교서이다. 《宣祖實錄 27年 12月 25日》 강찬은 본관은 금천(衿川), 자는 덕휘(德輝), 호는 동곽(東郭)이다.

내가 생각하기에 경은 맑은 지조와 고아한 명성이 조정 신료 가운데 으뜸가는 유신(儒臣)이다. 예전에 왜적이 쳐들어왔을 적에 평소 기세 등등하던 무사들이 모두 앞다투어 산속으로 숨어 들어갔는데, 경만은 탄식하며 떨쳐 일어나 나아가 죽는 것을 영광으로 여기고 도망쳐 사는 것을 수치스럽게 여기면서 적을 만나면 홀로 돌진하여 사졸들의 선봉이 되었다. 적은 병사로 많은 적을 막아 내고 지친 병사들을 독려하여 날랜 적을 꺾으니, 적군이 죽어 가는 자들을 구원하고 다친 자들을 부축하기에도 겨를이 없어 멀리 도망치고서는 감히 가까이 오지 못하였다. 이에 다만 한 고을의 백성들이 도륙을 면했을 뿐 아니라, 처음에 도망쳐 숨었던 나약한 사내와 적에게 붙었던 어리석은 백성이 소문을 듣고 의(義)를 저버렸던 것을 부끄러워하며 직접 싸워 전공을 세우려고 생각하게 되었으니, 이는 실로 경이 계도한 바이다.

나라가 전복되려는 상황에 놓였을 때 내 주위에 사특한 자가 많았으니, 위급한 상황에서 자신을 돌보지 않고 왕사(王事)에 정성을 바칠 자로 경만 한 사람이 누가 있었겠는가. 시국이 위태롭고 혼란한 뒤에야 경을 알아보았으니, 뒤늦게 경을 알아본 것을 탄식하였노라. 대부(大夫)로 승급시켜 근밀(近密)한 직임을 맡긴 지 1년이 되어 가는데 왕명의 출납을 진실하게 하였으니 더욱 가상하다. 내가 내직을 중시할 줄 모르는 것은 아니나 시세의 급박함이 염려된다. 이에 경을 황해도 관찰사 겸 병마수군절도사 순찰사로 임명하니 경은 가서 맡은 임무에 힘쓰도록 하라.

아, 민생이 노난에 빠진 것이 오늘날보다 참혹했던 적이 없으니, 다 죽어 가는 백성들을 소생시킬 계책이 진실로 시급하다. 경은 나의 지극한 마음을 유념하여 마치 어린아이를 보호하듯 백성들의 고통을 살피고 위무해 뿔뿔이 흩어져 사방을 떠도는 백성이 없게끔 하라. 아, 국가는 백성이 없으면 무엇을 의지하며 백성은 먹을 것이 없으면 어떻게 살아가겠는가. 농사는 정치의 근본이니 오직 부지런히 권면하고 독려하여 그들로 하여금 부지런히 몸을 놀려 많은 곡식을 경작하도록 하라. 그리하면 백성은 곧 식량이 풍족해지고 나라는 재용이 부족하지 않을 것이다. 백성이 화합하고 식량이 풍족한 것이야말로 전쟁에서 이기기 위한 요건이다. 그러나 군대는 정예(精銳)함이 중요하니 훈련하지 않고 싸우게 하면 그 군대를 버리는 것과 같다. 날이 한가할 때 훈련을 실시하여 기율(紀律)에 어긋남이 없도록 하고, 방패와 투구를 수선하여 무기를 모두 정비하면 한 명의 군사가 백 명의 적군을 대적할 수 있으니, 어찌 강포한 외적을 걱정하겠는가.

더욱이 부절(符節)을 찬 수령이 나의 근심을 생각하지 않고 백성의 어려움을 돌아보지 않으며 오직 위세와 포학을 부리고 법을 무시하며 사욕을 자행하여 정성스러운 윤음을 받들지 않아 은택이 오히려 막혀버렸다. 백성들이 이에 울부짖으며 원망을 윗사람에게 돌리고 있으니 내가 이를 매우 애통하게 여기노라. 경은 엄중하게 선한 자와 악한 자를 구분하여 조금도 용서하지 말되 큰 사안은 보고하고 작은 사안은 재량으로 처리하며, 오랜 폐단을 힘써 제거하여 나의 남은 백성에게 은택을 입혀 그들이 모두 삶을 보전하게끔 하라. 그렇게 되면 임금인 내가 기뻐할 것이다.

아, 내가 의주로 파천하여 도로에서 2년 동안 지낼 적에, 지나가면서 보니 병란을 겪은 마을 중에 간혹 예전과 다름없이 평화로운 곳이 있었다. 그곳 백성들에게 그 까닭을 물었더니 누군가는 태수(太守)가 어질기 때문이라고 대답하고, 누군가는 방백(方伯)이 어질기 때문이라고 대답하였다. 이를 통해 백성의 기쁨과 슬픔, 한 지역의 평안함과 위태로움은 오직 경이 직임에 힘쓰느냐 힘쓰지 않느냐에 달려 있을 뿐임을 알 수 있다. 비록 나라가 극도로 피폐해진 상황이지만 손써 볼 만한 형세가 어찌 없겠는가. 뒤엉킨 뿌리가 아니면 어떻게 예리한 도구를 분간할 수 있겠는가.[2] 가서 마음을 다하여 감히 조금이라도 태만히 하지 말라. 아, 어진 이를 등용하여 근심을 맡기는 것은 내가 서쪽 지방에 대한 근심으로 한창 애를 태우고 있기 때문이다. 지방관의 직책을 맡았으니 그대는 응당 남시(南詩)[3]를 계승해야 할 것이다. 그러므로 교시(敎示)하니, 이 뜻을 잘 알아들었으리라 생각한다.

2 뒤엉킨……있겠는가 : 복잡하고 어려운 임무를 맡겨야 비로소 그 사람의 남다른 능력을 알 수 있다는 말이다. 후한(後漢) 때에 우후(虞詡)가 조가현(朝歌縣)의 장(長)에 임명되자 "뿌리와 가지가 뒤섞여 복잡하게 얽힌 곳을 만나지 않으면 예리한 도구를 분간할 수 없으니, 지금이 바로 내가 공을 세울 기회이다."라고 했다는 고사가 전한다. 《通鑑節要 卷19 後漢和帝》

3 남시(南詩) : 《시경》 〈소남(召南) 감당(甘棠)〉을 가리킨다. 주 무왕(周武王) 때 소공(召公)이 남국(南國)을 순행하면서 선정을 베풀었는데, 소공이 떠난 뒤 남국의 백성들이 소공의 덕을 그리워하며 이 시를 지었다고 한다.

공주 목사 김상준이 고을을 잘 다스리기에 가자하며 내리는 교서[4]

公州牧使金尙寯善治加資敎書

왕은 이르노라. 백성들의 기쁨과 슬픔은 수령의 능력 여하에 달려 있는 법이다. 이에 내가 임용을 신중히 하여 비록 근신(近臣)으로 곁에 두기에 알맞다고 여기는 사람이라 하더라도 반드시 수령으로 임명하여 능력을 시험해 보는데, 나의 뜻을 제대로 살펴 행하는 자가 드물었다. 그중에는 나태하여 제대로 일하지 않는 자도 있고, 재주가 모자라 잘하지 못하는 자도 있으며, 정사를 펼 때 엄하고 사납게만 하여 백성들이 따르지 않는 자도 간혹 있고, 자신의 이익을 급선무로 여겨 백성의 골수까지 빼내는 자 또한 있는데, 백성들이 이에 한탄하고 원망하며 그 목숨을 보전하지 못하니 내가 항상 마음으로 근심한다.

공주는 호서(湖西)와 호남(湖南) 사이의 길목에 있는데 폐읍(弊邑)이 된 지 오래였다. 그러다 병화(兵禍)를 겪고부터는 온 경내(境內)가 여우나 토끼의 차지가 되어 버려 비록 평소 잘 다스린다고 일컬어지는 자가 부임하더라도 두 손 놓고 아무것도 하지 못하였다. 그런데 그대가 간 뒤로는 떠돌던 백성들이 돌아오고 황폐한 땅이 개간되고 폐지된

4 공주……교서 : 1599년(선조32) 8월 21일 김상준(金尙寯, 1561～1635)을 공주 목사에 임명하였는데, 이후 그의 치적이 조정에 보고되자 선조가 그의 품계를 올려 주고 포상하며 내린 교서이다. 《淸陰集 卷37 堂兄刑曹參判金公行狀》 김상준은 본관은 안동(安東), 자는 여수(汝秀), 호는 휴암(休菴)이다.

일들이 다시 시행되었으니 아, 어떤 정사를 시행하였기에 이렇게 빨리 효과를 거둔 것인가. 남들은 잘 해내지 못했던 일을 그대만은 어찌 이렇게 거뜬히 해낸 것인가.

내가 생각건대 그대가 예전에 사관(史館)에 재직할 적에 내가 중국에 사신을 보내려 하는데 수행원을 정하기 어려웠다. 그때 그대가 홀로 나서서 자원하였으니,[5] 내 진작 그대에게 궂은일도 마다하지 않는 마음이 있다는 것을 알았다. 영광(靈光)을 1년간 다스렸는데 아전과 백성들이 그 은혜를 생각하는 마음이 지금까지도 여전하며, 창고에 저장해 둔 곡식에 축난 것이 많았는데 그대가 부임한 뒤로는 곡식을 빼돌리던 아전들이 사라져 곡식이 다시 넉넉해졌다. 이에 내가 또 그대가 어떤 직임이든 잘 해낸다는 것을 알게 되었다.

공주 목사 자리가 비었을 적에 모두 가장 먼저 그대를 천거하였으니 실로 내 마음과 부합했다. 몇 해 전에 근밀(近密)한 신하를 통해 그대의 정사에 대해 살펴 진실로 이미 한두 가지를 알게 되었고, 이제 또 충청도 관찰사 장만(張晩)이 실정을 추려 보고한 것을 보니 내가 맡긴 직임을 저버리지 않은 자는 과연 그대이다.

아, 나의 지방관 중에 백성들의 어려움을 생각하지 않고 나의 근심을 생각하지 않고서 정성스러운 윤음을 받들지 않고 선포된 법령을 따르

5 그대가……자원하였으니 : 1594년 8월 조선에서 명(明)나라에 구원병을 요청하기 위해 주청사(奏請使)를 보내는 일을 논의하였는데, 당시 대교(待敎)였던 김상준이 자원하여 사행에 참여시켜 달라고 요청하였다. 이에 선조는 전쟁 상황에서 위험을 무릅쓰고 사행길에 자원한 김상준의 행동을 크게 칭찬하며, 6품으로 초계(超階)하여 올려주고 서장관에 충원하거나, 사행에 충원할 필요가 없더라도 별도로 6품에 천거하고 포상하라는 명을 내렸다. 《宣祖實錄 27年 8月 12日》

지 않아 나의 백성들로 하여금 살 곳을 잃어 울부짖도록 만든 자들이 셀 수 없을 정도로 많다. 그런데 오직 그대만은 몸가짐을 검소하게 하고 공무를 수행하는 데에 성심을 다하여 애를 태우며 백성들을 어루만져 병란으로 만신창이가 되어 죽어 가던 백성들에게 은택을 입혔으니, 이미 황폐해져 버린 호서의 큰 고을이 다시 완전해지도록 한 것은 누구의 공이겠는가. 이에 작질(爵秩)을 더해 주어 그대를 통정대부(通政大夫)로 삼고 전직(前職)은 그대로 맡게 하니 그대는 직임에 힘쓸지어다.

옛날에 진양(晉陽) 덕분에 조(趙)나라가 보존되었고,[6] 즉묵(卽墨) 덕분에 제(齊)나라가 흥기했으니,[7] 진실로 민심이 굳건하다면 한 고을의 병력만 가지고 버티더라도 종묘사직을 보전하고 국맥(國脈)을 이어갈 수 있는 것이다. 그대가 더욱 분발하여 근심하고 괴로워하는 이들이 웃으며 노래할 수 있게 만들고 피로하고 지친 이들이 기운이 나서 뛸 수 있게 만들어 위급한 상황에 그들을 써도 그들이 죽음이 헛되지 않다는 것을 알게 한다면, 다만 공주가 우뚝 한 나라의 제방(隄防)이 될

6 진양(晉陽)……보존되었고 : 진양은 춘추 시대 진(晉)나라 조 간자(趙簡子)의 봉지(封地)였는데, 조 간자가 윤탁(尹鐸)을 수령으로 삼아 민심을 어루만져 잘 다스리게 하였다. 훗날 조 간자의 아들 양자(襄子)가 지백(智伯)에게 쫓길 때 진양으로 도망쳐 와 항전하였는데, 지백의 수공(水攻)으로 성이 거의 다 잠길 지경인데도 진양의 백성들이 이반하지 않았다. 결국 조 양자는 진양을 근거지로 반격하여 지백의 군대를 크게 격파할 수 있었다. 《國語 晉語9》

7 즉묵(卽墨)……흥기했으니 : 즉묵은 전국 시대 제(齊)나라의 고을이다. 연(燕)나라 장군 악의(樂毅)가 제나라를 쳐서 국토 대부분을 장악하였을 때, 전단(田單)이 즉묵에서 몸소 판삽을 잡고 사졸들과 함께 일하며 처첩까지 군대에 편입시키면서 연나라에 항전하여 끝내 대승을 거두었다. 《史記 田單列傳》

뿐만 아니라, 그대가 뒷날 조정에 크게 쓰일 때 나라를 굳건히 할 방도 또한 여기에서 벗어나지 않을 것이다. 아, 즉묵 대부(卽墨大夫)와 아 대부(阿大夫)[8]를 분별하여 이렇게 훌륭한 치적을 표창하니, 그대는 시종일관 태만히 하지 말아서 더욱 지방관의 책무를 다하라. 그러므로 이렇게 교시하니 이 뜻을 잘 알아들었으리라 생각한다.

8 즉묵 대부(卽墨大夫)와 아 대부(阿大夫) : 실제 치적이 있는 자와 헛된 명성을 가진 자를 말한다. 전국 시대 제 위왕(齊威王)에게 즉묵 대부를 헐뜯는 말과 아 대부를 칭찬하는 말이 날마다 올라와서 위왕이 사람을 시켜서 두 고을을 살펴보니, 즉묵은 잘 다스려지고 있었지만 아는 정사가 피폐하여 백성들이 고통을 당하고 있었다. 이에 위왕은 아 대부가 자신의 측근에게 뇌물을 주어 칭찬해 달라고 청탁하였다는 것을 알고 그를 팽형(烹刑)에 처하였고, 즉묵 대부에게는 1만 가(家)를 봉해 주었다. 《史記 田敬仲完世家》

강원도 관찰사 윤승길에게 내리는 교서[9]

教江原道觀察使尹承吉書

왕은 이르노라. 내가 생각건대 강원도는 경기와 영남 사이에 끼어 있어 실로 나라의 울타리와 같은 곳이니 강원도 관찰사의 책무는 수행하기 매우 어려운 것이다. 태평한 때에도 신중하게 가려 뽑아야 하는데, 더욱이 지금은 병란을 이제 막 겪어 공사(公私)가 벌거숭이와 다름없어 장차 부지할 수 없는 상황이니, 재주를 완비한 사람이 아니면 이 직임을 맡기에 마땅치 않다.

생각건대 경은 문재(文才)와 무재(武才)를 겸비하여 내직과 외직을 두루 거쳤다. 대간(臺諫)이었을 적에는 직언하며 일찍이 몸 바쳐 일하였고, 서주(西州)의 읍재(邑宰)로 부임하였을 적에는 명성과 치적이 더욱 성대하였으니 한 해 더 연임시킨 것은 또한 백성을 걱정한 데에서 나온 조처였다.[10] 조정의 의론이 내직을 중시하기에 그대에게 후설(喉舌)의 직임을 맡겼는데,[11] 밤낮으로 공소(公所)에서 일하며 왕명의 출

9 강원도……교서 : 1594년(선조27) 3월 윤승길(尹承吉, 1540~1616)을 강원도 관찰사로 임명하며 내린 교서이다. 《宣祖實錄 27年 3月 28日》 윤승길은 본관은 해평(海平), 자는 자일(子一), 호는 남악(南岳)이다.

10 서주(西州)의……조처였다 : 윤승길은 1587년 평안도 구성 부사(龜城府使)로 임명되었다. 이후 1593년 그의 임기가 다했을 때 관찰사가 그의 연임을 계청하여 한 해 더 구성 부사를 연임하게 되었다. 《澤堂集 別集 卷8 左參贊尹公行狀》

11 그대에게……맡겼는데 : 윤승길은 1593년 10월 29일 동부승지에 임명되었다. 《宣祖實錄 26年 10月 29日》

납을 진실하게 하였으니 더욱 가상하였다.

지금 전 관찰사 강신(姜紳)은 임기를 다 채우도록 치적이 없어 어사(御史)가 탄핵하였다. 내가 그 후임자를 정하기 어려워 이에 정승들과 논의하였는데, 모두 가장 먼저 경을 추천하였으니 실로 내 생각과 부합한다. 이에 경을 강원도 관찰사 겸 병마수군절도사로 임명하니 경은 가서 삼가 직임을 수행하라.

아, 내가 외람되이 어려운 왕업을 계승하여 깊은 못에 다가서고 살얼음을 밟는 것처럼 두려워하며 신중히 한 지 여러 해인데, 덕이 부족하여 하늘이 돕지 않아 병화(兵禍)가 이 지경에 이르렀다. 다행스럽게도 환도하여 다시 종묘사직의 옛터를 보게 되었으니 황상(皇上)의 은혜와 조종(祖宗) 신령의 도움이었다. 생각건대 흉적이 여전히 활개 치고 있는데 명(明)나라 군대는 이미 지쳤고, 두 해 동안 군수(軍需)를 수송하느라 재력이 다 고갈되었다. 나라의 근본인 백성이 굶주려 있는데도 그들을 먹일 재용(財用)이 없으니 병란을 겪은 끝에 살아남았던 자들도 다 죽어 그 시체가 구덩이를 메울 지경이다. 생각이 여기에 미치자 마음이 에이는 듯 아프다.

아, 크든 작든 중요하지 않은 사안이 없지만, 전란을 겪어 죽어 가는 백성을 살리고 외적의 침모(侵侮)를 막는 것이 바로 오늘날의 급선무이다. 경은 나의 지극한 뜻을 체찰하여 백성들의 고통을 살피고 병폐를 제거해 나의 백성들에게 은택이 미치게 하라. 그리고 험한 곳을 살피고 요해처를 방비하여 나의 해안 지역을 진무하며, 기강을 다잡고 풍재(風裁)를 진작하며, 선량한 자를 천거하고 간악한 자를 적발하여 아 대부(阿大夫)와 즉묵 대부(卽墨大夫)[12]를 엄중히 분별하라. 또 군량을 조달하는 길이 끊어지지 않도록 하여 군대에 군량이 부족할 일이 없도록 하며, 병사들을 훈련하는 한편 요해처에 둔전(屯田)을 설치하여 관할하는 지위를 겸하되, 일에 앞서 상황을 살펴 혹여 기회를 그르치지 않도록 하고, 큰 사안은 보고하고 작은 사안은 재량으로 처리하여 명을 따르는 자에게는 상을 주고 따르지 않는 자에게는 벌을 주도록 하라. 이렇게 하여 동쪽 지방에 대한 나의 근심을 풀어 주어야 할 것이니, 이것이 모두 경에게 기대하는 바이다.

아, 큰 원수를 아직 갚지 못하였으니 지극한 원한이 여전히 마음에 사무친다. 백성들은 울부짖고 국세는 기울어 가니 신하로서 성심으로 몸과 마음을 바칠 날이 바로 지금이 아니겠는가. 더구나 변방에 주둔해 있는 적의 흉한 계략을 예측할 수 없는 상황인데, 이 동관(東關)이 또한 남쪽 지방과 경계를 접하고 있다. 몇 해 전에 제대로 수비하지 못해 이곳이 적들이 지나가는 길목이 되었으니, 지난 일을 거울삼아 앞일을 도모할 방책이 시급하다. 전쟁에서 이기는 것은 민심이 화합하는 데에 달려 있으니 백성의 마음을 얻는 것이 바로 그 근본이며, 내와 산이 안팎에 있으니 그 천연의 요새가 바로 의지할 곳이다. 또한 지치고 피로한 병사들을 독려하면 병사들의 마음이 진작될 것이고 갑옷과 방패를 수선하면 무기가 모두 정비될 것이니, 이렇게 하여 공격하고 수비하면 어디를 간들 성공하지 못하겠는가. 굳건히 자물쇠가 되고 우뚝 제방이 되어 많은 공훈을 세우는 것이 여기에 달려 있지 않겠는가.

아, 진양(晉陽) 덕분에 조(趙)나라가 보존되었고,[13] 강회(江淮) 덕분에 당(唐)나라가 부지되었으며,[14] 종택(宗澤)이 충성을 다하자 동경

12 아 대부(阿大夫)와 즉묵 대부(卽墨大夫) : 470쪽 주8 참조.

13 진양(晉陽)……보존되었고 : 469쪽 주6 참조.

(東京)이 위태로운 상황에서도 보전되었고,[15] 범중엄(范仲淹)이 서쪽 변방을 진무하자 서하(西夏)가 두려워하였다.[16] 이 때문에 사람 얻는 것을 귀히 여겨 내가 인재를 얻는 데에 목마른 듯이 하는 것이다. 인재는 다른 시대에서 빌려 올 수 없는 법이니,[17] 어찌 오늘날 인재가 없다고 하겠는가. 경은 힘써서 옛사람들이 아름다운 명성을 독차지하지 못하도록 하라. 내가 경에게 기대하는 것이 또한 어찌 적겠는가. 통정대부(通政大夫) 이상의 관리를 치죄할 때나 죄가 사형에 해당하는 경

14 강회(江淮)……부지되었으며 : 당 현종(唐玄宗) 때에 안녹산(安祿山)이 반란을 일으켜 일거에 장안(長安)과 낙양(洛陽)을 함락하였는데, 이때 진원 현령(眞源縣令) 장순(張巡)과 수양 태수(睢陽太守) 허원(許遠)이 강회 지역의 보장(保障)이라고 일컬어지는 수양성(睢陽城)에서 안녹산의 장수 윤자기(尹子奇)가 이끄는 대군을 막아 낸 일을 말한다. 후에 구원병이 오지 않고 군량도 떨어져 결국 성은 함락되고 장순과 허원은 적에게 사로잡혔으나, 두 사람 모두 적에게 굴복하지 않고 전사하였다. 《舊唐書 忠義列傳下 許遠》

15 종택(宗澤)이……보전되었고 : 종택은 송 흠종(宋欽宗) 때 자주(滋州)를 맡아 다스렸는데, 태원(太原)이 금(金)나라에 넘어가자 의병을 모아 금나라에 대항하였다. 휘종(徽宗)과 흠종이 금나라에 포로로 잡혀간 뒤에 동경 유수(東京留守)가 되어 의병을 모으고 악비(岳飛)를 장수로 등용하여 여러 차례 금나라 군대를 패배시켰다. 《宋史 宗澤列傳》

16 범중엄(范仲淹)이……두려워하였다 : 송나라 범중엄이 연주 지사(延州知事)가 되어 변방을 다스릴 때 병사들을 엄격히 단속하자, 서하 사람들이 그를 두고 "배 속에 수만의 갑병이 들어 있다."라고 하면서 무서워했다고 한다. 《宋史 范仲淹列傳》

17 인재는……법이니 : 윗사람이 찾아내지 못할 뿐, 언제나 쓸 만한 인재가 있다는 말이다. 당 태종(唐太宗)이 "전대의 밝은 임금은 그 능력에 맞게 사람을 써서 다른 시대에서 인재를 빌려 오지 않고 모두 당시에서 인재를 취하였다.……어느 시대인들 현재(賢才)가 없겠는가. 다만 내버려 둔 채 알지 못하는 것을 걱정해야 할 것이다."라는 말을 하였다고 한다. 《貞觀政要 卷3 擇官》

우는 나에게 보고하여 단죄하되, 군기(軍機)에 관계된 사안은 경이 알아서 처리하라. 아, 걸출한 사람은 시무(時務)를 아는 법이니 어찌 위급함을 구제할 계책을 우선시하지 않겠는가. 위태롭고 혼란한 시국에 충신을 알아보게 되는 법이니 분명 임무를 맡긴 뜻에 부응할 것이다. 그러므로 이렇게 교시하니 이 뜻을 잘 알아들었으리라 생각한다.

경상도 진주 백성을 조문하고 위로하며 내리는 교서[18]

教慶尙道晉州人民弔死問生書

왕은 이르노라. 우리 성조(聖祖)께서 하늘의 명을 받아 우리 조선을 건국하셨는데, 역대 선왕들이 200년간 대대로 이어 오면서 경계하기를 게을리하지 않아 백성을 평안하게 보전하시어 사랑이 깊고 은택이 후하였다. 그리하여 굶주리면서 먹지 못하는 자가 없고 추위에 떨면서 옷을 입지 못하는 자가 없고 신음하고 탄식하는 사람이 없어 누구나 즐거워하고 기뻐하였다. 길러서 살게 하고 부양하여 안정시키며 붙들어 이루어 주고 어루만져서 평안하게 해 주니, 중앙과 지방 할 것 없이 모두 하늘처럼 받들고 부모처럼 믿으며 생식이 성대하게 이루어져 지극한 번성과 풍요를 이루었다.

부족하고 어리석은 내가 무궁하고 위대한 왕업을 이어받아 그 어려움을 깊이 생각하며 선왕들의 치적을 찾아 듣고 시행하여 밤낮으로 근심하며 노력한 지 몇 해이다. 그러나 그 계책을 실행하여 백성을

18 경상도……교서 : 1593년(선조26) 6월 명(明)나라와 일본이 강화를 추진하는 상황에서 경상남도 일대를 본거지로 삼고 있던 일본군은 강화에서 유리한 입지를 차지하고, 곡창 지대인 호남 지역으로 진출하기 위해 진주성을 공격하였다. 이에 진주성의 관군과 의병이 합심하여 항쟁하였으나 9일에 걸친 전투 끝에 결국 진주성은 함락되었다. 당시 조정에서는 이 전투로 진주성의 모든 백성이 몰살된 줄 알았는데, 1594년 진주의 생존자가 다수 남아 있다는 소식이 전해지자 선조가 기뻐하며 3월 20일 연석(筵席)에서 교서를 내려 그들을 위로하고 은택을 내리도록 명하였다. 이 교서는 그때 작성된 것으로 보인다. 《宣祖實錄 27年 3月 20日》

편안하게 해 주지 못하였는데, 더구나 하늘의 뜻을 공경히 받들었다고 할 수 있겠는가. 이 때문에 하늘이 우리나라에 큰 벌을 내리시어 준동하는 이 섬나라 오랑캐가 우리 강역을 분탕질하고 우리 백성을 도륙하고 우리 사직(社稷)을 전복하였다. 그리하여 우리 조종(祖宗)이 200년간 편안히 길렀던 백성들이 하루아침에 칼날 아래 모두 쓰러져 죽고, 우리 조종이 200년간 지켜 온 예악(禮樂) 문물(文物)의 터전이 도륙된 백성들의 피에 잠겨 버렸으니, 어찌 차마 말할 수 있겠는가, 어찌 차마 말할 수 있겠는가.

더욱이 우리나라의 팔도 가운데에서는 영남 지역이 가장 웅대하니 실로 우리나라의 울타리와 같은 지역이다. 그리고 영남의 60여 고을 가운데에서는 진주가 또 가장 규모가 크니, 그 백성이 번성하고 물력(物力)이 풍부하며 계곡과 산이 험준하고 성곽이 견고한 점은 내가 보배로 여기고 나라가 의지하는 바이며, 흉적이 으르렁대며 물어뜯으려 한 것 또한 이 때문이었다.

그런데 다행히 너희 진주의 백성들이 조종의 은택을 생각하여 군부(君父)의 위태로움을 다급히 여기고 국가의 어려움에 발분(發憤)하여 지략과 힘을 합쳐 성을 온전하게 지켜 냈다. 적병이 한창 기세를 떨쳐 남쪽 지역을 짓밟아 가는 곳마다 불태우고 닿는 곳마다 부수었는데, 진주가 우뚝 제방(堤防)이 되어 적군이 성에 다가왔을 때 적은 군사로 많은 적군을 막아 그 뾰족한 뿔과 날카로운 발톱을 뽑아 버렸다.[19] 이에

19 진주가……버렸다 : 1592년 10월 5일 일본군이 진주성을 공격하였을 때, 진주 목사(晉州牧使) 김시민(金時敏)이 이끈 부대와 성내의 백성들이 힘을 합쳐 6일간 항전한 끝에 일본군을 패주(敗走)시켰던 일을 가리킨다.

적들이 죽어 가는 자를 구원하고 다친 자를 부축하기에도 겨를이 없어 멀리 도망치고서는 감히 가까이 다가오지 못하게 되었으니 이는 모두 너희 진주 백성들의 공이다.

당시 내가 서쪽 변방으로 파천(播遷)해 있었는데, 보고를 받고 매우 놀라고도 기뻐하며 진주 한 고을이 실로 우리나라의 보장(保障)으로서 조(趙)나라의 진양(晉陽)[20]과 같고 당(唐)나라의 강회(江淮)[21]와 같다고 여겼다. 그런데 어찌 하늘이 화란을 그치지 않고 내려서 교활한 적들이 흉한 짓을 자행하여 반드시 다 도륙해 버리고야 말 줄을 생각이나 했겠는가.

아, 내가 생각건대 너희 진주의 백성들이 사는 곳이 멀든 가깝든, 신분이 높든 낮든 관계없이 모두 부로(父老)를 부축하고 처자를 이끌고 와서 이 한 성을 의지하였다. 그러다 적에게 다시 포위당하게 되자 외부에서 조금도 도와주지 않았음에도 병들고 굶주린 백성들이 나날이 불어나는 백만의 적군과 대적하면서 오래도록 버티다 기세가 다하자 한꺼번에 다 죽었다. 버려진 시신과 남은 혼이 쌓여 있는데도 거두는 이가 없으니 시신이 아무렇게나 널브러져 있어 산과 들이 피로 물들었다. 부자가 함께 죽기도 하고 형제가 함께 죽기도 했으며 심지어는 한 가족이 모두 죽거나 한 마을의 사람들이 모두 죽은 경우도 있었다. 집은 모두 텅 비고 마을은 모두 폐허가 되었으니, 하늘이여, 하늘이여,

20 조(趙)나라의 진양(晉陽) : 국가가 위급한 상황에서 최후의 근거지로 삼을 만한 지역을 가리킨다. 자세한 내용은 469쪽 주6 참조.

21 당(唐)나라의 강회(江淮) : 국가가 위급한 상황에서 최후의 근거지로 삼을 만한 지역을 가리킨다. 자세한 내용은 474쪽 주14 참조.

죄가 실로 내게 있거늘 우리 백성이 무슨 죄가 있다고 이 지경에 이르게 한 것인가.

아, 죽은 자는 어쩔 수 없는 노릇이지만 산 자들이 역시 애처롭다. 아들이 아버지를 잃고 아버지가 아들을 잃고 아내가 남편을 잃어 집안에 의지할 사람이 없고 전지(田地)에 먹을 것이 없으니, 의지할 사람이 없고 기댈 곳이 없어 굶주리며 허덕이다가 다 죽어서 그 시체가 구덩이를 메워 남아 있는 백성이 거의 없다. 아, 군주는 백성이 없으면 누구에게 기대며, 나라는 백성이 없으면 무엇을 의지하겠는가. 돌아보건대 내가 너희의 부모가 되어 너희 백성들로 하여금 살 곳을 얻게 하지 못하고 도리어 너희에게 화를 끼치고도 구제해 주지 못했으니, 너희 백성을 저버렸을 뿐만 아니라 실로 우리 열성조(列聖朝)께서 내게 부탁하신 뜻까지도 저버린 것이다. 생각이 여기에 미치자 마음이 에이는 듯 아프다.

아, 죽은 사람이 누군들 애처롭지 않겠는가. 그러나 백성이 윗사람을 위해, 신하가 나라를 위해, 자식이 부모를 위해, 아내가 남편을 위해 의(義)를 지키다 죽은 경우는 더욱더 애처롭고 가상하게 여길 만하다. 이러한 사람들을 다른 보통 사람들과 함께 썩어 없어지도록 두고서 아무런 보상도 해 주지 않을 수는 없다. 이에 명령을 내려 절의(節義)를 드러내 사람들이 우러러보도록 해서 풍교(風教)를 배식(培植)하며, 전사한 사람을 물어 그의 집을 복호(復戶)해 주어 고아와 과부를 위문하노라.

또 생각건대 너희 진주의 백성들은 몰살당한 후에 간신히 수습된 나머지, 벌거숭이와 다름없는 처지라 농사를 시작할 때가 되었는데도 파종할 종자가 없을 것이다. 이에 또 명령을 내려 곡식 종자를 나누어 주어 농사지을 때를 놓치지 않도록 하노라. 너희 백성들이 목숨을 이어 갈 한 가닥 길이 바로 여기 있을 뿐이니, 너희의 쟁기와 보습을 수선하고 너희의 전답을 일구어 각자 그 생업에 종사하라. 어찌 영구히 보존할 계책을 도모하지 않을 수 있겠는가.

아, 진주가 폐허가 된 뒤로 내가 더욱더 마음이 참담하였다. 진주가 다만 잡초만 무성한 아무도 살지 않는 곳이 되어 버렸다고 생각했는데, 살아남은 백성들이 다시 살던 곳으로 돌아왔다는 소식을 듣고 내 마음이 슬프면서도 기뻤다. 죽은 자를 애도하고 살아남은 자를 측은히 여기는 나의 마음이 어찌 끝이 있겠는가. 다만 적이 남쪽 변방에 근거지를 두어 군무(軍務)가 한창 시급하기에 의지할 곳 없는 외로운 너희를 위무하는 데에 전념하지 못하는 것을 늘 근심한다. 행여 황상(皇上)의 은혜와 조종(祖宗)의 신령(神靈)과 신민(臣民)들의 도움에 힘입어 저 흉악한 무리를 몰아내고 우리 강역을 안정시켜 너희 백성들이 살던 곳에 안주하고 생업을 편안히 이어 가, 상처 입었던 이들이 일어나고 흩어져 떠돌던 자들이 모여들고 피로에 지쳤던 이들이 기운 내 도약하고 고통스러워하던 이들이 웃고 노래하는 것을 다시 보게 된다면, 내가 애통해하고 한스러워하지 않을 수 있을 것이다. 그러므로 이렇게 교시하니 이 뜻을 잘 알아들었으리라 생각한다.

대광보국숭록대부 영중추부사 심수경의 치사에 대한 교서[22]

教大匡輔國崇祿大夫領中樞府事沈守慶致仕書

왕은 이르노라. 경은 선조(先朝)의 원로 영중추부사로서 연로하다는 이유로 벼슬을 그만두기를 청하고서 시골로 물러난 지 벌써 3년째인데, 이번에 또 상소하여 치사(致仕)를 청하였다. 내가 생각건대 경은 집안에서 효와 우애가 깊었고 나라에 충성과 근면이 드러났으며, 행실은 대대로 모범으로 삼을 만하고 문장은 대대로 본받을 만하다. 학식이 깊은 자는 반드시 병법에 서툰 법인데 경은 둘 다 겸하였고 덕이 높은 이는 반드시 재략이 부족한 법인데 경은 둘 다 갖추었으며, 사람의 마음은 자기 이익을 좋아하기 마련인데 경만은 치우치지 않은 채 바름을 견지하여 법도를 제대로 따랐고 높은 지위에 오르면 태만해지기 쉬운데 경만은 초심을 잃지 않아 나이가 들수록 더욱 독실하였다.

일을 판단할 적에는 경서(經書)를 살피고 법률에 근거해서 알맞게 시행하고 논의할 적에는 정성스럽고 간곡하게 겸양하되 발언하면 성대히 드러났으니, 크게는 떳떳한 도리, 작게는 각종 정무(政務), 은미하게는 인정(人情)과 물상(物狀), 변화하는 것으로는 치란(治亂)과 성패(成敗), 심오한 것으로는 유가 경전의 본뜻, 화려한 것으로는 제자백가

22 대광보국숭록대부(大匡輔國崇祿大夫)……교서 : 1597년(선조30) 2월 8일 영중추부사 심수경(沈守慶)이 치사를 청하는 차자를 올리고 이듬해 4월 13일 거듭하여 치사를 청하는 차자를 올리자 선조가 치사신(致仕臣)의 고신(告身)을 내리도록 하였는데, 이 글은 이때 내린 교서인 듯하다.《宣祖實錄 30年 2月 8日, 31年 4月 13日·22日》

의 문장, 드러나는 것으로는 강기(綱紀)와 법제(法制)를 포괄하였다. 출병했을 때 기습과 정공의 책략을 촛불로 비추듯이 환하게 알고 강물이 터지듯 거침없이 말하여 나가서는 적의 침입을 막는 자물쇠가 되고 들어와서는 군주를 보좌하는 심장과 등뼈와 같은 중신(重臣)이 되었다. 여러 사람을 진무(鎭撫)한 도량과 멀리까지 생각한 계책과 굳고 깨끗한 절조와 심신을 바친 정성은 과인이 기댈 바가 되고 백성이 의지하고 기대하는 바가 되며 조정 관원들의 영수(領袖)가 되고 국가의 원로가 된 지 오래이니, 이전에 경을 정승으로 삼은 것이 아, 또한 뒤늦은 것이었다.

박덕한 내가 하늘의 도움을 받지 못하여 오랫동안 도성을 떠나 있으면서 환난을 겪었는데 경이 비록 늙어서 호종(扈從)하지 못하였지만 의병을 규합해 통솔하여 호서에서 적을 막았으니, 내가 그대의 공적을 가상하게 생각하여 잊지 못하노라. 내가 환도하자 경이 즉시 조정으로 돌아왔는데, 절하고서 무릎을 꿇을 때 부축하도록 하고는 눈물을 닦고 바라보니 백발에 노쇠한 얼굴이 예전과 다르지 않았다. 경을 깊이 알기에 은밀한 기무(機務)를 반드시 경에게 자문하고 경을 두터이 믿기에 큰 정무를 반드시 경과 의논하여 일의 가부를 따지거나 관리를 승진시키고 벌할 때 경의 말을 쓰지 않은 적이 없으니, 함께 어려움을 구제하여 대업을 이루기를 기대한 것이었다.

병신년(1596, 선조29)에 경의 나이가 여든하나였는데 하루아침에 사직하고서 떠나 버리니, 당시 조정의 대소 신료에서부터 아래로 천한 노복에 이르기까지 많은 사람이 탄식하고 눈물 흘리면서 다 함께 애석해하였다. 그런데도 내가 특별히 경이 떠나도록 허락했던 이유는 경의 뜻이 확고하여 바꿀 수 없음을 알았고 또 경이 왕실을 위해 오래도록 수고하느라 근력이 이미 쇠해서 조정에 달려 나올 수 없음을 생각했기 때문이었다. 그리하여 경을 교외에서 한가로이 지내도록 하여 다시는 경이 만년에 거듭 왕사(王事)에 얽매이지 않도록 하였으니, 실로 경을 편안히 해 주려고 한 것이었다.

그러나 경에게는 잘된 일이지만, 경을 황야에서 은거하도록 한 것이 국가를 위한 계책으로는 잘못된 것이었다. 경은 한가로이 지내며 자신을 돌보면서 끝내 나를 도울 뜻은 없는가? 노쇠함이 날로 심해져서 다시 정력(精力)을 떨칠 수 없는가? 치사를 청하기를 또 어찌 그리도 간절히 하며 그치지 않는가. 푸줏간의 사람이 고기를 대 주지 않으니[23] 이미 경을 대우하는 예를 그르쳤는데 박봉을 갖추어 지급하도록 한 것을 또 사양해서야 되겠는가. 이에 이전의 직임을 띤 채 치사의 명칭을 더하도록 명하였다.

아, 경의 소원이 이루어졌지만 내 마음에는 더욱 서글픈 점이 있다. 내가 생각건대 선조(先朝)의 구신(舊臣)들이 모두 세상을 떠났고 오직 경만이 고령의 숙덕(宿德)으로서 일세의 모범이 되었는데 지금 또 나를 두고 물러나니, 의심스러운 일이 있으면 누구에게 자문하여 처리하고, 잘못된 정사가 있으면 누구에게 물어서 고치겠는가. 내가 누구를 의지하고 백성들은 누구에게 기대며, 국가는 누구를 시귀(蓍龜)로 삼고 조정은 누구를 본보기로 삼겠는가.

23 푸줏간의……않으니 : 심수경이 사직한 뒤 그를 원로대신으로 각별히 예우하지 못했다는 말이다. 푸줏간의 사람이 고기를 대 준다는 것은 신하가 편안하게 음식물을 공급받을 수 있도록 임금이 예우하는 것을 가리키는 말이다. 《맹자》 〈만장 하(萬章下)〉에 "곳간지기가 양식을 대 주고 푸줏간의 사람이 고기를 대 줄 뿐, 임금의 명을 거론하여 매번 절하고 받지 않게 한다."라고 하였다.

더구나 오늘날은 국운이 어렵고 위태로워 밖으로는 교활한 외적이 도사리고 있고 안으로는 백성들의 힘이 고갈되었기에 바야흐로 원대한 계책에 힘입어 거듭 중흥(中興)을 도모하려고 하는데, 한 명의 노신(老臣)이 떠나서 돌아오지 않게 되었으니 나의 서운함을 스스로 위로할 수 없을 뿐만이 아니다. 그대는 평소 선왕의 특별한 지우(知遇)를 생각하여 나에게 보답하고자 하였으니, 나이가 이미 많이 들어 비록 왕사에 스스로 힘을 다하지는 못하더라도 시사(時事)를 근심하는 일념은 진퇴(進退)에 따라 달라지지 않으리라 생각한다.

아, 덕과 연치와 관작은 천하 사람들이 공통으로 높이는 것인데, 이 세 가지를 모두 온전히 갖춘 이는 예로부터 매우 드물었다. 그런데 경은 덕이 나라에 드러나고 연치는 100세를 바라보며 관작은 삼공(三公)이니, 덕을 가진 자는 반드시 지위를 얻고 장수한다는 것이 맞는 말이다. 옛 신하 중에서 관을 걸어 놓고서 떠나간 이[24]가 있고, 병을 이유로 사직하여 물러난 이[25]가 있고, 돌아가서 고향에 자신의 뼈를 묻게 해 달라고 청한 이[26]가 있었는데 모두 사서(史書)에 기재되어 칭

24 관을……이 : 한(漢)나라 사람 방맹(逢萌)을 가리킨다. 왕망(王莽)이 섭정하게 되자 그의 아들 왕우(王宇)가 간언하였는데, 왕망이 그를 죽였다. 이 소식을 방맹이 듣고는 친구에게 말하기를 "삼강(三綱)이 끊어졌으니, 떠나지 않으면 화가 미칠 것이다."라고 하고 바로 관을 벗어서 동쪽 도성 문에다 걸어 놓고는 바다를 건너 요동(遼東)으로 가 버렸다. 《後漢書 逸民列傳 逢萌》

25 병을……이 : 전국 시대에 진 소왕(秦昭王)에게 유세하여 재상에 오른 범수(范睢)를 가리킨다. 뒤에 그가 사람을 잘못 천거하여 자책하고 있다는 말을 들은 채택(蔡澤)이 범수에게 재상에서 물러날 것을 설득하자, 병을 이유로 사직하여 물러났다. 《史記 范睢列傳》

26 돌아가서……이 : 한나라 장수 조충국(趙充國)을 가리킨다. 아들 조앙(趙卬)이

송이 줄어들지 않았다. 지금 경의 청렴한 명성과 훌륭한 절조가 끝까지 흠이 없는데 미련 없이 대번에 떠나서 전원에서 노년을 마치려 하니, 세상 사람들이 항상 "요즘 사람들은 옛사람에게 미칠 수 없다."라고 하지만 경의 진퇴가 옛사람과 비교하여 어떠하겠는가. 아, 하얗게 머리가 세어서 토구(菟裘)[27]로 물러가려 하기에 비록 치사의 요청을 허락하였지만, 충심이 대궐에 매여 있으니 물러나서도 근심하는 정성[28]은 응당 간절할 것이다. 그러므로 교시하니 이 뜻을 잘 알아들었으리라 생각한다.

죄를 짓고 자살하자, 조충국이 자신의 해골이 고향에 돌아가 묻힐 수 있게 해 달라고 사직을 청하였다. 《漢書 趙充國傳》

27 토구(菟裘) : 춘추 시대 노 은공(魯隱公)이 왕위에서 물러나 노년을 보내려고 한 곳인데, 전하여 은거지를 가리키는 말로 쓰인다. 《春秋左氏傳 隱公11年》

28 물러나서도 근심하는 정성 : 벼슬에서 물러나 지낼 때도 항상 나라를 걱정하는 마음을 가리킨다. 송(宋)나라의 범중엄(范仲淹)이 지은 〈악양루기(岳陽樓記)〉에 "옛사람들은 묘당의 높은 자리에 있으면 백성을 걱정하였고, 강호의 먼 곳에 있으면 임금을 걱정하였다. 이는 조정에 나아가서도 걱정하고 벼슬에서 물러나서도 걱정한 것이다."라고 한 데서 유래하였다. 《古文眞寶 後集 卷6》

수몽집

제8권

서독 書牘

서독 書牘

사계[1]에게 보내는 편지 계묘년(1603, 선조36) 종성에 있을 때이다.[2]
與沙溪書 癸卯在鍾城

겨울 전에 멀리서 보내 주신 편지를 세류(細柳)[3]의 도사(都事)를 통해 받았습니다. 펼쳐 읽어 보니 직접 얼굴을 뵌 것 같았기에 지금까지도 병중의 회포에 위로가 됩니다. 그 뒤로는 해가 바뀌었는데도 소식이 아득히 들려오지 않는데, 한가로이 지내며 잘 정양(靜養)해서 건강하시리라 멀리서 생각합니다. 머물러 계신 곳이 비록 옛 별장이긴 하지만, 생활하는 데 필요한 물자를 마련하지 않은 상황에서 어떻게 한 해를 마치셨습니까? 새로 학사(學舍)[4]를 지었다고 하니, 문을 닫고

1 사계(沙溪) : 김장생(金長生, 1548~1631)으로, 본관은 광산(光山), 자는 희원(希元), 호는 사계, 시호는 문원(文元)이다.

2 계묘년……때이다 : 1602년 조정은 유영경(柳永慶), 정인홍(鄭仁弘) 등 북인이 진출하여 서인을 공격하는 형국이었다. 정철(鄭澈)과 교유하였다는 이유로 성혼(成渾)의 관직이 삭탈되고 그 문인들이 폄출되었는데, 성혼의 문인이었던 정엽 역시 이로 인해 종성 부사(鍾城府使)로 좌천되었다. 이 편지는 종성 임소에 있을 때 지은 것이다.

3 세류(細柳) : 함경도 정평(定平)을 지칭한다. 정평에 세류성(細柳城)이 있었으므로, 이렇게 부른 듯하다.

학업에 열중하시어 조예가 더욱 깊어졌으리라 생각합니다. 그곳에 가서 가르침을 받을 수 없는 것이 한스럽습니다.

저는 큰 죄를 지었는데도 성상의 너그러운 은혜를 입어 변방에 부임하였습니다. 저야 처한 곳에 따라 그럭저럭 편히 지내지만 늙으신 어머니를 생각하면 마음이 편치 않아서 시름을 떨치려 해 봐도 잘 되지 않습니다. 게다가 몸을 잘 관리하지 못하여 봄 무렵부터 왼쪽 손발과 허리와 옆구리가 뻣뻣해져서 마음대로 쓰지 못하고 있습니다. 궁벽한 변방이라 치료할 만한 의원과 약이 없어서 지금까지도 날로 심해지고 있으니 쇠잔한 몸과 남은 넋이 곧 죽을 날만 기다릴 뿐입니다. 그런데 집안사람이 법을 어기고 종성에 와서 성상께 보고되는 데 이르렀으니[5] 황공하고 불안하여 어찌할 바를 모르겠습니다. 이 때문에 골머리를 앓아서 허열(虛熱)이 시도 때도 없이 일어나니 또 다른 병이 더해진 것을 절실히 느낍니다.

여기 온 뒤로 온갖 생각이 사그라들었지만 존장(尊丈)께 향하는 그리움만은 유독 줄어들지 않습니다. 근래 무슨 책을 읽고 계시며 이해와 실천이 예전에 비해 어떠한지 모르겠습니다. 또한 존장을 따르면서 배우는 한두 명의 학생이 있습니까? 맏아드님은 성품이 도에 가까운

4 학사(學舍) : 양성당(養性堂)을 가리킨다. 1602년 김장생이 충청도 연산(連山)에 돌아가 양성당을 지었다는 기록이 있다. 《沙溪全書 卷43 年譜》

5 집안사람이……이르렀으니 : 정엽이 종성 부사로 재직할 당시 그의 처가 종성에 갔는데, 이 일이 조정에 알려지자 육진(六鎭)에서 시솔을 거느리는 것은 구례(舊例)에 없는 일이라 하여 그의 처를 돌려보내도록 독촉하는 조처가 내렸다. 1603년 8월 사헌부에서 정엽이 종성 부사로서 소임을 태만히 수행했다고 하여 파직을 계청하였는데, 그 계사에 정엽의 처와 관련한 내용이 언급되어 있다. 《宣祖實錄 36年 8月 28日》

데다 날마다 직접 부친의 가르침을 받고 있으니 '나를 흥기시키는 즐거움'[6]은 아마도 다른 사람을 기다리지 않아도 될 것입니다.

저는 지난겨울 운 좋게 관부(官府)에 신경 쓸 일이 없었던 덕분에 《역학계몽(易學啓蒙)》과 《주역참동계(周易參同契)》를 다 읽었습니다. 정밀하고 깊은 뜻은 비록 학식이 얕은 제가 탐구하여 알 수 있는 바가 아니지만, 이전에 전혀 몰랐던 것에 비하면 조금이나마 알게 된 점이 있습니다. 다만 마음을 수양하는 공부를 완전히 게을리하고 내버려 두었으니 비록 엄청나게 많은 책을 읽는다 해도 또한 무슨 보탬이 되겠습니까. 그저 스스로 탄식할 따름입니다.

항상 생각건대 노사(老師)[7]께서 돌아가신 뒤로 우리 학문이 민멸(泯滅)되어 거의 끊어졌고 벗들 중에도 기대할 만한 이가 없으니, 존장께서 더욱 진작하고 연마하여 후학을 창도하고 일으켜서 어디로 가야 할지 모르는 저 같은 자들로 하여금 의지하여 귀의할 곳이 있게 해 주신다면 더없는 다행이겠습니다.

저 역시 노년으로 접어들어 앞으로 남은 날이 많지 않으니, 소싯적 세월을 허송했던 것처럼 지낼 수는 없습니다. 혹 묵은 병이 낫는다면 마땅히 각고의 노력으로 스스로 단속하여 사우(師友)들의 평소 바람을 저버리지 않도록 해야 할 것입니다. 종전에도 이러한 뜻이 없었던 것은 아니지만 근래 군색함이 매우 심하고 어머니가 또 고령이니, 벼슬의

6 나를 흥기시키는 즐거움 : 스승이 제자를 통해서 계발되는 즐거움을 이른다. 《논어》 〈팔일(八佾)〉에 공자(孔子)가 복상(卜商)과 《시경》을 가지고 문답하다가 "나를 흥기시키는 사람은 상이로다. 비로소 더불어 시를 말할 만하구나."라고 하였다.

7 노사(老師) : 송익필(宋翼弼, 1534~1599)을 가리킨다. 본관은 여산(礪山), 자는 운장(雲長), 호는 구봉(龜峯), 시호는 문경(文敬)이다.

구속에서 선뜻 벗어나지 못한 것은 이 때문이었습니다. 흐리멍덩하게 갈피를 잡지 못한 채 분주하게 지내다가 어느덧 40세가 되니, 지난날을 슬퍼하고 앞날을 염려하느라 밤중에 잠을 이룰 수 없습니다. 하늘이 먼 변방의 곤액 속에서 저를 옥으로 만들어 주려는 것[8]인지 모르겠습니다.

비록 신음하며 앓고 있지만 감히 서책을 멀리할 수 없어 근래 다시 《춘추(春秋)》를 보고 있습니다. 은미한 말과 심오한 뜻이 궁구하기에 매우 어려운데 도움을 줄 벗들과 멀리 떨어져 있어 의문 나는 점을 물을 수 없으니 한탄스럽습니다. 황량한 변방에서 죽어 가며 도깨비와 이웃하고 있으니,[9] 종이를 앞에 놓고 망연해져 무슨 말을 해야 할지 모르겠습니다. 다만 도를 위하여 더욱 몸을 보중하시기를 바랍니다.

8 하늘이……것 : 하늘이 온갖 시련을 주어 단련시킨다는 뜻이다. 송(宋)나라 장재(張載)의 〈서명(西銘)〉에 "그대를 빈궁하게 하고 시름에 잠기게 하는 것은, 장차 그대를 옥으로 만들어 주기 위해서이다."라고 하였다. 《張子全書 卷1》

9 도깨비와 이웃하고 있으니 : 도깨비는 먼 변방에 있으면서 사람을 해치는 귀신인데, 정엽이 함경도 종성에 와 있으므로 이와 같이 말한 것이다. 《춘추좌씨전》 문공(文公) 18년에 "네 흉족(凶族)인 혼돈(渾敦)과 궁기(窮奇)와 도올(檮杌)과 도철(饕餮)을 사방 먼 변방으로 내쳐 도깨비를 막게 하였다."라고 하였다.

또 신유년(1621, 광해군13)

又 辛酉

소식이 막혀 그리워하는 마음이 날로 간절하였는데 갑작스레 이렇게 편지를 받고서 근래에 정양(靜養)하며 만복(萬福)을 누리고 계신 줄을 알게 되니, 참으로 깊이 위로됩니다. 다만 거듭 문친(門親)의 상[10]을 당하셨다고 하니, 놀라움과 염려가 그치지 않습니다. 저는 작년 겨울 초에 큰 병으로 죽을 지경에 이르렀기에 병을 편하게 치료하기 위해 광릉(廣陵)의 옛집으로 옮겼는데, 지금까지도 완전히 회복되지 않아서 그대로 머무르고 있을 따름입니다.

접때 의문스러운 점을 적어 보낸 편지를 받고는 학식이 깊지 못한 저에게 물어 주신 뜻에 깊이 감사한 마음이 들었습니다. 그러나 마침 여강(驪江)에서 막 저도(楮島)로 내려온 터라 서책이 멀리 있어 회답할 수 없었으니, 지금까지도 한스러운 마음이 듭니다. 이후에 편지를 보내기는 했는데, 아마도 전해지지 못한 듯합니다.

자방(子方)[11] 어른이 근자에 익산(益山)에 머물고 있다 하니, 존장의 마을과 그다지 멀지 않은데 때때로 만나 보시는지요? 여생이 얼마 남지 않았는데 벗이 멀리 떨어져 있으니 단란하게 모이는 즐거움을 아득

10 문친(門親)의 상 : 문친은 문하생을 지칭하는 말이다. 1621년 7월 김장생(金長生)이 특별히 아꼈던 문인 최명룡(崔命龍)이 죽었다. 《沙溪全書 卷43 年譜》

11 자방(子方) : 신응구(申應榘, 1553～1623)로, 본관은 고령(高靈), 자는 자방, 호는 만퇴헌(晩退軒)이다.

히 기약할 수 없습니다. 저 역시 쇠약함과 병이 나날이 심해져 귀밑머리가 성성하니, 어떻게 하면 죽기 전에 차분히 가르침을 받아 아침에 도를 듣고자 하는 바람을 이룰 수 있을는지요.

《주역(周易)》을 읽은 지 4, 5년 정도 되었기에 효상(爻象)에 대해 거칠게나마 터득한 바가 있지만, 함께 이를 논할 만한 사람이 없으니 벗들과 떨어져 쓸쓸히 지내는 처지가 더욱 한탄스럽습니다. 지난번에 존장께서 저술하신《가례집람(家禮輯覽)》을 가져다가 검토하고《가례(家禮)》또한 다시 숙독(熟讀)하면서 현토(懸吐)를 하였습니다. 그러나 총기가 이미 손상되어 잠깐 알았다가도 금방 잊어버리니 더욱 존장께 질정받고 싶지만 아득히 멀리 떨어져 있어서 그저 탄식만 더할 따름입니다. 가을 무렵에 도성에 들를 뜻이 있다고 들었는데, 혹 적막한 물가에서 만나 서론(緖論)을 들을 수 있겠습니까?

소지(小紙)에서 말씀하신 바는 잘 알겠습니다만, 이러한 의심과 비방이 황야에 은거하는 사람에게까지 미칠 줄은 몰랐습니다. 참으로 우스운 일입니다. 나머지는 멀리서 보내는 편지에 다 말씀드릴 수 없습니다. 다만 더욱더 보중하시기를 바랍니다.

또 계해년(1623, 인조1)

又 癸亥

보내 주신 편지를 연이어 받고서 존장의 안부를 알게 되니 매우 위안이 됩니다. 저는 근래에 집안의 우환 때문에 근심으로 날을 보내고 있습니다. 초순에 노모를 모시고서 배를 타고 내려갈 계획입니다.

존장께서 장차 벼슬에서 물러나 돌아가려는 뜻이 있다고 들었습니다. 하지만 성상의 은혜가 크고 깊으니 기어코 떠나려 하는 것은 온당치 않은 것이 아닐지요. 직접 얼굴을 뵙고서 거취를 논하고 싶습니다.

어제 저보(邸報)를 보니 강도(江都)에서 변고가 생겼다고 합니다. 연루되는 사람이 많을까 염려하였는데, 이어서 성교(聖敎)를 읽고는 저도 모르게 눈물이 흘렀습니다. 저와 같이 변변찮은 사람도 능력을 다하여 조금이나마 보탬이 되고자 합니다.

한명길[12]에게 답하는 편지 이름은 백겸이다.

答韓鳴吉書 名百[13]謙

가을에 삼가 편지를 받았기에 지금까지 매우 마음에 위로가 됩니다. 게다가 선배들이 주고받은 편지를 모아 한 책으로 만들고 노형께서 은미한 뜻을 밝힌 저작을 스스로 귀히 여겨 감춰 두지 않고서 멀리 있는 저에게 보내 정성스레 가르쳐 주셨습니다. 수일 동안 반복해서 읽어 보노라니 감사한 마음을 이루 말할 수 없습니다. 이후에 호서에 갈 일이 있었고, 이어서 아이들이 전염병에 걸려서 여태 회답하지 못했으니 너무도 부끄럽고 죄송합니다.

보내신 편지에서 "칠정(七情) 외에 별도로 사단(四端)이 있는 것이 아니다."라고 하셨으니, 이는 적확한 견해요 바꿀 수 없는 논설입니다. 그런데 또 사단을 도심(道心)이라고 하고 칠정을 인심(人心)이라고 하셨으니, 어찌 이리 위아래의 말뜻이 서로 모순됩니까. 사단을 도심이라고 하면 괜찮지만, 칠정을 다만 인심이라고 말할 수 있겠습니까. 전적으로 칠정을 인심이라고 한다면 사단은 별도로 사단이 되어서 칠정 가운데 있지 않은 것입니까.

보내신 편지에서 "하나의 정(情) 안에 사단이 모두 구비되어 있다."

12 한명길(韓鳴吉) : 한백겸(韓百謙, 1552~1615)으로, 본관은 청주(淸州), 자는 명길, 호는 구암(久菴)이다. 이 편지에서 언급한 한백겸의 설은 《구암유고(久菴遺稿)》 상(上) 〈사단칠정설(四端七情說)〉에 보인다.

13 百 : 대본에는 '佰'으로 되어 있다. 《우복집(愚伏集)》 권18 〈통정대부호조참의한공묘갈명(通政大夫戶曹參議韓公墓碣銘)〉에 근거하여 수정하였다.

라고 하셨는데, 이는 정자(程子)가 인(仁)이 사덕(四德)을 포괄한다고 이른 것[14]과 주자(朱子)가 얼굴이 붉어지는 것을 측은지심(惻隱之心)으로 여긴 것[15]과 서로 비슷하지만 실제로는 그렇지 않은 점이 있습니다. 대개 마음의 덕에는 네 가지가 있는데 인은 이 네 가지를 모두 포괄합니다. 그러므로 수오지심(羞惡之心)이라도 인은 또한 그 가운데를 관통한다고 한 것일 뿐, 하나의 정 안에 각기 사단을 구비한 것이 아닙니다. 측은(惻隱)은 스스로 측은이고, 수오(羞惡)는 스스로 수오이고, 사양(辭讓)은 스스로 사양이고, 시비(是非)는 스스로 시비여서 각기 조리가 있고 면모가 같지 않으니 뒤섞어서 말해서는 안 될 듯합니다.

보내신 편지에서 "인(人)은 물(物)이고 도(道)는 칙(則)이다."라고 하셨으니, 이는 실로 마땅합니다. 옛사람이 이(耳)·목(目)·구(口)·비(鼻)를 물(物)로 여기고 군(君)·신(臣)·부(父)·자(子)를 물(物)로 여겼으니 "인은 물이다."라고 하는 것이 어찌 불가하겠습니까. 다만 말씀의 맥락을 보건대 인심을 물이라고 하고 도심을 칙이라고 하며 비유를 끌어댄 것이 그 마땅함을 잃은 듯합니다. 무릇 형(形)이 있고 기(氣)가 있는 것을 모두 물이라고 하고, 그 당연한 바의 이치를 칙이

14 정자(程子)가……것 : 정자는 정이(程頤)를 가리킨다. 그는 《주역》 〈건괘(乾卦) 단(彖)〉에 대한 주석에서 오상(五常) 중의 인(仁)은 나머지 네 개의 덕(德), 즉 의(義), 예(禮), 지(智), 신(信)을 포함한다고 하였다.

15 주자(朱子)가……것 : 사양좌(謝良佐)가 역사책의 문장을 통째로 외우자 스승인 정호(程顥)가 그에게 "물(物)을 완호(玩好)하여 뜻을 잃었다."라고 하였다. 사양좌가 부끄러워 얼굴이 붉어지자, 정호가 "바로 여기에서 측은지심을 볼 수 있다."라고 한 일이 있었다. 여기에 대해서 주희가 측은지심이 있어야 수오지심, 시비지심(是非之心), 사양지심(辭讓之心)이 있게 된다고 풀이하였다. 《朱子語類 卷53 孟子》

라고 합니다. 이른바 인심과 도심은 마음의 지각(知覺) 차원에서 의리(義理)와 형기(形氣)의 공(公)과 사(私)를 집어내어 나누어 말한 것일 뿐입니다. 인심은 비록 형기의 사사로움이지만 실로 이(理)에 근원을 두고, 도심은 비록 의리의 공정함이지만 발하는 것은 기이니, 물과 칙으로 나누어 인심을 물이라고 하고 도심을 칙이라고 한다면 전혀 맞지 않습니다.

예로부터 성현(聖賢)의 천 마디 만 마디 말은 모두 '이기(理氣)' 두 글자에서 벗어나지 않았는데, 합하여 말한 경우가 있고 나누어 말한 경우가 있어서 조리와 맥락을 달리했지만 각기 의취(意趣)가 있습니다. 합하여 말한 것에 대해서는 반드시 나누어 말하고자 하고 나누어 말한 것에 대해서는 반드시 합하여 말하고자 하면서 먼저 자기의 생각을 가지고 앞서서 단정한다면, 얼핏 겉으로 보았을 때는 혹 이치에 가까운 듯하더라도 끝내는 억지로 끌어다 붙이는 잘못을 면치 못할 것입니다.

도심과 인심을 나누어 미발(未發)과 이발(已發)이라고 한 것은 소재(穌齋)의 설[16]인데, 선현들이 서로 전한 지결(旨訣)을 크게 잃었고 마음에 징험해 보아도 편치 못한 점이 있습니다. 만약 이발을 인심이라 한다면 사단을 또한 인심이라고 할 수 있겠습니까. 이는 크게 논변할 것이 못 됩니다. 율곡(栗谷)이 말한 "도심을 발하는 것은 기이고, 인심에 근원이 되는 것은 이이다.〔發道心者氣也, 原人心者理也.〕"라는 것은, '도심'과 '인심' 위에 '발(發)' 자와 '원(原)' 자를 놓은 것이 모두

16 소재(穌齋)의 설 : 소재는 노수신(盧守愼)의 호이다. 《소재집(穌齋集)》 내집(內集) 하편 〈구새록(懼塞錄)〉에 실린 〈인심도심변(人心道心辨)〉을 말한 듯하다.

온당치 못한 듯하며 "인심에 근원이 된다.〔原人心.〕"라고 할 때의 '원(原)' 자는 더욱 온당치 못합니다. 율곡이 지어 올린 〈인심도심설(人心道心說)〉은 글에 자못 의심할 만한 부분이 있습니다. 율곡의 박학하고 통달한 학문과 뛰어난 식견으로도 글로 쓸 적에 오히려 흠이 없지 않았으니, 학설을 세우기가 쉽지 않다는 말이 실로 맞습니다.

"발(發)하는 것은 기(氣)이고 발하게 하는 소이(所以)는 이(理)이다."라는 설에 이르러서는 과연 노형이 생각하신 대로 맥락이 통하지 않는 병통이 있는 듯하니, 이는 노형의 견해가 세밀하여 미칠 수 없는 부분입니다. 그러나 '무릇 발하는 것은 기이고 발하게 하는 소이는 이인데, 발하게 하는 소이인 이는 일찍이 이발의 가운데 관통하여 유행하지 않은 적이 없다'는 것이 율곡의 뜻이고, 이와 기를 전후로 나누어 이발의 뒤에는 이가 관계하지 않는다고 말한 것이 아닙니다. 형께서는 그 말을 쉽게 여겨 그 뜻을 깊이 궁구하지 않은 것이 아닌지요.

옛사람이 이기를 논한 곳에는 반드시 "동(動)하는 것은 기(氣)이고 동하게 하는 소이는 이(理)이다."라고 하였는데, 이것이 모두 이를 동하기 전의 일물(一物)로 여기고 이미 동한 뒤에는 이가 거기에 있지 않다고 한 것이겠습니까. 대개 한 성(性)은 혼연하여 느끼는 바를 따라 동하는데, 바야흐로 동하는 때에 기가 비로소 작용합니다. 그러므로 칠정의 발함이 형기의 사사로움일 경우도 있고 의리가 그대로 발현되는 경우도 있습니다. 그러나 이 두 가지가 병립하고 상대하여 각기 발하는 바가 있는 것은 아닙니다.

퇴계(退溪)의 이발기발(理發氣發)의 설은 비록 주자의 논설에 근본을 두었지만 점점 말을 더하면서 말뜻이 분명하지 못하게 되었고 "이가 발하고 기가 따른다."라는 말에 이르러서는 더욱 후학들의 의심을 일으켰습니다. 율곡은 독실하게 퇴계를 존경하고 믿었지만, 의리를 분변하는 데에서는 철저하게 분석하여 오직 이치에 맞는지만을 보아서 고봉(高峯) 기대승(奇大升)의 소견을 명백하고 직절(直截)하다고 여겼습니다. 선배들의 이러한 식견은 비록 저 같은 천학(淺學)이 감히 가벼이 의론할 바는 아니지만, 깊이 강론하고 통렬히 분별하여 지당한 귀결처를 구하고 가슴속의 의혹을 제거하지 않아서는 안 될 것입니다. 노형께서도 또한 퇴계의 설에 대해 이미 "나눈 것이 너무 심하다."라고 의심하셨습니다.

사단은 스스로 하나의 정(情)이 되고 칠정은 스스로 하나의 정이 된다는 것은 노형께서 실제로 깨달은 곳이지만, 말로 표현하고 글로 쓴 것은 깨달은 것과 크게 모순되어 '기발(氣發)' 두 글자를 미루어 끝까지 가서 "간(肝)이 발하는 것이 기쁨과 사랑이 되고 폐(肺)가 발하는 것이 노여움과 미움이 된다."라고 말하는 데 이르렀으니, 저의 의혹이 더욱 심해집니다. 옛사람이 말한, 칠정 가운데 형기의 사사로움이라는 것은 이(耳), 목(目), 구(口), 비(鼻)를 가리켜 말한 것입니다. 이, 목, 구, 비는 느끼는 바가 비록 다르지만 그것을 느끼게 하는 것은 마음일 뿐입니다. 칠정을 오장(五臟)이 발하는 바라고 여긴다면 말이 안 될 듯합니다.

천하의 물(物)은 오행(五行)의 기 아닌 것이 없으므로 오장을 오행에 분속(分屬)해도 괜찮고, 이목구비를 오장에 분속해도 괜찮습니다. 간은 목(木)에 속하고 폐는 금(金)에 속하니 기쁨과 노여움을 간과 폐에 소속시키는 것 또한 혹 괜찮습니다. 그러나 기쁨은 간이 발하는 것이고 미움은 폐가 발하는 것이며 오장이 각기 한둘의 정(情)을 발한다고 말한다면, 주자가 "마음의 지각은 하나이다."라고 한 뜻과 어찌 그리 동떨어진 것입니까. 사단을 인의예지가 발하는 것으로 여기고 칠정을 오장이 발하는 것으로 간주하니, 형의 설과 같다면 이는 칠정이 사단과 분리되는 것이며, 발하는 바가 다섯 곳이 되는 셈입니다. 자사(子思)가 말한 희로애락은 칠정을 총괄하여 말한 것이고, 맹자가 말한 사단은 칠정 가운데에서 선한 한 면을 가리켜 말한 것이니, 사단을 분리해서 칠정을 말하는 것은 자사와 맹자의 본뜻이 아닙니다.

보내온 편지의 말씀을 자세히 살펴보건대 처음 부분의 말씀은 명백하고 긴절하였지만 해설을 해 나가면서 점차 지리하고 산만해졌고, 선배들의 논의에 대해 혹 의심하였지만 말이 통쾌하지 못하며, 혹 쉬이 여겨 흠을 너무 깊이 찾다가 도리어 성현의 본래 종지(宗旨)를 잃고 의원들이 오장을 오행에 분속하듯이 하시니, 간절히 바라건대 다시 생각해 보심이 어떠합니까.

근래에 의리에 관한 설을 듣지 못한 지 오래되었는데, 노형과 희원(希元)만이 때로 가르침을 주어 몽매한 저를 깨우쳐 주셨습니다. 그러므로 평소에 노형을 신뢰하고 존경하는 사람으로서 감히 보고 들은 바를 모두 말하여 덕을 진작시키는 가르침을 구하지 않을 수 없었습니다. 지금 여기에서 논한 바는 실로 우리 학문의 핵심인데 노형의 견해에 대하여 의심이 없을 수 없으므로 마음속 생각을 다 말하여 끝까지 가르침을 받고자 하니, 참람하고 경솔함을 용서해 주시면 매우 다행일 것입니다.

저는 시끄러운 거리를 피하여 남산 아래 극히 궁벽한 곳에 작은 집을 지어 세월을 보낼 계책을 세웠습니다. 그러나 예로부터 성시(城市)에 어디 편안하고 조용한 곳이 있었습니까. 이는 또한 매우 서툰 계책이니 우스울 따름입니다. 죄지은 몸이 사은하지 않을 수 없어 병을 무릅쓰고

숙배(肅拜)한 지 이미 며칠이 되었으나 병든 몸으로 찬 기운을 쐬었다가 점차 견딜 수 없어 근일에 다시 정고(呈告)하였습니다.

이번 달 그믐날에 딸아이를 혼인시킬 것입니다. 혼례를 치르고 나면 바로 호서의 바닷가로 향하여 경쇠 치던 노인[17]의 옛 자취를 찾고 싶습니다만 이 계획이 이루어질 수 있을지 모르겠습니다. 다행히 혹 이루어지더라도 누추한 집과 나물 반찬이 모친을 봉양하기에 편한 바가 아닐 것이니, 처신할 계책을 생각해 보면 나아가도 물러나도 험난하다는 것[18]이 바로 저 같은 상황을 두고 한 말입니다. 어찌하겠습니까.

말하고 싶은 것이 천 가지 만 가지여서 멀리서 보내는 편지에 다 쓸 수 없습니다. 호서로 내려갈 때도 우로(右路)를 경유할 것이라 만나 뵙기를 기약하기 쉽지 않으니, 편지를 쓰는 마음이 더욱 망연합니다. 다만 바라건대 도를 위하여 배로 보중하시어 그리워하는 저의 마음에 위로가 되게 해 주십시오.

17 경쇠 치던 노인 : 옛날의 은사(隱士)를 말한다. 《논어》 〈미자(微子)〉에 "노(魯)나라가 쇠미해져 예악(禮樂)이 무너지자 예관(禮官)과 악관(樂官) 들이 뿔뿔이 흩어져서 다른 곳으로 떠나갔는데, 소사(少師) 양(陽)과 경쇠 치는 양(襄)은 바닷속 섬으로 들어갔다."라고 하였다.

18 나아가도……것 : 《주역》 〈감괘(坎卦) 육삼(六三)〉에 "나아가도 물러나도 험난하며, 험함에 또 의지하여 험한 곳에 들어가니, 쓰지 말아야 한다."라고 하였다.

신자방에게 답하는 편지[19] 이름은 응구이다.

答申子方書 名應榘

지난번에 명길(鳴吉)[20]이 부쳐 온 〈사단칠정설(四端七情說)〉을 받고서 실로 마음에 의심이 들어 장차 끝까지 토론하여 지당한 결론을 구하려고 했는데, 지금 보내신 편지를 받아 보니 분석이 통쾌하며 논의가 정밀하고 마땅합니다. 이에 더욱 체인(體認)하는 가운데 깊이 자득하셨음을 알겠으니, 연원(淵源)이 유래한 바를 또한 속일 수 없는 것입니다.

명길이 이미 "칠정(七情) 밖에 별도로 사단(四端)이 있는 것이 아니고, 다만 칠정 가운데 형기(形氣)에 뒤섞이지 않은 것에서 이 사단을 끄집어낸 것이다."라고 말하였으니, 이는 명길이 실제로 깨달은 곳입니다. 이는 필시 이발기수(理發氣隨)와 기발이승(氣發理乘)의 설[21]에 근거하여 이리저리 해설하면서 스스로 모순을 드러낸 것입니다. 처음에는 사단을 도심(道心)이라 하고 칠정을 인심(人心)이라 하고, 그 다음에는 인심을 물(物)이라 하고 도심을 칙(則)이라 하고, 그다음에

19 신자방(申子方)에게 답하는 편지 : 신자방은 신응구(申應榘, 1553~1623)로, 본관은 고령(高靈), 자는 자방, 호는 만퇴헌(晩退軒)이다. 신응구의 편지는 《만퇴헌유고(晩退軒遺稿)》 권2에 실려 있는 〈여정시회(與鄭時晦)〉이다.

20 명길(鳴吉) : 한백겸(韓百謙, 1552~1615)으로, 본관은 청주(淸州), 자는 명길, 호는 구암(久菴)이다.

21 이발기수(理發氣隨)와 기발이승(氣發理乘)의 설 : 사단이란 이(理)가 발(發)하고 기(氣)가 이를 따른 것이고, 칠정이란 기가 발하고 이가 기를 탄 것이라는 이황(李滉)의 설이다. 《退溪集 卷16 答奇明彦 論四端七情第一書, 答奇明彦 論四端七情第二書》

는 칠정이 오장(五臟)에서 발한다고 하였습니다. 이는 다만 자사(子思)와 맹자가 입언한 본의를 크게 잃었을 뿐 아니라 또한 그 설의 앞뒤가 모순되어 마치 두 사람의 손에서 나온 것 같음을 스스로 깨닫지 못한 것입니다.

명길은 독실한 뜻과 넓은 학문으로 노년에 이르도록 궁구하고 탐색하였는데도 글로 쓰는 때에 이와 같이 여러 가지 병통이 드러났으니, 다른 사람이야 또 무슨 말할 것이 있겠습니까. 노형께서 그 설로 인하여 그 옳지 않음을 밝힌 것은 말뜻이 간략하면서도 딱 들어맞습니다. 다만 아쉬운 것은 노형께서 명길과 서로 멀리 떨어져 있어서 더불어 자리를 함께하여 통렬히 논변할 수 없고, 저 또한 그 곁에서 논의를 들을 수 없다는 점입니다.

명길이 인심과 도심을 물과 칙으로 말한 것은 실로 들어맞지 않습니다. 다만 사람은 물이고 도는 칙이라는 설은 근거한 바가 있습니다. 옛사람이 이(耳), 목(目), 구(口), 비(鼻)와 군(君), 신(臣), 부(父), 자(子)를 물이라고 하였으니, 사람을 물이라고 해도 불가하지 않을 듯합니다. 그런데 노형께서는 이것까지도 아울러 비판하셨으니, 명길이 그 입을 다물고 그 마음에 승복할 수 없을 듯합니다. 게다가 명길은 손으로 물건을 잡고 발로 땅을 디디는 것을 인심이라고 한 것은 아닌데, 형께서는 대충 보아 넘겨 그 본의를 제대로 살피지 않은 것은 아닙니까.[22]

22 명길은 손으로……아닙니까 : 한백겸이 〈사단칠정설〉에서 "손으로 물건을 잡고 발로 땅을 디디는 것이 사람이 아닌 것이 없지만, 손의 모습이 공손하고 발의 모습이 신중한 뒤에 도가 된다.〔手持足履, 何莫非人也, 而必手容恭, 足容重, 然後爲道.〕"라고

명길은 율곡(栗谷)이 "발(發)하는 것은 기(氣)이고 발하게 하는 소이(所以)는 이(理)이다."라고 한 설에 대해서 "기(器)를 전과 후로 나눠서 맥락이 통하지 않는다."라고 하였으니, 이는 그 뜻을 궁구하지 않고서 의심할 것 없는 곳에서 의심을 일으킨 것입니다. 다만 율곡이 '도심'과 '인심' 위에 '발(發)' 자와 '원(原)' 자를 놓은 것은 모두 온당하지 않은 듯하고, 그 지어 올린 〈인심도심도설(人心道心圖說)〉도 저의 어리석은 소견으로 말하자면 또한 의심할 만한 바가 있습니다. 그런데 노형께서는 율곡을 독실하게 존경하고 믿어서 의심할 만한 부분에서 다시 의심을 일으키지 않으셨으니, 옛사람이 "혹 이치에 어긋나면 비록 옛글에서 나왔다고 하더라도 다 믿어서는 안 된다."[23]라고 한 공변된 뜻이 아닌 듯합니다.

명길이 칠정이 오장(五臟)에서 발한 것이라고 한 부분은 실로 여러 말로 변론할 필요가 없습니다. 형께서 그 설을 공박하면서 "오직 즐거움만 심(心)에서 발한다면 그 나머지 감정들은 모두 심이 알지 못하는 바가 된다."라고 하셨으니, 이 말이 참으로 좋습니다. 다만 명길이 말한 '심'은 오장 중의 심장이고, 형이 말한 '심'은 신명하여 헤아릴 수 없는 마음이니, 이는 또한 명길의 본의를 세밀히 파악하지 못한 것입니다.

하였다. 그런데 신응구는 〈여정시회〉에서 이 부분에 대해 "손으로 물건을 잡고 발로 땅을 디디는 것은 인심이고, 손의 모습이 공손하고 발의 모습이 신중한 것이 도심이라고 하였다. 그렇다면 이는 인심이 절도에 맞는 것은 도심이라 하고, 인심이 절도에 맞지 않는 것은 인심이라고 한 것이다.〔以手持足履爲人心, 以手容恭足容重爲道心. 則是以人心之中節, 皆謂之道心, 而以不中無節者爲人心矣.〕"라고 비판하였다.

23 혹……된다 : 육구연(陸九淵)의 말로, 《상산집(象山集)》 권12 〈답주원회(答朱元晦)〉에 보인다.

근년에 사우(師友) 간의 도가 없어진 지 오래되어, 우리 무리 중 의식이 있는 자라도 서로 만나면 다만 한가로운 이야기만 할 따름입니다. 그런데 명길은 백발의 나이로 경서를 궁구하여 업무가 바쁜 와중에도 조금도 느슨히 하지 않고, 심지어 편지로 문안하는 때에도 다른 것은 언급하지 않고 오직 의리를 논변하기를 그치지 않으니, 비록 저와 같이 어리석은 사람도 계발되는 바가 있습니다. 또 노형께서 전수받은 학문과 자득한 견해로 조목조목 논변하고 해설하여 우리들이 강론하고 논변하는 가운데 율곡 노선생의 뜻을 다시 밝혀 주시니, 제가 두 형께 얻는 바가 적지 않을 뿐 아니라, 후학 중에 만일 여기에 뜻을 두고 발분하여 바른 도리를 구하는 자가 있다면 아마도 눈먼 사람처럼 헤맬 걱정을 면할 수 있을 것입니다. 그러니 노형께서는 훗날 후학들을 각성시키는 책무를 끝내 사양할 수 없을 것입니다.

저는 평소에 항상 노형께서 학문에 그다지 힘쓰지 않는다고 여겨 형의 식견이 정밀하지 못할 것이라 망녕되이 생각했는데, 지금 보내주신 편지를 보니 도리어 6, 7년 독서한 것보다 나은지라, 오래도록 서로 알고 지냈으면서도 우리 형의 학문의 깊이를 알지 못했다는 것에 절로 탄식이 나왔습니다. 다시금 원컨대 이런 한가한 때를 틈타 이전에 했던 공부에 다시 힘을 기울여 흔연히 마음에 깨달은 바를 저와 같이 어두운 사람에게 알려 주시고, 비록 혹 서로 만나지는 않더라도 때때로 한 통 편지를 주고받았으면 좋겠습니다. 그렇게 해 주신다면 형에게는 비록 무익하더라도 저에게는 그 얼마나 다행스러운 일이 되겠습니까.

또
又

제가 한적하게 지내는 몸이라 서울에 가지 못해 오랫동안 떨어져 지냈습니다. 일의 형세가 그런 것이니 슬프고 그리운 마음을 어찌하겠습니까. 이번에 편지를 받아 보니 말뜻이 은근하고 간절하여 마치 직접 뵙고 가르침을 받는 것 같았기에 끝없이 감사하고 위로가 되었습니다.

파산사우(坡山祠宇)의 좌차(坐次)[24]는 율곡(栗谷)을 청송(聽松)[25]과 백 참찬(白參贊)[26]의 아래에 두어서는 안 될 듯하니, 이에 대해서는 제 생각이 지금까지도 그러합니다. 별도로 서원을 세우는 것은 과연 부득이한 데에서 나온 것입니다.

백 참찬의 학술의 경지는 후생(後生)이 감히 가벼이 의론할 바가

24 파산사우(坡山祠宇)의 좌차(坐次) : 파산사우는 경기도 파주시에 위치한 파산서원(坡山書院)으로, 1568년(선조1)에 세워 성수침(成守琛)을 배향하였다. 이후 중건 과정에서 파산서원에 성수침, 백인걸(白仁傑), 이이(李珥), 성혼(成渾) 네 사람을 함께 배향하려 하였는데, 유생들 사이에서 이이의 좌차가 백인걸의 위에 있어야 한다는 의견이 제기되어 공론이 오래도록 결정되지 않았기 때문에, 파산서원과 별도로 자운서원(紫雲書院)을 세워 이이를 배향하게 되었다. 《愼獨齋全書 卷15 年譜上》 추후에 성혼과 성수종(成守琮) 및 백인걸의 위패를 파산서원에 추가로 배향하였다.

25 청송(聽松) : 성수침(1493~1564)으로, 본관은 창녕(昌寧), 자는 중옥(仲玉), 호는 청송이다. 성혼의 부친이다. 조광조(趙光祖)의 문인으로, 기묘사화가 일어나자 벼슬을 단념하고 '청송'이라는 편액을 걸고 은일하였다.

26 백 참찬(白參贊) : 백인걸(1497~1579)로, 본관은 수원(水原), 자는 사위(士偉), 호는 휴암(休庵)이다.

아닙니다. 젊을 적에 정암(靜菴)[27]을 종유하여 보고 들은 것에서 얻은 바가 이미 속유(俗儒)들이 미칠 수 있는 수준이 아니었습니다. 그리고 위태로운 조정에 홀로 서서 자신을 돌보지 않고 힘을 다하여 충성스러운 말과 강직한 언론이 엄한 형벌이 난무하는 가운데에서도 꺾이지 않았으니, 같은 시대에 조정에 함께 있던 자들 중 회재(晦齋),[28] 퇴계(退溪)와 같은 현인들도 이러한 점에서는 백 참찬에게 부끄러움이 없지 않았습니다. 지금 거의 100년이 되어 가지만 그의 유풍(遺風)과 여운(餘韻)이 아직도 나약한 사람을 일으키고 스러진 물결을 쳐서 일으켜, 저와 같이 쇠약하고 용렬한 자도 개연히 당시를 상상하며 미처 그 문하에서 쇄소응대(灑掃應對)하지 못했던 것을 한스럽게 여길 줄 알게 되었으니, 그 풍도가 후대에 전해진 것이 어떠합니까. 그러니 서원에 배향하는 것에 대하여 어찌 이견이 있겠습니까.

다만 중심(仲深)[29]이 동지들과 의논하지 않고 먼저 필요한 물자를 받았으니 심히 우스울 따름입니다. 이 친구가 매양 이와 같이 엉성하니, 영형(令兄)께서 통렬히 꾸짖어 주셔야겠습니다.

중심이 보내 준 오행(五行)에 대한 논변은 종이 가득 장황하게 쓴 내용이 묘합(妙合)[30] 이전은 기(氣)이고 묘합 이후는 질(質)이라는 것

27 정암(靜菴) : 조광조(1482~1519)로, 본관은 한양(漢陽), 자는 효직(孝直), 호는 정암, 시호는 문정(文正)이다.

28 회재(晦齋) : 이언적(李彦迪, 1491~1553)으로, 본관은 여강(驪江), 자는 복고(復古), 호는 회재, 시호는 문원(文元)이다

29 중심(仲深) : 성문준(成文濬, 1559~1626)으로, 본관은 창녕(昌寧), 자는 중심, 호는 창랑(滄浪)이다.

30 묘합(妙合) : 송(宋)나라 학자 주돈이(周敦頤)의 《태극도설》에 "무극(無極)의 진

에 지나지 않습니다. 중심의 뜻은 대개 오행 또한 물(物)이니, 만물이 생기기 전에는 그 질이 있다고 해서는 안 된다는 것이므로 이렇게 운운한 것입니다. 그러나 《태극도설(太極圖說)》을 가지고 논해 보면 먼저 태극(太極)을 말하고 다음으로 음양(陰陽)을 말하고 또 그다음으로 오행을 말하여 인(人)과 물(物)의 생성에 미쳤으니, 태극은 이(理)이고 음양은 기(氣)이며, 오행은 이미 질이 있는 것입니다. 그러므로 기가 하늘에서 유행하고 질이 땅에서 갖추어져, 조화와 발육의 조건이 갖추어지지 않음이 없는 것입니다. 기화(氣化)하고 형화(形化)하여 만물이 나고 나는 것은 그 순서를 어지럽힐 수 없는 것이 이와 같은데, 어찌 만물이 생성되기 전에는 비록 오행이 생겨나도 명명할 수 있는 형상이 없다고 말할 수 있겠습니까.

게다가 소자(邵子)의 일원(一元)의 설[31]로써 보면 하늘이 열리고 땅이 열리고 사람이 열리는 자회(子會), 축회(丑會), 인회(寅會)의 사이에 각기 연수(年數)가 있습니다. 그러므로 임천(臨川)이 말하기를 "축회의 중간에 무겁고 탁한 기가 비로소 견고해지면서, 촉촉하고 습한 기는 수(水)가 되어 흐르면서 엉기지 않고, 마르고 타오르는 기는 화(火)가 되어 환히 드러나 숨지 않으니, 수, 화, 토(土), 석(石)이 함께

(眞)과 음양오행(陰陽五行)의 정(精)이 묘합하고 응결되어, 건도(乾道)는 남(男)을 이루고 곤도(坤道)는 여(女)를 이루어, 두 기(氣)가 교감하여 만물을 화생(化生)하니, 만물이 낳고 낳아 변화가 무궁하게 된다."라고 하였다.

31 소자(邵子)의 일원(一元)의 설 : 소자는 송나라 학자 소옹(邵雍)을 가리킨다. 그의 저서 《황극경세서(皇極經世書)》에 일원은 하늘과 땅이 한 번 개벽하여 끝나는 기간이라고 하였다. 또 1원(元)은 12회(會)이며, 1회는 1만 800년인데, 이 가운데 하늘은 자회에서 열리고 땅은 축회에서 열리고 사람은 인회에서 태어났다고 하였다.

땅을 이룬다. 인회의 중간에 인과 물이 비로소 생겨난다."라고 하였으니,[32] 이것이 과연 인과 물이 생기기 전에는 오행의 형질이 없음을 말한 것입니까. 황면재(黃勉齋)도 말하기를 "양(陽)이 변하고 음(陰)이 합하여 처음에는 수와 화를 생성하여 유동(流動)하고 빛나는데 그 체(體)는 아직 비어 있다. 다음으로는 목(木)과 금(金)을 생성하니, 확연히 정해진 형체가 있다."라고 하였으니,[33] 이것이 또한 과연 수와 화가 애초에 형질(形質)이 없음을 말한 것입니까.

주자(朱子)가 "하늘은 1이고 땅은 2이다."라고 한 공자의 말[34]에 근거하여 말하기를 "하늘은 1로 수를 생성하고 땅은 6으로 그것을 이룬다. 땅은 2로 화를 생성하고 하늘은 7로 그것을 이룬다."라고 하였으니, 그 이른바 이룬다는 것은 그 기를 이룬다는 것입니까, 그 질을 이룬다는 것입니까? 만일 중심의 말과 같다면 임천, 면재, 주자의 설이 모두 망녕된 논의가 되어 믿을 것이 못 될 것입니다. 음양이 변하고 합하여 기로써 기를 생성하니, 이른바 오행이라는 것이 질과 떨어져 묘합 이전에 단독으로 유행하는 것이며, 염계(濂溪 주돈이(周敦頤)) 또한 무형(無形)의 물(物)에 억지로 명목을 만들어 수, 화, 금, 목, 토라고 하면서 그 말이 난잡해지는 것을 깨닫지 못한 것이겠습니까.

32 임천(臨川)이……하였으니 : 임천은 원(元)나라 학자 오징(吳澄)을 가리킨다. 인용한 문장은 《황극경세서해(皇極經世書解)》에 보인다.

33 황면재(黃勉齋)도……하였으니 : 황면재는 송나라 학자 황간(黃榦)을 가리킨다. 인용한 문장은 《이학유편(理學類編)》 권1에 보인다.

34 하늘은……말 : 공자가 지은 것으로 알려진 《주역》 〈계사전 상(繫辭傳上)〉에 "하늘은 1이고 땅은 2이며, 하늘은 3이고 땅은 4이며, 하늘은 5이고 땅은 6이며, 하늘은 7이고 땅은 8이며, 하늘은 9이고 땅은 10이다."라고 하였다.

중심이 가정에서 전수받은 기간이 오래지 않은 것도 아니고 붕우들과 강론한 것이 충분하지 않은 것도 아닌데, 여러 해 동안 공부해 온 글에 대해서 이런 근거 없는 의론을 내었고, 비록 부지런히 끌어다 증거를 대었지만 비유가 마땅함을 잃었고 말을 장황하게 중언부언하여 구절마다 병통을 만들었습니다. 천지를 부모로 삼지 않고 금, 목, 수, 화, 토를 부모로 삼는다는 말에 이르면 더욱 듣는 사람을 놀랍게 하니, 심히 탄식할 만합니다.

명(明), 통(通), 공(公), 부(溥)[35]를 배속한 것은 소견이 없지 않지만 주자 역시도 말하기를 "우연히 합치된 것이니, 꼭 이렇다는 말은 아니다."라고 하였습니다.[36] 공과 부를 봄과 여름에 배속하고 명과 통을 가을과 겨울에 배속하는 것도 괜찮습니다. 다만 주자가 말하기를 "명과 통은 정(靜)이면서 동(動)이고 공과 부는 동이면서 정이다."라고 하였으니, 또한 후학들이 가벼이 고칠 수 있는 바가 아닌 듯합니다. 저의 견해는 이와 같은데, 고명(高明)의 뜻은 어떠한지 모르겠습니다. 만일 동의한다면 중심에게 전해 보여 주시기를 바랍니다.

35 명(明)……부(溥) : 주돈이의 《통서(通書)》에 나오는 말이다. 성인을 배울 수 있냐는 물음에 대하여 주돈이가 "욕심이 없으면 고요할 때에는 마음이 비워지고 동할 때에는 마음이 곧아진다. 고요할 때에 마음이 비워지면 밝고, 밝으면 통하며, 동할 때에 마음이 곧아지면 공정하고, 공정하면 넓어진다. 밝고 통하며 공정하고 넓으면 거의 배울 수 있는 것이다.〔無欲則靜虛動直. 靜虛則明, 明則通; 動直則公, 公則溥. 明通公溥, 庶矣乎!〕"라고 하였다.

36 주자……하였습니다 : 주희가 명(明), 통(通), 공(公), 부(溥)를 배속하는 과정에서 제자들에게 한 말이다. 《朱子語類 卷94 周子之書》

오성[37]에게 올리는 편지

上鰲城書

삼가 근래에 대감의 기거가 편안하시리라 생각합니다. 저는 병으로 대문 밖을 나가지 못한 지 이미 몇 달이 되었기에 매우 답답함을 느낍니다. 한 척 배를 타고서 물길을 거슬러 올라가 적막한 물가에서 대감을 만나 정다운 이야기를 나누고 싶지만, 이 뜻마저도 이루기가 쉽지 않으니 개탄스럽습니다. 새집이 이미 완성되어서 추워지기 전에 옮겨 가 지내실 수 있는지 모르겠습니다. 그리움을 견디지 못하여 감히 이렇게 문안 편지를 올립니다. 다만 바라건대 더욱 보중하여 저의 바람에 부응해 주십시오.

37 오성(鰲城) : 이항복(李恒福, 1556~1618)으로, 오성은 그의 봉호 오성부원군(鰲城府院君)에서 유래한 칭호이다. 본관은 경주(慶州), 자는 자상(子常), 호는 필운(弼雲)·백사(白沙)·동강(東岡)이다.

또
又

지금 분발(分發)을 보았는데 이의신(李懿信)이 이전과 같은 내용으로 상소하였으니[38] 사람을 괴롭게 합니다. 어제 소장(疏章)을 올렸는데 아직 체직을 허락받지 못하였으니, 내일은 사진(仕進)하지 않을 수 없습니다. 장차 어떻게 해야 할지 모르겠습니다. 제 생각에는 이 일이 끝내 여기에 그치지 않을 테니, 한번 계사(啓辭)를 지어서 사설(邪說)을 공박하여 묘당의 처리를 기다리는 것이 어떨까 싶습니다. 삼가 가르침을 주시기 바랍니다. 또 휘첩(諱帖)에 관한 일[39]은 또한 옛일을 끌어와서 좌의정 대감의 논의가 근거가 없는 것임을 밝히고자 하니, 여기에 대해서도 부디 가르쳐 주십시오. 그러면 매우 다행일 것입니다.

38 이의신(李懿信)이……상소하였으니 : 이의신은 조선 중기의 술사(術士)로, 1612년(광해군4) 한양(漢陽)의 지기(地氣)가 쇠했다면서 교하(交河)로 천도할 것을 주장하는 상소를 올렸다. 그러나 예조 판서 이정귀(李廷龜) 등 제신의 강력한 반대로 천도가 이루어지지 않았다. 《光海君日記 4年 8月 6日, 9月 14日, 11月 15日》

39 휘첩(諱帖)에 관한 일 : 1612년 9월 중국의 차관(差官)으로 온 황응양(黃應陽)에게 왕의 이름을 칭하는 휘첩을 보내는 일로 인해 발생한 논란을 말한다. 정엽은 휘첩을 보내는 일이 온당치 않다고 아뢰었는데, 당시 좌의정 이덕형(李德馨)이 중국의 전례를 들어서 그 일이 정당하다고 주장하였다. 《光海君日記 4年 9月 1日, 3日》

또
又

삼가 이사하셨다는 소식을 들었는데도 노비 하나가 멀리 나갔다가 아직 돌아오지 않아서 지금껏 문후하지 못하였으니 그저 그리움만 더해 갑니다. 이때 대감께서는 건강히 생활하고 계시리라 생각합니다. 저는 반년간 한가로이 칩거하며 그저 서책을 벗 삼아 지내고 있습니다. 그러나 수많은 서책을 읽었을지라도 이해(利害)와 화복(禍福)에 임해서는 스스로 어찌하지 못하니, 진실로 "팔각 맷돌이 과연 어디에 있는가."[40] 라는 경우와 다르지 않습니다. 매번 깊이 부끄러워하며 탄식하니 어떻게 해야겠습니까, 어떻게 해야겠습니까. 머지않아 달려가 대감의 가르침을 직접 받고자 하니, 우선 제 소회를 다 말하지 않습니다.

40 팔각……있는가 : 주희가 한 말로, 여기서는 자신이 아는 바가 전혀 소용이 없음을 뜻한다. 양억(楊億)이 북계 선사(北溪禪師)의 게(偈)를 풀이하여 송(頌)을 만들기를 "팔각 맷돌이 공중을 달리고, 금색 털 사자가 변하여 개가 되었네."라고 하자, 불자(佛者)들이 그를 석씨(釋氏)의 도를 아는 사람이라고 여겼다. 그러나 양억이 막상 죽을 위기에 처하자 두려워서 사색이 되었다. 이 일을 두고 주희가 양억이 석씨의 도를 안다면 죽을 위기에서 의연했을 텐데 그러지 못하였다고 하면서 "팔각 맷돌이 과연 어디에 있는가."라고 하였다. 《晦庵集 卷43 答李伯諫》

또

又

율곡 선생의 비문(碑文)[41]에 대해 논한 것이다.

대감께서 보내 주신 비문 초고를 받아 재삼 읽어 보니 매우 적절합니다. 덕을 형상한 것이 실정에서 벗어나지 않고 한 글자 한 글자가 근엄하니 후대에 선생을 논하는 자가 장차 이 글을 가져다 정론(定論)으로 삼을 것입니다. 다만 저의 얕은 견해를 말씀드리자면 글을 쓴 것이 간결한 점은 좋지만, 선생께서 집안에서 보였던 지극한 행실과 조정에서 벼슬하며 올린 언론에 대해서는 빠지거나 소략한 부분이 있습니다. 게다가 계미년(1583, 선조16)에 삼사(三司)가 사심(私心)을 품고서 사론(邪論)을 멋대로 늘어놓았던 정상[42]은 시비가 갈리는 중대한 사안인데 글로 쓰신 것이 명쾌하지 못하고, 말단에 학문을 논의한 부분에서 "신기루〔蜃閣〕"와 "바람을 탄다.〔御風〕"라고 표현하신 부분들은 아마도 유가(儒家)의 말이 아닌 듯합니다. 대감의 생각은 어떠할지 모르겠습

41 율곡 선생의 비문(碑文) : 이항복(李恒福)이 지은 〈율곡선생비명(栗谷先生碑銘)〉으로, 《백사집(白沙集)》 권4와 《율곡전서(栗谷全書)》 권36에 수록되어 있다.

42 계미년에……정상 : 1583년 6월 병조 판서 이이(李珥)가 먼저 백성들에게 말을 헌납하도록 하고 이후에 이를 조정에 아뢰었으며, 또 임금의 부름을 받고 궐내에 왔다가 병으로 인해 승정원에 나아가지 못하였다. 이에 대해 삼사에서 국권을 마음대로 하고 군부를 만홀히 여긴다고 하여 이이를 논핵하였다. 참고로 당시에 탄핵을 주도했다가 유배된 도승지 박근원(朴謹元), 대사간 송응개(宋應漑), 전한(典翰) 허봉(許篈)을 계미삼찬(癸未三竄)이라고 한다. 《宣祖實錄 16年 6月 11日, 17日, 19日》《栗谷全書 卷34 年譜下 癸未》《大東野乘 卷66 混定編錄2》

니다. 삼가 별록(別錄)을 갖추어 여쭙습니다. 이 외에도 편치 않은 부분이 또한 한두 곳이 아닌데 무더위가 수그러들기를 기다려 직접 뵙고 가르침을 받겠습니다.

세마 성중심[43]에게 답하는 편지 이름은 문준이다.

答成洗馬仲深書 名文濬

쇠약하고 병들어 은거하는 관계로 멀리 거동하지 못하여 오랫동안 소식이 막혔으므로 그리움이 더해 갔습니다. 그런데 이때 보내 주신 편지를 받고서 기거가 매우 편안하시다는 것을 알게 되니 끝없이 위로됩니다.

저는 올해 들어 더욱 노쇠해져서 나날이 위태로운 지경으로 향해 가니 어찌해야겠습니까, 어찌해야겠습니까. 선생의 사우(祠宇)를 건립하는 일은 많은 선비가 힘을 합하고 있는데, 끝까지 마무리가 잘 될지 모르겠습니다. 그러나 여기서 인심(人心)은 속일 수 없고 사기(士氣)는 끝내 억누를 수 없다는 것을 알 수 있습니다. 이는 매우 훌륭한 일이지만 제가 초야에 묻혀 지내는 처지라 스스로 힘쓸 수 있는 것은 없고 월사공(月沙公)[44]에게 끝까지 애써 주기를 권면할 따름입니다. 그런데 이 노인이 또한 힘이 부족하여 일을 제대로 해내지 못할까 염려스러울 뿐입니다.

보여 주신 "음양이 서로 근원한다."라는 설은 노형이 집안에서 전수한 학문과 박학한 견식으로 이러한 문의(文義)에 대해서 익숙하게 강론했을 것이니 재삼 곱씹어 보고 깊이 탄복하였습니다. 그러나 이른바

43 성중심(成仲深) : 성문준(成文濬, 1559~1626)으로, 본관은 창녕(昌寧), 자는 중심, 호는 창랑(滄浪)이다.

44 월사공(月沙公) : 이정귀(李廷龜, 1564~1635)로, 본관은 연안(延安), 자는 성징(聖徵), 호는 월사, 시호는 문충(文忠)이다.

땅속에 근원한다는 것은 반복하여 생각해 봐도 마음에 의심이 없을 수 없습니다.

무릇 음양의 기(氣)는 모두 땅속으로부터 올라오기 때문에 《주역》에서 하나의 양(陽)이 곤(坤) 아래에서 생기는 것을 복(復)이라고 하였습니다.[45] 이를 가리켜 땅속에 근원한다고 하면 괜찮지만, 지금 《태극도설(太極圖說)》에서 말한 바를 가지고 논하자면 "음양이 서로 근원한다."라는 것은 음이 양에 근원하고 양이 음에 근원하여 서로 근원이 되는 것을 말합니다.[46] 노형의 말대로라면 염계(濂溪)가 어찌하여 "한 번 동(動)하고 한 번 정(靜)함이 땅에 근원한다."라고 하지 않고 단지 "서로 그 근원이 된다."라고만 했겠습니까. 노형께서 '호(互)' 자의 뜻을 생각하지 않고, 또 《태극도설》에서 말한 차례를 궁구하지 않으신 것입니까?

《태극도설》은 마디마다 차례가 있어서 가지런하고 어지럽지 않으니 먼저 태극을 말하고 다음으로 동과 정이 서로 근원한다는 것을 말하였습니다. 이른바 서로 근원한다는 것은 그 동과 정이 서로 근원이 된다는 것을 말하는 것이겠습니까, 아니면 과연 땅에 근원한다는 것이겠습니까. 더구나 이 한 구절은 막 음과 양이 나뉘는 상태를 말한 것이니,

45 주역에서……하였습니다 : 《주역》에 순음(純陰)인 〈곤괘(坤卦)〉의 초효(初爻)가 양효(陽爻)로 변하여 〈복괘(復卦)〉가 된다고 하였다.

46 태극도설(太極圖說)에서……말합니다 : 주돈이(周敦頤)의 《태극도설》에 "무극(無極)은 곧 태극이니, 태극이 동(動)하여 양(陽)을 낳아 동이 극에 달하면 정(靜)하고 정하여 음(陰)을 낳아 정이 극에 달하면 다시 동한다. 한 번 동하고 한 번 정함이 서로 근원하여, 음으로 나누고 양으로 나뉘어져 양의(兩儀)가 서게 되었다."라고 한 것을 말한다.

서로 근원이 된다고 할 때의 '근(根)' 자를 땅에 근원하는 것이라고 하면 이는 음양이 나뉘기 전에 이미 하나의 천지가 있는 것입니다. 하도(河圖)의 오행(五行)이 순환하며 생성되고 팔괘(八卦)의 〈이괘(離卦)〉와 〈감괘(坎卦)〉가 서로 내장(內藏)되어 있으니, 크게는 천지의 개벽, 사시의 순환, 주야의 왕래, 가깝게는 일신(一身)의 어묵(語默), 동지(動止), 호흡(呼吸), 굴신(屈伸)이 모두 오묘하게 서로 근원이 됩니다.

노형께서 깊이 생각하고 묵묵히 징험하여 이 이치를 본다면, 분변하지 않아도 절로 마음에 합치되어 점차 저도 모르게 춤추는 경지에 이를 것입니다. 편지 중에 이미 음양을 이물(二物)이 아니라고 하고 이어서 또 "일(一)이란 태극이다."라고 하였으니, 식견이 높은 노형께서는 반드시 기(氣)를 이(理)로 여기지 않으신 것입니다. 그러나 그 글에서 문맥이 이어지지 않고 뜻이 분명하지 않으니, 노형께서는 다시 생각해 보시기를 바랍니다.

또 이른바 "음은 가을에 근원하지 않고 여름에 근원하며, 양은 봄에 근원하지 않고 겨울에 근원한다."라는 것은 타당하다고 할 만합니다만, 또 "하늘에 근원하지 않고 반드시 땅에 근원한다."라고 하였으니, 그렇다면 음양에 두 근원이 있는 셈입니다. 성현께서 하신 많은 말에는 저마다 가리키는 바가 있는 법입니다. 주자의 〈복괘〉에 관한 논의[47]와

47 주자의……논의 : 《주역》 〈복괘 상(象)〉에 "우레가 땅속에 있음이 복(復)이다."라고 하였는데, 주희의 전의(傳義)에 "우레는 음양이 서로 부딪쳐 소리를 이루는 것이나, 양이 미미할 때는 아직 발하지 못한다. 우레가 땅속에 있음은 양이 처음 회복하는 때이다."라고 하였다.

태극동정(太極動靜)에 대한 설[48]은 가리켜 말하는 바가 같지 않은데 노형께서는 나란히 하여 똑같이 보고자 하시니 이로 인해서 잘못되어 하는 말마다 병통이 생긴 것입니다. 이것이 제가 감히 가르침을 따르지 못하는 까닭입니다.

저는 한가롭게 지낸 지 몇 년이 되었는데 병을 조섭하느라 게을러져 서책을 보지 않으니, 예전에 사우(師友)에게 들은 것 또한 모두 잊어버려서 열에 한둘도 기억나지 않지만, 지금 억견을 말씀드리고서 노형에게 바로잡아 주시기를 바랍니다. 앞으로도 편지를 주고받아서 제가 못 들었던 것을 듣게 된다면 비록 노형에게는 보탬이 되지 않더라도 고루한 저에게는 도움이 되지 않겠습니까. 인편을 통해 답신하여 저의 의혹을 없애 주십시오. 그러면 매우 다행일 것입니다.

48 태극동정(太極動靜)에 대한 설 : 주희의 〈태극설(太極說)〉에 "동(動)과 정(靜)은 끝이 없고 음(陰)과 양(陽)은 시작이 없는 것이 하늘의 도이고, 양에서 시작하여 음에서 이루어지며 정에 근원하여 동으로 흐르는 것은 사람의 도이다. 그러나 양은 다시 음에 근원하고 정은 다시 동에 뿌리를 두어, 그 동과 정 또한 끝이 없으며 그 음과 양 또한 시작이 없는 것이니, 사람은 처음에 하늘로부터 떨어지지 않으며, 하늘 또한 처음에 사람으로부터 떨어지지 않는 것이다."라고 하였다.

월사[49]에게 답하는 편지 이공 정귀이다.

答月沙書 李公廷龜

일전에 대감의 답장을 받고, 산 넘고 물 건너 먼 길을 다녀온 후로도 체후가 오히려 건강하시다는 것을 알게 되었으니 매우 위로됩니다. 자운사우(紫雲祠宇)에서 신주를 모시고 정성껏 제사를 올렸으니[50] 사문(斯文)에 얼마나 큰 다행입니까. 비석을 세우는 일을 아직 마치지 못했기에 대감께서 마음을 쓰셔서 필요한 물자를 적지 않게 마련했으니, 선현을 위하는 간절한 뜻이 감탄스럽습니다. 다만 제 생각으로는 온당치 않다고 여겨지는 점이 있지만 이미 이루어진 일은 말하지 않는 법이니, 어찌하겠습니까, 어찌하겠습니까.

청송서원(聽松書院)[51]은 황폐해진 지 오래인데, 법문(法門)이 쇠퇴한 이때 많은 선비가 연이어 일어나서 힘을 합쳐 중건하려 하니 여기에서 또한 인심(人心)을 속일 수 없고 진원(眞元)과 정맥(正脈)이 끝내 사라질 수 없음을 알 수 있습니다. 다만 형이 내신 회문(回文)의 첫머

49 월사(月沙) : 이정귀(李廷龜, 1564~1635)로, 본관은 연안(延安), 자는 성징(聖徵), 호는 월사, 시호는 문충(文忠)이다.

50 자운사우(紫雲祠宇)에서……올렸으니 : 자운사우는 1615년(광해군7) 이이(李珥)의 학문과 덕행을 기리기 위하여 파주(坡州)에 건립한 자운서원을 말한다. 이정귀가 자운서원을 건립하는 데에 일을 맡아 진행하였는데, 이때 자운서원에 이이의 위패를 봉안하였기 때문에 이렇게 말한 것으로 보인다. 《月沙集 卷35 答鄭時晦》

51 청송서원(聽松書院) : 1568년(선조1) 이이와 백인걸 및 파주 유생들이 성수침을 배향하기 위해 세운 서원으로, 1650년(효종1)에 사액될 때에는 파산서원(坡山書院)으로 개칭되었다. 추후에 성수종(成守琮), 성혼, 백인걸의 위패도 함께 봉안되었다.

리를 보건대 우계(牛溪 성혼(成渾))를 언급하지 않았으니, 형은 틀림없이 이미 주벽(主壁)이 되는 자를 거론하면 그 나머지는 아울러 언급할 필요가 없다고 생각하여 그렇게 하셨을 것입니다. 그러나 제 생각에는 청송(聽松 성수침(成守琛))은 옛사람이라 사람들이 다른 말이 없지만, 우계의 경우는 배척하여 공격하는 자가 지금도 계속하여 떠들어 대고 있으니, 형이 비록 피차(彼此)를 구분하지 않고서 이 일을 함께 해내고자 하더라도 일에 방해되는 것이 많아서 필시 후회하게 될 것입니다.

율곡(栗谷)께서 돌아가신 지 근 40년이 되어서 많은 이의 유감이 거의 풀어졌습니다. 그 사람들의 말을 들어 보면 주절주절 칭찬하지만 조금의 베와 곡식을 거둘 때에는 기뻐하지 않는 낯빛을 보이기도 하고 기뻐하지 않는 말을 하기도 하며 심지어 함부로 비난하고 업신여겨서 글로 쓰는 자도 더러 있습니다. 그렇다면 더구나 배척을 받는 것이 율곡 정도에 그치지 않는 우계의 경우는 어떠하겠습니까. 저들이 장차 "청송을 위해서라면 내가 힘을 쓰겠지만, 우계는 내 알 바가 아닌데 회문의 글이 머리를 감추고 얼굴을 가려 그 동의하지 않는 자를 억지로 똑같이 배향하려 하니, 어찌 이렇게 사람을 기만한단 말인가."라고 한다면, 형께서는 장차 어떤 말로 그 본의를 밝히실지 모르겠습니다. 하물며 정암(靜菴)의 묘비와 서원도 모두 죄명을 신설(伸雪)한 후에 나온 것[52]이니, 그렇다면 오늘날 이 일은 더욱 조정 관료에게 모두 요구할 수 없는 것이 분명합니다.

52 정암(靜菴)이……것 : 조광조(趙光祖)는 중종 때 개혁 정치를 단행하다가 기묘사화(己卯士禍)로 인해 사사되었다. 그 후 1568년에 신원(伸冤)되어 영의정에 추증되었다. 1570년에는 죽수서원(竹樹書院)에 그의 위패를 봉안하였고, 1573년에는 도봉서원(道峯書院)을 건립하여 봉안하였다.

청송서원을 중건하여 백 참찬(白參贊 백인걸(白仁傑))과 우계를 받들어 함께 배향하는 뜻으로 명백하게 글을 지어 사람들마다 그 곡절을 훤하게 알도록 하고, 벼슬하는 이 가운데 비록 진심으로 흠모하지는 않더라도 크게 배척하지는 않는 자는 모두 그 이름을 써서 그들로 하여금 힘써 돕도록 해야 합니다. 또 유사(有司)의 경우는 굳이 많을 필요가 없습니다. 당시 직접 배우고 수업한 자도 있으며 직접 보고 알게 된 자도 있으며 풍문을 듣고 흠모한 자도 있으니, 손가락을 꼽아 보면 그 수가 적지 않습니다. 무엇 하러 좋아하지 않는 자의 명망을 빌리겠습니까. 이 사람 저 사람 끌어모아 후회할 일을 만들기보다는 조금 간략하게 하는 것이 낫습니다. 대감의 생각은 어떠하실지 모르겠습니다.

퇴계(退溪) 이후로 율곡과 우계가 동시대에 나와 도의(道義)를 강구하여 밝혀서 후학을 계발하였는데, 그 유풍과 여운이 여러 사람이 떠들어 대며 배척하는 가운데서도 사라지지 않았으니, 지금 우리들이 의리를 우선시하고 이익을 뒷전으로 돌리면서 위로 군부와 국가를 저버리지 않는 것은 이 몇몇 군자의 은택이 아니겠습니까. 이미 율곡을 위하여 묘도문자(墓道文字)를 지었고 또 우계를 위하여 사우를 지으려 하니 사문을 부지하는 데에 거의 아쉬움이 없지만, 다만 제가 병든 몸으로 초야에 묻혀 지내다 보니 더 이상 그 일에 힘이 미치지 못합니다. 생각건대 형은 서울에 계시면서 처음부터 끝까지 애쓰니 형세는 외로운데 책임은 막중하고 마음은 수고스러운데 일은 어렵다고 할 만하기에 매우 염려될 뿐입니다. 영천(靈川)[53]과 현옹(玄翁)[54]이 사는 곳이

53 영천(靈川) : 영천군(靈川君)에 봉해진 신응구(申應榘)로, 본관은 고령(高靈), 자는 자방, 호는 만퇴헌(晩退軒)이다.

그리 멀지 않은데 또한 그들과 함께 왕복하며 상의하십니까? 두 노인의 식견이 진실로 허술하지 않으니 모든 일을 묻지 않아서는 안 됩니다. 수초(守初)[55] 어른이 일찍이 우계 문하에 출입해서 정분이 매우 깊으니, 유사의 책임을 또한 사양할 수 없을 것입니다. 모두 대감께서 밝게 살피시기를 바랍니다.

54 현옹(玄翁) : 신흠(申欽, 1566~1628)으로, 본관은 평산(平山), 자는 경숙(敬叔), 호는 현옹·상촌(象村)·방옹(放翁), 시호는 문정(文貞)이다.

55 수초(守初) : 조존성(趙存性, 1554~1628)으로, 본관은 양주(楊州), 자는 수초, 호는 용호(龍湖)·정곡(鼎谷), 시호는 소민(昭敏)이다.

연평[56]에게 보내는 편지 이공 귀이다.

與延平書 李公貴

조배(朝拜)할 때 바빠서 제 생각을 다 말씀드리지 못하였기에 지금까지 탄식합니다. 차자를 반드시 올리고자 하십니까? 저의 말에 힘이 없어서 일을 바로잡지 못하니 어찌해야겠습니까, 어찌해야겠습니까.

저는 형과 40년을 교유한 벗입니다. 형께서 스스로 마음에 헤아려 보건대 저처럼 형을 사랑하는 이가 몇 명이나 됩니까? 이 차자가 과연 의리를 밝히고 정론(正論)을 부지하여 조정을 엄숙하게 하고 국가를 이롭게 하는 것이라면, 제가 무엇 하러 고되게 말을 서너 번씩이나 반복해 가며 반드시 만류하려 하겠습니까.

경임(景任)의 차자[57]는 조어(措語)가 비록 혹 이치에 맞지 않는 점이 있을지라도 이는 형이 논핵한 것에 격발되어 편치 못한 기운이 있었기 때문일 뿐이니, 이를 어찌 따질 필요가 있겠습니까. 인성군(仁城君)을 논죄하지 말아야 한다고 한 것은 경임이 과연 자신을 위해서 한 말이겠

56 연평(延平) : 이귀(李貴, 1557~1633)로, 본관은 연안(延安), 자는 옥여(玉汝), 호는 묵재(默齋), 시호는 충정(忠定)이다. 인조반정 때 정사 공신(靖社功臣) 1등으로 연평부원군(延平府院君)에 봉해졌다.

57 경임(景任)의 차자 : 경임은 정경세(鄭經世, 1563~1633)로, 본관은 진주(晉州), 자는 경임, 호는 우복(愚伏), 시호는 문장(文莊)이다. 1624년(인조2) 이괄의 난을 진압하는 과정에서, 반란군에 의해 왕으로 추대되었다는 혐의가 있던 인성군의 처분 문제가 논란이 되었다. 이때 이귀가 인성군의 치죄를 청하는 의견을 내며 자신과 입장을 달리하는 정경세를 논핵하였다. 그러자 정경세가 차자를 올려 이귀를 비판하고 사직을 청하였다.《仁祖實錄 2年 3月 26日, 5月 11日·14日·17日》

습니까, 군주의 덕을 위해서 한 말이겠습니까. 이는 또한 지난날의 일을 경계하여 성세에 다시 이러한 우환이 있을까 염려한 것이니, 이를 어찌 깊이 치죄하겠습니까.

이 일은 나라를 근심하는 입장에서 말하자면 과연 이러한 근심이 있고, 군주의 덕으로 말하자면 흠결이 될 우려가 있으니 이 또한 군주를 사랑하는 정입니다. 이 논의가 서로 같을 필요는 없는데 어찌하여 자신과 뜻을 달리하는 사람을 이렇게까지 공격하신단 말입니까. 경임이 그동안 병을 이유로 사직한 것은 신자(臣子)가 충성으로 고하는 도리가 아닌 듯하나, 이 또한 기운이 약한 사람이 형과 같은 자가 너무 과격하게 공격하는 것을 깊이 두려워해서일 뿐입니다. 그런데 또 어찌 굳이 심하게 공격하겠습니까.

형께서는 항상 나랏일로 근심하시니 나랏일을 가지고 말씀드리겠습니다. 오늘날의 일은 갖은 폐단으로 엉망진창이 되어 하나도 믿을 수 있는 것이 없습니다만, 성명께서 위에 계시고 명류(名流)가 조정을 가득 채우고 있어서 논의하는 사이에 크게 서로 어긋남이 없으니 이는 지난 50년간 없었던 훌륭한 일입니다. 그러므로 비록 큰 역적이 도성 가까이 닥쳐와 종묘사직이 파천하였지만 신하들은 마음과 힘을 합쳤기에 나라의 명맥이 오히려 굳세어져 저절로 전복하지 않았습니다. 이 또한 형께서 목도하신 바가 아닙니까.

경임이 형에게 통렬히 배척을 받아서 조정에서 편안히 있지 못하면 동시대에 조금이라도 명망이 있는 자가 모두 재야로 물러갈 뜻을 품어 조정에 서는 것을 즐거워하지 않을 것이니, 그러면 국사를 장차 누구와 함께 하겠습니까. 형께서 끝내 반드시 용렬하고 아첨하는 자들의 영수(領袖)가 될 테니, 소장(消長)과 비태(否泰) 사이[58]에 형께서는 어디에

다 국사를 두며 어디에다 자신의 몸을 두려는지 모르겠습니다. 앞으로 닥쳐올 근심을 이루 말할 수 없을 것인데, 높고 원대한 식견을 가진 형께서 어찌 깊이 생각하지 않으십니까.

더구나 인성군의 일은 누차 그 이름이 역적의 초사(招辭)에 나왔으니 드러나지 않은 우환이 진실로 형의 생각과 같지만 스스로 역모를 꾀한 죄와 관련해서는 뚜렷하게 보이는 정상이 따로 없습니다. 이를 처리하는 것이 어찌 어려운 일이 아니겠습니까. 회남왕(淮南王)의 역모가 이미 드러났는데도 원앙(袁盎)은 오히려 그가 안개와 이슬을 무릅쓰고 가다가 병에 걸려 길에서 죽을까 염려하였으니,[59] 절해고도(絶海孤島)로 인성군을 귀양 보내는 것은 절대 안 됩니다. 궁궐 안에 들여서 거처하게 하여 끝까지 삶을 보전하게 해야 그나마 합당할 듯한데, 혹 마음속 가득 찬 울분으로 끝내 구제하지 못하는 상황에 이르면 척포(尺布)의 비난[60]이 성상의 덕에 누를 끼칠까 염려됩니다. 그러므로 제

58 소장(消長)과 비태(否泰) 사이 : 소장은 음과 양이 서로 상대하여 양이 성하면 음이 사라지고 음이 성하면 양이 사라지며, 양이 가면 음이 오고 음이 가면 양이 오는 것으로, 군자가 진출하면 소인이 축출되고 소인이 득세하면 군자가 힘을 쓰지 못하는 상황을 비유한다. 비태는 《주역》의 두 괘의 이름으로, 하늘과 땅이 서로 교류하지 않고 만물이 서로 막힌 것을 비(否)라 하고, 하늘과 땅이 서로 교류하고 만물이 서로 통하는 것을 태(泰)라고 하여, 만물의 성쇠와 운명의 순역(順逆)을 표현한 것이다.

59 회남왕(淮南王)의……염려하였으니 : 한 문제(漢文帝) 때 회남왕이 매우 교만해지자 원앙이 문제에게 자제시키기를 간했는데, 문제가 받아들이지 않았다. 그 뒤 회남왕이 모반 사건에 연루되자, 문제는 그를 촉(蜀)으로 좌천시켰다. 그때 원앙이 간하기를 "폐하께서 본래 회남왕을 내버려 두다가 이제 와서 강경하게 다스리시니, 그가 안개와 이슬을 무릅쓰고 가다가 병에 걸려 길에서 죽기라도 하면 폐하는 결국 천하를 가지고도 동생을 용납하지 못하고 죽였다는 오명을 쓰게 될 것입니다."라고 하였다. 《史記 袁盎列傳》

가 밤낮으로 생각하고 헤아려 보아도 선처할 방도를 얻지 못하여 차자에서 그저 "묘당에 하문하도록 하십시오."라고만 말하고 그 처리할 방도에 대해서는 명백히 말하지 못했던 것입니다.

더구나 성상의 비답을 읽어 보니 저로 하여금 감동하여 절로 눈물을 흘리게 하였습니다. 이러한 군주께서 계시니 감히 받들어 따르지 않을 수 있겠습니까. 경임의 뜻 또한 이와 같은 것에 불과합니다. 만약 이쪽의 견해만 고집하여 너무 심하게 공격한다면 경임이 마음으로 복종하지 않을 뿐만 아니라, 온 세상 사람들의 마음을 언어로도 복종시킬 수 없으며 시세로도 복종시킬 수 없을 듯합니다.

제 생각에 오늘날의 형세는 형이 주인이고 경임이 객(客)입니다. 주인이 먼저 스스로 조금 굽혀서 객을 찾아가 만나서 속마음을 다 이야기하여 조금도 막힘이 없게 하고 차자의 초본을 찢어 버려서 더 이상 서로 따지지 않고 국가를 위하여 다시 화평한 복을 일으켜야 할 것입니다. 그리하여 군자의 마음이 대범하여 온 세상의 사류(士流)들이 기뻐 복종하게 된다면, 이는 아직 일어나지 않은 일을 과하게 염려하여 사람의 마음을 먼저 잃는 것보다 훨씬 나을 것입니다. 형께서 다시 생각해 주시면 매우 다행일 것입니다. 퇴청해서 저녁을 먹은 후 형을 잊을 수 없어 감히 이렇게 붓 가는 대로 번거롭게 고합니다.

60 척포(尺布)의 비난 : 형제 사이에 화목하게 지내지 못한다는 비난을 말한다. 한 문제의 동생 회남왕이 반역을 도모하다가 촉(蜀)에 유배되자 단식하다 죽었다. 이에 당시 사람들이 "한 자의 베라도 같이 입을 수 있고 한 말의 곡식도 방아를 찧어 같이 먹을 수 있는데, 형제 두 사람은 서로 용납하지 못하는구나.〔一尺布尙可縫, 一斗粟尙可舂, 兄弟二人不能相容.〕"라는 노래를 지어 불러 한 문제를 비난하였다. 《史記 淮南衡山列傳》

경임은 정우복(鄭愚伏)의 자이다. 이때 우복이 인성군 일에 대해 다른 의견을 내세우니 연평이 차자를 올려 논핵하고자 하였으므로 운운한 것이다.

또
又

경임(景任)이 형에게는 오래 사귄 벗이고 조정에서는 유신(儒臣)이니, 오래 사귄 벗과 인연을 딱 잘라 끊는 것이 형의 마음에 편안하시겠으며, 유신을 탄핵해서 물리치는 것이 조정에 아름다운 일이겠습니까. 공적으로든 사적으로든 하나도 합당한 것이 없습니다. 형께서는 다시 생각해 주십시오. 그러면 매우 다행일 것입니다. 저는 더 이상 말씀드리지 않겠습니다. 어찌 뜻을 바꾸지 않으십니까.

정 강릉[61]에게 답한 편지 이름은 종명이다.

答鄭江陵書 名宗溟

임지로 내려갈 즈음에 틈을 타서 한번 찾아갔으나 마침 출타 중이라 직접 보고 작별하지 못하고, 병졸을 거느리고 서울에 오셨을 때 제가 또 대궐을 떠나지 못하여 문후할 겨를이 없었으니 지금까지도 아쉽고 한탄스럽습니다. 그리하여 편지를 부쳐서 제 소회를 한번 말하고자 하면서도 그 또한 하지 못하였는데, 갑자기 이렇게 편지를 받고는 영감이 편안히 생활하신다는 소식을 알게 되었으니 위로되는 마음이 어떠하겠습니까.

저는 병든 몸을 이끌고 직무를 보며 정신없이 날을 보내고 있습니다. 매번 오랫동안 인끈을 찬 신선이 되어 경포대(鏡浦臺) 주변을 소요하고 있을 영감을 떠올릴 때마다 계신 곳을 바라보며 부러워하면서 이 몸을 이끌고 물 좋고 산 좋은 강릉으로 가서 함께 아름다운 감상을 하지 못하는 것을 한스러워하였습니다. 그런데 온갖 사무가 쏟아져 심신이 고달프다는 소식을 듣게 되니 다시 염려하는 마음이 일어납니다만 국가가 일이 많으니 어느 자리인들 편안하고 고요히 지낼 수 있겠습니까. 어찌하겠습니까. 나머지 하고 싶은 말은 부디 계절에 따라 더욱 보중하시기를 바란다는 것입니다.

61 정 강릉(鄭江陵) : 정종명(鄭宗溟, 1565～1626)으로, 본관은 연일(延日), 자는 사조(士朝), 호는 화곡(華谷) 또는 벽은(薜隱)이다. 정철(鄭澈)의 아들로, 1625년(인조 3)에 강릉 부사(江陵府使)에 제수되었다.

지은이 **정엽(鄭曄)**

1563년(명종18)~1625년(인조3). 자는 시회(時晦), 호는 수몽(守夢)·설촌(雪村), 본관은 초계(草溪)이다. 송익필(宋翼弼)의 문인이고, 성혼(成渾)과 이이(李珥)의 문하에도 출입하였다. 1583년(선조16) 문과에 급제하고 대사간, 예조 참의 등을 역임하였다. 1602년 북인(北人)에 의해 종성 부사(鍾城府使)로 좌천되었다가 이듬해 외적을 제대로 방비하지 못했다는 탄핵을 받아 동래(東萊)로 유배되었다. 폐모론(廢母論)이 제기되자 외직을 청해 나갔다가 권력자의 청탁을 거절한 일로 파직되어 낙향하였다. 인조반정으로 다시 기용된 뒤로는 항상 대사성을 겸직하여 유생 교육의 중책을 담당하였다. 저서로 문집 이외에 《근사록석의(近思錄釋疑)》가 있다. 시호는 문숙(文肅)이다.

옮긴이

서혜준(徐慧俊)

성균관대학교 한문교육과를 졸업하고, 성균관대학교 동아시아학과 대학원에서 석사 학위를 취득하였다. 한국고전번역원 부설 고전번역교육원 연수과정과 연구과정을 졸업하였다. 한국고전번역원 번역위원으로 조선왕조실록 번역현대화사업에 참여하고 있다.

엄태식(嚴泰植)

경원대학교 국어국문학과를 졸업하고 경원대학교 대학원에서 문학박사 학위를 취득하였으며, 한국고전번역원 부설 고전번역교육원 연수과정과 전문과정을 졸업하였다. 조선대학교 국어국문학과 조교수로 재직 중이다. 연구서로 《한국 전기소설 연구》가 있으며, 번역서로 《동선기 역주 및 전고 연구》가 있다.

정하정(鄭河汀)

대학에서 한문교육학을, 대학원에서 한문학을 전공하였다. 한국고전번역원 부설 고전번역교육원 연수과정과 전문과정을 졸업하였다. 고려대학교 민족문화연구원 선임연구원으로 재직 중이다. 논문으로 〈광해군 시기 張良을 제재로 한 史論 散文 일고찰〉, 〈조선 후기 바둑 유행에 따른 문학적 변모 양상〉 등이 있다.

최소영(崔素瑛)

성신여자대학교 사학과를 졸업하고 동 대학원에서 석사 학위를 취득하였다. 한국고전번역원 부설 고전번역교육원 연수과정과 전문과정을 졸업하였으며, 한국고전번역원 연구원으로 재직 중이다.

최승주(崔承珠)
단국대학교 사학과를 졸업하였다. 한국고전번역원 부설 고전번역원 연수과정과 연구과정을 졸업하였다.

수몽집

정엽 지음
서혜준 엄태식 정하정 최소영 최승주 옮김
조순희 번역지도

2020년 10월 30일 초판 1쇄 발행

발행인 신승운 | 발행처 한국고전번역원
등록 2008. 3. 12. 제25100-2018-000049호
주소 (03310) 서울시 은평구 진관1로 85
전화 02-350-4800 | 팩스 02-350-4994 | 홈페이지 www.itkc.or.kr

연구총괄 양기정 | 연구기획 정미경

책임편집 하현주 | 편집진행 박정열
편집교정 김상순 박현진 서세영 | 조판 김지현 | 제작 김형석
디자인 씨디자인 | 인쇄 ㈜가나씨앤피

값 20,000원
ISBN 978-89-284-0774-3 93810